公安技术
基础物理教程

申 健 ◎ 主编　张成文 ◎ 副主编

光明日报出版社

图书在版编目（CIP）数据

公安技术基础物理教程 / 申健主编；张成文副主编. -- 北京：光明日报出版社，2024.5
ISBN 978 - 7 - 5194 - 7975 - 6

Ⅰ.①公… Ⅱ.①申… ②张… Ⅲ.①公安学—应用物理学—教材 Ⅳ.①D035.3②O59

中国国家版本馆 CIP 数据核字（2024）第 105408 号

公安技术基础物理教程
GONGAN JISHU JICHU WULI JIAOCHENG

主　　编：申　健	副 主 编：张成文
责任编辑：郭玫君	责任校对：房　蓉　李海慧
封面设计：中联华文	责任印制：曹　净

出版发行：光明日报出版社
地　　址：北京市西城区永安路 106 号，100050
电　　话：010-63169890（咨询），010-63131930（邮购）
传　　真：010-63131930
网　　址：http://book.gmw.cn
E － mail：gmrbcbs@gmw.cn
法律顾问：北京市兰台律师事务所龚柳方律师

印　　刷：三河市华东印刷有限公司
装　　订：三河市华东印刷有限公司

本书如有破损、缺页、装订错误，请与本社联系调换，电话：010-63131930

开　　本：170mm×240mm	
字　　数：208 千字	印　　张：21
版　　次：2024 年 5 月第 1 版	印　　次：2024 年 5 月第 1 次印刷
书　　号：ISBN 978 - 7 - 5194 - 7975 - 6	
定　　价：95.00 元	

版权所有　　翻印必究

编委会

主　编：申　健
副主编：张成文
主　审：刘淑霞

前　言

大学物理课程是各工科专业的重要公共基础课,定位于为培养创新型人才打好物理基础。大学物理是研究物质世界最普遍、最基本的运动形式及其规律的科学,它是自然科学和工程技术的基础。大学物理作为公安院校刑事科学技术专业、网络安全专业和道路交通管理等工科专业的专业基础必修课,多年来一直采用传统的《大学物理》或《普通物理》教材。此类教材的特点是知识框架完善,理论内容丰富深厚,但是与公安业务的联系体现得不明显,如何进行大学物理课程改革,尤其是教材改革,使之更好地为专业服务,是公安教育工作者面临的难题。

本人在教学和交流的过程中发现目前公安院校学生对大学物理的认识主要存在以下几个问题:有的同学认为大学物理概念繁多,内容抽象难以掌握;有的同学认为大学物理是在初高中知识的基础上加以微积分作为工具来解决问题;有的同学在学习的过程中觉得大学物理与本专业课程和今后的工作关系不大。这些认识导致了学生们在学习的时候兴趣不高,主动性差,学习效果不佳。如何让公安院校学生提升对物理的兴趣,提高运用物理知识的能力,提升其综合素质,就需要在教学内容、课程体系、教学方法等方面进行改革,而此时编写一部适合公安特色的专业教材就显得格外重要。

本教材共分为四篇十一章,并配有习题册和指导书。第一篇:力学。其中包括第一章,质点运动学;第二章,质点动力学;第三章,刚体动力学。第一章是第二章和第三章的基础,第一篇力学是大学物理全书的基础。第二篇:电磁学。其中包括第四章,静电场;第五章,稳恒磁场;第六章,变化的磁场与变化的电场。第三篇:光学。其中包括第七章,振动和波动;第八章,波动光学。第四篇:物理分析仪器在刑事科学技术中的应用。其中包括第九章,显微镜在物证鉴定检验鉴定中的应用;第十章,光谱仪在刑事科学技术中的应用;第十一章,测距仪在交通事故现场勘查中的应用。本系列教材可供各类公安院校刑事科学技术专业、网络安全专业和道路交通管理等工科专业作为教材使用。

通过学习本教材,读者可以掌握大学物理的基本概念、基本理论与基本计算,为进一步获得物理知识和学习后续课程奠定必要的物理基础知识。本教材可以培养读者抽象思维、逻辑推理、空间想象等思维能力;培养读者综合运用所学物理知识来分析问题和解决问题的能力;引导读者养成自主学习、终身学习的习惯;帮助读者将所学的物理学知识与后续公安类课程和实战工作相结合。

  本教材由申健主编,其负责教材整体框架构建,编写教材主要内容,包括第四—九章;刘淑霞作为主审负责拟定和审核写作大纲,完成最终稿校对等工作;张成文参与了第一—三章的编写;张颖参与了第十章的编写;马竞参与了第十一章的编写。感谢各位老师的辛苦付出。

  在本教材的编写过程中,借鉴了一些专家、学者和同行的成果,在此表示衷心的感谢。受作者的知识水平、能力和技术水平限制,教材中难免有瑕疵,欢迎广大读者提出宝贵的意见和建议,以便我们进一步完善。

  感谢北京东方毅拓展文化发展集团对本书出版提供的资助。

目 录
CONTENTS

第一篇　力学 ⋯⋯⋯⋯⋯⋯⋯⋯⋯⋯⋯⋯⋯⋯⋯⋯⋯⋯⋯⋯⋯⋯⋯⋯⋯⋯⋯⋯ 1
第一章　质点运动学 ⋯⋯⋯⋯⋯⋯⋯⋯⋯⋯⋯⋯⋯⋯⋯⋯⋯⋯⋯⋯⋯⋯⋯⋯ 3
　第一节　位移　速度　加速度 ⋯⋯⋯⋯⋯⋯⋯⋯⋯⋯⋯⋯⋯⋯⋯⋯⋯⋯⋯ 3
　第二节　匀变速运动和圆周运动 ⋯⋯⋯⋯⋯⋯⋯⋯⋯⋯⋯⋯⋯⋯⋯⋯⋯⋯ 14
　第三节　枪弹检验中的运动学分析 ⋯⋯⋯⋯⋯⋯⋯⋯⋯⋯⋯⋯⋯⋯⋯⋯⋯ 24
　思考题 ⋯⋯⋯⋯⋯⋯⋯⋯⋯⋯⋯⋯⋯⋯⋯⋯⋯⋯⋯⋯⋯⋯⋯⋯⋯⋯⋯⋯ 28
第二章　质点动力学 ⋯⋯⋯⋯⋯⋯⋯⋯⋯⋯⋯⋯⋯⋯⋯⋯⋯⋯⋯⋯⋯⋯⋯ 29
　第一节　牛顿运动定律 ⋯⋯⋯⋯⋯⋯⋯⋯⋯⋯⋯⋯⋯⋯⋯⋯⋯⋯⋯⋯⋯⋯ 29
　第二节　动量定理　动量守恒定律 ⋯⋯⋯⋯⋯⋯⋯⋯⋯⋯⋯⋯⋯⋯⋯⋯⋯ 40
　第三节　功　动能定理 ⋯⋯⋯⋯⋯⋯⋯⋯⋯⋯⋯⋯⋯⋯⋯⋯⋯⋯⋯⋯⋯⋯ 50
　第四节　保守力　势能　机械能守恒定律 ⋯⋯⋯⋯⋯⋯⋯⋯⋯⋯⋯⋯⋯⋯ 56
　第五节　手印的变形原理及手印变形的分析 ⋯⋯⋯⋯⋯⋯⋯⋯⋯⋯⋯⋯⋯ 64
　思考题 ⋯⋯⋯⋯⋯⋯⋯⋯⋯⋯⋯⋯⋯⋯⋯⋯⋯⋯⋯⋯⋯⋯⋯⋯⋯⋯⋯⋯ 69
第三章　刚体动力学 ⋯⋯⋯⋯⋯⋯⋯⋯⋯⋯⋯⋯⋯⋯⋯⋯⋯⋯⋯⋯⋯⋯⋯ 71
　第一节　刚体转动的描述 ⋯⋯⋯⋯⋯⋯⋯⋯⋯⋯⋯⋯⋯⋯⋯⋯⋯⋯⋯⋯⋯ 71
　第二节　刚体定轴转动定律 ⋯⋯⋯⋯⋯⋯⋯⋯⋯⋯⋯⋯⋯⋯⋯⋯⋯⋯⋯⋯ 73
　第三节　刚体的角动量和角动量守恒 ⋯⋯⋯⋯⋯⋯⋯⋯⋯⋯⋯⋯⋯⋯⋯⋯ 78
　第四节　转动中的功和能 ⋯⋯⋯⋯⋯⋯⋯⋯⋯⋯⋯⋯⋯⋯⋯⋯⋯⋯⋯⋯⋯ 82
　第五节　几种工具痕迹的力学分析 ⋯⋯⋯⋯⋯⋯⋯⋯⋯⋯⋯⋯⋯⋯⋯⋯⋯ 85
　思考题 ⋯⋯⋯⋯⋯⋯⋯⋯⋯⋯⋯⋯⋯⋯⋯⋯⋯⋯⋯⋯⋯⋯⋯⋯⋯⋯⋯⋯ 89

第二篇　电磁学 ⋯⋯⋯⋯⋯⋯⋯⋯⋯⋯⋯⋯⋯⋯⋯⋯⋯⋯⋯⋯⋯⋯⋯⋯⋯ 91
第四章　静电场 ⋯⋯⋯⋯⋯⋯⋯⋯⋯⋯⋯⋯⋯⋯⋯⋯⋯⋯⋯⋯⋯⋯⋯⋯⋯ 93
　第一节　电荷库仑定律 ⋯⋯⋯⋯⋯⋯⋯⋯⋯⋯⋯⋯⋯⋯⋯⋯⋯⋯⋯⋯⋯⋯ 93

第二节　静电场电场强度 E ·················· 97
　　第三节　静电场的高斯定理 ·················· 105
　　第四节　静电场的环路定理　电势 ·················· 117
　　第五节　电容与电容器 ·················· 127
　　第六节　静电场中的电介质 ·················· 135
　　思考题 ·················· 145

　第五章　稳恒磁场 ·················· 147
　　第一节　磁场　磁感应强度 ·················· 147
　　第二节　毕奥-萨伐尔定律 ·················· 150
　　第三节　磁场中的高斯定理 ·················· 156
　　第四节　安培环路定理 ·················· 158
　　第五节　带电粒子在磁场中的运动 ·················· 164
　　第六节　磁场对电流的作用 ·················· 169
　　第七节　磁介质 ·················· 172
　　第八节　气相色谱-质谱联用仪的工作原理 ·················· 178
　　思考题 ·················· 179

　第六章　变化的磁场和变化的电场 ·················· 181
　　第一节　电源和电动势 ·················· 181
　　第二节　电磁感应的基本定律 ·················· 183
　　第三节　动生电动势 ·················· 188
　　第四节　感生电动势　感生电场 ·················· 192
　　第五节　自感　互感 ·················· 196
　　第六节　磁场的能量 ·················· 201
　　第七节*　麦克斯韦电磁场理论简介 ·················· 203
　　第八节　电磁信息痕迹在刑事科学技术中的应用 ·················· 210
　　思考题 ·················· 214

第三篇　波动与波动光学 ·················· 217
　第七章　振动和波动 ·················· 219
　　第一节　简谐振动 ·················· 219
　　第二节*　阻尼振动　受迫振动　共振 ·················· 224
　　第三节　简谐振动的合成 ·················· 227
　　第四节　波动的基本概念 ·················· 231

第五节　平面简谐波 …… 235
第六节　波的衍射和干涉 …… 241
第七节　声纹在鉴定技术中的应用介绍 …… 252
思考题 …… 252

第八章　波动光学 …… 254
第一节　光波的相干叠加 …… 254
第二节　杨氏双缝干涉 …… 260
第三节　薄膜干涉 …… 264
第四节　单缝衍射 …… 272
第五节　光栅衍射 …… 278
第六节　常用的物证检验照相方法 …… 283
第七节　激光在刑事照相中的应用 …… 286
思考题 …… 290

第四篇　物理分析仪器在刑事科学技术中的应用 …… 293

第九章　显微镜在物证鉴定检验鉴定中的应用 …… 295
第一节　光学显微镜 …… 295
第二节　电子显微镜 …… 301

第十章　光谱仪在刑事科学技术中的应用 …… 309
第一节　红外光谱仪 …… 309
第二节　紫外—可见光谱仪 …… 311

第十一章　测距仪在交通事故现场勘查中的应用 …… 313
第一节　测距仪 …… 313
第二节　交通事故现场测绘的方法与步骤 …… 315

附　录　常用物理数据 …… 318

参考文献 …… 321

第一篇 01 力 学

物理学作为一门基础的自然科学,不但能够帮助我们认识这个世界,而且能够为我们带来技术的进步和社会的变革,是一门非常重要的学科。物理学对物质能量和相互作用的研究就是从力学开始的,因此力学的建立和发展为整个物理学奠定了重要的基础,是物理学的重要组成部分。本篇讨论的力学为经典力学,它以牛顿时空观为基础,是一门研究物体的机械运动以及物体间相互作用的科学。物理学中其他分支的许多概念和思想都是经典力学的衍生和延伸,因此经典力学占有极为重要的地位。不仅如此,随着经典力学研究的不断深入,人类对基础规律的认识不断更新,也为其他学科的不断发展提供了直接动力,同时形成了多种与力学相关的交叉学科。

力学不仅具有很强的基础性,同时还具有广泛的应用性。力学应用遍及各种工程技术领域,为机械工程、土建工程与水利工程、抗震工程、航空与航天工程等领域做出了巨大贡献。在公安技术领域,力学也发挥着举足轻重的作用。不论是手印的形成分析、足迹的特征分析,还是工具的形成痕迹、枪弹的弹道分析以及锁具的拆破痕迹、玻璃的打击痕迹等,无不与力学分析密切相关。通过本篇的学习,读者不仅要把握力学中的基本思想,更要学会利用这些思想解决公安技术中的相关问题。

本教材的力学篇主要包括:质点运动学、质点动力学以及刚体动力学三部分。运动学主要研究物体运动的规律,通过建立速度、加速度的概念描述质点的运动状态;动力学则研究物体间的相互作用及其对物体运动的影响,牛顿第二定律是动力学的基础;刚体动力学主要研究不变形固体在转动过程中的规律,将刚体等效为特殊的多质点体系可方便得到其具体规律。

第一章

质点运动学

众所周知,天地万物、宇宙尘埃无时无刻不处于运动之中。物体的运动形态通常多种多样、复杂多变,但都会包含一种最基本、最普遍的运动形态,即机械运动。机械运动是描述物体在时间变化过程中空间位置发生改变的现象,力学就是一门研究物体机械运动以及相互作用所遵循的基本规律的学科。力学研究中,通常将物体等效为质点。对质点的机械运动进行描述的物理量有:位置、位移、速度和加速度,本章主要讨论如何利用它们描述质点的运动规律,包括直线运动、抛体运动和圆周运动,从而引导读者透彻掌握质点运动学。

本章着重阐明两个问题。第一,如何描述质点的运动状态。在运动学中,物体的运动状态用位矢和速度来确定,而速度的变化则用加速度描述。通过速度、加速度等概念的建立,加深对运动的瞬时性和矢量性等基本性质的认识。第二,运动学的核心是运动方程。通过对运动方程的学习,既要掌握如何从运动方程出发,求出质点在任意时刻的位置、速度和加速度的方法,又要能够在已知加速度(或速度)与时间的关系以及初始条件的情况下,求出任意时刻质点的速度和位置。

第一节　位移　速度　加速度

在 2020 年东京奥运会射击女子 10 米气步枪决赛中,杨倩以 251.8 环的成绩为中国队收获东京奥运会的首枚金牌,如图 1-1 所示。在 10—20 米距离的手枪射击时,想要命中靶心,瞄准区并非靶心中心区域,而是靶心下方 1/3 的区域,你知道这是为什么吗?

图 1-1　东京奥运会杨倩 10 米气步枪夺金

图 1-2　东京奥运会苏炳添 100 米半决赛第一

在 2020 年东京奥运会男子 100 米半决赛中,中国短跑名将苏炳添跑出 9 秒 83,以半决赛第一的成绩闯入决赛并打破亚洲纪录,成为中国首位闯入奥运男子百米决赛的运动员,如图 1-2 所示。你知道他的平均速度和途中最快速度是多少吗?

一、质点、参考系

任何物体都具有一定的质量和形状大小,即使微观粒子也不能例外。因此,当物体运动时,其内部各点的位置变化各不相同,有时还可能发生大小形状的改变,这时的问题分析较为复杂。但是,当物体的形状大小对研究对象不起作用或作用不显著时,我们可以把该物体近似等效成为一个具有质量但形状大小可以忽略的几何点,这种模型称为质点。例如,研究地球绕太阳的公转时,由于地球的平均半径(约为 6.4×10^3 km)比地日之间的距离(约为 1.5×10^8 km)小得多,如图 1-3 所示。因此,地球上各点相对于太阳的运动可看作相同,便可忽略地球的大小和形状,把地球等效为一个质点。但当研究地球的自转时,就不能把地球看作一个质点,否则无法解决实际问题。通常,一切物体都可以看作是质点的集合,所以在力学的研究中都是从质点模型开始,本章则主要研究质点的运动学。

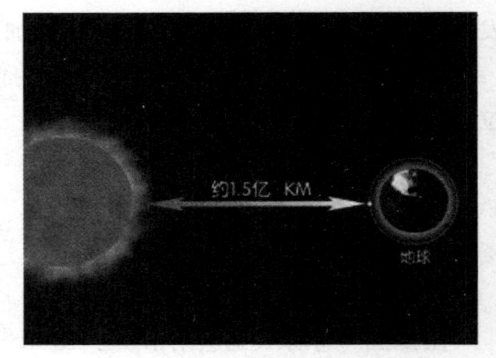

图 1-3　地球可被视为质点

质点的运动学主要研究物体机械运动的基本规律,所谓机械运动是指物体的位置随时间改变的运动。位置总是相对的,也就是说,任何物体的位置总是相对于其他物体或体系来确定的,也就是物体位置确定的参考物。例如,确定交通车辆的位置时,我们用固定在地面上的一些物体,如以房子或路牌为参考物。相对于不同的参考物,同一物体的同一运动会表现为不同的形式。例如,一个自由下落的石块的运动,站在地面上观察,即以地面为参考物,石块将做直线运动;如果在近旁驶过的车厢内观察,即以行进的车厢为参考物,则石块将做曲线运动。物体运动的形式随参考物的不同而不同,这叫作运动的相对性。由于运动的相对性,当我们描述一个物体的运动时,必须明确与它相对的参考物。

在确定参考物之后,为了定量地描述一个质点相对于此参考物的空间位置,需要在此参考物上建立固定的坐标系,这种坐标系称为参考系。常用的参考系有地面参考系、地心参考系、太阳参考系和实验室参考系。参考系中,坐标系的选择多种多样,常用的是空间直角坐标系,如图 1-4 所示。在该坐标系中,质点在 P_1 和 P_2 的位置可以直接用其坐标 (x_1, y_1, z_1) 和 (x_2, y_2, z_2) 表示。有时为了方便研究问题还可以选用其他坐标系,如自然坐标系、柱坐标系和极坐标系。

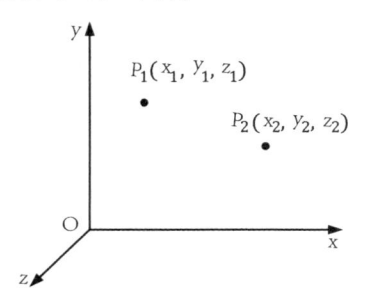

图 1-4 质点在空间直角坐标系中的位置

二、运动方程、位置矢量和位移

(一)运动方程和位置矢量

一质点在空间直角坐标系中运动,如图 1-4 所示。假设在 t_1 时刻,质点位于 P_1 点,质点的位置用其坐标 (x_1, y_1, z_1) 来表示。在 t_2 时刻,质点位于 P_2 点,质点的位置可以用此时的坐标 (x_2, y_2, z_2) 表示。可见质点的运动就是它的位置随时间变化的过程,可以用它的坐标随时间的变化关系进行描述,运动的关系可表示为

$$x = x(t), y = y(t), z = z(t) \quad (1.1.1)$$

上式称为质点的运动方程,这是一个标量方程,它的物理意义是描述质点的位置随时间变化的运动规律。如果质点在二维平面上运动,则该运动方程简化为 $x = x(t), y = y(t)$;如果质点在一维运动,则运动方程可简化为 $x = x(t)$。

对于多维的质点运动方程,通过消去时间参量 t,可以得到质点坐标之间的相互关系,这个关系式称为质点的轨迹方程。

根据运动方程,可以求出质点在任意时刻的位置。比如,对于运动方程为 $x =$

$9-2t$ 的质点,在时刻 $t_1=1$,位置 $x(1)=9-2\times1=7$;在时刻 $t_2=6$,位置 $x(6)=9-2\times6=-3$。

研究质点的空间位置,不仅可以用质点的坐标对其进行描述,还可以用位置矢量来进行描述。如图 1-5 所示,对于 P 点的位置,一方面,可以用坐标 (x,y,z) 来表示;另一方面,如果从原点 O 向该点引一有向线段 OP,并记做矢量 r,显然,有向线段 OP 与点 P 的位置有一一对应关系,因此可以用从原点 O 到点 P 的矢量 r 来表示 P 点的位置,称 r 为 P 点的位置矢量,简称位矢,也叫径矢。以 i,j,k 分别表示沿 x,y,z 轴正方向的单位矢量,则 P 点的位置矢量可以表示为

$$r = xi + yj + zk \tag{1.1.2}$$

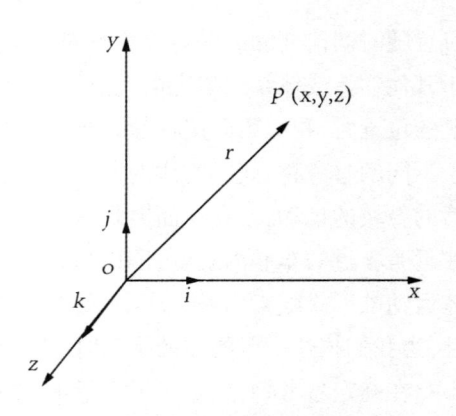

图 1-5 位置矢量

例如,若质点的位置坐标为 $P(2,-3,6)$,则该质点的位置矢量为 $r=2i-3j+6k$。为了方便以后的学习,我们用位置矢量 $r=2i-3j+6k$ 来表示质点的位置 $(2,-3,6)$。

位置矢量 $r=xi+yj+zk$ 的大小可以用其模 $|r|$ 来表示,记为 r,则

$$r = |r| = \sqrt{x^2 + y^2 + z^2} \tag{1.1.3}$$

描述位置矢量的大小仅计算它的模是不够的,还需具备完整的单位体系。国际单位制是现在世界上普遍采用的单位系统,简记为 SI。在本教材中,若出现 SI 标注的,就表示物理量的单位采用国际单位,常用的物理量国际单位如表 1-1-1 所示。

表 1-1-1 常用物理量的国际单位

物理量名称	长度	时间	质量	电流	温度	物质的量
物理量符号	L	t	m	I	T	ν
单位名称	米	秒	千克	安培	开尔文	摩尔
单位符号	m	s	kg	A	K	mol

例 1.1.1 一质点的位置坐标为 $P(3,-4,12)$(SI),求质点的位置矢量和位矢的模。

解 质点的位置矢量为 $r = xi + yj + zk = 3i - 4j + 12k$ (m)

位矢的模为 $r = |r| = \sqrt{x^2 + y^2 + z^2} = \sqrt{3^2 + (-4)^2 + 12^2} = \sqrt{169} = 13(\text{m})$

当质点处于运动过程中,其位置可由标量形式的运动方程(1.1.1)进行描述,也可以根据式(1.1.2)得到运动方程的矢量形式,即

$$r = r(t) = x(t)i + y(t)j + z(t)k \tag{1.1.4}$$

例如,一质点的运动方程的标量形式为 $x = t^2, y = -t^3, z = 2t$,则该质点运动方程的矢量形式为 $r = r(t) = t^2 i - t^3 j + 2tk$。由此可知,运动方程的矢量形式其实就是质点在 t 时刻的位置矢量,是质点运动过程中位置的矢量描述。

例 1.1.2 一质点的运动方程为 $r(t) = t^2 i - t^3 j + 2tk$,求质点在时刻 $t_1 = 1s$ 到 $t_2 = 3s$ 时的位置。

解 位置矢量 $r(t_1) = r(1) = i - j + 2k, r(t_2) = r(3) = 9i - 27j + 6k$

例 1.1.3 一质点的运动方程为 $x = \cos 2t, y = \sin 2t$,求该质点的位矢和轨迹方程。

解 该运动质点的位置矢量为 $r(t) = x(t)i + y(t)j + z(t)k = \cos 2t i + \sin 2t j$

利用三角函数恒等式有

$x^2 + y^2 = (\cos 2t)^2 + (\sin 2t)^2 = 1$,即轨道方程为 $x^2 + y^2 = 1$。

(二)位移

如图1-6所示,假设质点的运动函数为 $r(t)$,则 t 时刻的位置是 $r(t)$,$t + \Delta t$ 时刻的位置是 $r(t + \Delta t)$,把质点在 t 到 $t + \Delta t$ 时间内位置的变化称为在该段时间内的位移,记为 Δr,即

$$\Delta r = r(t + \Delta t) - r(t) \tag{1.1.5}$$

其物理意义是质点在 Δt 时间内位置的增量(即末位置-初位置)。比如在例1.1.2中,质点在时刻 $t_1 = 1s$ 到 $t_2 = 3s$ 这段时间间隔内的位移是

$\Delta r = r(t_2) - r(t_1) = r(3) - r(1) = (9i - 27j + 6k) - (i - j + 2k) = 8i - 26j + 4k$

之前提到,位置矢量表示质点运动过程中某一时刻的位置,它描述该时刻质点相对于坐标原点的位置状态,是描述状态的物理量。不同于位置矢量,位移则表示质点在某段时间内位置的变化,主要描述质点空间位置在距离和方向上的改变,是描述运动过程的物理量。

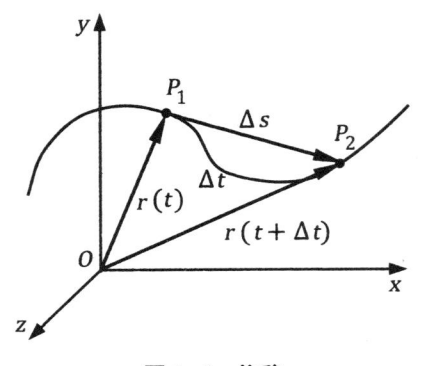

图1-6 位移

例 1.1.4 某质点的运动方程为 $x = 9 - 2t(SI)$，求该质点在 $t_1 = 1s$ 到 $t_2 = 6s$ 这段时间内的位移运动及方向。

解 位移 $\Delta x = x(t_2) - x(t_1) = x(6) - x(1)$
$= (9 - 2 \times 6) - (9 - 2 \times 1) = -3 - 7 = -10(m)$

因为质点在 x 轴上运动，运动的方向只有 x 轴的正方向和负方向两种情况。当运动的方向沿 x 轴的正方向时，位移 $\Delta x > 0$；当运动的方向沿 x 轴的负方向时，位移 $\Delta x < 0$。本题中质点的位移 $\Delta x = -10 < 0$，所以质点在这段时间内的总体运动方向是 x 轴负方向。

质点运动轨迹的长度称为质点运动的路程，记为 Δs，为标量。如图 1-6 所示，从 P_1 到 P_2 的一段曲线长度即为质点从 P_1 运动到 P_2 所经历的路程。由定义式(1.1.4)可知，运动质点的位移 Δr 可正可负，路程 Δs 却永远大于零。

例 1.1.5 如图 1-7 所示，在一段时间内，某质点的位置依次经过 -5, 5, 2(SI)，求质点在这段时间内的位移和路程。

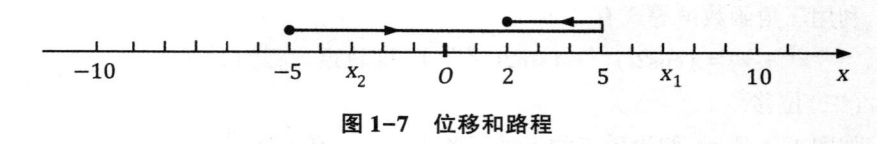

图 1-7 位移和路程

解 位移 $\Delta x = x(t_2) - x(t_1) = 2 - (-5) = 7(m) > 0$，质点在这段时间内的总体运动方向是 x 轴正方向。路程 $\Delta s = [5 - (-5)] + (5 - 2) = 10 + 3 = 13(m)$

通过比较可以发现，质点运动的路程要大于其位移的大小。由图 1-6 也可知，P_1 和 P_2 之间曲线的弧长大于其之间的弦长，所以通常情况下，路程 Δs 与位移的大小 $|\Delta r|$ 不相等，只有当质点作单向直线运动时，路程和位移的大小才有机会相等。极限情况下，当质点运动的时间间隔 $\Delta t \to 0$ 时，弦 $\overline{P_1 P_2}$ 的长度与弧 $\overset{\frown}{P_1 P_2}$ 的长度才无限接近，即 $\lim\limits_{\Delta t \to 0} \Delta s = \lim\limits_{\Delta t \to 0} |\Delta r|$。由微分定义可知，$\lim\limits_{\Delta t \to 0} \Delta s = ds$，$\lim\limits_{\Delta t \to 0} |\Delta r| = |dr|$，最终可以得到 $ds = |dr|$。

例 1.1.6 在曲线运动中，$|\Delta r|$ 与 Δr 是否相同？需要作图说明。

解 如图 1-8 所示，$|\Delta r|$ 是位移的大小，其值恒为非负；而 Δr 是位矢大

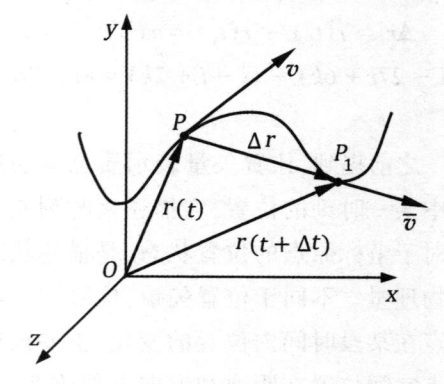

图 1-8 路程和位移的区别

小 r 的增量,由末位矢大小与初位矢大小的差值决定,即 $\Delta r = r(t + \Delta t) - r(t)$,其结果可正、可负或为零。在曲线运动中,由于运动方向的时刻变化,二者明显不同,只有在单向直线运动中二者才相同。

三、速度、加速度

(一)速度

本章开始时提到苏炳添在 100 米半决赛中跑出 9 秒 83 的亚洲最好成绩,他本场比赛的速度是多少呢? 通常我们会用 100m/9.83s ≈ 10.17m/s 来计算他在这一过程中的速度。与之类似,对于运动的质点,可以用运动产生的位移 Δr 和形成该位移所用的时间 Δt 之比作为新的物理量来描述质点的运动,它的物理意义是描述质点在一段时间内运动的平均快慢以及运动方向。比值 $\Delta r/\Delta t$ 叫作质点在这段时间内的平均速度,记为 $\bar{v}$,可表述为

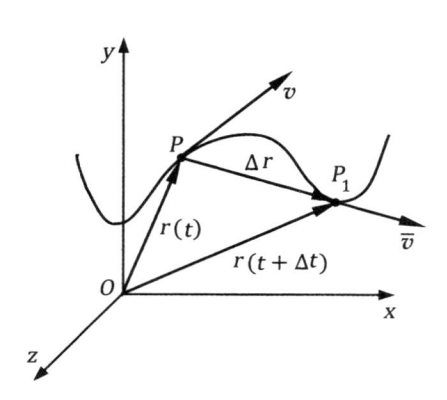

图 1-9 平均速度与速度

$$\text{平均速度}\bar{v} = \frac{\text{位移 }\Delta r}{\text{时间间隔 }\Delta t}, \text{即 } \bar{v} = \frac{\Delta r}{\Delta t} \quad (1.1.6)$$

平均速度是矢量,它的方向就是相应位移的方向,如图 1-9 所示。

在国际单位制中(平均)速度的单位:米/秒,符号:m/s。

例 1.1.7 某质点的运动函数为 $x = 9 - 2t(SI)$,求该质点在 $t_1 = 1s$ 到 $t_2 = 6s$ 这段时间内的平均速度及方向。

解 位移 $\Delta x = x(t_2) - x(t_1) = x(6) - x(1) = -3 - 7 = -10(m)$

平均速度 $\bar{v} = \frac{\Delta x}{\Delta t} = \frac{-10}{6-1} = -2(m/s)$

$\bar{v} = -2 < 0$,即平均速度的方向是沿 x 轴负方向。

例 1.1.8 某质点的运动函数为 $x = t^2 - 5(SI)$,求该质点在 $t_1 = 2s$ 到 $t_2 = 4s$ 这段时间内的平均速度及方向。

解 位移 $\Delta x = x(t_2) - x(t_1) = x(4) - x(2) = 11 - (-1) = 12(m)$

平均速度 $\bar{v} = \frac{\Delta x}{\Delta t} = \frac{12}{4-2} = 6(m/s)$

$\bar{v}=6>0$，即平均速度的方向是沿 x 轴正方向。

我们再回到之前的例子，现在我们已经知道苏炳添本场比赛的平均速度，那么他全程的最快速度又是多少呢？如果仍用式（1.1.6），显然误差比较大。要回答这个问题，我们就要借助另一个物理量——瞬时速度。

要定义瞬时速度，首先要利用数学中的极限思想。平均速度的定义，式（1.1.6）的时间间隔较长，无法满足瞬时速度的要求。但如果用极短的时间间隔 Δt 内的平均速度来近似 t 时刻的速度，即可减小误差，准确地描述 t 时刻质点的运动状态。因此，我们把当 $\Delta t \to 0$ 时的平均速度的极限称为质点在 t 时刻的瞬时速度，简称速度，用来描述质点在某一时刻运动的快慢和方向，记为 v，即

$$v = \lim_{\Delta t \to 0} \frac{\Delta r}{\Delta t} = \frac{dr}{dt} \tag{1.1.7}$$

也可理解为质点的速度等于该质点的位置对时间的变化率。

在直角坐标系里，速度 v 可表示为：

$$v = \frac{dr}{dt} = \frac{d(xi+yj+zk)}{dt}$$

$$= \frac{d(xi)}{dt} + \frac{d(yj)}{dt} + \frac{d(zk)}{dt} = \frac{dx}{dt}i + \frac{dy}{dt}j + \frac{dz}{dt}k$$

若令

$$v_x = \frac{dx}{dt}, v_y = \frac{dy}{dt}, v_z = \frac{dz}{dt} \tag{1.1.8}$$

分别表示速度 v 沿 x,y,z 三个坐标轴方向的分量，则

$$v = v_x i + v_y j + v_z k \tag{1.1.9}$$

可以看出，质点的速度 v 是各分速度的矢量和，这一关系式也称为速度叠加原理。

速度的大小称为速率，用来描述物体运动的快慢，以 v 表示，即

$$v = |v| = \left|\frac{dr}{dt}\right| = \frac{|dr|}{dt} = \frac{ds}{dt} \tag{1.1.10}$$

可见速率等于路程对时间的变化率。由式（1.1.9）可得

$$v = |v| = \sqrt{v_x^2 + v_y^2 + v_z^2} \tag{1.1.11}$$

例如：若 $r(t) = \cos ti + \sin tj + e^{2t}k$，则质点在时刻 t 的速度

$$v = \frac{dr}{dt} = \frac{d(\cos ti + \sin tj + e^{2t}k)}{dt} = -\sin ti + \cos tj + 2e^{2t}k$$

质点在时刻 t 的速率

$$v=|v|=\sqrt{v_x^2+v_y^2+v_z^2}=\sqrt{(-\sin t)^2+(\cos t)^2+(2e^{2t})^2}=\sqrt{1+4e^{4t}}$$

速度为一矢量,它不但可以描述 t 时刻质点速度的快慢,还可以描述此时速度的方向,速度方向的确定方法如图 1-9 所示。当 $\Delta t \to 0$ 时,P_1 点趋近 P 点,Δr 的方向将与 P 点处轨迹的切线方向一致,因此质点在 t 时刻的速度方向为运动方向上质点所处位置的切线方向。

例 1.1.9 某质点的运动函数为 $x=6t-t^2(SI)$,求该质点:(1)在时刻 $t_1=2s$ 和 $t_2=5s$ 的速度及方向;(2)在时刻 $t_1=2s$ 到 $t_2=5s$ 时间间隔内的平均速度;(3)在时刻 $t_1=2s$ 到 $t_2=5s$ 时间内的路程。

解 (1)根据速度的定义式可得

$$v=\frac{dx}{dt}=6-2t$$

$$v(t_1)=v(2)=6-2\times 2=2(m/s)$$

$v(t_1)=2>0$,质点速度的方向是沿 x 轴的正方向。

$$v(t_2)=v(5)=6-2\times 5=-4(m/s)$$

$v(t_2)=-4<0$,质点速度的方向是沿 x 轴的负方向。

(2)平均速度 $\bar{v}=\dfrac{\Delta x}{\Delta t}=\dfrac{x(t_2)-x(t_1)}{t_2-t_1}=\dfrac{x(5)-x(2)}{5-2}$

$$=\frac{(30-25)-(12-4)}{3}=\frac{-3}{3}=-1(m/s)$$

(3)由本题(1)可知质点的速度方向发生了改变,所以路程不是位移的绝对值。

由 $v=6-2t$ 可得质点在时刻 $t=3s$ 时速度为 0,容易得到 $x(2)=8$,$x(3)=9$,$x(5)=5$,则质点在时刻 $t_1=2s$ 到 $t=3s$ 时间间隔内的路程为 $S_1=x(3)-x(2)=9-8=1(m)$,在时刻 $t=3s$ 到 $t_2=5s$ 时间间隔内的路程为 $S_2=x(3)-x(5)=9-5=4(m)$,所以在时刻 $t_1=2s$ 到 $t_2=5s$ 时间内的总路程为 $s=S_1+S_2=1+4=5(m)$。

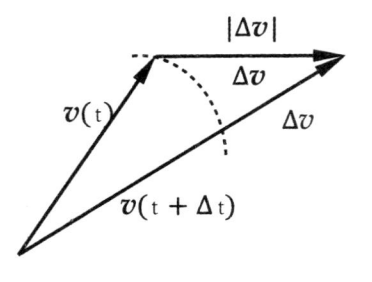

例 1.1.10 在曲线运动中,$|\Delta v|$ 与 Δv 是否相同?需要作图说明。

图 1-10 $|\Delta v|$ 与 Δv 的区别

解 如图 1-10 所示,$|\Delta v|=|v(t+\Delta t)-v(t)|$,是速度增量的大小,其值恒为非负;而 $\Delta v=v(t+\Delta t)-v(t)$ 代表末速率与初速率的差值,即速率的增量,其值正数、零和负数都可以取。在一般的曲线运动中二者明显不同,只有在单向的直线

运动而且速率不减小的情况下二者才相同。

(二)加速度

苏炳添之所以能够在百米赛跑中取得突破的成绩,是因为他在每一个环节的出色表现,尤其是在加速跑阶段的出色发挥,加速度影响着选手速度的提升和最终成绩。在物理学上,描述速度变化快慢的物理量是加速度。

如图 1-11 所示,质点的速度函数为 v(t),在时刻 t 的速度是 v(t),在时刻 t + Δt 的速度是 v(t + Δt),则质点在 Δt 时间内速度的变化为 Δv = v(t + Δt) − v(t)。用 Δt 时间内速度对时间的平均变化率描述质点的状态,称为平均加速度,记为 $\bar{a}$,即

$$\bar{a} = \frac{v(t + \Delta t) - v(t)}{\Delta t} = \frac{\Delta v}{\Delta t}$$

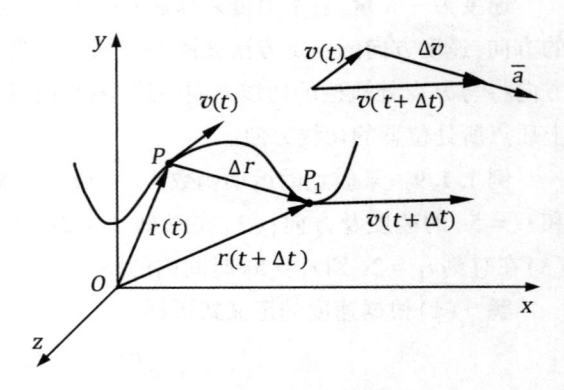

图 1-11 平均加速度

平均加速度用来表示质点在一段时间内速度变化的平均快慢和方向。

描述质点速度状态的不仅有平均加速度,还有瞬时加速度。与速度的分析和定义过程类似,Δt → 0 时平均加速度的极限(或速度对时间的变化率),称为质点在 t 时刻的瞬时加速度,简称加速度。它的物理意义是描述质点在 t 时刻速度变化的快慢和方向,用 a 表示,即

$$a = \lim_{\Delta t \to 0} \frac{\Delta v}{\Delta t} = \frac{dv}{dt} \tag{1.1.12}$$

加速度的单位:米/秒²,符号:m/s²。由公式可知,不论是速度的大小发生变化,还是速度的方向发生变化,都会产生加速度。

将(1.1.7)式代入(1.1.12)式可得

$$a = \frac{dv}{dt} = \frac{d\left(\frac{dr}{dt}\right)}{dt} = \frac{d^2 r}{dt^2} \tag{1.1.13}$$

再将(1.1.9)式和(1.1.4)式分别代入式(1.1.13)两边可得

$$a = \frac{d(v_x i + v_y j + v_z k)}{dt} = \frac{d^2(xi + yj + zk)}{dt^2}$$

$$= \frac{dv_x}{dt}i + \frac{dv_y}{dt}j + \frac{dv_z}{dt}k = \frac{d^2x}{dt^2}i + \frac{d^2y}{dt^2}j + \frac{d^2z}{dt^2}k$$

若记

$$a_x = \frac{dv_x}{dt} = \frac{d^2x}{dt^2}, a_y = \frac{dv_y}{dt} = \frac{d^2y}{dt^2}, a_z = \frac{dv_z}{dt} = \frac{d^2z}{dt^2} \quad (1.1.14)$$

则

$$a = a_x i + a_y j + a_z k \quad (1.1.15)$$

同时加速度 a 的大小可以表示为

$$a = |a| = \sqrt{a_x^2 + a_y^2 + a_z^2} \quad (1.1.16)$$

例如，$v(t) = -\sin t i + \cos t j + 2e^{2t}k$，则质点在时刻 t 的加速度

$$a = \frac{dv}{dt} = \frac{d(-\sin t i + \cos t j + 2e^{2t}k)}{dt} = -\cos t i - \sin t j + 4e^{2t}k$$

质点在时刻 t 的加速度大小

$$a = |a| = \sqrt{a_x^2 + a_y^2 + a_z^2} = \sqrt{(-\cos t)^2 + (-\sin t)^2 + (4e^{2t})^2} = \sqrt{1 + 16e^{4t}}$$

值得注意的是，在定义速度和加速度时，都用到了微积分的思想，接下来的内容里也会经常使用相关知识。

例 1.1.11 某质点的速度函数为 $v(t) = t^2 - 4t + 7(\mathrm{SI})$，求该质点：(1) 在时刻 $t_1 = 1\mathrm{s}$ 到 $t_2 = 3\mathrm{s}$ 时间间隔内的平均加速度；(2) 在时刻 $t_1 = 1\mathrm{s}$ 和 $t_2 = 3\mathrm{s}$ 时的加速度及方向。

解 (1) 平均加速度 $\bar{a} = \dfrac{\Delta v}{\Delta t} = \dfrac{v(t_2) - v(t_1)}{t_2 - t_1} = \dfrac{x(3) - x(1)}{3 - 1}$

$$= \frac{(9 - 12 + 7) - (1 - 4 + 7)}{3} = \frac{4 - 4}{3} = 0(\mathrm{m/s^2})$$

(2) 加速度 $a(t) = \dfrac{dv(t)}{dt} = 2t - 4$

$a(t_1) = a(1) = 2 - 4 = -2(\mathrm{m/s^2})$；$a(t_2) = a(3) = 6 - 4 = 2(\mathrm{m/s^2})$

$a(1) = -2 < 0$，沿 x 轴的负方向；$a(3) = 2 > 0$，沿 x 轴的正方向。

例 1.1.12 某质点的加速度为 $a = 2i - 5tj$，已知 $t = 0$ 时它静止于点 (4, -3)，求该质点任意时刻的速度和位置矢量 (SI)。

解 (1) 先求质点任意时刻的速度，根据加速度的定义 $a = dv/dt$，可得 $dv = a dt$。两边同时积分得

$$\int_{v_0}^{v} dv = \int_{0}^{t} a dt$$

把 $a = 2i - 5tj$ 代入上式得

$$\int_{v_0}^{v} dv = \int_{0}^{t} (2i - 5tj) \, dt$$

计算此积分得

$$v - v_0 = 2ti - \frac{5}{2} t^2 j$$

利用初始条件:当 $t = 0$ 时质点静止,即 $v_0 = 0$,所以任意时刻质点的速度为

$$v = 2ti - \frac{5}{2} t^2 j \, (\text{m/s})$$

(2)下面再求位置矢量,根据速度的定义 $v = dr/dt$,可得 $dr = v dt$。两边同时积分得

$$\int_{r_0}^{r} dr = \int_{0}^{t} v \, dt$$

把 $v = 2ti - \frac{5}{2} t^2 j$ 代入上式得

$$\int_{r_0}^{r} dr = \int_{0}^{t} \left(2ti - \frac{5}{2} t^2 j\right) dt$$

计算此积分得

$$r - r_0 = t^2 i - \frac{5}{6} t^3 j$$

再利用初始条件:当 $t = 0$ 时质点位于点 $(4, -3)$,即 $r_0 = 4i - 3j$,所以任意时刻质点的位置矢量,即运动函数为

$$r = r_0 + t^2 i - \frac{5}{6} t^3 j = (t^2 + 4) i - \left(\frac{5}{6} t^3 + 3\right) j \, (\text{m})$$

第二节 匀变速运动和圆周运动

在 2019 年的国庆阅兵仪式上,东风-41 核导弹方阵震撼亮相,"东风快递,使命必达",彰显了我国强大的军事实力。东风-41 核导弹具备 14000 千米的射程,采用先进的变轨技术,导弹的发射轨迹不再像传统的导弹一样可以被预测,可以有效降低敌方反导系统的拦截风险,其中就蕴含着研发人员对抛体运动的深刻认识。

在 2022 年北京冬奥会速度滑冰男子 500 米比赛中,中国选手高亭宇以 34 秒

32 的成绩夺得冠军,打破平昌冬奥会的奥运纪录。仔细观看比赛会发现,选手在弯道滑行过程中,会将身体向场地内倾斜,这和圆周运动有着怎样的联系,让我们通过本节的学习来对这个问题进行解答。

图 1-12 东风-41 核导弹方阵

图 1-13 北京冬奥会高亭宇 500 米速滑夺金

一、匀变速运动

(一)匀变速直线运动

加速度的大小和方向都不随时间改变,即加速度 a 为常矢量的运动,叫作匀变速运动。由加速度的定义 $a = \mathrm{d}v/\mathrm{d}t$,可得 $\mathrm{d}v = a\mathrm{d}t$ 。对此式两边积分,设 $t=0$ 时的速度为 v_0,任意时刻 t 的速度为 v,则有

$$\int_{v_0}^{v} \mathrm{d}v = \int_{0}^{t} a\mathrm{d}t$$

计算可得 $v - v_0 = at$,即

$$v = v_0 + at \tag{1.2.1}$$

这是匀变速运动的速度公式。

根据速度的定义 $v = \mathrm{d}r/\mathrm{d}t$,可得 $\mathrm{d}r = v\mathrm{d}t$ 。两边同时积分

$$\int_{r_0}^{r} \mathrm{d}r = \int_{0}^{t} v\mathrm{d}t = \int_{0}^{t} (v_0 + at)\mathrm{d}t$$

式中 r_0 为质点在 $t=0$ 时刻的位矢,r 为质点在任意时刻 t 的位矢,计算积分可得

$$r - r_0 = v_0 t + \frac{1}{2}a t^2$$

可得位矢

$$r = r_0 + v_0 t + \frac{1}{2}a t^2 \tag{1.2.2}$$

这就是匀变速运动的位矢公式。

在实际问题中,常常利用式(1.2.1)和(1.2.2)的分量式,可得速度公式

$$\left.\begin{array}{l}v_x = v_{0x} + a_x t \\ v_y = v_{0y} + a_y t \\ v_z = v_{0z} + a_z t\end{array}\right\} \quad (1.2.3)$$

和位置公式

$$\left.\begin{array}{l}x = x_0 + v_{0x} t + \frac{1}{2} a_x t^2 \\ y = y_0 + v_{0y} t + \frac{1}{2} a_y t^2 \\ z = z_0 + v_{0z} t + \frac{1}{2} a_z t^2\end{array}\right\} \quad (1.2.4)$$

这两组公式具体说明了质点的匀变速运动沿 3 个坐标轴方向的分运动,质点的实际运动就是这 3 个分运动的合成。

以上各式中的加速度和速度沿坐标轴的分量均可正可负,这要由各分矢量相对于坐标轴的正方向而定:相同为正,相反为负。

质点在时刻 $t = 0$ 时的位矢 r_0 和速度 v_0 叫作运动质点的初始条件。由式(1.2.1)和(1.2.2)可知,在已知加速度的情况下,给定了初始条件,就可以求出质点在任意时刻的位置和速度。这个结论在匀变速运动的各公式中看得很明显,实际上它对质点的任意运动都是成立的。

如果质点沿一条直线做匀变速运动,就可以选它所沿的直线为 x 轴,而运动就可以只用式(1.2.3)和(1.2.4)的第一式加以描述。如果再取质点的初始位置为坐标原点,即取 $x_0 = 0$,这两个公式就变成大家熟知的匀变速直线运动的公式 $v = v_0 + at$ 和 $x = v_0 t + \frac{1}{2} a t^2$ 了,消去时间 t 可得

$$v^2 = v_0^2 + 2ax$$

最常见而且很重要的实际匀加速运动是物体只在重力作用下的运动,这种运动的加速度的方向总是竖直向下,叫作重力加速度,通常用 g 表示,在地面附近的重力加速度的大小约为 $g = 9.80 \text{m/s}^2$。初速度为零的这种运动叫作自由落体运动。以起点为原点,取 y 轴正方向竖直向下,则自由落体运动的公式为 $v = gt$ 和 $y = \frac{1}{2} g t^2$,消去时间 t 后可得 $v^2 = 2gy$。

例 1.2.1 在高出海面 30m 的悬崖边上以 15m/s 的初速度竖直向上抛出一

个石子,设石子回落时不再碰到悬崖并忽略空气的阻力。求:(1)石子能达到的最大高度;(2)石子从被抛出到回落触及海面所用的时间;(3)石子触及海面时的速度。

解 取通过抛出点的竖直线为 x 轴,向上为正,抛出点为原点。则石子抛出后做匀变速运动,由于重力加速度与 x 轴方向相反,所以 $a = -g = -9.80\text{m/s}^2$, $v_0 = 15\text{m/s}$。

(1) 以 x_1 表示石子达到的最高位置,此时石子的速度应为 $v_1 = 0$,利用匀加速运动公式 $v^2 = v_0^2 + 2ax$,可得 $v_1^2 = v_0^2 + 2(-g)x$,所以石子能达到的最大高度

$$x_1 = \frac{v_0^2 - v_1^2}{2g} = \frac{15^2 - 0^2}{2 \times 9.80} = 11.5(\text{m})$$

(2) 石子触及海面时的位置 $x_2 = -30$,利用匀变速运动公式 $x = v_0 t + \frac{1}{2}at^2$,可得

$x = v_0 t + \frac{1}{2}(-g)t^2$,即 $-30 = 15t - 4.9t^2$,解此一元二次方程,得石子从被抛出到回落触及海面所用时间 $t = 4.44\text{s}$(此方程的另一个解为 -1.38s 对本题无意义,舍去)。

(3) 石子触及海面时的速度

$$v = v_0 + at = v_0 - gt = 15 - 9.80 \times 4.44 = -28.5(\text{m/s})$$

(二)抛体运动

从地面上某点向空中抛出一个物体,它在空中的运动就叫抛体运动。物体被抛出后,在忽略空气阻力的情况下,它的运动轨迹总是被限制在通过抛射点的由抛出速度方向和竖直方向所确定的平面内,因而,抛体运动是二维运动。物体在各时刻的加速度都是重力加速度 g,它的速度和位置随时间的变化可以用式(1.2.3)和(1.2.4)的前两式

$$\left. \begin{aligned} v_x &= v_{0x} + a_x t \\ v_y &= v_{0y} + a_y t \end{aligned} \right\} \qquad \left. \begin{aligned} x &= x_0 + v_{0x}t + \frac{1}{2}a_x t^2 \\ y &= y_0 + v_{0y}t + \frac{1}{2}a_y t^2 \end{aligned} \right\}$$

表示,如果从抛出时刻开始计时,即 $t = 0$,选抛出点为坐标原点,即 $x_0 = 0$, $y_0 = 0$。如图 1-14 所示,以 v_0 表示物体的初速度,以 θ 表示抛射角(即初速度与 x 轴的夹角),则 v_0 沿 x 轴和 y 轴的分量分别是

$$v_{0x} = v_0\cos\theta, v_{0y} = v_0\sin\theta$$

物体在空中的加速度为
$$a_x = 0, a_y = -g$$
可得物体在空中任意时刻
$$\left.\begin{aligned} v_x &= v_0\cos\theta \\ v_y &= v_0\sin\theta - gt \end{aligned}\right\} \quad (1.2.5)$$
物体在空中任意时刻的位置为
$$\left.\begin{aligned} x &= v_0\cos\theta \cdot t \\ y &= v_0\sin\theta \cdot t - \frac{1}{2}gt^2 \end{aligned}\right\} \quad (1.2.6)$$

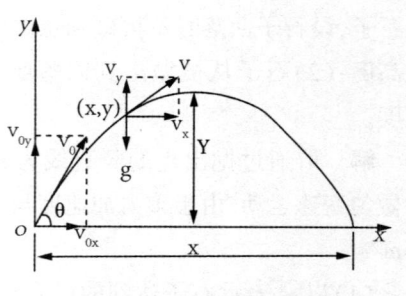

图 1-14 抛体运动分析

式(1.2.5)和(1.2.6)表明抛体运动是水平方向的匀速运动和竖直方向的匀加速运动的合成,由这两个式子简单推导得出下列四个结论:

①物体从抛出到回落到抛出点高度所用的时间
$$T = \frac{2v_0\sin\theta}{g}$$

②飞行中的最大高度(即高出抛出点的距离)
$$Y = \frac{v_0^2\sin^2\theta}{g}$$

③飞行的射程(即回落到与抛射点的高度相同时所经过的水平距离)
$$X = \frac{v_0^2\sin2\theta}{g}$$
此式表明,当初速度大小相同时,在抛射角 $\theta = 45°$ 的情况下射程最大。

④在式(1.2.6)中消去 t,可得抛体的轨迹方程为
$$y = x\tan\theta - \frac{gx^2}{2v_0^2\cos^2\theta}$$

对于一定的 v_0 和 θ,这个函数表示一条通过原点的二次曲线,在数学上叫"抛物线"。

二、圆周运动

(一)圆周运动的角量描述

设一质点在平面 Oxy 内绕 O 点从 A 点出发做圆周运动,如图 1-15 所示。定义质点沿圆周运动的瞬时速度为线速度,如果以 s 表示圆周上质点由 A 点开始走过的弧长,根据式(1.1.7)可得其速率为

$$v = \frac{\mathrm{d}s}{\mathrm{d}t}$$

由图可知,线速度的方向为圆周上质点所处位置的切向运动方向,可见质点圆周运动过程中线速度方向在时刻变化。在之前的问题分析中,我们通常选取空间直角坐标系,但这种固定体系的坐标显然不能满足圆周运动中状态不断变化的要求。因此,在研究圆周运动时我们将采用自然坐标系。

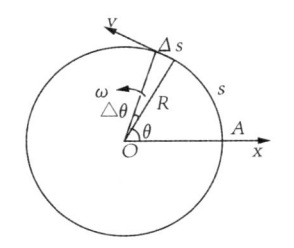

图 1-15　线速度与角速度　　　图 1-16　自然坐标系

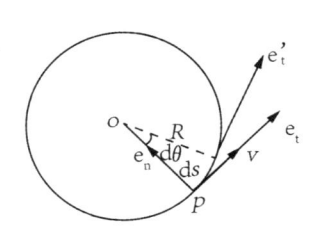

如图 1-16 所示,设质点绕圆心 O 做变速圆周运动。轨迹上任一点可建立如下坐标系:其中一根坐标轴沿轨迹在该点 P 的切线方向,该方向单位矢量用 e_t 表示;另一坐标轴沿该点轨迹的法线并指向曲线凹侧,相应单位矢量用 e_n 表示,这种坐标系就叫作自然坐标系。我们发现,轨迹上各点的自然坐标轴的方向不断变化,与圆周运动的运动状态完美契合。

圆周运动中对质点运动的描述不仅可以用线量,还可以用角量,如图 1-15 所示。以 θ 表示半径 R 从 OA 位置开始逆时针转过的角度,定义 θ 角为圆周运动的角位置。当质点在 $t+\Delta t$ 时刻,半径 R 逆时针转过的角度为 $\theta+\Delta\theta$,则 $\Delta\theta$ 称为质点对 O 点的角位移。角位移不但有大小而且有转向,一般规定沿逆时针转向的角位移取正值,沿顺时针转向的角位移取负值。

根据角位置 θ 与弧长 s 的关系 $s=R\theta$,可得

$$v = \frac{\mathrm{d}s}{\mathrm{d}t} = \frac{\mathrm{d}(R\theta)}{\mathrm{d}t} = R\frac{\mathrm{d}\theta}{\mathrm{d}t}$$

定义

$$\omega = \frac{\mathrm{d}\theta}{\mathrm{d}t} \tag{1.2.7}$$

可得

$$v = R\omega \tag{1.2.8}$$

这里 ω 称为圆周运动的瞬时角速度,简称角速度。它代表角位置对时间的变化率,其 SI 单位是 rad/s 或 1/s。角速度也具有方向性,满足右手螺旋法则:拇指

伸直，其余四指弯曲，弯曲方向为角位移方向，此时拇指的指向即为角速度的方向。图1-15中质点的角速度方向为垂直纸面指向读者。

圆周运动由于其运动的周期性，对质点运动时间的描述可采用周期，用 T 表示。当质点做匀速率圆周运动时，ω 和 v 均不随时间而变，由定义可知角速度 $\omega = 2\pi/T$，所以

$$T = \frac{2\pi}{\omega} \tag{1.2.9}$$

（二）切向加速度和法向加速度

要描述质点的圆周运动，需要知道质点的位置、位移、速度，当然也一定包括加速度。事实上，质点在做圆周运动时，由于速度矢量的方向在时刻改变，所以运动过程中总存在加速度。

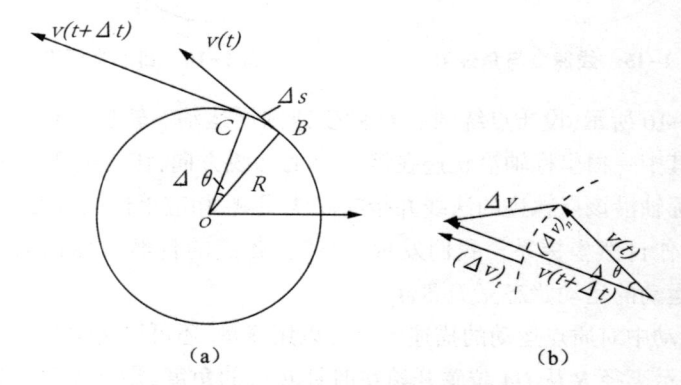

图1-17 变速圆周运动的加速度

如图1-17(a)所示，用 $v(t)$ 和 $v(t+\Delta t)$ 分别表示质点沿圆周运动经过 B 点和 C 点时的速度矢量，由加速度的定义可得

$$a = \lim_{\Delta t \to 0} \frac{\Delta v}{\Delta t} = \lim_{\Delta t \to 0} \frac{v(t+\Delta t) - v(t)}{\Delta t}$$

Δv 如图1-17(b)所示，在矢量 $v(t+\Delta t)$ 上截取一段，使其长度等于 $v(t)$，如图做矢量 $(\Delta v)_n$ 和 $(\Delta v)_t$，由矢量的合成可知 $\Delta v = (\Delta v)_n + (\Delta v)_t$，所以

$$a = \lim_{\Delta t \to 0} \frac{\Delta v}{\Delta t} = \lim_{\Delta t \to 0} \frac{(\Delta v)_n}{\Delta t} + \lim_{\Delta t \to 0} \frac{(\Delta v)_t}{\Delta t}$$

定义

$$a_n = \lim_{\Delta t \to 0} \frac{(\Delta v)_n}{\Delta t}, \quad a_t = \lim_{\Delta t \to 0} \frac{(\Delta v)_t}{\Delta t}$$

则

$$a = a_n + a_t \tag{1.2.10}$$

即圆周运动的加速度可以看成是这两个加速度的合成。先求加速度 a_t，由图 1-17(b)可得 $(\Delta v)_t$ 的数值大小为

$$v(t+\Delta t) - v(t) = \Delta v$$

即等于速率的变化。于是 a_t 的数值为

$$a_t = \lim_{\Delta t \to 0} \frac{\Delta v}{\Delta t} = \frac{\mathrm{d}v}{\mathrm{d}t} \qquad (1.2.11)$$

即 a_t 在数值上等于速率的变化率。当 $\Delta t \to 0$ 时，由图 1-17(b)可以看出，$(\Delta v)_t$ 的方向趋于和 $v(t)$ 在同一直线上，所以 a_t 的方向也沿着轨道的切线方向，因此这一加速度就叫作切向加速度，切向加速度用来描述质点圆周运动的速率变化的快慢。a_t 为一代数量，可正可负。当 $a_t > 0$ 时表示速率随时间增大，这时 a_t 的方向与速度 $v(t)$ 的方向相同；当 $a_t < 0$ 时表示速率随时间减小，这时 a_t 的方向与速度 $v(t)$ 的方向相反。把式(1.2.8)代入式(1.2.11)可得

$$a_t = \frac{\mathrm{d}v}{\mathrm{d}t} = \frac{\mathrm{d}(R\omega)}{\mathrm{d}t} = R\frac{\mathrm{d}\omega}{\mathrm{d}t}$$

定义

$$\alpha = \frac{\mathrm{d}\omega}{\mathrm{d}t} \qquad (1.2.12)$$

α 的物理意义是描述角速度 ω 随时间变化的快慢，叫作瞬时角加速度，简称角加速度，它的 SI 单位是 $\mathrm{rad/s^2}$ 或 $1/\mathrm{s}^2$。所以有

$$a_t = R\alpha \qquad (1.2.13)$$

即切向加速度等于半径与角加速度的乘积。

接下来求分加速度 a_n。比较图 1-17(a)和(b)中的两个相似三角形可得

$$\frac{|(\Delta v)_n|}{v} = \frac{\overline{BC}}{R}$$

即

$$|(\Delta v)_n| = v\frac{\overline{BC}}{R}$$

式中 $\overline{BC}$ 为弦的长度，当 $\Delta t \to 0$ 时，该弦长趋近于和对应的弧长 Δs 相等。因此 a_n 的大小为

$$a_n = \lim_{\Delta t \to 0}\frac{|(\Delta v)_n|}{\Delta t} = \lim_{\Delta t \to 0}\frac{v\Delta s}{R\Delta t} = \frac{v}{R}\lim_{\Delta t \to 0}\frac{\Delta s}{\Delta t} = \frac{v}{R}\frac{\mathrm{d}s}{\mathrm{d}t} = \frac{v}{R}v$$

将公式(1.2.8)代入可得

$$a_n = \frac{v^2}{R} = R\omega^2 \qquad (1.2.14)$$

关于 a_n 的方向，从图 1-17(b)中可以看到，当 $\Delta t \to 0$ 时，$\Delta \theta \to 0$，$(\Delta v)_n$ 的方向趋向于垂直于速度 $v(t)$ 的方向而指向圆心，可见 a_n 的方向在任何时候都垂直于圆的切线方向指向圆心，所以这一加速度叫作法向加速度或向心加速度。法向加速度表示由于速度方向的改变而引起的速度的变化率。在圆周运动中，因为速度方向不断变化，因此法向加速度也时刻存在。在直线运动中，由于速度方向不改变，所以 $a_n = 0$。在这种情况下，也可以认为 $R \to \infty$。

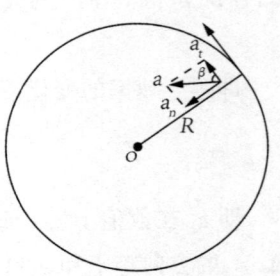

图 1-18 加速度的方向

由于 a_n 和 a_t 总是互相垂直，所以圆周运动的总加速度

$$a = \sqrt{a_n^2 + a_t^2} \qquad (1.2.15)$$

以 β 表示加速度 a 与速度 v 之间的夹角，如图 1-18 所示，则

$$\beta = \arctan \frac{a_n}{a_t}$$

应该指出，以上关于圆周运动中质点加速度的讨论及结果，也适用于任何平面上的曲线运动。这时有关公式中的半径应是曲线上所涉及点处的曲率半径（即该点曲线的曲率圆的半径）。还应该指出，曲线运动中的加速度

$$a = |a| = \left|\frac{dv}{dt}\right| \neq \frac{dv}{dt} = a_t$$

即曲线运动中加速度的大小不等于速率对时间的变化率，这一变化率只是加速度的一个分量，即切向加速度的数值。

综上所述，可得圆周运动中线量和角量之间的关系

$$\left. \begin{array}{l} v = R\omega \\ a_t = R\alpha \\ a_n = R\omega^2 \end{array} \right\} \qquad (1.2.16)$$

质点做圆周运动时，如果角速度 ω 不随时间变化，即角加速度 $\alpha = 0$，即质点做匀速圆周运动，其运动学方程为

$$\theta = \theta_0 + \omega t \qquad (1.2.17)$$

如果角加速度 $\alpha \neq 0$ 且不随时间变化，此时切向加速度 $a_t = R\alpha$ 为非 0 常数，即质点做匀变速圆周运动，我们可以仿照研究匀变速直线运动的方法得到角量形式下匀变速圆周运动的运动学方程

$$\left.\begin{array}{l}\omega = \omega_0 + \alpha t \\ \theta = \theta_0 + \omega_0 t + \dfrac{1}{2}\alpha t^2 \\ \omega^2 - \omega_0^2 = 2\alpha(\theta - \theta_0)\end{array}\right\} \quad (1.2.18)$$

上式中 θ、θ_0、ω、ω_0 和 α 分别表示角位置、初始角位置、角速度、初始角速度和角加速度。

例 1.2.2 一列火车由静止开始速率均匀增大,其轨迹为半径 $R = 1440$m 的圆弧。已知起动后 $t = 3$min 时列车的速率为 $v = 18$m/s,求起动后 $t_1 = 2$min 时,列车的切向加速度、法向加速度和总加速度,以及加速度 a 与速度 v_1 之间的夹角。

解 因为速率均匀增大,即切向加速度为常量

$$a_t = \frac{\mathrm{d}v}{\mathrm{d}t} = \frac{v-0}{t-0} = \frac{18}{3 \times 60} = 0.1(\mathrm{m/s^2})$$

当 $t_1 = 2$min 时,列车的速率 $v_1 = a_t t_1 = 0.1 \times 120 = 12$(m/s),此时的法向加速度

$$a_n = \frac{v_1^2}{R} = \frac{12^2}{1440} = 0.1(\mathrm{m/s^2})$$

总加速度的大小

$$a = \sqrt{a_n^2 + a_t^2} = \sqrt{0.1^2 + 0.1^2} = 0.14(\mathrm{m/s^2})$$

加速度 a 与速度 v_1 之间的夹角

$$\beta = \arctan\frac{a_n}{a_t} = \arctan\frac{0.1}{0.1} = 45°$$

例 1.2.3 一质点沿半径为 R 的圆周运动,其角位置按 $\theta = \pi t^2 (SI)$ 随时间变化,求质点的角速度、角加速度、切向加速度和法向加速度。

解 质点的角速度

$$\omega = \frac{\mathrm{d}\theta}{\mathrm{d}t} = 2\pi t(\mathrm{rad/s})$$

质点的角加速度

$$\alpha = \frac{\mathrm{d}\omega}{\mathrm{d}t} = 2\pi(\mathrm{rad/s^2})$$

质点的切向加速度

$$a_t = R\alpha = 2\pi R(\mathrm{m/s^2})$$

质点的法向加速度

$$a_n = R\omega^2 = R(2\pi t)^2 = 4\pi^2 R t^2(\mathrm{m/s^2})$$

第三节　枪弹检验中的运动学分析

一、弹道重建

在一个涉嫌枪击的现场,首先要解决的问题就是枪击现象是否确实发生,子弹是从哪里打来的,也就是弹道重建问题。主要从以下几个方面进行研究:

(一)首先需要确认弹着点。弹着点通常分为障碍物弹着点和目标物弹着点。

障碍物弹着点是指弹头在射向目标的过程中经过了障碍物,与障碍物进行了某种形式的接触,在障碍物上留下的弹着点痕迹。目标物弹着点是指弹头命中射击目标,在射击目标上留下的弹着点痕迹。障碍物弹着点和目标物弹着点并无确定的先后关系,可能弹头先经过障碍物,形成障碍物弹着点,再到达目标物,形成目标物弹着点;也可能先击穿目标物,再与障碍物相遇,形成障碍物弹着点。寻找这两处弹着点痕迹的目的:一是确认枪击现象的存在,二是为现场弹道重建建立分析基础。

找到弹着点痕迹后,不但要对痕迹的形态进行分析,而且要注意观察痕迹周围的射击残留物,它可以为射击距离的判断提供帮助。如果弹孔周围出现烧灼现象,那么射击距离只能在大约5cm以内。如果弹孔周围出现烟晕现象,射击距离一般在80cm之内。1m左右射击,弹孔周围用肉眼还能观察到火药残留颗粒。1m以外的射击距离称为远距离射击,基本不能用肉眼发现残留物的存在。一般情况下,弹孔周围的烧灼情况以及射击残留物的遗留情况可用肉眼观察,但有些情况下却需要用仪器进行分析。例如,在一个用肉眼没有观察到残留物且形态学特征也不明显的枪击疑似客体上,我们可以通过分析仪器,如能谱仪等确认客体上是否有射击残留物附着。如果有开枪的嫌疑人(包括死者),也可以通过仪器分析确认嫌疑人的手上是否有射击残留物存在,并以此分析案件性质、确认作案嫌疑人。对于疑似自杀的现场来说,这一点尤为重要。

(二)通过弹孔形态以及两个以上弹孔的几何关系分析枪弹射击方向、射击距离。

通常情况下,如果弹头是直射(枪弹射线与客体平面呈90°夹角)命中客体,那么形成的弹孔基本上是一个正圆形的弹孔;如果弹头是斜射(枪弹射线与客体平面呈15°~90°的夹角)命中客体,那么弹孔一般是一个短轴不对称的椭圆形弹孔,可以据此判断弹头射来的方向。

如果现场有两个以上的弹孔，那么可以根据两个弹孔连接的射线以及与水平线构成的三角形来分析弹头射击的方向和距离。分析射击距离可以采用相似三角形法和三角函数法进行计算，最终得到一个大致的射击距离。计算的精确与否取决于对弹孔距离、高度的测量以及对嫌疑人持枪姿态的判断。通常对距离的分析并不需要绝对的精确，但是要尽量精确到能够据此开展继续调查的程度。现场弹道的重建还涉及射击枪支的数量问题，射击枪支的数量分析主要根据弹头、弹壳的同一认定来进行。

二、射程和射速

（一）射程。射程即射击距离，严格地说，是弹道起点至落点的水平距离。射程分为有效射程、表尺射程、杀伤射程和最大射程。

1. 有效射程，是指能保证达到规定的射程精度和弹头对目标的作用效果的射击距离。

2. 表尺射程，是指瞄准装置具有表尺的枪种，其表尺上所刻画的最大值，是供优秀射手射击及射击次要目标使用。

3. 杀伤射程，是指保证弹头达到对有生目标的杀伤作用效果最低标准的射击距离。一般在此距离上，枪支已不能保证规定的射击精度，即不能可靠地击中目标，但弹头击中目标则仍能实现杀伤。

4. 最大射程，是指枪支在最大射程角下射击时，弹头飞行能达到的最远水平距离。

（二）射速。枪支的射速，是指单位时间内枪支发射枪弹的数量，分为理论射速和实际射速。理论射速，是指由实验测定或理论计算得出的连续两发枪弹射击之间的时间，从而得到每分钟内枪支发射枪弹的数量。实际射速，是指实际使用时枪支所能达到的每分钟发射枪弹的数量。它与理论射速、弹匣容弹量、更换弹匣时间、瞄准时间以及采用的发射方式（单发、点射及连发）有关。通常有关资料提供的实际射速是指在最有利的条件下射击时每分钟内该枪发射枪弹的平均最大数量。

三、弹道形成的方式

对弹道的研究并结合现场几何学知识、证人陈述和其他证据有助于涉枪案件现场的重现。另外，对弹道的研究还有助于对弹道的发现及定位。

(一)子弹的射击方向

射击方向包括射击方位和弹头的命中角度。射击方位,是指弹头在现场环境中的飞行方位。命中角度指弹头击中目标的落角或者着角,即弹头击中目标时速度方向与水平面的夹角或弹头速度方向与目标线间的夹角。

在对枪击现场进行勘查时,若已确定了现场枪支、弹头和弹壳的相对位置,确定射击方向和射击位置并不困难。在某些情况下还可以推断弹头的飞行路线。例如,弹头穿过某个固定物体后(如门、窗、固定的家具及树木等)又撞击到墙上,这就确定了弹头在现场的实际飞行路线,甚至可以反推出枪击可能的发射地点。

在现场还可以利用图上作业,按比例绘制现场图,在图上准确算出现场勘查时测量的弹头穿越各物体时弹着点的位置,并将这些点用直线连接。其平面图的水平投影表示弹头飞行路线与现场相关物体的相对位置,立面投影表示弹头向上或向下的飞行方向和飞行高度。

这种图上作业或者在枪击现场利用弹孔、弹着点的相对位置关系进行拉线分析,不仅有助于分析射击方向,还可以在现场有多个弹着点的情况下确定命中目标的弹头飞行路线。

判别弹头正射或斜射,确定射击方向的方法有:根据不同的弹孔特点来判断;根据弹孔边缘"半出半入"的特征来判断;根据铁皮上弹孔边缘的"方口"状特征来判断;根据射击残留物分布状态来判断。

(二)射击者和中弹目标的位置关系

自杀案件均为接触射击、贴近射击或比较近的距离射击造成的。如果超出了自杀者手臂可以到达的范围(手臂可以达到的范围是指枪管倒置、枪口指向自杀者时,其手臂伸开,手指可扣动扳机的一般长度),死者将无法射击。也就是说,自杀者不可能从背后、后脑等正常持枪无法射击的方向、部位来开枪自杀。

(三)射击距离的估计

应用几何原理计算射击距离,就是应用平面几何学相似三角形对应边成比例的原理进行计算。因为在弹道直线段上弹头沿直线运动,计算时不必测出弹头的射角、落角,所以这种方法是应用弹道直线段的近似计算法。

四、射击距离的重现

可以根据调查和现场勘验记录以及被害人与犯罪分子之间的位置重现射击距离。

(一)贴近射击,指枪口碰着障碍物或在 1cm~2cm 距离内的射击。其在物体上的特征反映为织物、纸张、人体、木材等障碍物上可见到弹孔周围形成一圈褐色或接近黑色的烧焦痕迹；在皮肉、织品等薄层物体上常可见撕裂和缺损的特征。在弹头入口处的织物上能见到沿着经线与纬线方向发生"十、T"形的撕裂，有时还出现辐射线状的裂纹，其纤维指向通常为弹头的前进方向。有时在物体上还会留下枪口的印痕。

（二）近距离射击，指到达障碍物时，除弹头外，还有附带射击残留物，通常是30cm～50cm距离内的射击。其在物体上的痕迹特征反映为：能明显见到烟垢痕迹，弹孔周围色深的一周叫作中心烟垢，其外围色浅的一圈叫外围烟垢。烟垢面积越大，射距越近。未燃火药、金属屑、枪油也会在弹孔周围形成痕迹，呈喷溅状。

（三）远距离射击，根据弹孔、弹着点来分析测算：

1. 利用两处以上弹孔，测算射击距离。

如果射入孔低，射出孔高。设射入孔 A 高 h_1，射出孔 B 高 h_2，两孔水平距离 L，射击距离 S，h 为持枪口高，近似为持枪人身高，则计算公式为：

$$S = \frac{(h_1 - h) \times L}{h_2 - h_1}$$

如果入孔高，出孔低，并根据现场或调查情况，还可确定枪口的高度，也可用同样的公式来计算射击距离 S，即：

$$S = \frac{(h - h_1) \times L}{h_1 - h_2}$$

2. 利用一个弹孔测算射击距离。

弹头射于较厚物体上可显示弹道，根据弹道与水平面的夹角 θ，即可计算射击距离 S，即：

$$S = (h_1 - h)\cot\theta$$

五、弹道分析

弹道分析是现场重现的主要依据之一。弹头的质心在枪管外自由飞行的弹道并非直线，而是一条近似于抛物线的曲线，称为弹道曲线。在不计空气阻力的情况下，真空弹道曲线的特点为：弹道是一条抛物线，升弧与降弧对称；落角等于发射角；弹速变化规律是升弧段弹速逐渐变小，顶点为最小值，降弧段弹速逐渐增大，最后末速等于初速；最大射程角为45°。

美国等国家的一些研究机构已研制出计算机软件，用于空气弹道的计算和分析。空气弹道与真空弹道的不同之处是：

（一）空气弹道不是一条抛物线。其升弧平伸且长，降弧弯曲且短。因为弹头在升弧段，运动速度大，重力影响小，弹头几乎沿着发射线运动。

（二）真空弹道最大射程角为 45°，受空气阻力影响，现有枪支最大射程角均小于 45°，一般为 28°~35°，射程也较真空弹道小。

（三）弹速的变化规律与真空弹道不同。当弹头进入降弧段，空气阻力等于重力在飞行方向的分力时，弹速为最小值。

通过对使用枪支种类、射击距离、射击方向和角度、弹道分析以及调查访问信息的研究，有助于枪弹证据在现场的重现。

思考题

1. 描述质点的运动为什么要选参照系？参照系与坐标系的关系是什么？
2. 路程与位移有什么区别？位置矢量与位移有什么区别？
3. 速度与速率有什么区别？二者的关系是什么？
4. 描述质点的运动状态用什么物理量？状态与时间对应还是与时刻对应？
5. 一质点具有恒定的速率，但仍有变化的速度，是否可能？一质点具有恒定的速度，但仍有变化的速率，是否可能？

第二章

质点动力学

上一章介绍了质点的运动学,重点研究了质点的机械运动状态,讨论如何描述一个质点随时间变化的空间位置的改变,但并不涉及物体间相互作用与运动的关系,本章则要就相关问题进行讨论,也就是质点的动力学。牛顿运动定律是整个动力学的基础,根据牛顿定律建立的力学体系叫牛顿力学或经典力学。牛顿第二定律反映了力的瞬时效应,但在实际问题中,不仅需要研究力的瞬时效应,还需要研究力的过程效果,由此引入了冲量、动量、做功和能量等物理概念,将动力学研究从瞬时关系过渡到过程关系。在此基础上,可以推导出动量定理、动能定理以及动量守恒定律和机械能守恒定律。牛顿运动定律与动量定理、动能定理、动量守恒定律以及机械能守恒定律共同组成了质点动力学的基本架构。

第一节 牛顿运动定律

我们知道,地球的公转半径为 $1.5×10^{11}$ m,公转周期为 365 天。而太阳系最大的小行星——谷神星,其直径约 960km,如图 2-1 所示。已知谷神星的公转周期为 $1.67×10^3$ 天,你能算出它公转的轨道半径吗?其中蕴含着万有引力定律和牛顿运动定律的知识。

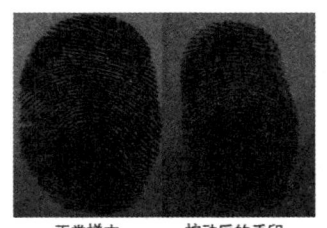

图 2-1 谷神星   图 2-2 拧动形成的变形手印

在实际工作中,从现场所提取的手印都有变形,当其变形较大就会给检验、鉴定造成困难,如图 2-2 所示,为经过拧动后残留的手印。要解决这类问题,我们需要借助力学进行分析,详细内容将在本章的最后一节进行介绍。

一、牛顿运动定律

牛顿在伽利略研究的基础上,经过深入的分析和研究,于 1687 年出版了名著《自然哲学的数学原理》,其中提到了三条定律,并把这三条定律作为动力学的基础,后人为了纪念牛顿的研究成果,将这三条定律称为牛顿运动定律。现将牛顿运动定律的内容叙述如下:

牛顿第一运动定律 任何物体都保持静止或匀速直线运动状态,除非作用在它上面的力迫使它改变这种状态。牛顿第一运动定律也称为惯性定律。

牛顿第二运动定律 物体所受的合外力等于物体的动量对时间的变化率。

牛顿第三运动定律 两个物体间相互作用力大小相等、方向相反,且在同一直线上。

图 2-3 艾萨克·牛顿

上述三条定律是一个有机的整体,无论是理解其内容,还是运用它们来分析和解决实际问题,都应该把三者结合起来考虑,绝不能将其分割。下面对这三条定律中涉及的基本概念和物理量做一些解释和说明。

(一)牛顿第一运动定律和两个力学基本概念相联系。一个是物体的惯性,它是物体本身要保持运动状态不变的性质,或者说物体抵抗运动状态发生变化的原因。另一个是力,它是迫使物体运动状态改变,也就是使该物体产生加速度的原因。实际上,作用在物体上的力不止一个,物体所受的合力不为零会产生物体运动状态的改变。

第一章中提到,质点的运动要相对于一定的参考系来说才有意义,所以牛顿第一运动定律也定义了一种参考系。在这种参考系中观察到,一个不受外力作用的物体将保持静止或匀速直线运动状态不变,这样的参考系叫惯性参考系,简称惯性系。惯性系有一个重要的性质,即相对于一个惯性系静止或做匀速直线运动的任何其他参考系也一定是惯性系。相对于一个惯性系做加速运动的参考系,一定不是惯性系,或者说是一个非惯性系。一个参考系是不是惯性系,可以通过实验来判定。实验指出,对于一般的力学现象来说,地面参考系是一个足够精确的惯性系。

(二)牛顿第一运动定律只是定性地指出了力是物体运动状态改变的原因,而牛顿第二定律进一步给出了力和运动的定量关系。动量是力学中最基本最重要的概念之一。物体的质量和速度的乘积称为物体的动量。以 p 表示质量为 m 的物体以速度 v 运动时的动量,它是一个矢量,方向与速度方向相同,其定义式为

$$p = mv \tag{2.1.1}$$

在国际单位制中,动量的单位是千克·米/秒,符号是 $kg \cdot m/s$。

因此,牛顿第二定律可以表示为

$$F = \frac{\mathrm{d}p}{\mathrm{d}t} \tag{2.1.2}$$

理解和应用上式要注意:

1. 这是一个瞬时关系,即物体在 t 时刻所受的合外力 $F(t)$ 等于物体在该时刻的动量 $p(t)$ 对时间的变化率 $\dfrac{\mathrm{d}p(t)}{\mathrm{d}t}$。

2. 将式(2.1.1)代入式(2.1.2)可得

$$F = \frac{\mathrm{d}p}{\mathrm{d}t} = \frac{\mathrm{d}(mv)}{\mathrm{d}t} = \frac{\mathrm{d}m}{\mathrm{d}t}v + m\frac{\mathrm{d}v}{\mathrm{d}t}$$

在牛顿力学或经典力学体系中,物体在运动过程中质量不变,并由式(1.1.12)可得

$$\frac{\mathrm{d}m}{\mathrm{d}t} = 0, \frac{\mathrm{d}v}{\mathrm{d}t} = a$$

所以

$$F = ma \tag{2.1.3}$$

即物体所受的合外力等于它的质量和加速度的乘积。在相同外力的作用下,物体的质量和加速度成反比,质量大的物体产生的加速度小。这意味着质量大的物体抵抗运动变化的性质强,也就是它的惯性大。因此,质量是物体惯性大小的量度,称为惯性质量。

现代实验已经证明,当物体速度接近光速时,其质量明显和速度有关,因而式(2.1.3)不再适用,但是式(2.1.2)被证明仍然成立,所以式(2.1.2)是牛顿第二运动定律更普遍的形式。

3. 式(2.1.2)和式(2.1.3)都是矢量式,应用时常用它们的分量式。在直角坐标系中,这些分量式是

$$F_x = \frac{\mathrm{d}p_x}{\mathrm{d}t}, F_y = \frac{\mathrm{d}p_y}{\mathrm{d}t}, F_z = \frac{\mathrm{d}p_z}{\mathrm{d}t} \tag{2.1.4}$$

或

$$F_x = m a_x, F_y = m a_y, F_z = m a_z \tag{2.1.5}$$

如果物体在一维运动,可以只使用 x 方向的分量式。

对于平面曲线运动,常用自然坐标系,即用切向和法向的分量式,即

$$F_t = m a_t, F_n = m a_n \tag{2.1.6}$$

在国际单位制中,力的单位是牛顿,简称牛,符号 N,$1N = 1 \text{kg} \cdot \text{m/s}^2$。

(三)关于牛顿第三定律,若以 F_{12} 表示第一个物体受第二个物体的作用力,以 F_{21} 表示第二个物体受第一个物体的作用力,则这一定律可以用数学形式表示为

$$F_{12} = -F_{21} \tag{2.1.7}$$

应该明确,这两个力总是同时作用,分别作用在两个物体上。

注意,牛顿三定律只适用于惯性系。

例 2.1.1 一个质量是 2kg 的物体,其运动方程为 $x = -3t^2 + 4t + 5(SI)$,求物体所受的合外力,并说明合外力的大小和方向。

解 物体的速度 $v = dx/dt = -6t + 4$,加速度 $a = dv/dt = -6$,物体所受的合外力

$$F = ma = 2 \times (-6) = -12(N)$$

合外力的大小是 $12N$,方向沿 x 轴负方向。

二、三种常见力和四种基本力

要运用牛顿运动定律解决问题,首先必须能正确分析物体的受力情况。在日常生活和工程技术中经常遇到的力有重力、弹力和摩擦力等,在中学物理中已经介绍过,下面只做简要的介绍。

(一)重力

重力是由地球对物体的万有引力引起的。在忽略地球自转的情况下,重力是地球表面或表面附近的物体,所受地球对它的吸引力。在考虑地球自转的情况下,重力是地球对物体吸引力的一个分力,指向偏离地心,如图 2-4 所示,F 是物体所受地球的引力,f 是物体做圆周运动所需的向心力,G 是物体所受重力,所以同一物体在地球上不同的地点,所受的重力稍有不同,在赤道地区最小,在两极地区最大。一般来说,在重力

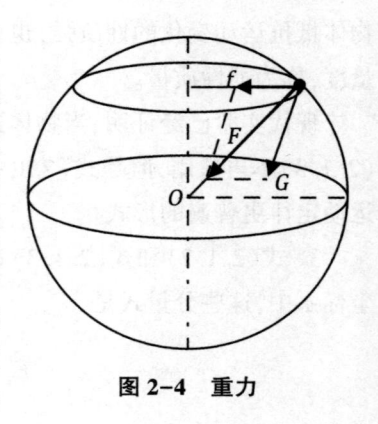

图 2-4 重力

作用下,任何物体产生的加速度都以重力加速度 g 来表示。以 m 表示物体质量,则由牛顿第二运动定律得 $G=mg$,通常取 $g=9.8m/s^2$。从广义上讲,任何天体对其表面上或表面附近的物体的吸引力,都称为重力,如月球重力、金星重力和火星重力等。

(二)弹力

发生形变的物体,由于要恢复原状,因此对与它接触的物体会产生力的作用,这种力称为弹力。弹力的表现形式有很多种,下面只讨论三种常见的表现形式。

1. 正压力(或支持力):两个相互接触的物体,因为挤压都发生了形变,为了恢复原状,两物体将产生对彼此的弹力作用。正压力的大小取决于相互挤压的程度,它们的方向总是垂直于接触面指向对方。

2. 拉力(或牵引力):拉紧的绳或线对物体的力。拉力的产生是由于绳发生了拉伸形变,它的大小取决于绳被拉紧的程度,方向总是沿着绳而指向绳要收缩的方向。绳产生拉力时,其内部各段之间也有相互的弹力作用,这种内部的弹力叫作张力。在很多实际问题中,绳线的质量往往可以忽略,这时可以认为绳中各点的张力都是相等的,等于该绳拉物体的力。

3. 弹簧的弹力:当弹簧被拉伸或压缩时,对与之相连的物体产生的力。如图 2-5 所示,因其总是要使弹簧恢复原状,所以又叫作回复力。弹簧的弹力遵守胡克定律:在弹性限度内,弹力的大小和形变量成正比。以 f 表示弹力,以 x 表示形变量(即弹簧的长度相对于原长的变化),胡克定律为

$$f = -kx \qquad (2.1.8)$$

式中,k 叫作弹簧的劲度系数,取决于弹簧本身的结构;负号表示弹力的方向总是与形变的方向相反。当 x 为正值时,弹簧拉伸,f 为负(即弹力的方向与拉伸方向相反);当 x 为负值时,弹簧压缩,f 为正(即弹力的方向与压缩方向相反)。总之,弹簧的弹力的方向总是指向它恢复原长的方向。

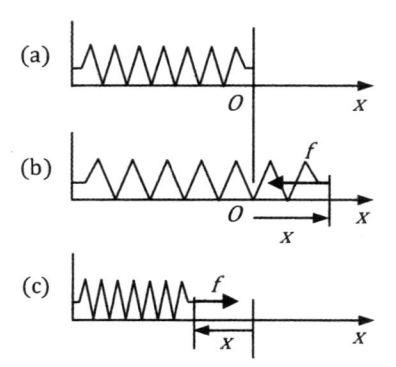

图 2-5 弹簧的弹力

(三)摩擦力

当两个相互接触的物体沿着接触面做相对运动或者有相对运动趋势时,在接触面之间就会产生一对阻止相对运动的力,叫作摩擦力。只有两个物体具有相对运动趋势时产生的力称为静摩擦力,做相对运动时产生的称为滑动摩擦力,滑

动摩擦力的方向总是与相对运动的方向相反,如图 2-6 所示。实验证明,当物体间相对运动的速度不大时,滑动摩擦力 f_k 的大小和相对运动速度无关,和正压力 N 成正比,即

$$f_k = \mu_k N \tag{2.1.9}$$

式中 μ_k 叫作滑动摩擦系数,它不仅和相互接触的两个物体的材料和表面情况有关,还和物体的相对速度有关。在大多数情况下,滑动摩擦系数随相对速度的增大而减小。

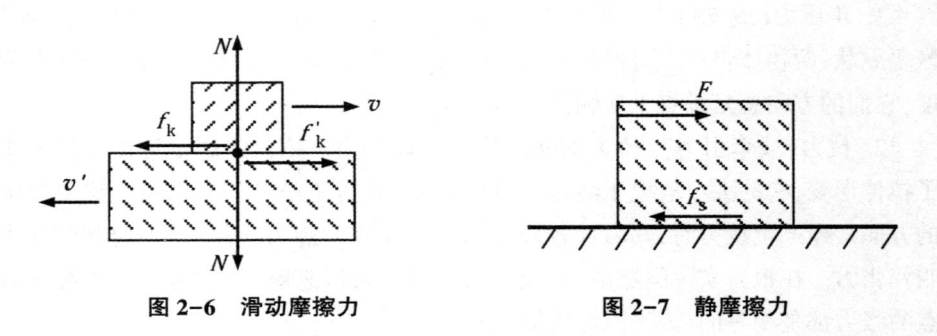

图 2-6 滑动摩擦力

图 2-7 静摩擦力

在图 2-7 中,用力推停在地板上的木箱,没有推动,是由于木箱底部受到了地板的静摩擦力 f_s 的作用。当一个物体受到另一个物体的静摩擦力时,其摩擦力方向与它相对于后者可能的运动方向相反。所谓可能的方向指的是,如果没有静摩擦力存在时物体将要运动的方向。如果没有静摩擦力,木箱将向右运动,这就是它可能的运动方向。静摩擦力的大小是可以改变的。在人推木箱的例子中,由于木箱是静止的,所以静摩擦力的大小显然等于人的推力的大小,因而静摩擦力的大小随着人的推力的变化而变化。当然,静摩擦力的大小是有限度的,因为当人的推力达到一定程度时,木箱就要产生运动,这个最大的静摩擦力称为最大静摩擦力。由实验得知,最大静摩擦力 $f_{s\max}$ 与两个物体间的正压力 N 成正比,其大小为

$$f_{s\max} = \mu_s N \tag{2.1.10}$$

式中比例系数 μ_s 称为静摩擦系数,它与接触面的材料和表面情况有关。对于同样的两个接触面,静摩擦系数 μ_s 总是大于滑动摩擦系数 μ_k,有时为了方便,默认它们近似相等。一般两个系数都小于 1,各种接触面间的滑动摩擦系数和静摩擦系数都可以在《工程技术手册》中查到。

例 2.1.2 用水平压力 F 把一个物体压着靠在粗糙的竖直墙面上保持静止,当 F 逐渐增大时,物体所受的静摩擦力 f (　　)

(A) 恒为零　　　　　　(B) 不为零,但保持不变

(C) 随 F 成正比增大　(D) 开始随 F 增大,达到某一最大值后,就保持不变

解　选 B 。根据牛顿第一运动定律,物体保持静止,则所受合外力为零,水平和竖直方向上所受的合外力都为零。在竖直方向上,只有重力和静摩擦力,它们是一对平衡力,大小相等,方向相反,作用在同一物体上,所以静摩擦力大小等于重力大小,不为零,且保持不变,故选 B 。

分析这道题时,不能应用 $f_{smax} = \mu_s N$ 来分析和计算,因为 f_{smax} 是最大静摩擦力,而本题是问静摩擦力,不是最大静摩擦力。而且,在公式 $f_{smax} = \mu_s N$ 中的 N 是物体在发生相对滑动临界点时的正压力,而本题目"当 F 逐渐增大"的 F 不是物体在发生相对滑动临界点时的正压力。

近代物理学证明,以上各种各样的力就其本质而言,都来自四种基本力,它们是万有引力、电磁力、强力和弱力。下面做简单介绍。

1. 万有引力

它是存在于任何两个物体之间的吸引力,其规律由牛顿等人发现。根据牛顿引力定律,质量分别为 m_1 和 m_2 的两个质点,相距为 r 时,它们之间的万有引力大小为

$$F = G \frac{m_1 m_2}{r^2} \qquad (2.1.11)$$

式中 G 叫作万有引力常量,在国际单位制中,它的值为

$$G = 6.67 \times 10^{-11} N \cdot m^2 \cdot kg^{-2}$$

重力是由地球对它表面附近的物体的引力引起的,忽略地球自转的影响(其误差不超过 0.4%),物体所受的重力就等于它所受地球的万有引力。设地球的质量为 M,半径为 R,物体的质量为 m,即有

$$mg = G \frac{Mm}{R^2}$$

由此得

$$g = \frac{GM}{R^2}$$

粒子之间的万有引力是非常小的,例如相邻的两个质子之间的万有引力大约为 $10^{-34} N$,因而常常可以忽略。

2. 电磁力

存在于静止电荷之间的电性力以及存在于运动电荷之间的电性力和磁性力,由于它们在本质上相互联系,总称为电磁力。在微观领域中,还有些不带电的中性粒子也参与电磁相互作用中。电磁力和万有引力一样都是长程力,但与万有引

力不同,它的表现形式既有引力也有斥力,而且比万有引力大得多。两个相邻质子之间的电磁力要比同距离下的万有引力大 10^{36} 倍。

由于分子和原子都是由电荷组成的系统,所以它们之间的作用力基本上就是它们的电荷之间的电磁力。物体之间的弹力和摩擦力以及气体的压力、浮力、黏滞阻力等都是相邻原子或分子之间作用力的宏观表现,因此基本上也是电磁力。

3. 强力

当人们对物质结构的探索进入比原子还小的微观领域中时,发现在核子、介子和超子之间存在一种强力。正是这种强力把原子内的一些质子以及中子紧紧束缚在一起,形成原子核。强力是比电磁力更强的基本力,两个相邻质子之间的强力可达 $10^4 N$,比电磁力大 10^2 倍。强力是一种短程力,其作用范围很短,粒子之间距离超过 $10^{-15}m$ 时,强力小得可以忽略;小于 $10^{-15}m$ 时,强力占主要支配地位;而且直到距离减小到大约 $0.4 \times 10^{-15}m$ 时,它都表现为引力,距离再减小,强力就表现为斥力。

4. 弱力

在微观领域中,人们还发现一种短程力,叫弱力。弱力在导致 β 衰变放出电子和中微子时,显示出它的重要性。两个相邻质子之间的弱力只有 $10^{-2}N$ 左右。

在种类繁多、形式多样的力中,人们认识到的基本力只有四种。此后,人们试图寻找这四种力之间的联系。爱因斯坦一生最大的愿望就是追求世界的和谐、简单和统一,他想要把万有引力和电磁力统一起来,但没有成功。20 世纪 60 年代,格拉肖($S.L. Glashow$)、温伯格($S. Weinberg$)和萨拉姆($A. Salam$)在杨振宁等人提出的理论基础上,提出了把电磁力和弱力统一起来的理论——电弱统一理论。这种理论指出:在高能范围内,电磁相互作用和弱相互作用本是同一性质的相互作用,称作电弱相互作用。在低于 250GeV 能量范围内,由于"对称性的自发破缺",统一的电弱相互作用分解成了性质极为不同的电磁相互作用和弱相互作用。这种理论已经在 20 世纪 70 年代和 80 年代初期被实验证实。电弱统一理论使人类在对自然界的统一性的认识上又前进了一大步。现在物理学家们正在努力,以期建立起包括电弱强相互作用的"大统一理论"(它管辖的能量尺度为 $10^{15}GeV$,目前有些预言已被实验"间接地探索过了")。人们还期望,最终建立起统一四种基本相互作用的"超统一理论"。

三、牛顿运动定律的应用

利用牛顿运动定律求解实际问题时,按照下面的步骤进行最为有效。

(一)认物体。在有关问题中选定一个物体作为研究对象,该物体可以看成是质点。若问题中涉及多个物体,则可采用隔离法,逐个作为研究对象进行分析,并确定每个所认物体的质量。

(二)看运动。分析确定所认物体的运动状态,包括它的运动轨迹、速度和加速度。问题涉及多个物体时,还要找出它们之间的运动学关系,即它们的速度和加速度之间的关系。

(三)查受力。找出被认定的物体所受的实际力(必须知道施力物体)。这些力可能是重力、弹力、摩擦力等。画出简单的示意图以表示物体受力情况与运动情况。

(四)列方程、求解、讨论。把上面分析所得的质量、加速度和力运用牛顿运动定律联系起来列出方程式,在方程式足够的情况下即可求解,得出结果后,还必须根据实际讨论该结果是否具有物理意义。

动力学问题一般分为两类:一类是已知一个物体受到几个力的作用,或者若干个物体之间的相互作用力,欲求出物体的加速度和运动状态;另一类是已知物体的运动状态和加速度,欲求物体之间的相互作用的力。这两类问题的分析方法相同,只是所求的未知量不同,均可按照上述 4 个步骤进行,下面通过实例加以说明。

例 2.1.3 一个滑轮组如图 2-8(a)所示,其中 A 为定滑轮,B 为动滑轮。一根不能伸长的绳子绕过两个滑轮,上端固定于梁上,下端挂一重物,其质量为 $m_1 = 1.5\text{kg}$;动滑轮 B 的轴上悬挂着另一个重物,其质量为 $m_2 = 2\text{kg}$,滑轮的质量、轴的摩擦及绳的质量均忽略不计。求:(1)两重物的加速度和绳子中的张力;(2)定滑轮 A 的固定轴上受到的压力。

解 分别对两重物 m_1 和 m_2(m_2 和动滑轮连接在一起)进行分析。设其加速度分别为 a_1 和 a_2,它们的受力情况如图 2-8(b)所示。由于滑轮和绳的质量以及轴上的摩擦均忽略不计,所以绳子中各处的张力大小相等,设为 T。

(1)分别对 m_1 和 m_2 应用牛顿第二运动定律,得竖直方向的分量表达式为

$$\begin{cases} 对 m_1: m_1 g - T_1 = m_1 a_1 & ① \\ 对 m_2: 2T_2 - m_2 g = m_2 a_2 & ② \end{cases}$$

因为绳子不伸长,所以 m_1 和 m_2 经过的路程的关系为 $S_1 = 2s_2$,对时间求二阶导数得

$$\frac{d^2 S_1}{dt^2} = 2\frac{d^2 S_2}{dt^2}$$

即两重物的加速度应有下列关系:

$$a_1 = 2a_2 \quad ③$$

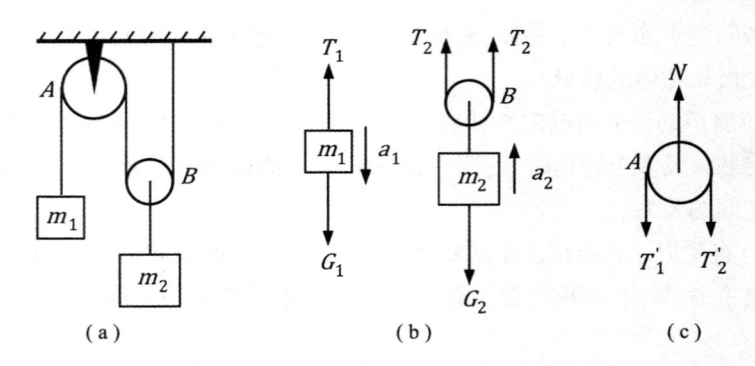

图 2-8 例 2.1.3 用图

张力的关系式：
$$T_1 = T_2 = T \quad ④$$

联立上面 ① ~ ④ 式可以得出

$$a_1 = 2\frac{2m_1 - m_2}{4m_1 + m_2}g = 2\frac{2 \times 1.5 - 2}{4 \times 1.5 + 2} \times 9.8 = 2.45(\text{m} \cdot \text{s}^{-2}),\text{方向向下}$$

$$a_2 = \frac{2m_1 - m_2}{4m_1 + m_2}g = \frac{2 \times 1.5 - 2}{4 \times 1.5 + 2} \times 9.8 = 1.23(\text{m} \cdot \text{s}^{-2}),\text{方向向上}$$

$$T = \frac{3m_1 m_2}{4m_1 + m_2}g = \frac{3 \times 1.5 \times 2}{4 \times 1.5 + 2} \times 9.8 = 11(\text{N})$$

(2) 滑轮 A 的受力情况如图 2-8(c)所示，其中 N 为固定轴对滑轮的作用力。由于滑轮的质量忽略不计，所以对它应用牛顿第二运动定律，得

$$T'_1 + T'_2 - N = 0$$

而
$$T'_1 = T'_2 = T$$

因此得

$$N = 2T = \frac{6m_1 m_2}{4m_1 + m_2}g = 22.1(\text{N})$$

再根据牛顿第三定律可得轴所受的压力大小为 $N = N' = 22.1N$，方向向下。

例 2.1.4 如图 2-9 所示，一个可以水平运动的斜面，倾角为 α。斜面上放一物体，质量为 m，物体与斜面间的静摩擦系数为 μ_s，斜面与水平面之间无摩擦。如果要使物体在斜面上保持静止，问斜面向左的水平加速度如何？

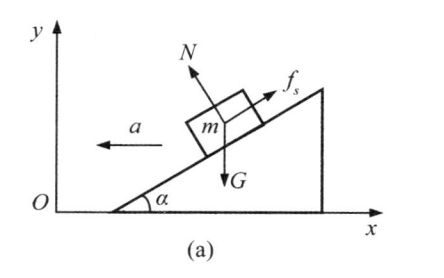

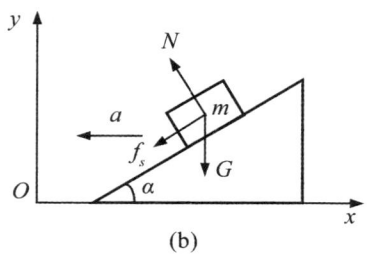

图 2-9 例 2.1.4 用图

解 认定斜面上的物体为研究对象,由于它在斜面上保持静止,因而具有和斜面相同的加速度 a 。可以看出,如果斜面的加速度太小,则物体将向下滑;如果斜面的加速度太大,则物体将向上滑。

(1) 先假定物体相对于斜面有向下滑的趋势,即受到沿斜面向上的静摩擦力 f_s 的情况,它的受力如图 2-9(a)所示。选定直角坐标系如图 2-9(a)所示,则对物体应用牛顿第二运动定律,得

$$\begin{cases} x: f_s\cos\alpha - N\sin\alpha = m(-a) \\ y: f_s\sin\alpha + N\cos\alpha - mg = 0 \end{cases}$$

因为 $\qquad f_s \leqslant \mu_s N$

联立上面 3 个方程,解得

$$a \geqslant \frac{\sin\alpha - \mu_s\cos\alpha}{\cos\alpha + \mu_s\sin\alpha}g$$

(2) 再假定物体相对于斜面有向上滑的趋势,即受到沿斜面向下的静摩擦力 f_s 的情况,它的受力如图 2-9(b)所示。选定直角坐标系如图 2-9(b)所示,则对物体应用牛顿第二运动定律,得

$$\begin{cases} x: -f_s\cos\alpha - N\sin\alpha = m(-a) \\ y: -f_s\sin\alpha + N\cos\alpha - mg = 0 \end{cases}$$

又因为 $\qquad f_s \leqslant \mu_s N$

联立上面 3 个方程,解得

$$a \leqslant \frac{\sin\alpha + \mu_s\cos\alpha}{\cos\alpha - \mu_s\sin\alpha}g$$

综合上式可得出:要使物体在斜面上静止,斜面水平向左的加速度应满足

$$\frac{\sin\alpha - \mu_s\cos\alpha}{\cos\alpha + \mu_s\sin\alpha}g \leqslant a \leqslant \frac{\sin\alpha + \mu_s\cos\alpha}{\cos\alpha - \mu_s\sin\alpha}g$$

此题如果选择平行于斜面的方向为 x 轴,垂直于斜面的方向为 y 轴,再分别沿

两个坐标轴方向对物体应用牛顿第二定律,计算过程会简便得多,请同学们自行练习。

例 2.1.5 谷神星(太阳系最大的小行星,直径约 960km)的公转周期为 1.67×10^3d。以地球公转为参考,求谷神星公转的轨道半径。已知地球公转半径为 1.5×10^{11}m,公转周期为 365d。(本节案例 1)

解 谷神星和地球都是太阳的行星,只是大小不同。以 r 表示某一行星轨道的半径,T 为其公转周期。按匀速圆周运动计算,该行星的向心加速度为

$$a = \frac{v^2}{r} = \frac{(2\pi r/T)^2}{r} = \frac{4\pi^2 r}{T^2}$$

以 M 表示太阳的质量,以 m 表示行星的质量,并忽略其他行星的影响,则由引力定律和牛顿第二定律可得

$$G\frac{Mm}{r^2} = m\frac{4\pi^2 r}{T^2}$$

由此得

$$\frac{T^2}{r^3} = \frac{4\pi^2}{GM}$$

由于上式右侧是与行星无关的常量,所以此结果说明:行星公转周期的平方和它的轨道半径的立方成正比(由于行星轨道是椭圆,所以严格地说,上式中的 r 应是轨道的半长轴)。这一结果被称为关于行星运动的开普勒第三定律。

以 r_1,T_1 表示地球的轨道半径和公转周期,以 r_2,T_2 表示谷神星的轨道半径和公转周期,则

$$\frac{T_1^2}{r_1^3} = \frac{T_2^2}{r_2^3}$$

由此得

$$r_2 = r_1\left(\frac{T_2}{T_1}\right)^{\frac{2}{3}} = 1.5\times 10^{11}\times\left(\frac{1670}{365}\right)^{\frac{2}{3}} = 4.13\times 10^{11}(\text{m})$$

这一数值介于火星和木星的轨道半径之间。

第二节 动量定理 动量守恒定律

有这样一个有趣的实验,将一张纸板盖在水杯上,再把一个鸡蛋放在纸板上。现在要求快速抽出纸板,我们发现鸡蛋落到了杯子里,有人会用惯性对此进行解

释。但如果当抽出纸板速度很慢时,鸡蛋就不会落进杯中。显然,惯性无法对其进行合理解释。要想解答这个问题,我们需要引入一个新的物理量——冲量。同时,我们将从力的瞬时性研究过渡到力在时间上的过程效果的讨论,从而开启动量定理和动量守恒定律的学习。

一、冲量

(一)一维的冲量

1. 作用在质点上的恒力 F,在 Δt 时间内对质点的冲量为

$$I = F\Delta t \tag{2.2.1}$$

冲量是矢量,在国际单位制中,冲量的单位是 N·s,动量的单位是 kg·m/s,这二者其实是一致的,因为 $1N = 1kg \cdot m/s^2$,所以 $1kg \cdot m/s = 1(kg \cdot m/s^2) \cdot s = 1N \cdot s$。

例如:作用在质点上的恒力 $F = -3N$,在时间 $\Delta t = 4s$ 内对质点的冲量 $I = F \cdot \Delta t = -3 \times 4 = -12(N \cdot s)$,冲量的大小是 $12N \cdot s$,方向沿 x 轴负方向。

力对质点的冲量就是质点受到该力的冲量,因此力对质点的冲量是 $-12N \cdot s$,也就是质点受到的冲量是 $-12N \cdot s$。

2. 作用在质点上的变力 $F = F(t)$,从时刻 t_1 到 t_2 这段时间内对质点的冲量

$$I = \int_{t_1}^{t_2} F(t)\mathrm{d}t \tag{2.2.2}$$

例如:作用在质点上的变力 $F = 3 - 2t(SI)$,从 $t_1 = 1s$ 到 $t_2 = 4s$ 这段时间内对质点的冲量,即质点受到变力的冲量

$$I = \int_{t_1}^{t_2} F(t)\mathrm{d}t = \int_1^4 (3 - 2t)\mathrm{d}t = [3t - t^2]\big|_1^4 = (12 - 16) - (3 - 1) = -6(N \cdot s)$$

(二)多维的冲量

1. 作用在质点上的恒力 F,在 Δt 时间内对质点的冲量为

$$I = F\Delta t \tag{2.2.3}$$

例如:作用在质点上的恒力 $F = (2i - 3j)N$,在 $\Delta t = 4s$ 内对质点的冲量

$$I = F\Delta t = (2i - 3j) \times 4 = 8i - 12j(N \cdot s)$$

2. 作用在质点上的变力 $F = F(t)$,从时刻 t_1 到 t_2 这段时间内对质点的冲量

$$I = \int_{t_1}^{t_2} F(t)\mathrm{d}t \tag{2.2.4}$$

例如:作用在质点上的变力 $F = (2ti - 3t^2 j)(SI)$,从 $t_1 = 1s$ 到 $t_2 = 4s$ 这段时间

内对质点的冲量

$$I = \int_{t_1}^{t_2} F(t)dt = \int_1^4 (2ti - 3t^2 j)dt = [t^2 i - t^3 j]\big|_1^4$$
$$= (16i - 64j) - (1i - 1j) = (15i - 63j)(\text{N}\cdot\text{s})$$

二、质点的动量定理

把牛顿第二定律的数学表达式 $F = \dfrac{\mathrm{d}p}{\mathrm{d}t}$ 写成微分形式,即

$$Fdt = dp \tag{2.2.5}$$

式中乘积 Fdt 是合外力 F 在 dt 时间内对质点的冲量,或者说乘积 Fdt 是在 dt 时间内质点所受合外力 F 的冲量。此式表示:在 dt 时间内质点所受合外力 F 的冲量等于在同一时间内该质点动量的增量 dp。这一关系式称为动量定理的微分形式。如果力 F 持续从 t_1 时刻作用到 t_2 时刻,设 t_1 时刻质点的动量为 p_1, t_2 时刻质点的动量为 p_2,则对上式积分可求出这段时间内力 F 的持续作用效果。

$$\int_{t_1}^{t_2} Fdt = \int_{p_1}^{p_2} dp$$

上式左侧积分是在 t_1 到 t_2 这段时间内质点所受合外力 F 的冲量,以 I 表示此冲量,可得

$$I = p_2 - p_1 \tag{2.2.6}$$

此式是动量定理的积分形式,它表明:质点在一段时间内所受合外力的冲量等于该质点在同一时间内动量的增量,此即质点的动量定理。动量定理在一维情况下的表达式可以简化为

$$I = p_2 - p_1 \tag{2.2.7}$$

例如:在一维情况下,某质点的初动量是 $4N\cdot s$,所受合外力的冲量为 $-7N\cdot s$,则该质点的末动量 $p_2 = I + p_1 = -7 + 4 = -3\text{N}\cdot\text{s}$。

现在我们可以对本节开始提出的鸡蛋问题进行解答。由动量定理可知,如果快速抽纸板,时间极短,则纸板对鸡蛋的作用力的冲量近似为零。鸡蛋的动量几乎没有改变,即始末状态一致,均保持静止,所以鸡蛋能够落入杯中。如果很慢地抽纸板,由于纸板对鸡蛋的作用力的冲量不为零,所以鸡蛋的动量一定改变,也就是鸡蛋会跟随纸板运动而不能落入杯中。

例 2.2.1 力 $F(t) = 3 + 4t(\text{SI})$ 在 $t_1 = 0\text{s}$ 开始作用在质量为 $m = 2\text{kg}$,速度为 $v_1 = -1\text{m/s}$ 的质点上,求质点在 $t_2 = 2\text{s}$ 时的速度。

解 质点受到的冲量

$$I = \int_{t_1}^{t_2} F(t)\,dt = \int_0^2 (3+4t)\,dt = (3t+2t^2)\Big|_0^2 = (6+8)-0 = 14(\text{N}\cdot\text{s})$$

根据质点的动量定理 $I = p_2 - p_1 = m\text{v}_2 - m\text{v}_1$ 可得

$$\text{v}_2 = \frac{I}{m} + \text{v}_1 = \frac{14}{2} + (-1) = 6(\text{m/s})$$

质点从一个状态变化到另一个状态,中间必然要经历某种过程。有一类物理量是用来描述过程的,称其为过程量;另一类物理量是用来描述质点状态的,称其为状态量。显然,位移和冲量是过程量,位置矢量、速度和动量是状态量。动量定理表明了力在时间尺度的持续作用效果,它给出了过程量(冲量 I)和该过程初、末两个状态的状态量(初动量 p_1 和末动量 p_2)之间的定量关系。

由于动量定理 $I = p_2 - p_1$ 是个矢量方程,应用时可以写成坐标系中的投影式,也可以直接用矢量作图。在平面直角坐标系中,投影式为

$$I_x = p_{2x} - p_{1x} = m\text{v}_{2x} - m\text{v}_{1x}$$
$$I_y = p_{2y} - p_{1y} = m\text{v}_{2y} - m\text{v}_{1y}$$

当用矢量作图法来应用动量定理时,要注意末动量和初动量的矢量图要共起点,指向被减向量,如图 2-10 所示。

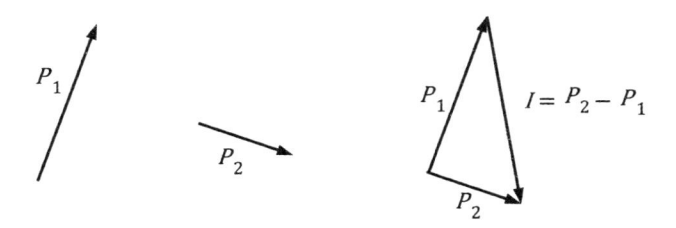

图 2-10 用矢量作图来应用动量定理

例 2.2.2 在光滑水平桌面上做匀速圆周运动的小球质量 $m = 50\text{g}$,速率 $v = 20\text{m/s}$,求在 1/4 圆周内合外力对小球的冲量大小。

解 注意到本题是求冲量大小,不是冲量。合外力对小球的冲量大小就是小球受到合外力的冲量大小,故用动量定理。下面分别用投影式和矢量作图两种方法来求解。

(1) 投影式法:

如图 2-11(a),可得

$$I_x = p_{2x} - p_{1x} = m\text{v}_{2x} - m\text{v}_{1x} = -mv,\quad I_y = p_{2y} - p_{1y} = m\text{v}_{2y} - m\text{v}_{1y} = mv$$

因为 $I = I_x \mathbf{i} + I_y \mathbf{j}$,所以

$$I = \sqrt{I_x^2 + I_y^2} = \sqrt{2}\,mv = \sqrt{2} \times 0.05 \times 20 = \sqrt{2}\,(\text{N}\cdot\text{s})$$

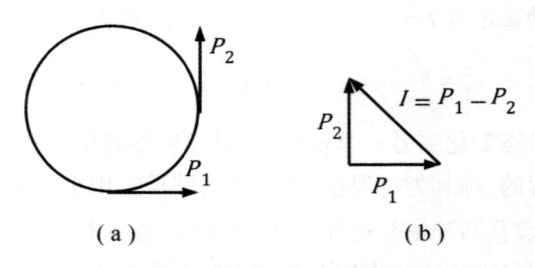

图 2-11　例 2.2.2 用图

(2) 矢量作图法：

根据动量定理 $I = p_2 - p_1$，利用矢量减法做出图 2-11(b)，可以看出在等腰直角三角形中，斜边长即为冲量大小 $I = \sqrt{2}\,mv = \sqrt{2}\,(\text{N}\cdot\text{s})$。

动量定理在碰撞或冲击问题中有其重要意义，方便我们解决问题。在碰撞中，两物体相互作用的时间极为短促，有的可达千分之一秒以下。在这样短促的时间内，作用力迅速达到很大的量值，然后又急剧下降为零，其情况如图 2-12 所示。这种量值很大、变化很快、作用时间又很短的力一般称为冲力。因为冲力是个变力，它随时间而变化的关系比较难以确定，所以表示瞬时关系的牛顿第二定律无法直接应用。但是，根据动量定理，我们可以在实验中测出物体在碰撞或冲击前后的动量，从而由动量的增量来确定冲量的量值。此外，如果还能测定冲力的作用时间，就可以对冲力的平均大小做出估算。在图 2-12 中平均冲力 $\overline{F}$ 表示变力 $F(t)$ 的平均大小，它是这样定义的：令横线下的面积和变力 $F(t)$ 曲线下的面积相等，即平均冲力 $\overline{F}$ 和作用时间 $t_2 - t_1$ 的乘积应等于变力 $F(t)$ 的冲量，数学表达式为

$$\overline{F}(t_2 - t_1) = I = \int_{t_1}^{t_2} F(t)\,dt$$

所以平均冲力

$$\overline{F} = \frac{I}{t_2 - t_1} = \frac{I}{\Delta t} \tag{2.2.8}$$

上式在多维情况下的矢量形式为

$$\overline{F} = \frac{I}{t_2 - t_1} = \frac{I}{\Delta t} \tag{2.2.9}$$

平均冲力只是根据物体动量的变化计算出的冲力的平均值，它和实际的冲力

的极大值可能有很大的差别,因此不足以完全说明碰撞所引起的破坏性。在生活中利用动量定理的例子比较常见,比如在跳远比赛中让运动员落在沙坑中,以及在玻璃制品的包装盒中垫上泡沫,都是通过增加相互作用的时间 $t_2 - t_1$ 来减小平均冲力,从而达到保护跳远运动员和玻璃制品的效果。

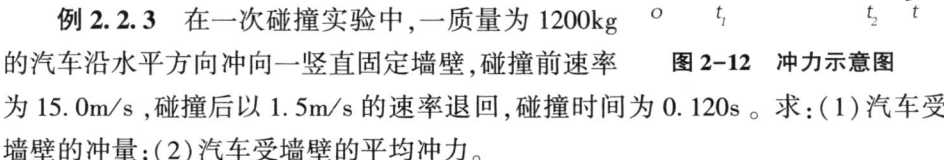

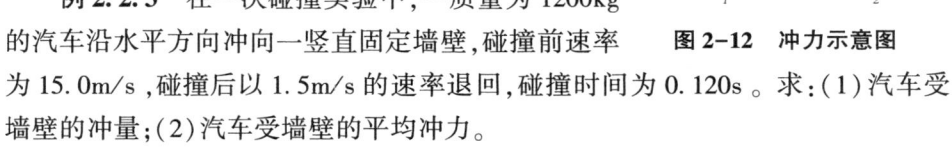

例 2.2.3 在一次碰撞实验中,一质量为 1200kg 的汽车沿水平方向冲向一竖直固定墙壁,碰撞前速率为 15.0m/s,碰撞后以 1.5m/s 的速率退回,碰撞时间为 0.120s。求:(1)汽车受墙壁的冲量;(2)汽车受墙壁的平均冲力。

图 2-12 冲力示意图

解 这是一个一维问题,如图 2-13 所示,以碰撞后汽车的方向为正方向,则碰撞前汽车的速度 $v_1 = -15.0\text{m/s}$,碰撞后汽车的速度 $v_2 = 1.5\text{m/s}$,汽车质量 $m = 1200\text{kg}$,碰撞时间 $t_2 - t_1 = 0.120\text{s}$。

图 2-13 例 2.2.3 用图

(1)根据动量定理,汽车受墙壁的冲量为

$$I = p_2 - p_1 = mv_2 - mv_1 = m(v_2 - v_1)$$
$$= 1200(1.5 + 15.0) = 1.98 \times 10^4 (\text{N} \cdot \text{s})$$

(2)汽车受墙壁的平均冲力为

$$\bar{F} = \frac{I}{t_2 - t_1} = \frac{1.98 \times 10^4}{0.120} = 1.65 \times 10^5 (\text{N})$$

平均冲力的方向为碰撞后汽车的速度方向。平均冲力的大小为 $165kN$,约为汽车重量的 14 倍,瞬时最大冲力比这还要大得多。

例 2.2.4 如图 2-14 所示,在光滑的水平面上,质量为 m 的小球以角速度 ω 做半径为 R 的匀速圆周运动。分别用积分法和动量定理法,求在 θ 从 0 到 $\pi/2$ 的过程中合外力对小球的冲量。

解 (1)用积分法求解:

$$I = \int_{t_1}^{t_2} F dt = \int_{t_1}^{t_2} m a_n dt = \int_{t_1}^{t_2} m[\omega^2 R(-\cos\theta i - \sin\theta j)] dt$$

$$= \int_{t_1}^{t_2} m\omega \frac{d\theta}{dt} R(-\cos\theta i - \sin\theta j) dt = \int_0^{\pi/2} m\omega R(-\cos\theta i - \sin\theta j) d\theta$$

$$= -m\omega R \int_0^{\pi/2} (\cos\theta i + \sin\theta j) d\theta = -m\omega R (\sin\theta i - \cos\theta j)\Big|_0^{\pi/2}$$

$$= -m\omega R\left[\left(\sin\frac{\pi}{2}i - \cos\frac{\pi}{2}j\right) - (\sin 0i - \cos 0j)\right] = -m\omega R(i+j)$$

（2）用动量定理求解：

$$I = p_2 - p_1 = m v_2 - m v_1$$
$$= mv(-i) - mvj = -mv(i+j) = -m\omega R(i+j)$$

显然，本题用动量定理比用积分法来计算简便得多。

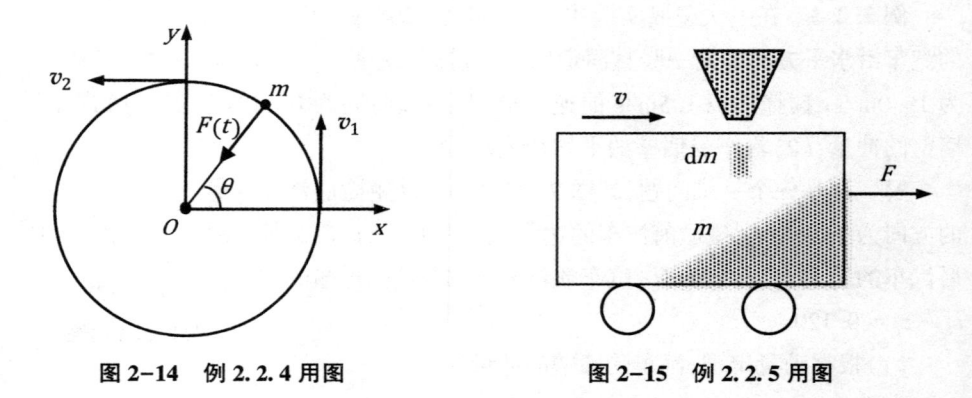

图 2-14　例 2.2.4 用图　　　　图 2-15　例 2.2.5 用图

例 2.2.5　一辆装煤车以 v = 3m/s 的速率从煤斗下面水平通过，如图 2-15 所示。单位时间内落入车厢的煤为 dm/dt = 500kg/s，如果要使车厢的速率保持不变，应加多大的牵引力拉车厢？（车厢与钢轨间的摩擦忽略不计）

解　（1）以 m 表示在时刻 t 煤车和已经落入煤车的煤的总质量，在此后 dt 时间内又有质量为 dm 的煤落入车厢。取 m 和 dm 的整体为研究对象，则这一系统在时刻 t 水平方向的总动量为

$$mv + dm \cdot 0 = mv$$

系统在时刻 t + dt 水平方向的总动量为

$$mv + dm \cdot v = (m + dm)v$$

则在 dt 时间内水平方向总动量的增量为

$$(m + dm)v - mv = vdm = dp$$

设此系统所受的水平牵引力为 F，由动量定理的微分形式 $Fdt = dp$ 得

$$Fdt = vdm$$

所以

$$F = v \cdot \frac{dm}{dt} = 3 \times 500 = 1.5 \times 10^3 (\text{N})$$

三、系统的动量定理

在一个问题中,如果我们考虑的对象包括几个物体,则它们总体上常被称为一个物体系统或简称系统。系统外的其他物体统称为外界。系统内各物体间的相互作用力称为内力,外界对系统内任意一个物体的作用力称为外力。例如,将地球和月球看成一个系统,则它们之间的引力是内力,而系统外的物体如太阳以及其他行星对地球或月球的引力都是外力。

为了简单起见,我们首先讨论由两个质点组成的系统。设两个质点的质量分别为 m_1 和 m_2,它们除分别受内力 f_{12} 和 f_{21} 外,还受外力 F_1 和 F_2,如图 2-16 所示,分别对两个质点应用牛顿第二运动定律,得

$$F_1 + f_{12} = \frac{dp_1}{dt}, F_2 + f_{21} = \frac{dp_2}{dt}$$

将上面二式左右两边分别相加,得

$$(F_1 + F_2) + (f_{12} + f_{21}) = \frac{dp_1}{dt} + \frac{dp_2}{dt}$$

由于系统内力是一对作用力和反作用力,由牛顿第三运动定律,有 $f_{12} + f_{21} = 0$,所以

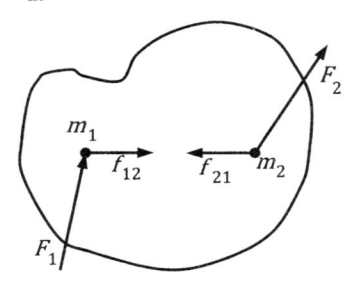

$$F_1 + F_2 = \frac{dp_1}{dt} + \frac{dp_2}{dt}$$

图 2-16 两个质点的系统

如果系统包含两个以上的质点,可按照上述步骤对各个质点写出牛顿第二运动定律的表达式再相加。由于系统的各个内力总是以作用力和反作用力的形式成对出现,所以它们的矢量和恒等于零,因此可得到

$$\sum_i F_i = \frac{d}{dt}\left(\sum_i p_i\right)$$

其中,$\sum_i F_i$ 为系统所受的合外力,$\sum_i p_i$ 为系统的总动量。若以 F 表示系统所受合外力,以 p 表示系统总动量,即 $F = \sum_i F_i, p = \sum_i p_i$,则

$$F = \frac{dp}{dt} \tag{2.2.10}$$

上式是质点系统的牛顿第二运动定律的表达式。它表明:系统所受的合外力等于该系统的总动量对时间的变化率。内力能使系统内各质点的动量发生变化,但它们对系统的总动量没有影响(注意:"合外力"和"总动量"都是矢量和)。把

上式写成

$$Fdt = dp \qquad (2.2.11)$$

上式称为系统的动量定理的微分形式,它表明:系统所受合外力的冲量等于系统总动量的增量。将上式两端取积分,得

$$\int_{t_1}^{t_2} Fdt = \int_{p_1}^{p_2} dp$$
$$I = p_2 - p_1 \qquad (2.2.12)$$

上式称为系统的动量定理的积分形式。

在日常生活中,经常利用动量定理来处理一些具体问题,例如:贵重或易碎物品在包装时,采用海绵、纸屑、绒布等作为衬垫,用来防止震动和跌撞对物品造成破坏。在物品运输过程中,经常会由于碰撞等原因使物品的动量发生变化,此时包装壳对物品形成一定的冲量。采用松软的包装能延长包装壳对物品的作用时间,从而减小物品受到的冲力作用。在体育运动中,人从高处落到沙坑或海绵垫上,由于沙子或海绵的缓冲而不会受伤。在打篮球时迎接队友传来的球时,总是有向后拉的动作也是这个道理。

四、动量守恒定律

在式(2.2.10)中,如果合外力 $F = \sum_i F_i = 0$,则

$$p = \sum_i p_i = 常矢量 \qquad (2.2.13)$$

就是说,当系统所受的合外力为 0 时,系统的总动量保持不变。这一结论叫作动量守恒定律。一个不受外界影响的系统,常被称为孤立系统(或封闭系统)。一个孤立系统在运动过程中,其总动量一定保持不变。这也是动量守恒定律的一种表述形式。

应用动量守恒定律分析解决问题时,应注意以下三点:

(一)系统动量守恒的条件是合外力为零,但在外力比内力小得多的情况下,外力对系统总动量的影响很小,可以认为近似满足动量守恒定律的条件,也就是说动量守恒定律在这种情况下依然适用。如两个物体在碰撞过程中,由于相互撞击的内力往往很大,所以此时即使有摩擦力和重力等外力的影响,也常常忽略它们,而认为系统的总动量守恒。爆炸过程也是内力远大于外力的过程,所以也可以认为在此过程中系统的总动量守恒。

(二)动量守恒定律的表达式(2.2.13)是矢量关系式,在实际问题中常用分

量式,即

$$当F_x = 0 \text{ 时}, p_x = \sum_i m_i v_{ix} = 常数$$

$$当F_y = 0 \text{ 时}, p_y = \sum_i m_i v_{iy} = 常数$$

$$当F_z = 0 \text{ 时}, p_z = \sum_i m_i v_{iz} = 常数$$

即如果系统沿某一方向所受的合外力为零,则系统沿该方向的总动量分量守恒。例如,一个物体在空中爆炸后碎裂成几块,在忽略空气阻力的情况下,这些碎块受到的外力只有竖直向下的重力,因此它们的总动量在水平方向的分量是守恒的。

(三)由于动量守恒定律是从牛顿第二运动定律中推导出来的,所以它的适用条件只能在惯性系。在使用动量守恒定律解决实际问题时,式中各速度必须针对同一惯性系,这一点要特别注意。

动量守恒定律既适用于宏观系统,也适用于微观系统。既可应用于低速运动的物体,也可应用于高速运动的物体,动量守恒定律是自然界中最重要的基本规律之一。虽然我们是从牛顿运动定律中推导得到的动量守恒定律,但动量守恒定律比牛顿运动定律有更广阔的适用范围,因为它的正确性是通过实验验证的,是一条实验定律。在相对论中可以用它推出质量和速率的关系式,在量子论中可以用它来解释康普顿效应,证实光子的存在。

例 2.2.6 如图 2-17 所示,一质量为 M 的物体被静止悬挂着,今有一质量为 m 的子弹沿水平方向以速度 v 射中物体并停留在其中,求子弹刚停在物体内时物体的速度。

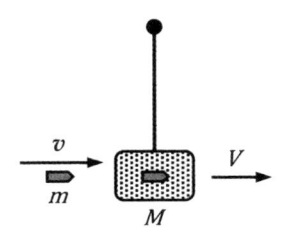

图 2-17 例 2.2.6 用图

解 由于子弹从射入物体到停在其中所经历的时间很短,所以在此过程中物体基本上未动而停在原来的平衡位置。于是对子弹和物体这一系统,在子弹射入这一短暂过程中,它们在水平方向上所受的合外力为零,因此系统在水平方向上的动量守恒。设子弹刚停在物体中时物体的速度为 V,则此时的水平总动量为

$(m+M)V$。由于子弹射入前系统的水平总动量为 mv,所以有 $mv=(m+M)V$,解得

$$V = \frac{m}{m+M}v$$

第三节 功 动能定理

在驾驶手动挡汽车爬比较长的陡坡时,大家通常要将挡位减至低速挡进行行驶,这样做是为了提供充足的动力。学习了本节的功率后,我们就能解答这个问题。

在上一章中,我们提到了空气弹道,在这种情况下考虑了空气的阻力,所以子弹的飞行弹道并不是对称的抛物线,如图 2-18。相比真空弹道,子弹击中目标时的能量有所减少,因为子弹要受到空气阻力做的功。由于子弹受到的空气阻力是不断变化的,要计算在这个过程中空气阻力做的功,也需要了解本节的内容,接下来让我们一起开始本节的学习。

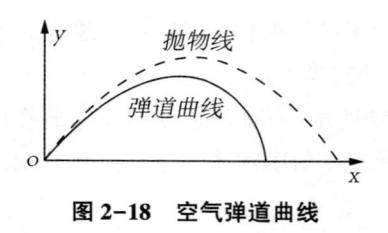

图 2-18 空气弹道曲线

一、功

我们所处的时空包括了时间和空间,之前我们研究了力对时间的累积效果,也就是冲量,本节我们将研究力对空间的累积效果,即功。下面分五种情况对功进行由浅入深地分析:

(一)作用在质点上的恒力 F 和质点的位移 Δx 在同一直线上,则恒力对质点做的功为

$$A = F\Delta x \tag{2.3.1}$$

国际单位制(SI)中,功的单位是焦耳,符号 J,$1J = 1N \cdot m$。

例如:恒力 $F=-2N$ 作用在质点上,质点的位移 $\Delta x=4m$,则恒力做功

$$A = F\Delta x = -2 \times 4 = -8(J)$$

(二)作用在质点上的变力 $F(x)$ 和质点的运动方向在同一直线上,当质点从位置 x_1 运动到 x_2 的过程中,该变力对质点做的功为

$$A = \int_{x_1}^{x_2} F(x)\,\mathrm{d}x \qquad (2.3.2)$$

例如:作用在质点上的变力 $F(x) = 3 - 2x(SI)$,当质点从位置 $x_1 = 1m$ 运动到 $x_2 = 4m$ 的过程中,该变力对质点做的功为

$$A = \int_{x_1}^{x_2} F(x)\,\mathrm{d}x = \int_1^4 (3 - 2x)\,\mathrm{d}x = [3x - x^2]\Big|_1^4 = (12 - 16) - (3 - 1) = -6(J)$$

变力沿直线做功的公式 (2.3.2) 当然也适用于恒力沿直线做功,比如:恒力 $F = -2N$ 作用在质点上,质点的位移 $\Delta x = 4m$,则恒力做功

$$A = \int_{x_1}^{x_2} F(x)\,\mathrm{d}x = \int_{x_1}^{x_2} F\,\mathrm{d}x = F\int_{x_1}^{x_2}\mathrm{d}x = F(x_2 - x_1) = F\Delta x = -2 \times 4 = -8(J)$$

即恒力沿直线做功是变力沿直线做功的特例。

(三)作用在质点上的恒力 F 与质点在直线上的位移 Δr 夹角为 θ,如图 2-19 所示,则恒力对质点做的功为

$$A = |F||\Delta r|\cos\theta = F \cdot \Delta r \qquad (2.3.3)$$

例如: $F = 2i + 3j, \Delta r = 4i - j$,则 $A = F \cdot \Delta r = (2i + 3j) \cdot (4i - j) = 8 - 3 = 5(SI)$。

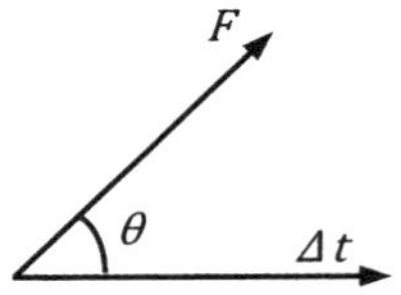

图 2-19 恒力做功 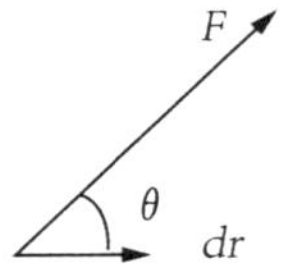　　图 2-20 元功 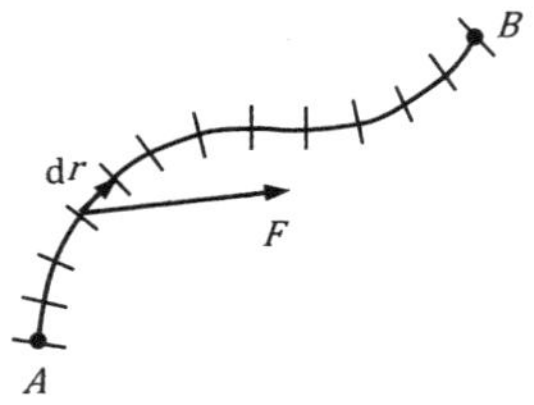　　图 2-21 变力沿曲线做功

(四)如图 2-20 所示,一质点在力 F 的作用下,发生一无限小的位移 $\mathrm{d}r$ 时,此力对质点所做的元功 $\mathrm{d}A$ 表示为

$$\mathrm{d}A = F \cdot \mathrm{d}r \qquad (2.3.4)$$

即力对质点做的元功定义为力和元位移的标量积。

功是标量,它没有方向,但有正负。当 $0 \leq \theta < \pi/2$ 时, $\mathrm{d}A > 0$,力对质点做正功;当 $\theta = \pi/2$ 时, $\mathrm{d}A = 0$,力对质点不做功;当 $\pi/2 < \theta \leq \pi$ 时, $\mathrm{d}A < 0$,力对质点做负功。对于做负功情况,我们也常说成是质点在运动中克服力 F 做功。

(五)变力沿曲线做功。一般来说,质点是沿曲线运动,而且所受的力随质点的位置发生变化,如图 2-21 所示,质点沿路径 L 从 A 点运动到 B 点,变力 F 对质

点所做的功可按如下思路计算:把路径分成许多小段,任意取一小段位移,以 dr 表示,则在这小段位移上质点所受的力 F 可以视为恒力,在这小段位移上力对质点做的元功可以用式(2.3.3) $dA = F \cdot dr$ 表示,然后把沿整个路径的所有元功都加起来,就得到质点沿整个路径移动的过程中变力对质点所做的总功(此方法在数学上叫作微元法),可表示为

$$A_{AB} = {}_L\!\int_A^B F \cdot dr \tag{2.3.5}$$

这一积分的数学表达为力 F 沿路径 L 从 A 到 B 的线积分。

和冲量类似,功是一个过程量,是能量转换的量度。不管力的性质和种类如何,凡是有力做功的地方,一定伴随着能量的转换,某力做功的多少一定等于相应的能量转换的大小。

对于功的计算问题,特别是变力做功的问题,要注意以下几点:

1. 首先在给定问题中建立元功 $dA = F \cdot dr$ 的具体表达式,然后再作积分求总功。建立元功的具体表达式是计算功的关键步骤。

2. 在直角坐标系中,变曲线积分是对坐标的普通积分,即
$$dA = F \cdot dr = (F_x i + F_y j + F_z k) \cdot d(xi + yj + zk)$$
$$= (F_x i + F_y j + F_z k) \cdot (dxi + dyj + dzk) = F_x dx + F_y dy + F_z dz$$
所以
$$A_{AB} = \int_A^B F \cdot dr = \int_A^B (F_x dx + F_y dy + F_z dz) \tag{2.3.6}$$

3. 合力的功等于各分力沿同一路径所做功的代数和。
$$A_{AB} = \int_A^B F \cdot dr = \int_A^B (F_1 + F_2 + \cdots + F_n) \cdot dr$$
$$= \int_A^B F_1 \cdot dr + \int_A^B F_2 \cdot dr + \cdots + \int_A^B F_n \cdot dr$$

例 2.3.1 从 10m 深的井中,把 m = 10kg 的水匀速上提,水桶的质量忽略不计,若每升高 1m 漏去 λ = 0.2kg 水。(1)画出示意图,设置坐标轴后,写出提升力所做元功 dA 的表达式;(2)计算把水提升到井口的过程中提升力所做的功。

解 (1)以井中水面为坐标原点,竖直向上为 y 轴正向,画出的示意图如图 2-22 所示。由于水是匀速上升的,所以提升力与重力大小相等,当水被提升到 y 高度时,提升力为 $F = (m - \lambda y)g$,在水从 y 高度再提升 dy 高度的过程中,提升力所做的元功为

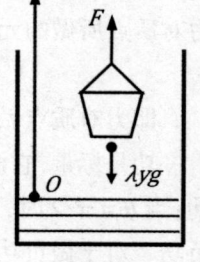

图 2-22
例 2.3.1 用图

$$dA = F(y)dy = (m - \lambda y)gdy$$

(2)把水从水面提高到井口的过程中提升力所做的功为

$$A = \int_{y_1}^{y_2} F(y)dy = \int_0^{10}(m - \lambda y)gdy = g\left[my - \frac{1}{2}\lambda y^2\right]\Big|_0^{10}$$

$$= 9.8 \times \left(10 \times 10 - \frac{1}{2} \times 0.2 \times 10^2 - 0\right) = 882(J)$$

例 2.3.2 马拉爬犁在水平地面上沿着一条弯曲道路行走,如图 2-23 所示。爬犁总质量为 m=3 吨,它和地面的摩擦系数 $\mu = 0.12$,且马的拉力在水平方向。求马拉爬犁行走 2km 的过程中,路面摩擦力对爬犁做功多少。

解 这是一个物体沿曲线运动的例子。爬犁在雪地上移动的过程中,受摩擦力的大小始终为

$$f = \mu N = \mu mg$$

由于摩擦力的方向总是与位移 dr 的方向相反,所以摩擦力的元功为

$$dA = f \cdot dr = f \cdot |dr| \cdot \cos\pi = -f \cdot ds = -\mu mg ds$$

爬犁移动 2km 的过程中,摩擦力做的总功为

$$A_{AB} =_L\int_A^B f \cdot dr = \int_s -\mu mg ds = -\mu mg\int_s ds = -\mu mgs$$

$$= -0.12 \times 3000 \times 9.8 \times 2000 = -7.06 \times 10^6(J)$$

此结果中的负号表示摩擦力对爬犁做了负功。此功的大小和爬犁经过的路径形状有关,或者说跟路程有关。

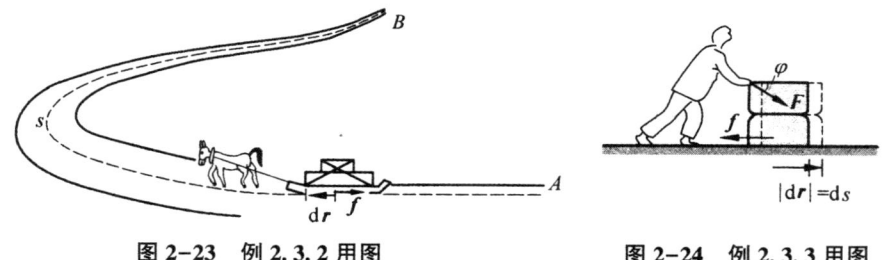

图 2-23 例 2.3.2 用图   图 2-24 例 2.3.3 用图

例 2.3.3 如图 2-24 所示,一个超市的营业员在水平地面上,用 60N 的力把一箱饮料沿直线推动了 25m,他的推力始终与地面保持 $\varphi = 30°$。求:(1)营业员推箱子做的功;(2)地板对箱子的摩擦力做的功。

解 (1)营业员用恒力推箱子沿直线运动,是恒力沿直线做功,所做的功为

$$A = F \cdot \Delta r = Fs\cos\varphi = 60 \times 25 \times \cos 30° = 1.30 \times 10^3(J)$$

(2)箱子做匀速直线运动,所以水平方向合力为零,摩擦力的大小为

公安技术基础物理教程 >>>

$$f = F\cos\varphi = 60 \times \cos 30°$$

注意到摩擦力的方向和箱子前进的方向始终相反,即夹角为 180°,所以摩擦力做功为

$$A = f \cdot s = fs \cdot \cos 180° = 60 \times \cos 30° \times 25 \times \cos 180° = -1.30 \times 10^3 (\text{J})$$

二、功率

为了描述做功的快慢,引入了功率这一概念。若在 Δt 时间间隔内,力对物体所做的功为 ΔA,则力在 Δt 时间内的平均功率为

$$\overline{P} = \frac{\Delta A}{\Delta t}$$

将 $\Delta t \to 0$ 时的平均功率的极限定义为瞬时功率,简称功率,用 P 表示,即

$$P = \lim_{\Delta t \to 0} \frac{\Delta A}{\Delta t} = \frac{\mathrm{d}A}{\mathrm{d}t} \qquad (2.3.7)$$

将元功 $\mathrm{d}A = F \cdot \mathrm{d}r$ 代入上式得

$$P = \frac{\mathrm{d}A}{\mathrm{d}t} = \frac{F \cdot \mathrm{d}r}{\mathrm{d}t} = F \cdot \frac{\mathrm{d}r}{\mathrm{d}t} = F \cdot v \qquad (2.3.8)$$

因为功是能量转换的量度,所以功率的大小描述了能量从一种形式转换为另一种形式的快慢。在国际单位制(SI)中,功率的单位是瓦特,符号 W,$1W = 1J/s$。

根据式(2.3.8),我们可以解答本节开始时介绍的汽车爬坡问题。此过程中,发动机提供的功率一定,所以将挡位调至低速可以有效提高汽车爬坡的动力。

三、质点的动能定理

力对空间有累积效应时,我们说力对质点做了功。那么受到力做功的物体将有什么样的变化呢?下面我们来推导一下。如图 2-25 所示,设质量为 m 的质点,在合外力 F 的持续作用下,沿曲线从 A 点运动到了 B 点,同时,它的速度从 v_0 变为了 v。结合牛顿第二定律,可得合外力对质点做的功为

$$\begin{aligned} A &= \int_A^B F \cdot \mathrm{d}r = \int_A^B F \vert \mathrm{d}r \vert \cos\theta = \int_A^B F_t \mathrm{d}s \\ &= \int_A^B ma_t \mathrm{d}s = m\int_A^B \frac{\mathrm{d}v}{\mathrm{d}t} v \mathrm{d}t = m\int_{v_0}^v v \mathrm{d}v \\ &= \frac{1}{2} m v^2 \Big\vert_{v_0}^v = \frac{1}{2} m v^2 - \frac{1}{2} m v_0^2 \end{aligned}$$

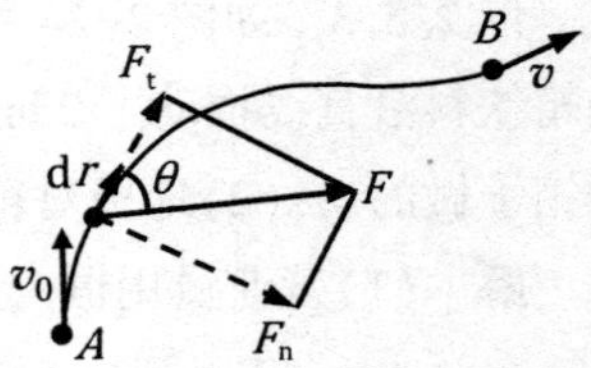

即

图 2-25 质点的动能定理

$$A = \frac{1}{2}mv^2 - \frac{1}{2}mv_0^2 \qquad (2.3.9)$$

定义

$$E_k = \frac{1}{2}mv^2 = \frac{p^2}{2m} \qquad (2.3.10)$$

为质点 m 在速率为 v 时所具有的动能,则式(2.3.9)可表示为

$$A = \frac{1}{2}mv^2 - \frac{1}{2}mv_0^2 = E_k - E_{k0} = \Delta E_k \qquad (2.3.11)$$

上式称为质点的动能定理,即合外力对质点所做的功等于质点动能的增量。合外力对质点做的功是过程量,而动能是状态量,所以上式在过程量—功和状态量—动能之间建立了定量关系。如果外力对质点做正功(即 $A > 0$),则质点的动能增加;如果质点克服外力做功(即 $A < 0$),则质点的动能减少。

例 2.3.4 以 30m/s 的速率水平将一石块扔到结冰的湖面上,它能向前滑行多远? 设石块与冰面间的摩擦系数为 $\mu = 0.05$。

解 以 m 表示石块的质量,则它在冰面上滑行时受到的摩擦力大小为 $f = \mu mg$。以 s 表示石块滑行的距离,则滑行过程中摩擦力对石块做的总功为

$$A = fs\cos\theta = -fs = -\mu mgs$$

已知石块的初速率为 $v_0 = 30m/s$,末速率为 $v = 0m/s$,而且在石块滑动过程中只有摩擦力做功,对石块应用质点的动能定理 $A = \frac{1}{2}mv^2 - \frac{1}{2}mv_0^2$ 可得

$$-\mu mgs = 0 - \frac{1}{2}mv_0^2$$

由此得到

$$s = \frac{v_0^2}{2\mu g} = \frac{30^2}{2 \times 0.05 \times 9.8} = 918(\text{m})$$

四、质点系的动能定理

现在考虑由两个相互作用的质点组成的质点系统的动能变化和它们受的力所做的功的关系。如图 2-26 所示,以 m_1, m_2 分别表示两质点的质量,以 f_1, f_2 和 F_1, F_2 分别表示它们受的内力和外力,以 v_{1A}, v_{2A} 和 v_{1B}, v_{2B} 分别表示它们在初始状态和末状态的速度。

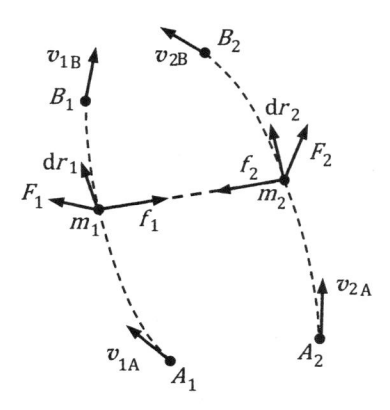

图 2-26 质点系的动能定理

由动能定理 $A = \frac{1}{2}mv^2 - \frac{1}{2}mv_0^2$，可得各质点受的合力做的功为：

对 m_1：$\int_{A_1}^{B_1}(F_1 + f_1)\cdot dr_1 = \int_{A_1}^{B_1}F_1 \cdot dr_1 + \int_{A_1}^{B_1}f_1 \cdot dr_1 = \frac{1}{2}m_1 v_{1B}^2 - \frac{1}{2}m_1 v_{1A}^2$

对 m_2：$\int_{A_2}^{B_2}(F_2 + f_2)\cdot dr_2 = \int_{A_2}^{B_2}F_2 \cdot dr_2 + \int_{A_2}^{B_2}f_2 \cdot dr_2 = \frac{1}{2}m_2 v_{2B}^2 - \frac{1}{2}m_2 v_{2A}^2$

将上面两式左右两边分别相加得

$$\left(\int_{A_1}^{B_1}F_1 \cdot dr_1 + \int_{A_2}^{B_2}F_2 \cdot dr_2\right) + \left(\int_{A_1}^{B_1}f_1 \cdot dr_1 + \int_{A_2}^{B_2}f_2 \cdot dr_2\right)$$
$$= \left(\frac{1}{2}m_1 v_{1B}^2 + \frac{1}{2}m_2 v_{2B}^2\right) - \left(\frac{1}{2}m_2 v_{2A}^2 + \frac{1}{2}m_1 v_{1A}^2\right)$$

上式中第一个括号内是外力对质点系所做功之和，用 $A_{外力}$ 表示；第二个括号内是质点系内力所做功之和，用 $A_{内力}$ 表示；第三个括号内是质点系的末动能，用 E_k 表示；第四个括号内是质点系的初动能，用 E_{k0} 表示，这样就有

$$A_{外力} + A_{内力} = E_k - E_{k0} = \Delta E_k \qquad (2.3.12)$$

也就是说，所有外力对质点系做的功和所有内力对质点系做的功之和等于质点系总动能的增量。很明显，这一结论可以推广到由任意多个质点构成的质点系，这一理论被称为质点系的动能定理。

这里应该注意的是，当系统内力的功之和不为零时，系统的总动能将会发生改变。例如，地雷爆炸后，弹片四向飞散，它们的总动能显然比爆炸前增加了，这就是内力(火药的爆炸力)对各弹片做正功的结果。又例如，两个都带正电的粒子，在运动中相互靠近时总动能减少，这是它们之间的内力(相互的斥力)对粒子都做负功的结果。对比质点系的动量定理可以发现，内力可以改变系统的总动能，但不能改变系统的总动量。

第四节　保守力　势能　机械能守恒定律

经过了近 300 天的漫长旅程，2021 年 5 月 15 日 7 时 18 分，"天问一号"探测器成功着陆于火星乌托邦平原南部预选着陆区，标志着我国首次火星探测任务着陆火星取得成功。"天问一号"探测器本次火星着陆经历了从停泊轨道实施降轨，机动至火星进入轨道，着陆巡视器与环绕器分离，进入火星大气，之后经过减速、悬停避障和缓冲等一系列过程，最终实现软着陆。你知道在整个过程中引力势能

的变化情况吗？这涉及保守力做功的相关知识，下面我们就来一起学习。

一、保守力及保守力的功

通过之前的学习，我们知道功是过程量，有些力所做的功与过程有关，比如摩擦力。但是在做功的研究中也会发现，有些力所做的功与过程无关，如重力、弹性力、万有引力等，下面将就这些情况进行具体说明。

(一)摩擦力的功

在例 2.3.2 中，我们已经得到摩擦力做功与路径有关的结论，这里不再赘述。

(二)重力的功

设质量为 m 的物体在重力作用下，沿图 2-27 所示的曲线由 a 点运动到 b 点，求该过程中重力所做的功。

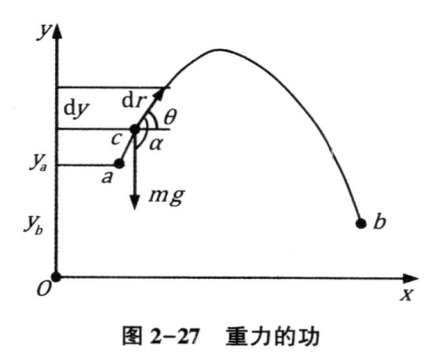

在轨道曲线上任一点 c 处，重力 mg 在微小位移 dr 上所做的元功为

$$dA = F \cdot dr = mg \cdot dr = mg|dr|\cos\alpha$$

$$= mg|dr|\cos\left(\frac{\pi}{2} + \theta\right)$$

$$= -mg|dr|\sin\theta$$

$$= -mgdy$$

或

$$dA = F \cdot dr = mg \cdot (dxi + dyj)$$

$$= -mgj \cdot (dxi + dyj)$$

$$= -mgdy$$

图 2-27 重力的功

所以从 a 到 b 重力所做的总功为

$$A_{ab} = \int_A^B F \cdot dr = \int_{y_a}^{y_b}(-mgdy) = -mg\int_{y_a}^{y_b}dy = -mg(y_b - y_a)$$

即

$$A_{ab} = mgy_a - mgy_b \tag{2.4.1}$$

可见重力做功仅与始末位置有关而与路径无关。

(三)弹性力的功

将一轻弹簧的一端固定，自由端系一质量为 m 的小球，并让弹簧振子在光滑的水平面上自由振动，如图 2-28 所示，试计算小球在由 a 点运动到 b 点的过程中，弹性力所做的功。

取平衡位置为坐标原点，x 轴沿水平方向。在 x 轴上的任意点 c 处，弹性力 F 在微小位移 $\mathrm{d}x$ 上所做的元功为

$$\mathrm{d}A = F\mathrm{d}x = -kx\mathrm{d}x$$

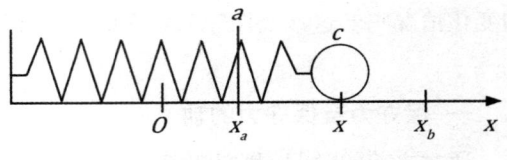

图 2-28 弹性力的功

所以从 a 到 b 弹性力所做的总功为

$$A_{ab} = \int_{x_a}^{x_b} F\mathrm{d}x = \int_{x_a}^{x_b}(-kx)\mathrm{d}x = -k\int_{x_a}^{x_b} x\mathrm{d}x = -k\left.\frac{x^2}{2}\right|_{x_a}^{x_b} = -k\left(\frac{x_b^2}{2} - \frac{x_a^2}{2}\right)$$

即

$$A_{ab} = \frac{1}{2}kx_a^2 - \frac{1}{2}kx_b^2 \qquad (2.4.2)$$

可见弹性力做功仅与始末位置有关而与路径无关。

(四) 万有引力的功

质量为 m 的质点在另一质量为 M（静止不动）的质点的引力作用下，沿图 2-29 所示的路径由 a 点运动到 b 点，求该过程中万有引力所做的功。

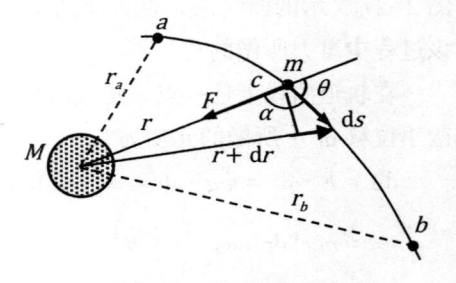

图 2-29 万有引力的功

在曲线上任取一点 c，此时以 M 为中心的位置矢量为 r，为与之区分，设元位移为 $\mathrm{d}s$，则万有引力做的元功为

$$\mathrm{d}A = \mathbf{F} \cdot \mathrm{d}\mathbf{s} = F|\mathrm{d}s|\cos\alpha = F|\mathrm{d}s|\cos(\pi - \theta) = -F|\mathrm{d}s|\cos\theta$$

由图 2-29 可知，$|\mathrm{d}s|\cos\theta = \mathrm{d}r$，即元位移大小在位矢方向的投影等于位矢大小的增量，所以

$$\mathrm{d}A = -F\mathrm{d}r$$

万有引力的大小 $F = G\dfrac{Mm}{r^2}$，则 $\mathrm{d}A = -G\dfrac{Mm}{r^2}\mathrm{d}r$，所以质量为 m 的质点从 a 到 b 的过程中受 M 的万有引力所做的总功为

$$A_{ab} = \int_A^B \mathbf{F} \cdot \mathrm{d}\mathbf{s} = \int_{r_a}^{r_b} -G\frac{Mm}{r^2}\mathrm{d}r$$

式中 r_a, r_b 分别为质量为 m 的质点在始、末位置时与 M 之间的距离。计算该积分得

$$A_{ab} = -GMm\int_{r_a}^{r_b}\frac{1}{r^2}\mathrm{d}r = GMm\left.\frac{1}{r}\right|_{r_a}^{r_b} = \frac{GMm}{r_b} - \frac{GMm}{r_a}$$

即

$$A_{ab} = \left(-\frac{GMm}{r_a}\right) - \left(-\frac{GMm}{r_b}\right) \tag{2.4.3}$$

可见万有引力做功仅与始末位置有关而与路径无关。

上述四种力做功的计算结果表明,重力、弹性力和万有引力做功有一个共性,就是做功仅与始末位置有关而与路径无关,这种做功与路径无关的力称为保守力。反之,做功与路径有关的力称为非保守力,如摩擦力。

由于保守力做功与路径无关,只取决于系统的始末位置,这必然导致保守力沿任意闭合路径一周(始末位置相同)所做的功为零,用数学表达为

$$\oint_L F \cdot dr = 0 \tag{2.4.4}$$

这一结论可以看作是保守力的等价定义,即:如果力作用在物体上,当物体沿闭合路径移动一周时,力做的功为零,这样的力就称为保守力。而式(2.4.4)可以看作是保守力定义的数学表述。对于保守力的这两种定义,在应用中哪种方便就采用哪种,例如在建立势能的概念时,采用"与路径无关"的说法较为方便,而在研究矢量场的性质时,采用"闭合路径"的说法比较方便。

二、势能

势能的种类很多,有重力势能、弹性势能、引力势能、电势能及分子势能等。有了保守力的概念,我们可以给出势能的统一定义:在具有保守内力的系统中,由各物体之间的相对位形所决定的能量叫作系统的势能。

从本质上讲,势能是一种相互作用能,它属于受保守力相互作用的各物体所组成的整个系统,比如我们说一个物体的重力势能,就属于物体和地球组成的共同系统。由于保守力做功取决于始末位置,所以存在由位置决定的势能函数。对于非保守力,不存在势能的概念。此外,势能的量值只具有相对意义,只有选定了势能零点,才能确定某一点的势能值。我们规定,物体在某点所具有的势能等于将物体从该点移动到势能零点的过程中保守力所做的功。因此,结合重力、弹性力、万有引力做功的计算结果表达式,其相对应的势能定义如下:

重力势能 $E_p = mgy$(零点:$y = 0$ 处) (2.4.5)

弹性势能 $E_p = \dfrac{1}{2}kx^2$(零点:$x = 0$ 处) (2.4.6)

引力势能 $E_p = -\dfrac{GMm}{r}$(零点:$r = \infty$ 处) (2.4.7)

这三种保守力的势能曲线如图 2-29 所示。

有了势能的表达式后，保守内力做功可以写为

$$A_{ab} = E_{pa} - E_{pb}(= -\Delta E_p) \tag{2.4.8}$$

即保守力做的功等于系统势能的减量(或系统势能增量的负值)。

当 $A_{ab} > 0$ 时，E_p 减小，保守力做正功，以系统势能减小为代价；当 $A_{ab} < 0$ 时，E_p 增大，外力克服保守力做功，系统的势能增加。

例 2.4.1 一弹簧原长为 $l_0 = 0.5m$，劲度系数为 $k = 100N/m$，上端固定在天花板上，当下端悬挂一盘子时，其长度为 $l_a = 0.6m$，然后在盘中放一物体，弹簧长度变为 $l_b = 0.8m$，求盘中放入物体后，在弹簧伸长过程中弹性力做的功。

解 因为弹簧的弹力是保守力，所以根据保守力做功公式(2.4.8)得

$$A_{ab} = E_{pa} - E_{pb} = \frac{1}{2}kx_a^2 - \frac{1}{2}kx_b^2$$

注意到 x_a 和 x_b 是弹簧的初、末形变量，而不是弹簧的初、末总长度，即 $x_a = l_a - l_0, x_b = l_b - l_0$，所以

$$A_{ab} = \frac{1}{2}k[(l_a - l_0)^2 - (l_b - l_0)^2]$$

$$= \frac{1}{2} \times 100 \times [(0.6 - 0.5)^2 - (0.8 - 0.5)^2] = -4(J)$$

例 2.4.2 一颗质量为 m 的陨石从天外落到地球上，已知万有引力常数为 G，地球质量为 M，地球半径为 R，求地球对该陨石的引力做的功。

解 因为地球对陨石的引力是保守力，所以该引力做功是保守力做功，由式(2.4.8)

$$A_{ab} = E_{pa} - E_{pb} = \left(-\frac{GMm}{r_a}\right) - \left(-\frac{GMm}{r_b}\right) = \frac{GMm}{r_b} - \frac{GMm}{r_a}$$

r_a 是远在天外的陨石到地心的距离，为 ∞；r_b 是落到地面的陨石到地心的距离，为 R，故

$$A_{ab} = \frac{GMm}{R} - \frac{GMm}{\infty} = \frac{GMm}{R}$$

三、功能原理

之前谈到质点系动能定理时，我们知道系统的总动能的变化是由系统受到的外力做功和内力做功共同引起的，即

$$A_{外力} + A_{内力} = E_k - E_{k0} = \Delta E_k$$

对于质点系的内力,我们知道它既包括保守内力,又包括非保守内力。所以,系统内力的做功可分为保守内力功和非保守内力功,即

$$A_{内力} = A_{保内} + A_{非保内}$$

由此可得

$$A_{外力} + A_{保内} + A_{非保内} = \Delta E_k$$

根据式(2.4.8)有 $A_{保内} = -\Delta E_p$,代入上式得

$$A_{外力} - \Delta E_p + A_{非保内} = \Delta E_k$$

经过整理得

$$A_{外力} + A_{非保内} = \Delta E_k + \Delta E_p = \Delta E$$

或者

$$A_{外力} + A_{非保内} = (E_k + E_p) - (E_{k0} + E_{p0}) \quad (2.4.9)$$

这里定义系统的动能和势能之和为系统的机械能,用 E 表示,即

$$E = E_k + E_p \quad (2.4.10)$$

那么 $\Delta E = \Delta E_k + \Delta E_p$ 就表示机械能的增量,式(2.4.9)就可以表述为:所有外力的功和所有非保守内力的功的总和等于系统机械能的增量,这一原理称为质点系的功能原理。

功能原理全面概况和体现了力学中的功能关系,它涵盖了力学中所有类型的功以及各种类型的能量。质点及质点系动能定理只是它的特殊情况,功能原理才是普遍的功能关系。由于动能定理的基础是牛顿定律,所以功能原理也只适用于惯性系。

四、机械能守恒定律

由功能原理式(2.4.9)可知:

$$当 A_{外力} + A_{非保内} = 0 时, E_k + E_p = E_{k0} + E_{p0} 或 E = E_0 \quad (2.4.11)$$

这就是说,当外力和非保守内力都不做功或所做功的总和为零时,系统的机械能保持不变。这一结论称为机械能守恒定律。显然,孤立的保守系统机械能守恒。

由式(2.4.9)功能原理可以看出:当 $A_{外力} + A_{非保内} \neq 0$ 时,$E \neq E_0$,即系统的机械能将不守恒,这意味着系统的机械能和其他形式的能量发生了相互转化,其他形式的能量可能是热能、电磁能、原子能或这些能量的综合等。人们从大量事实的观测中总结出:如果一个系统是孤立的,与外界没有能量交换,则系统内部各种形式的能量可以相互转化,或由系统内一个物体传递给另一个物体,但这些能量的总和保持不变。这就是说:能量既不能被消灭,也不能产生;它只能从一个物体

传递给另一个物体,或从物体的一部分传递给另一部分,由一种形式转化为另一种形式,但系统的总能量保持不变。这称为普遍的能量转化和守恒定律。它是自然界的一条最基本的定律,其意义远远超出了机械能守恒定律的范围,机械能守恒只不过是前者的一个特例。

例 2.4.3 长为 l 的细线的一端系一质量为 m 的珠子,另一端固定在墙上的钉子上。先用手拿珠子将线拉成水平,然后放手,求当线摆下 θ 角时珠子的速率。

解 如图 2-31 所示,取珠子和地球为被研究的系统,以线的悬挂点 O 所在高度为重力势能零点。在珠子下落的过程中,有绳拉珠子的外力 T,但该力与珠子的速度 v 总是垂直的,所以该外力不做功。并且系统内只有重力这种保守力做功,所以系统的机械能守恒。系统初态的机械能 $E_A = 0$,系统末态的机械能

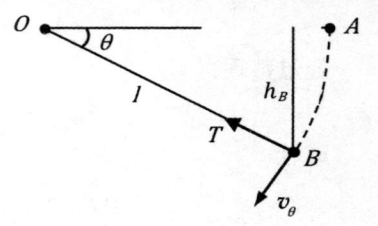

图 2-30 例 2.4.3 用图

$$E_B = \frac{1}{2}m v_B^2 + mg y_B$$

式中 $y_B = -l\sin\theta$,$v_B = v_\theta$,所以 $E_B = \frac{1}{2}m v_\theta^2 - mgl\sin\theta$

由机械能守恒 $E_A = E_B$ 得

$$\frac{1}{2}m v_\theta^2 - mgl\sin\theta = 0$$

解得 $v_\theta = \sqrt{2gl\sin\theta}$

例 2.4.4 求物体从地面出发的逃逸速度,即脱离地球引力所需要的从地面出发的最小速率。地球半径取 $R = 6.4 \times 10^6 \text{m}$。

解 取地球和物体作为被研究的系统,是孤立的保守系统。当物体离开地球飞去时,该系统机械能守恒。以 v_e 表示物体离开地面时的速率,以 v_∞ 表示物体远离地球时的速率。将物体和地球分离无穷远时当作引力势能的零点,所以根据机械能守恒定律 $E_k + E_p = E_{k0} + E_{p0}$,有

$$\frac{1}{2}m v_e^2 + \left(-\frac{GMm}{R}\right) = \frac{1}{2}m v_\infty^2 + 0$$

逃逸速度应为物体能够脱离地球引力的最小速度值,即 v 的最小值,此值和在无穷远时物体的速率 $v_\infty = 0$ 相对应,所以

$$v_e = \sqrt{2GM/R}$$

由于在地面上,有 $GM/R^2 = g$,所以 $v_e = \sqrt{2gR}$,代入数据得

$$v_e = \sqrt{2 \times 9.8 \times 6.4 \times 10^6} = 11.2 \times 10^3 (\text{m/s})$$

在物体以 v_e 的速率离开地球表面到无穷远处的过程中,它的动能逐渐减小到零,它的势能由负值逐渐增大到零,在任意时刻机械能都等于零。

以上计算出的 v_e 又叫作第二宇宙速率。第一宇宙速率是使物体可以环绕地球表面运行所需的最小速率,可以用牛顿第二定律直接求得,其值为 7.9×10^3 m/s。第三宇宙速率是使物体脱离太阳系所需的最小发射速率,其数值为 16.7×10^3 m/s(相对于地球)。

例 2.4.5 如图 2-31(a)所示,质量为 m 的物块从离平板高为 h 的位置自由下落,落在质量为 m 的平板上。已知轻质弹簧的弹性系数为 k,物块与平板的碰撞为完全非弹性碰撞,求碰撞后弹簧的最大压缩量。

解 这个问题可以分解为三个过程来分析,即:(1)物块下落的过程;(2)物块与平板碰撞的过程;(3)物块与平板碰撞后弹簧继续被压缩的过程。

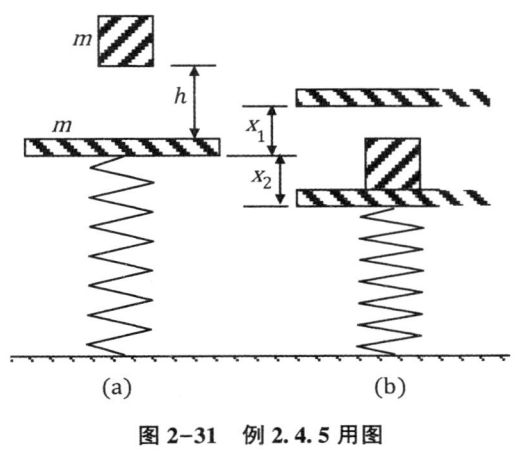

图 2-31 例 2.4.5 用图

(1)在物块下落的过程中,物块自由下落,所以物块与平板碰撞之前,物块的速度为 $v_1 = \sqrt{2gh}$;

(2)在物块与平板碰撞的过程中,物块与平板构成的系统动量守恒 $mv_1 = (m + m)v_2$, $v_2 = \frac{1}{2}v_1 = \frac{1}{2}\sqrt{2gh}$;

(3)在物块与平板碰撞后弹簧继续被压缩的过程中,取物块、平板、弹簧和地球构成的系统为研究对象,由于在本过程中只有保守力(重力和弹力)做功,所以系统机械能守恒,$E = E_0$,即 $\Delta E = \Delta E_k + \Delta E_p = 0$。当弹簧处于最大压缩量时,物块和平板的速度为零,所以本过程中系统的动能增量为

$$\Delta E_k = 0 - \frac{1}{2}(m + m)v_2^2$$

取弹簧的最大压缩位置为重力势能零点,取弹簧原长位置为弹性势能零点。图 2-31(b)中 x_1 为平板单独对弹簧的压缩量,x_2 为物块和平板碰撞后一起对弹

簧的压缩量,因此物块和平板在碰撞时,系统的总势能为 $(m+m)gx_2+\frac{1}{2}kx_1^2$,当弹簧处于最大压缩量时,系统的总势能为 $\frac{1}{2}k(x_1+x_2)^2$,所以系统势能增量为

$$\Delta E_p = \frac{1}{2}k(x_1+x_2)^2 - (m+m)gx_2 - \frac{1}{2}kx_1^2$$

把 ΔE_k 和 ΔE_p 的表达式代入 $\Delta E = \Delta E_k + \Delta E_p = 0$ 得

$$-\frac{1}{2}(m+m)v_2^2 + \frac{1}{2}k(x_1+x_2)^2 - (m+m)gx_2 - \frac{1}{2}kx_1^2 = 0$$

又因为 $mg = kx_1$,所以 $x_1 = mg/k$,把 v_2 和 x_1 代入上式,整理得

$$x_2^2 - \frac{2mg}{k}x_2 - \frac{mgh}{k} = 0$$

解得

$$x_2 = \frac{mg}{k} \pm \sqrt{\left(\frac{mg}{k}\right)^2 + \frac{mgh}{k}}$$

因为 $x_2 > 0$,所以舍去负根,则碰撞后弹簧的最大压缩量为

$$x_{\max} = x_1 + x_2 = \frac{2mg}{k} + \sqrt{\left(\frac{mg}{k}\right)^2 + \frac{mgh}{k}}$$

第五节 手印的变形原理及手印变形的分析

手印的形成包含手、作用力、承痕客体和附着物四种因素,它们共同影响手印的质量。手与客体间作用力的大小和方向,影响着手印的清晰程度、形态结构等。在实际工作中,从现场提取的手印都有变形,只不过是变形的程度、范围不同。当变形的程度不大,不足以改变纹线类型和细节特征时,并不影响对其特征进行检验、认定,但当其变形较大时就会给检验、鉴定造成困难。对这类手印进行检验之前,我们应弄清变形手印形成的机理。

一、变形手印的产生机理

手印产生变形的过程比较复杂,我们从影响变形的因素来分析手印产生变形的机理。

(一)造痕体——手的影响。手指和手掌的真皮结构呈乳突和犁沟状,在痕迹

中,手作为造痕体,其皮下有较为发达的脂肪层使其富有较强的弹性和伸缩性。手的深部又有肌肉,在力的作用下会出现皮肤花纹组织的"自由移位"现象,出现皮纹被拉长、缩短或挤压等状况,引起纹线特征的各种变化。

以手指头接触物体为例:当手指向前用力,在摩擦力的作用下皮纹组织会朝后进行移位。在皮肤移动方向的末端,会出现纹线被压缩,间隔变窄,后凸纹线弧度变大的现象。在手指前端皮肤扩张的地方,纹线被拉开,间隔变宽,前凸纹线弧度变小,整个花纹还会向两侧拉长。这些特征越明显,表明变形程度越大。与此同时,纹线之间的连接、分离以及"若即若离"的位置关系也可能由此发生变化。例如,由于纹线被压缩,可能使起点变成分歧,使终点变成结合,小棒变成小沟甚至小眼,小沟变成小桥,或使小棒与邻近纹线的"融合"难以表现出来等。同样,由于纹线被拉开,可能使分歧变成起点,结合变成终点,小桥(或小眼)变成小沟甚至小点等。

(二)手与物面接触时,作用力的大小、方式、方向不同引起的手印的变形。由于案犯作案时往往为达到某种目的,必须适应现场客观环境,受到被接触客体形态结构的制约,手会以适当的方式接触客体,从而决定了用力的大小、方式和用力方向,使具有一定特性的手的接触部位发生不同程度的"自由移位",从而影响手印纹型的变化及其细节特征的变化。

作用力有三个基本要素,即力的作用点、力的大小和方向。作用于手指的力,可以简化为两种分力,一种是垂直于承受客体表面的力,另一种是平行于承受客体表面的力。前一种力的改变会增加或减少力的大小,不会使手指产生运动。而后一种力则有可能改变力的作用点,一旦这种力大于手指与客体所产生的摩擦阻力,手指就会产生滑动,难以形成印痕。

只要手在接触客体时压力大小和方向不同,手印变形的程度和具体变形情况就不同:当手相对物面垂直用力较大时,手印中乳突纹线相对变粗,小犁沟痕相应变窄,似连非连的纹线会连在一起,细纹线与相邻纹线会并在一起;相反,当手与物面垂直接触用力较小时,乳突纹线相对变细,小犁沟相应变宽,似连非连的纹线会很容易分离,造成纹线断续的后果,甚至出现假特征。

当手的用力方向与物面不垂直时,手表皮会产生平行于物面的摩擦力,在此力的作用下,手印中心乳突纹线会发生严重形变,纹线的细节特征会发生改变,现场印痕相比于标准样本会产生差异。当作用力向某一侧施加时,该侧的乳突纹线痕间隔必然变宽(小犁沟痕变宽),而对侧乳突纹线痕间隔变窄(小犁沟痕变窄),中心花纹的结构形态及其细节特征亦会随之发生变化。

(三)手与物面的接触状态对手印的影响。手指是"鞣体",第一指节呈球面体且指节弯曲程度不同。手指与物面作用时，表面产生的拉伸、压缩、拧动会使指印产生变化，尤其是当手掌面有一定的弯曲而接触物面时，会造成某些乳突纹线的丢失。比如手握棍棒等圆柱形物体时，手掌面与手指都是弯曲的，在屈肌褶纹两侧的皮肤会叠在一起而无法与物面接触，折叠部位的乳突纹线及细节特征将会全部丢失，从而产生严重变形。

（四）承痕客体表面物理属性的不同导致手印的变形。广义来讲，就是因留有手印的物体表面其物质属性的不同而引起变化。承痕物体表面的物理属性一般可分为弹性、可塑性、光滑、粗糙以及圆柱体多边形和倾斜角度等，这些属性的不同会使乳突花纹发生变化，这种变化会使印痕也发生变形。物体表面的光滑和粗糙程度不同，如客体自身的裂痕、油漆表面的皱纹、金属表面残痕等，会使乳突花纹断裂或增添新的特征，或使某些固有特征消失。物体表面的倾斜程度和体积及重量的不同（如窗、门框、柜门、抽屉、锁鼻、桌面及金属客体），加上手的力度和力的角度不同也会使印痕发生变化。当物体表面形状是圆柱面、凹面或凹凸不平面时，手与其接触部位的表皮受力不均，会造成皮肤拉伸、挤压现象，使乳突花纹发生变化。如手接触灯头、灯泡、灯罩、茶杯、拉手、锁体、斧头或菜刀手柄等各种形状不一、弧度不等的客体时会使印痕发生形变，其印痕与正常捺印样本相比会产生差异。当留有手印的物面过湿、过干或该物面受温度湿度影响易产生变形，遗留在物面的手印会随物面的变化而产生变形。

（五）二次形成的印痕产生纹线增减的特殊情况。手二次以上接触物面形成的印痕一般会表现出纹线重叠、交叉或分离等现象。但在某些特殊情况下，印痕衔接得如同一次捺印一样，甚至出现增减纹线的情况。一般出现纹线增减的情况是因为在手离开物面的瞬间，其相邻部位又与物面接触，或者在手与物面接触中产生滚动的瞬间而造成脱离，或者手的某部位始终与物面接触但有一部分脱离而相邻的另一部分又接触而导致纹线增减。

以上五个方面是手印形成过程中产生变形的主要原因。此外，在现场勘查时，显现、提取及包装送检等处理方式不当也会造成手印变化。所以，在分析手印是否产生变形时，要全面考虑和分析。综合以上诸多因素的影响，才能得出正确的结论。

二、变形手印的分析

承痕客体表面的形态、作用力的方向及大小，会影响到手的接触状态和承痕动作，造成手部皮肤拧动、拉伸和挤压，从而使手印纹线的密度、粗细、间隔距离以及细节特征等发生变形。在实际操作中，需要仔细比对手印样本，分析纹线可能出现的细节特征变化和增减情况。根据纹线密度、粗细和间隔距离来判断用力方向和方式,结合承痕客体表面状况判断与物面的接触形态,推断现场手印形成的动作,可还原手印变形的过程。根据手在不同物面的作用力情况的不同,可以从平面、圆柱面、规则弧形曲面、非规则平面以及二次成痕中手印的变形情况进行分析。

（一）平面上手印变形的分析

1. 手垂直物面作用。当作用力相对较小时,小犁沟变宽,纹线变细,似连非连处纹线分离,出现时断时续的状态,有时候会出现假特征;当作用力较大时,小、细纹线与相邻的纹线粘连或者并在一起,似连非连的纹线容易呈现出连在一起的状态。由表2-5-1所示的数据中可以看出,不论水平分力如何变化,都是压力大处纹线粗,且间隔距离相对较小。

表2-5-1　拇指不同捺印情况纹线粗细和小犁沟宽窄的比较

测量项目(mm)	正常样本	加压样本	压力较小
纹线粗细	0.3	0.4	0.1
小犁沟宽窄	0.2	0.1	0.4

2. 手对物面斜向作用。当手对平面斜向作用时,如图2-32所示,此时手与物面的作用力为F,与物面方向夹角为α角。F会产生一个水平分力F_1和垂直分力F_2,同时物面对手也产生分别与F_1和F_2对应的两个大小相等、方向相反的反作用力。手指接触物面时,与F_1方向一致的一侧皮肤受到拉伸,相对应一侧受到挤压,而与F_1方向垂直的两侧皮肤则基本没有影响。将同一手指在垂直向下的压力下和斜向前的压力下的捺印花纹形态在显微镜下比对观察,垂直向下的压力捺印花纹形态和倾斜程度正常,而在斜向用力时捺印花纹变斜且短。

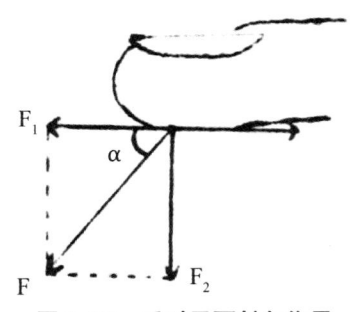

图2-32　手对平面斜向作用

3. 平面上的判断方法。首先,分析手印载体的形状、体积及重量等,根据形状和体积及手印的部位和朝向判断接触时的动作,根据其重量及移动情况判断手接触时力的大小,根据动作和用力情况分析判断手印产生变形的可能性。其次,变形的平面手印印痕,其乳突纹线的宽窄、密度会产生规律性的变化:当皮肤被拉伸或与物面接触用力小时,乳突纹线宽度变窄、密度变小;当皮肤被挤压或与物面接触用力大时,乳突纹线宽度变宽、密度变大。因此,乳突纹线的宽窄、密度的变化可以作为手印变形情况的一种判断依据。

(二)圆柱面上手印变形的分析

当圆柱面的曲率半径较大时,圆柱表面近似于平面,与平面情况相同。当圆柱面的曲率半径较小时,可以具体分为两种情况:如果手指轴线与圆柱面轴线平行,此时情况与平面情况相同,分析方法与平面上的分析方法相同;如果是攥握物体,褶纹处皮肤会折叠而不与物面接触,印痕中折叠处纹线将会丢失,皮肤被挤压严重,纹线形态会产生较大变形。

圆柱面上的判断方法:首先,判断圆柱面的曲率半径大小。若曲率半径较大,圆柱面接近平面,其印痕接近上述情况。若曲率半径较小,圆柱面上手印大多是变形的。其次,根据圆柱面上的印痕判断留有手印的动作。如果是垂直接触的印痕,一般不会产生变形。若非垂直接触则会产生变形,其变形情况根据用力方向及大小而定,圆柱面上攥握的手印都是变形的。

(三)规则的弧形曲面上手印变形的分析

此类物面有圆凹面、椭圆凹面和椭球凹面等,曲面的曲率半径比较大,表面近似于平面,可以按照平面上的情况进行分析,接下来以圆凹面为例进行分析。

如图 2-33 所示,当 F 在圆凹面切线方向有分力 F_1 时,手指皮肤受到与 F_1 方向相反、大小相等的力 F'_1。若手指与物面接触后再产生 F 方向力,中心接触部位花纹被压住,基本不变形,物面与 F_1 相一致的一侧皮肤被拉伸,纹线密度会变小,弧度也会变小;物面与 F'_1 一致的一侧皮肤被挤压,纹线密度会变大,弧度也会变大,印痕中变化的纹线较多且较明显。

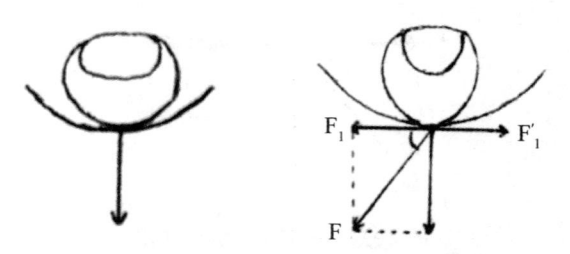

图 2-33 手指在圆凹面上的作用力分析

规则的弧形曲面上的判断方法:在圆凹面或椭圆凹面上的手印,与轴线平行方向上的纹线变化情况与平面手印类似,而与轴线垂直的凹面方向上的纹线变化较大,这种情况与用力的方向有关,将导致皮肤被挤压和拉伸。椭球凹面上的印痕,一般都会产生变形。

(四)凹凸不平面上手印变形的分析

通常此类物面表面凹凸不均,无一定规则,乳突花纹及纹线变形较大且无规律,乳突纹线密度疏密不均,情况比较复杂。对此类物面上的变形手印进行分析,通常可将该物面按其曲率的不同分解为若干部分,如分为相互有关联的圆柱面、椭圆面、球形面、圆凹面、球凹面、椭圆凹面等部分后再分别加以分析,即可判断出手印的变化情况,具体分析方法与上述情况一致。

(五)二次成痕中手印变形的分析

这种情况常常出现在二次成痕中。在乳突花纹的纹型及细节特征基本相同的条件下,在某两个特征点之间可能多出一两条纹线,仔细观察,能够发现同一纹线重复出现相似印痕,重复出现的印痕形态完全一致;在乳突花纹的纹型及细节特征基本相同条件下,在同一次形成的衔接部位减少了一两条纹线。从总体上看,其特征形态基本相符,除在某两个特征点之间缺少纹线以外,其他部位与捺印样本无差异。二次成痕有时会出现在某些开门动作的留痕中,这是由于在开门的过程中,手指一部分已经与门接触,但随着开门动作的完成,一部分与门表面分离,另一部分又出现接触。

思考题

1. 在牛顿第二运动定律中,若速度为常矢量,则可得到牛顿第一运动定律,所以牛顿第一运动定律没有存在的必要,而事实并非如此,你做何解释?
2. 牛顿运动定律适用的范围是惯性参照系中低速运动的宏观的质点,为什么?
3. 在马拉车前进时,马拉车的力与车拉马的力大小相等方向相反,是一对作用力与反作用力,为何车能前进?
4. 人所共知,汽车是靠地面提供的摩擦力前进的;但也知道,地面提供的摩擦力阻碍了汽车的运动,这个矛盾如何解释?
5. 动量发生变化而动能不发生变化是否可能?
6. 有两只船与岸的距离相同,相对而言,质量相同的人为什么从大船上跳上岸容易而从小船上跳上岸难?

7. 竖直上抛一小球,若小球回到出发点时的速率等于出发时的初速率,则小球在运动过程中的动量是否守恒?

8. 火箭和喷气式飞机为什么能在真空中飞行?

9. 你对引力势能只取负值、重力势能有正有负、而弹性势能只能为正做何解释?

10. 两个质量与速率都相同的非弹性球相向碰撞后粘在一起,试问此过程中动量是否守恒?动能是否守恒?为什么?

第三章

刚体动力学

在之前几章的学习中,我们总是把物体看作质点。然而,在讨论一些实际问题时,比如电机转子的转动、桥梁的平衡、枪弹的旋转等问题,不能忽视物体本身的形状和大小,因此质点模型不再适用。而刚体模型的提出却巧妙地回答了这类问题,这也是本章的主要内容。本章将着重研究刚体及其运动规律,刚体不仅涉及范围广泛,还具有重要的应用价值。刚体可以看成是一个特殊的多质点体系,自然遵循质点系力学的基本规律。将质点系力学规律与这一特殊质点体系的特殊性相结合,便可得到刚体力学的具体规律。本章首先对刚体的定轴转动进行描述,其次介绍刚体定轴转动的转动惯量和刚体定轴转动定律,再次说明刚体的角动量及其守恒,最后阐释功能概念对刚体转动的应用。

第一节　刚体转动的描述

众所周知,昼夜的不断更替、太阳的东升西落是由于地球绕自转轴不停地旋转产生的。对于相对于地面静止的物体,其位于北京时所处的状态和位于上海时所处的状态是否相同? 为了回答这个问题,我们先来学习一下本节内容。

刚体是固体物件的理想化模型,是受力时不改变形状和体积的物体。刚体可以看成是由许多质点组成的物体。每一个质点叫作刚体的一个质元,刚体这个质点系的特点是在外力作用下各质点之间的相对位置保持不变。最简单的转动是定轴转动。在这种运动中各质元均做圆周运动,而且各圆的圆心都在一条固定不动的直线上,这条直线叫作转轴。

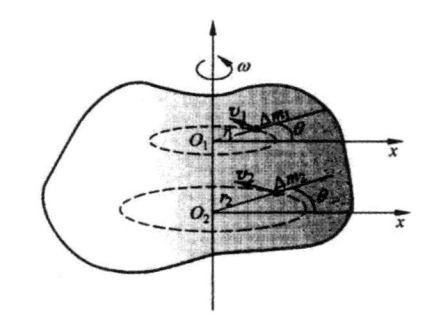

图 3-1　刚体的定轴转动

刚体绕某一定轴转动时,各质元的线速度和加速度一般是不同的,如图 3-1 所示,但由于各质元的相对位置保持不变,所以各质元运动的角量,如角位置、角速度和角加速度都是一样的。在描述刚体整体的运动时,用角量最为方便。以 dθ 表示刚体在 dt 时间内转过的角位移,则刚体的角速度为

$$\omega = \frac{d\theta}{dt} \tag{3.1.1}$$

角速度实际上是个矢量,用 ω 表示。它的方向规定为沿轴的方向,指向用右手螺旋法则确定。在刚体定轴转动的情况下,角速度的方向只能沿轴取两个方向,相应于刚体转动的两个相反的旋转方向。这种情况下,ω 就可以用代数方法处理,用正负来区别两个旋转方向。

刚体的角加速度为

$$\alpha = \frac{d\omega}{dt} = \frac{d^2\theta}{dt^2} \tag{3.1.2}$$

离转轴的距离为 r 的质元的线速度和刚体的角速度的关系为

$$v = r\omega \tag{3.1.3}$$

该质元做圆周运动的加速度与刚体的角加速度和角速度的关系为

$$a_\tau = r\alpha \tag{3.1.4}$$

$$a_n = r\omega^2 \tag{3.1.5}$$

定轴转动的一种简单情况是匀加速转动,即刚体的角加速度 α 保持不变。以 ω_0 表示刚体在时刻 $t = 0$ 时的角速度,以 ω 表示在时刻 t 时的角速度,以 θ 表示它在 0 到 t 时这段时间内的角位移,匀加速转动的相应公式如下:

$$\omega = \omega_0 + \alpha t \tag{3.1.6}$$

$$\theta = \omega_0 t + \frac{1}{2}\alpha t^2 \tag{3.1.7}$$

$$\omega^2 - \omega_0^2 = 2\alpha\theta \tag{3.1.8}$$

例 3.1.1 一条缆索绕过一个定滑轮拉动一个升降机,如图 3-2 所示,滑轮半径 $r = 0.5$m,如果升降机从静止开始以加速度 $a = 0.4$m/s^2 匀加速上升,且缆索与滑轮之间不打滑,求(1)滑轮的角加速度;(2)开始上升后 $t = 5$s 时滑轮的角速度;(3)在这 5s 内滑轮转过的圈数。

解 (1)由于升降机的加速度和滑轮边缘上一点的

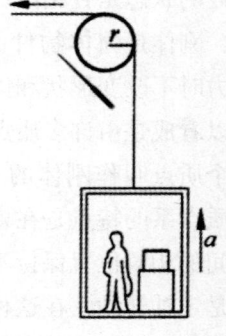

图 3-2 3.1.1 例用图

切向加速度相等,根据 $a_\tau = r\alpha$ 得滑轮的角加速度

$$\alpha = \frac{a_\tau}{r} = \frac{a}{r} = \frac{0.4}{0.5} = 0.8(\text{rad}/\text{s}^2)$$

(2) $t = 5$s 时滑轮的角速度

$$\omega = \omega_0 + \alpha t = 0 + 0.8 \times 5 = 4(\text{rad/s})$$

(3) 5s 内滑轮转过的角度

$$\theta = \omega_0 t + \frac{1}{2}\alpha t^2 = 0 + \frac{1}{2} \times 0.8 \times 5^2 = 10(\text{rad})$$

转过的圈数是 $\quad \dfrac{\theta}{2\pi} = \dfrac{10}{2\pi} = 1.6(圈)$

第二节　刚体定轴转动定律

直升机能够起飞全靠上方的旋翼,但其尾部的尾桨起到怎样的作用呢？因为旋翼在旋转时会产生强大的反转力矩,尾桨设置刚好能克服反转力矩,保证直升机的平稳飞行。同样,通常的无人机配备偶数个旋转相反的旋翼,就是为了抵消相互之间的扭转力矩。通过本节的学习,我们将了解转动物体所遵循的规律。

图 3-3　直升机 　　　图 3-4　无人机

一、力矩

为了研究力对物体转动的作用效果,引入了力矩的概念。力矩是相对于一个参考点定义的。如图 3-5 所示,力 F 对参考点 O 的力矩 M 定义为从参考点 O 到力的作用点 P 的径矢 r 和该力 F 的矢量积,即

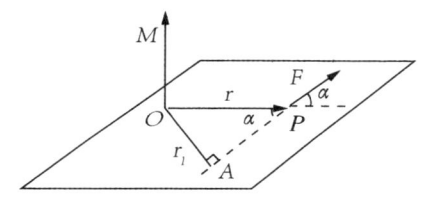

图 3-5　力矩的定义

$$M = r \times F \quad (3.2.1)$$

力矩的大小

$$M = rF\sin\alpha = r_\perp F \quad (3.2.2)$$

力矩的方向垂直于径矢 r 和力 F 所确定的平面,指向用右手螺旋定则确定:使右手四指从 r 跨越小于 π 的角度转向 F,拇指的指向就是 M 的方向。注意 r 在前,F 在后。

在国际单位制中,力矩的单位是牛·米,符号 N·m。

二、转动惯量

在牛顿第二运动定律 $F = ma$ 中,质量 m 是物体平动时惯性大小的量度,在转动中,用转动惯量来表示物体转动惯性的大小。刚体的质量离散分布时,转动惯量的定义为

$$J = \sum \Delta m_i r_i^2 \quad (3.2.3)$$

对于质量连续分布的刚体,上述求和应以积分代替,即

$$J = \int_m r^2 \mathrm{d}m \quad (3.2.4)$$

式中 r 为刚体质元 dm 到转轴的垂直距离。

在国际单位制中,转动惯量的单位是千克·米²,符号 kg·m²。

由上面两式可知,刚体对某转轴的转动惯量等于刚体中各质元的质量和它们各自离该转轴的垂直距离的平方的乘积的总和,它的大小不仅与刚体的总质量有关,还和质量相对于转轴的分布有关。下面举几个求刚体转动惯量的例子。

例 3.2.1 求质量为 m,半径为 R 的均匀薄圆环的转动惯量,轴与圆环平面垂直并且通过其圆心。

解 如图 3-6 所示,环上各质元到轴的垂直距离都是 R,所以

$$J = \int_m r^2 \mathrm{d}m = \int_m R^2 \mathrm{d}m = R^2 \int_m \mathrm{d}m = mR^2$$

由于转动惯量是简单可加的,所以任何一个质量为 m,半径为 R 的薄壁圆筒对其轴的转动惯量都是 mR^2。

例 3.2.2 求质量为 m,半径为 R,厚为 l 的均匀圆盘的转动惯量,轴与盘面垂直并且通过其盘心。

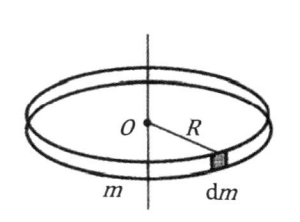

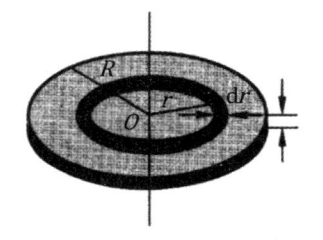

图 3-6 例 3.2.1 用图   图 3-7 例 3.2.2 用图

解 如图 3-7 所示,圆盘可以看成是由许多薄圆环组成的。取任意半径为 r,宽度为 dr 的薄圆环,该薄圆环的转动惯量为

$$dJ = r^2 dm$$

式中 dm 为薄圆环的质量,以 ρ 表示圆盘的密度,则

$$\rho = \frac{m}{V} = \frac{m}{\pi R^2 l}$$

$$dJ = r^2 dm = r^2 \rho dV = r^2 \frac{m}{\pi R^2 l} \times 2\pi r l dr = \frac{2m}{R^2} r^3 dr$$

总转动惯量为

$$J = \int dJ = \int_0^R \frac{2m}{R^2} r^3 dr = \frac{2m}{R^2} \left[\frac{r^4}{4}\right]_0^R = \frac{1}{2} m R^2$$

由于转动惯量是简单可加的,所以任何一个质量为 m,半径为 R 的均匀实心圆柱对其轴的转动惯量都是 $mR^2/2$。

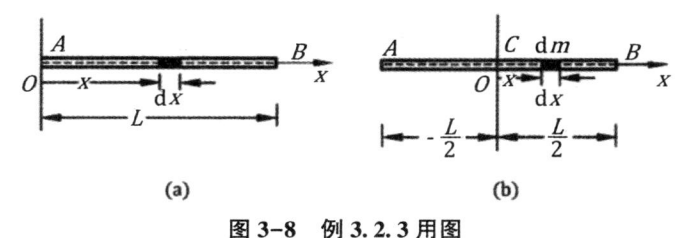

图 3-8 例 3.2.3 用图

例 3.2.3 求长度为 L,质量为 m 的均匀细棒 AB 的转动惯量:(1)对于通过棒的一端与棒垂直的轴;(2)对于通过棒的中点与棒垂直的轴。

解 (1)如图 3-8(a)所示,沿棒长方向取为 x 轴,取任一长度元 dx,以 ρ_l 表示线密度,即单位长度的质量,则这一长度元的质量为 $\rho_l dx = m/L \cdot dx$,转动惯量为

$$J_A = \int_m r^2 dm = \int_0^L x^2 \frac{m}{L} dx = \frac{m}{L} \int_0^L x^2 dx = \frac{1}{3} m L^2$$

（2）如图3-8（b）所示，沿棒长方向取为 x 轴，取任一长度元 dx，以 ρ_l 表示线密度，即单位长度的质量，则这一长度元的质量为 $\rho_l dx = m/L \cdot dx$，转动惯量为

$$J_0 = \int_m r^2 dm = \int_{-\frac{L}{2}}^{\frac{L}{2}} x^2 \frac{m}{L} dx = \frac{m}{L} \int_{-\frac{L}{2}}^{\frac{L}{2}} x^2 dx = \frac{1}{12} mL^2$$

一些常见的均匀刚体的转动惯量在下表中给出。

表 3-2-1　一些均匀刚体的转动惯量

刚体形状		轴的位置	转运惯量
细杆		通过一端垂直于杆	$\frac{1}{3}mL^2$
细杆		通过中点垂直于杆	$\frac{1}{12}mL^2$
薄圆环 （或薄圆筒）		通过环心垂直于环面（或中心轴）	mR^2
圆盘 （或圆柱体）		通过盘心垂直于盘面（或中心轴）	$\frac{1}{2}mR^2$
薄球壳		直径	$\frac{2}{3}mR^2$
球体		直径	$\frac{2}{5}mR^2$

三、转动定律

力对刚体定轴转动的影响，是由牛顿定律决定的，刚体定轴转动定律

$$M = J\alpha \tag{3.2.5}$$

上式中的 M 是刚体所受的合外力矩，J 是刚体的转动惯量，α 是刚体的角加速度。注意：这三个物理量都是相对于转轴的。该定律表明：刚体所受的合外力矩等于刚体的转动惯量和其角加速度的乘积。

将 $M = J\alpha$ 和 $F = ma$ 进行比较,可知前者的合外力矩相当于后者的合外力,前者的角加速度相当于后者的加速度,前者的转动惯量相当于后者的质量,即转动惯量是转动时惯性大小的量度。

例 3.2.4 一个飞轮的质量 $m = 60\text{kg}$,半径 $R = 0.25\text{m}$,正在以 $\omega_0 = 100\text{rad/s}$ 的角速度转动。现在要制动飞轮,如图 3-9 所示,要求在 5s 内使它均匀减速最终停下来,求闸瓦对轮子的压力 N 为多大。假定闸瓦与飞轮之间的摩擦系数为 $\mu = 0.8$,而飞轮的质量可以看作全部均匀分布在飞轮的外周上,因而其转动惯量为 $J = mR^2$。

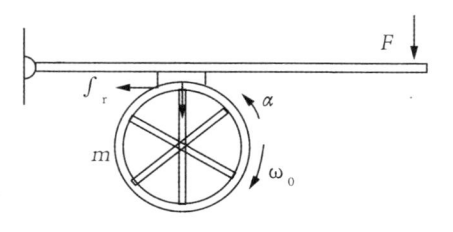

图 3-9 例 3.2.4 用图

解 根据 $\omega = \omega_0 + \alpha t$ 得飞轮的角加速度

$$\alpha = \frac{\omega - \omega_0}{t} = \frac{0 - 100}{5} = -20(\text{rad/s}^2)$$

负值表示角加速度的方向和初角速度的方向相反,和减速转动相对应。

飞轮的这一负角加速度是外力矩作用的结果,这一外力矩就是当用力将闸瓦压紧到轮缘上时对轮缘产生的摩擦力的力矩,以 ω_0 方向为正,则此摩擦力矩应为负值。以 f 表示摩擦力的大小,则它对飞轮的转轴的力矩为

$$M = -Rf = -R\mu N$$

根据刚体定轴转动定律 $M = J\alpha$,可得

$$-R\mu N = J\alpha = mR^2\alpha$$

闸瓦对轮子的压力大小为 $N = \dfrac{mR^2\alpha}{-R\mu} = -\dfrac{mR\alpha}{\mu} =$

$-\dfrac{60 \times 0.25 \times (-20)}{0.8} = 375(\text{N})$

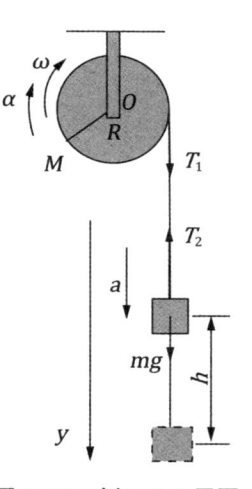

图 3-10 例 3.2.5 用图

例 3.2.5 如图 3-10 所示,一个质量为 M,半径为 R 的定滑轮(当作均匀圆盘)上面绕有细线。绳的一端固定在滑轮边上,另一端挂一质量为 m 的物体而下垂。忽略轴处的摩擦,求物体 m 由静止下落高度 h 时的速度和此时滑轮的角速度。

解 取向下为 y 轴正方向,设物体 m 由静止下落高度 h 时的加速度为 a,转盘的角速度和角加速度分别为 ω 和 α,细线中的张力大小为 T,此张力等于细线

对滑轮的拉力 T_1,也等于细线对物体 m 的拉力 T_2,即 $T = T_1 = T_2$。

对物体 m 应用牛顿第二定律 $F = ma$ 得

$$mg - T = ma \tag{1}$$

对定滑轮应用定轴转动定律 $M = J\alpha$,可得

$$RT = \frac{1}{2}MR^2\alpha \tag{2}$$

应用圆周运动的线加速度和角加速度的关系 $a_t = r\alpha$,可得

$$a = R\alpha \tag{3}$$

联立上面的(1)(2)(3)式,把(3)代入(2)并化简得

$$T = \frac{1}{2}Ma \tag{4}$$

把(4)代入(1)得

$$mg - \frac{1}{2}Ma = ma, ma + \frac{1}{2}Ma = mg, a = \frac{2mg}{2m + M}$$

a 是常数,即物体 m 是匀加速运动,所以下落高度 h 时的速度

$$v = \sqrt{2ah} = \sqrt{\frac{4mgh}{2m + M}}$$

根据线速度和角速度的关系 $v = r\omega$,得此时滑轮的角速度

$$\omega = \frac{v}{R} = \frac{1}{R}\sqrt{\frac{4mgh}{2m + M}}$$

第三节 刚体的角动量和角动量守恒

本节学习之前先看这样一个实验:让一人坐在竖直光滑轴的转椅上,手持哑铃,两臂伸平,如图 3-11(a)所示用手推他,使他转起来,当他把两臂收回使哑铃贴在胸前时,他的转速就明显增大,如图 3-11(b)所示。想要解释这个问题,需要本节知识作为基础。

（a）　　　　　　（b）

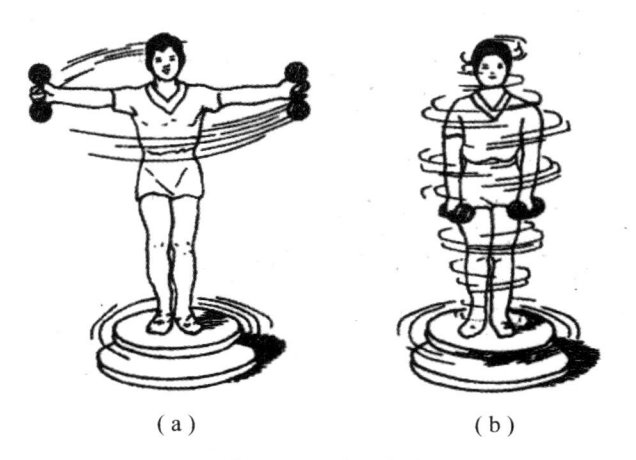

图 3-11　演示实验

一、质点的角动量和角动量定理

在惯性参考系中，如图 3-12 所示，假设力 F 作用在一个质量 m、速度为 v、位矢为 r 的质点上，根据力矩的定义和牛顿第二定律，有

$$M = r \times F = r \times \frac{dp}{dt} = \frac{d}{dt}(r \times p) - \frac{dr}{dt} \times p = \frac{d}{dt}(r \times p) - v \times (mv) = \frac{d}{dt}(r \times p)$$

即

$$M = \frac{d}{dt}(r \times p) \tag{3.3.1}$$

定义 $r \times p$ 为质点相对于固定点 O 的角动量（也称为动量矩），以 L 表示，即

$$L = r \times p \tag{3.3.2}$$

则式 (3.3.1) 可以写为

$$M = \frac{dL}{dt} \tag{3.3.3}$$

此式称为质点的角动量定理，即质点所受的合外力矩等于它的角动量对时间的变化率。

注意，力矩和角动量都是相对于惯性系中的同一固定点说的。

图 3-12　质点的角动量　　图 3-13　圆周运动的角动量

根据角动量的定义式 (3.3.2)，质点 m 对点 O 的角动量大小为

$$L = rp\sin\varphi = rmv\sin\varphi \tag{3.3.4}$$

角动量的方向垂直于 r 和 p 所确定的平面，指向由右手螺旋法则确定：使右手四指从 r 转过小于 π 的角度转到 p，这时拇指的指向就是 L 的方向。

做匀速圆周运动的质点 m 对其圆心的角动量的大小为

$$L = rmv \tag{3.3.5}$$

方向如图 3-13 所示。

在国际单位制中，角动量的单位是千克·米^2/秒，符号是 $kg \cdot m^2/s$。

二、刚体的角动量和角动量守恒

刚体绕定轴转动时，也应该具有角动量。当一个刚体绕定轴以角速度 ω 转动时，它绕该轴的角动量为

$$L = \sum \Delta m_i r_i v_i = \sum \Delta m_i r_i^2 \omega = \left(\sum \Delta m_i r_i^2\right) \omega = J\omega$$

即刚体绕定轴转动的角动量等于刚体对定轴的转动惯量与角速度的乘积。

$$L = J\omega \tag{3.3.6}$$

利用角动量的这一表示式，刚体定轴转动定律可以表示为

$$M = J\alpha = J\frac{d\omega}{dt} = \frac{d(J\omega)}{dt} = \frac{dL}{dt}$$

即

$$M = \frac{dL}{dt} \tag{3.3.7}$$

此式称为刚体定轴转动的角动量定理，即刚体所受的合外力矩等于刚体的角动量对时间的变化率。此式和质点的角动量定理类似，注意此处的力矩和角动量都是相对于同一固定转轴说的。

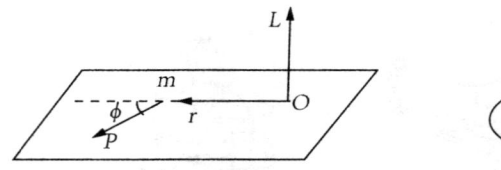

在式 (3.3.7) 中，如果刚体所受合外力矩 $M = 0$，则刚体绕定轴转动的角动量保持不变。这就是角动量守恒定律。角动量守恒定律与动量守恒定律、机械能守恒定律一起被称为力学的三大守恒定律。

对于一个转动惯量可以改变的物体,当它受的外力矩为零时,它的角动量 $L = J\omega$ 也将保持不变。本节开始时介绍的实验就可以用角动量守恒定律解释:把人在两臂伸平时和收回以后的状态都当成一个刚体,分别以 J_1 和 J_2 表示他对固定竖直轴的转动惯量,以 ω_1 和 ω_2 分别表示两种状态时的角速度。由于人在收回手臂时竖直轴没有受到有转动效果的外力矩作用,所以他的角动量守恒,即 $L_1 = L_2$,$J_1\omega_1 = J_2\omega_2$,因为 $J_1 > J_2$,所以 $\omega_1 < \omega_2$。

例 3.3.1 一根长为 l,质量为 M 的均匀直棒,其一端挂在一个水平光滑轴上并静止于竖直位置。现有一质量为 m 的子弹,以水平速度 v_0 射入棒的下端而不复出。求棒和子弹一起开始运动时的角速度。

解 如图 3-14 所示,由于从子弹进入棒到二者一起开始运动所经过的时间极短,在这一过程中棒的位置基本不变,即仍然保持竖直。因此对于子弹和木棒系统,在子弹冲入过程中,系统所受的外力(重力和轴的支持力)对于轴 O 的力矩都是零,这样系统对轴 O 的角动量守恒。以 v 和 ω 分别表示子弹和木棒一起开始运动时木棒端点的速度和角速度,则由角动量守恒得

$$lmv_0 = lmv + \frac{1}{3}Ml^2\omega$$

利用关系式 $v = l\omega$ 得

$$v = \frac{mv_0}{m + M/3} = \frac{3mv_0}{3m + M}, \omega = \frac{3mv_0}{(3m + M)l}$$

注意:在子弹射入木棒的过程中,木棒和子弹系统的总动量并不守恒,因为在水平方向受到轴 O 处对系统的外力,不满足动量守恒定律的条件:所受合外力为零。

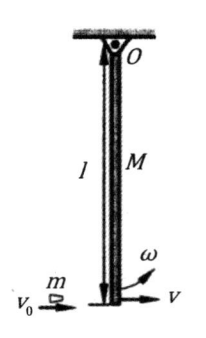

图 3-14 例 3.3.1 用图

第四节 转动中的功和能

打陀螺是中国的传统民俗游戏,为了保证陀螺持续旋转,需要用鞭子不断抽打陀螺。抽打得越狠陀螺旋转得越快。与之类似的还有抖空竹,转溜溜球等,这些都是通过缠绕的绳线使目标物获得"源源不断"的动力,这些都与转动物体的功和能相关,那么又与第二章提到的质点功能原理有何异同呢?接下来我们就具体来学习一下。

如图 3-15 所示,一刚体的一个截面与转轴正交于 O 点,F 为作用在刚体上的一个外力。当刚体转过 $\mathrm{d}\theta$ 角位移时,受力 F 作用的质元沿圆周的位移 $\mathrm{d}r$ 的大小为 $|\mathrm{d}r| = r\mathrm{d}\theta$,力做的元功为

$$\mathrm{d}A = F \cdot \mathrm{d}r = F_\tau |\mathrm{d}r| = F_\tau r\mathrm{d}\theta = M\mathrm{d}\theta$$

即力对转动刚体做的元功等于相应的力矩和刚体的元角位移的乘积。对于有限角位移,力做的功为

$$A = \int_{\theta_1}^{\theta_2} M\mathrm{d}\theta \tag{3.4.1}$$

此式常被称为力矩的功,它是力做的功在刚体转动中的计算公式。

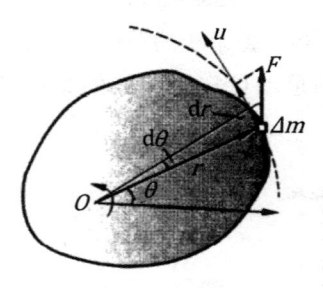

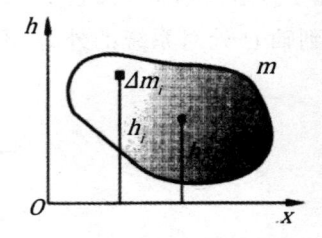

图 3-15 力矩做功　　**图 3-16 刚体的重力势能**

刚体转动时其转动动能就是各质元的动能之和,转动动能

$$E_k = \sum \frac{1}{2} m_i^2 v_i^2 = \sum \frac{1}{2} m_i^2 (r_i\omega)^2 = \frac{1}{2}\left(\sum m_i^2 r_i^2\right)\omega^2 = \frac{1}{2}J\omega^2$$

即

$$E_k = \frac{1}{2}J\omega^2 \tag{3.4.2}$$

刚体在 $\mathrm{d}t$ 时间内转过角位移 $\mathrm{d}\theta = \omega\mathrm{d}t$ 时,外力矩所做元功

$$dA = Md\theta - J\alpha d\theta = J\frac{d\omega}{dt}d\theta = J\frac{d\theta}{dt}d\omega = J\omega d\omega$$

在刚体的角速度由 ω_1 变为 ω_2 的过程中,总外力矩对刚体所做的功为

$$A = \int_{\theta_1}^{\theta_2} Md\theta = \int_{\omega_1}^{\omega_2} J\omega d\omega = \frac{1}{2}J\omega_2^2 - \frac{1}{2}J\omega_1^2 = E_{k2} - E_{k1}$$

即

$$A = E_{k2} - E_{k1} \qquad (3.4.3)$$

合外力矩对一个定轴转动的刚体所做的功等于它的转动动能的增量。此式与质点的动能定理类似,被称为转动中的动能定理。

如果一个刚体受到保守力的作用,也可以引入势能的概念。例如在重力场中的刚体就具有一定的重力势能,它的重力势能就是它的各质元重力势能的总和。对于一个不太大,质量为 m 的刚体,如图 3-16 所示,它的重力势能为

$$E_p = \sum m_i g h_i = g \sum m_i h_i$$

利用质心的定义,此刚体质心的高度为

$$h_c = \frac{\sum m_i h_i}{m}$$

所以刚体的重力势能为

$$E_p = mg h_c \qquad (3.4.4)$$

即刚体的重力势能和它的质量都集中在质心时所具有的重力势能一样。

对于包括有刚体的封闭的保守系统,其在运动过程中,包括转动动能在内的系统机械能也守恒。

例 3.4.1 (重做例 3.2.5)如图 3-17 所示,一个质量为 M,半径为 R 的定滑轮(当作均匀圆盘)上面绕有细绳。绳的一端固定在滑轮边上,另一端挂一质量为 m 的物体而下垂。忽略轴处的摩擦,求物体 m 由静止下落高度 h 时的速度和此时滑轮的角速度。

解 以滑轮、物体和地球作为研究系统。在质量为 m 的物体下落过程中,滑轮随之转动,滑轮轴对滑轮的支持力(外力)不做功(因为无位移)。因此,系统是封闭的保守系统,机械能守恒。滑轮的重力势能不变,可以不考虑,取物体的初始位置为重力势能零点,则系统的初态机械能为零,根据机械能守恒定律有

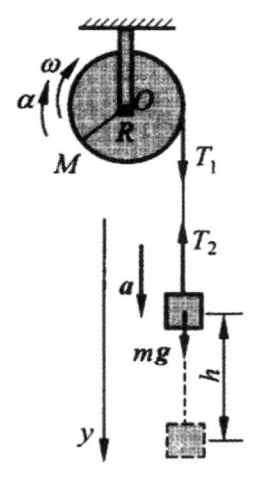

图 3-17 例 3.4.1 用图

$$\frac{1}{2}J\omega^2 + \frac{1}{2}mv^2 + mg(-h) = 0$$

$$\frac{1}{2}\left(\frac{1}{2}MR^2\right)\omega^2 + \frac{1}{2}mv^2 = mgh, Mv^2 + 2mv^2 = 4mgh$$

$$v = \sqrt{2ah} = \sqrt{\frac{4mght}{2m+M}}, \omega = \frac{v}{R} = \frac{1}{R}\sqrt{\frac{4mgh}{2m+M}}$$

例 3.4.2 一根长为 l，质量为 m 的均匀细直棒，其一端有一个固定的光滑水平轴，可以在竖直平面内转动，最初棒静止在水平位置，求当它下摆 θ 角时的角加速度和角速度。

解 先研究直棒所受重力对轴的力矩。如图 3-18 所示，取棒上一小段质元，质量记为 dm，在棒下摆至任意角度 θ 时，质元所受重力对轴的力矩是 $xdmg$，其中 x 是质元 dm 对轴的水平坐标，整个棒受的重力对轴的力矩是

$$M = \int gx dm = g \int x dm$$

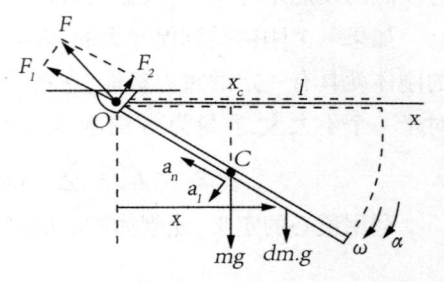

图 3-18 例 3.4.2 用图

根据质心的定义，$x_c = \dfrac{\int x dm}{m}$，得 $M = mgx_c$

说明重力对整个棒的合力矩就和全部重力集中作用于质心所产生的力矩一样。所以

$$M = mg\frac{1}{2}l\cos\theta$$

根据定轴转动定律 $M = J\alpha$，得直棒下摆 θ 角时的角加速度

$$\alpha = \frac{M}{J} = \frac{mgl\cos\theta/2}{ml^2/3} = \frac{3g\cos\theta}{2l}$$

求当直棒下摆 θ 角时的角速度，可以利用机械能守恒定律。取棒和地球作为系统，由于在棒下摆的过程中，外力（轴对棒的支持力）不做功，所以系统机械能守恒。取棒的水平位置为势能零点，由机械能守恒可得

$$\frac{1}{2}J\omega^2 + mg(-h_c) = 0$$

$$\omega = \sqrt{\frac{2mgh_c}{J}} = \sqrt{\frac{2mg(l\sin\theta/2)}{ml^2/3}} = \sqrt{\frac{3g\sin\theta}{l}}$$

第五节　几种工具痕迹的力学分析

一、工具痕迹的定义、分类及用途

工具痕迹学是研究同犯罪有关的造型客体——工具在承载客体上痕迹的形成机理、变化规律、发现提取、同一认定及档案管理等理论和方法的一门应用科学,是痕迹学的重要组成部分。工具痕迹学的主要任务是通过对造型客体——工具或代用物体遗留的印痕进行检验、鉴定,为揭露和证实犯罪提供科学依据。

工具痕迹的定义:在外力的作用下,加载客体(一般指作案工具)使承载客体(一般指被破坏客体)与其接触的部位发生塑性变形时而形成的立体反映形象。工具痕迹形成的三个要素如下:

(一)作用力

从工具痕迹的定义可以看出,工具痕迹是两个物体发生作用形成的。这种作用是物体与物体之间的作用,物理学上将其称为机械作用,用力的大小来表示作用的强度,用力的方向来表示作用的方向。产生这一机械作用的直接原因是物体发生了运动。物体的运动是因为它具有一定的能量即动能,没有动能,物体是不会运动的,只会是静止状态,两个静止的物体之间是不会产生机械作用的。因此要形成工具痕迹,必须要求作案人使某一物体具有一定的动能,发生了机械运动。而动能却可能是其他能量转化过来的,这些能量包括热能、势能、化学能。例如,用螺丝刀撬压抽屉,是利用体内能量的释放引起肌肉的屈伸,由手将肌力传给螺丝刀,使螺丝刀产生运动,在运动过程中,螺丝刀与抽屉发生了机械作用,导致抽屉受作用部分发生塑性变形——凹陷。可见螺丝刀运动的动能来源于化学能,抽屉上留下的痕迹直接来源于螺丝刀的机械作用——机械力。

(二)造型客体和承载客体

形成工具痕迹除有力的作用外,还必须有造型客体和承载客体。前面已经说到,工具痕迹的形成必须有两个物体。为了便于区分,习惯上破坏的一方称为加载客体,被破坏的一方称为承载客体。没有加载客体也就没有引起承载客体产生塑性形变的客观条件,没有承载客体也就没有反映加载客体运动状况的承载物。同时最根本的是缺少任何一方就失去了发生机械作用的前提。

(三)塑性变形

塑性变形只能产生于固体物质之上,固体物质与气体、液体物质的主要区别是它是占有一定空间的有形物质，即它是有固定形态的。从物理学上可知，固体物质有一定的强度、硬度、密度、塑性、韧性等物理性能。强度指客体在外力作用下，抵抗产生塑性变形和断离的能力。对某种材料来说，各方向的强度既可以相同也可以不同，如大多数金属各向强度就相同，而木材竖纹和横纹方向的强度就不同。硬度指固体物质抵抗其他固体物质压入表面的能力。硬度越大越难被压入，如金刚石非常坚硬，其他固体物质就极难压入。常见的作案工具如钳子、螺丝刀等硬度都较高。常见受破坏物如木材、电缆线等硬度就较低。塑性指固体物质在外力作用下产生变形，当外力取消后仍然能保持变形的能力。承载客体塑性越好，产生和保持变形的能力越强，形成的工具痕迹特征也就越明显，如木材、保险丝等均是塑性较高的固体物质，常用来作为工具痕迹的样本。

总之，形成工具痕迹必须有两个固体物质，并且这两个物体间有接触并发生了机械作用，导致其中的某个物体在接触的部位发生了塑性变形。

二、擦划痕迹的力学分析

擦划痕迹多伴随其他工具痕迹同时出现，如在撬压痕迹、打击痕迹等凹陷痕迹中，在痕迹壁上会伴随出现擦划线条。但有时也会单独出现，如在交通事故中两车在碰撞的瞬间相互擦蹭出现的擦划线条。但是，可根据擦划线条的方向来判断工具与客体的运动方向，为破案提供线索。图3-19为螺丝刀刃口部位与带油漆的铁片呈45°角擦划痕迹的照片。

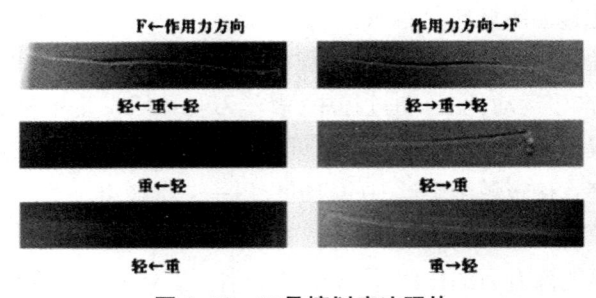

图3-19 工具擦划痕迹照片

三、打击痕迹的力学分析

（一）根据受力方向分析

一般客体遭受破坏后弯曲、断裂的方向常常与力的作用方向一致。打击玻璃、砸门等从外向内受力，破坏物应向室内、屋内坠落（如图3-20所示）。

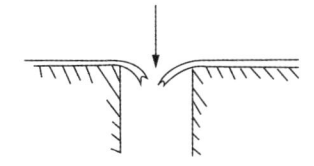

图 3-20　坠落物与受力方向一致

(二)根据附加特征分析

倾斜打击木质客体,会产生木纤维翘起等附加特征,有时会反映出受力方向。

1. 倾斜打击硬杂木质客体时,力以能量波的形式传递,在向下传递的同时,也会向约束力小的边缘部位传递,并在边缘释放能量。打击速度变化很快,处于边缘部位的硬木质客体还没来得及变形就会发生脆断现象,反映出方向性,即横向木纤维倾斜打击,前端痕起缘翘起的木纤维指向力的起点方向。

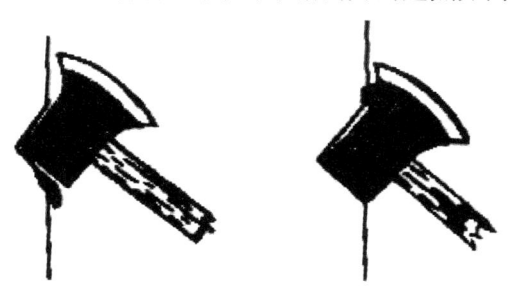

图 3-21　木质客体的方向反应

2. 倾斜打击软木质客体时,能量波向边缘传递,因木纤维较软,存在缓冲变形的过程,一部分木纤维随着能量波游离到边缘而堆积起来,反映出方向性,即有时在后端痕起缘会出现堆积物,它迎着受力方向(如图 3-21 所示)。

(三)根据痕迹位置分析方向

如打击颅骨,可根据颅骨上的痕迹位置分析受力方向。相向打击时,痕迹位置与打击方向相反,即从左侧向右侧打击,痕迹反映在颅骨右侧;从右侧向左侧打击,痕迹反映在左侧。背向打击时痕迹位置与打击方向相同,即从左侧向右侧打击,痕迹反映在颅骨左侧;从右侧向左侧打击,痕迹反映在颅骨右侧。

四、压划痕迹的力学分析

(一)客体的受力情况

工具在客体表面形成痕迹,是力作用的结果。首先是肌肉作用在工具上,通过工具与客体表面接触的机械作用及工具在客体表面划动的机械运动,将作用在工具上的肌力转变成机械力。该力作用于工具上，并通过工具传递到客体上。例如，螺丝刀在形成擦划痕迹时，肌力施力在杆柄处，在肌力的作用下，螺丝刀刃口压入客体内，并在其表面划动。这时在接触处产生了机械力 P，机械力 P 就是肌力的一种转变形式。该力既作用在螺丝刀刃口处，也作用在客体的接触面上。一般情况下，工具与客体不垂直，也不平行，总是与接触面呈一定角度 α，所以力 P 也以同样的 α 角作用在客体表面上（如图 3-22、图 3-23 所示）。

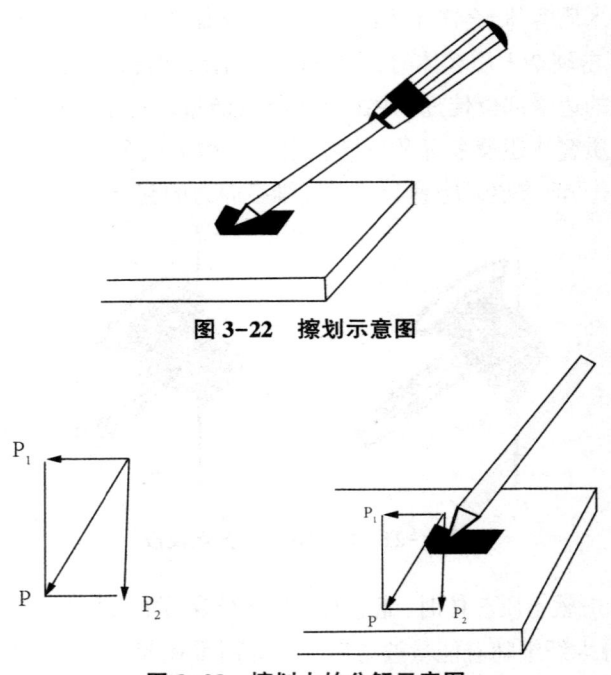

图 3-22 擦划示意图

图 3-23 擦划力的分解示意图

该力可以分解成沿水平方向的力 P_1，垂直方向的力 P_2。P_1 沿工具前进方向平行作用在客体的表面，P_2 垂直作用在客体表面。当工具在客体表面划动时，由于正压力 P_2 的作用，会在接触处产生摩擦阻力 f（力 f 与正压力 P_2 成正比）。根据物理学原理，摩擦阻力与运动方向相反。对于工具来讲，力 f 作用在工具前进的反方向。根据牛顿第三定律，有与力 f 方向相反、大小相等的力 f' 作用在客体的接触表面上。所以客体受到擦划，在其表面上形成擦划痕迹的过程中受到三个力的作用：水平方向的外力 P_1 与摩擦力 f'（力 P_1 与 f' 是同方向的），垂直方向的力 P_2。沿客体表面平行作用力 P_1、f' 使客体受到剪切破坏作用，在其表面沿水平方向产生变形。垂直于客体表面的力 P_2 使客体受到挤压作用，在其表面沿垂直方向产生形变。两个形变的合形变就成了线条状的擦划痕迹（有时也称形变为变形）。

思考题

1. 地球自西向东绕着地轴自转,其自转角速度指向什么方向?
2. 刚体做定轴转动时,刚体上某一点的线速度的方向如何?
3. 刚体做定轴转动时,刚体的角加速度的方向如何?
4. 对静止的刚体施以外力作用,若合外力为零,则刚体会不会动?
5. 为什么在研究刚体的转动时,要引入力矩的概念,力矩与哪些因素有关?
6. 有两个半径相同的轮子,质量也相同,一个轮子的质量均匀分布,另一个轮子的质量主要分布在轮缘上,试问:

(1) 若作用在他们上面的外力矩相同,则哪个轮子转动的角加速度大?

(2) 若他们的角加速度相同,则作用在哪个轮子上的力矩较大?

(3) 若他们的角动量相同,则哪个轮子转得较快?

第二篇 02 电　磁　学

电磁运动是物质的又一种基本运动形式,电磁相互作用广泛地存在于自然界之中。从根本上讲,我们身边发生的很多现象,都是电磁相互作用的结果。在现代,从人们的日常生活到一般的生产活动,从各种新技术的开发应用到尖端的科学研究,无一不和电磁学有关。事实说明,现代化的程度越高,电磁学应用的范围越广。电磁学是经典物理学的重要组成部分。它的研究对象是电磁场的基本性质和运动规律,以及电磁场和带电粒子之间的相互运动规律。它主要研究电荷和电流产生电场和磁场的规律,电场和磁场的相互作用,电磁场对电荷和电流的作用,电磁场对物质的作用以及所引起的各种效应等。因此,电磁学是理工科大学生必须具备的基础理论知识。

历史上,人们曾经认为电和磁是彼此无关的,后来发现电流的磁效应以及变化磁场的电效应,才逐步认识到二者之间存在着某种联系。麦克斯韦(James Clerk Maruell)在总结了大量的实验研究结果之后,进一步提出变化的电场产生磁场和变化的磁场产生电场的假设,并用数学公式把它们明确地表示出来,从而得到了今天以他的名字命名的电磁场的普遍方程组,从而奠定了整个电磁学的理论基础。这个理论的重要意义不仅在于它支配着一切宏观电磁现象,促进了工程技术和现代文明的飞速发展,还在于它把光统一在这个理论框架之内,明确了光是一种电磁波并确实得到了验证,这一结论深刻地影响着人们认识物质世界的思想。因此,电磁理论已经渗透到物理学的各个领域,成为研究物质过程必不可少的基础。此外,它也是研究化学和生物学某些基元过程的基础。电磁学的完善也促进了电技术的发展。电技术具有便于实现电与其他运动形式之间的转化,转化效能高,传递迅速准确,便于控制等优点。因此,电技术在能源的合理开发、输送和使用方面起着重要作用,它是人类更广泛、更有效、更方便地利用一切可以利用的能源。迄今为止,人类生活、科学技术活动以及物质生产活动都离不开电技术。

电磁学的内容,按性质来划分,可以分为"场"和"路"两部分。场不同于实物物质,它具有空间分布的特征,特别是非均匀场。在电磁学中对有关矢量场的基本特性及其描述方法是难点,也是重点。这些概念首先在真空中的静电场中出现,并贯穿在各章的内容之中。从这个意义上讲,真空中的静电场是整个电磁学的重点和难点,掌握了静电场的基本规律和研究方法,然后采用与静电场类比的方式去研究恒定磁场的基本规律就会感到容易许多。

本书电磁学部分内容包括:静电场、稳恒磁场、变化的磁场和变化的电场。

第四章

静电场

本章首先讨论真空中相对于观察者静止的电荷之间的相互作用,以及它们周围存在的静电场的性质。静电场不随时间变化,因此,静电现象所涉及的电荷和场的分布与时间无关。导体在静电场中由于静电感应而产生感应电荷,电介质在静电场中由于极化而出现极化电荷,这些电荷也要产生电场,从而改变了原来电场的分布。本章首先研究真空中静电场的基本规律和基本性质,然后研究电场和导体、电介质相互作用达到静电平衡后,最终所表现出来的现象和规律。讲授思路是:首先从静电现象的基本实验规律——库仑定律出发,根据电荷在电场中受力的特征,引入描述静电场性质的基本物理量——电场强度。然后介绍描述静电场性质的两个基本定理之一——静电场的高斯定理。再从电场力对电荷做功的角度出发,介绍静电场的另一个基本定理——环路定理。最后根据电场力做功的特点,引入描述静电场性质的另一个基本物理量——电势。对于静电场中的导体,先从分析电场和导体的相互作用出发,讨论导体达到静电平衡状态时所必须满足的条件,然后推导出静电平衡时导体所具有的电特性。对于静电场中的电介质,先从电介质极化的微观机制出发,再引入极化电荷和电介质中的总电场强度两个物理量来描述电介质极化的宏观效果。为了简化对电介质中静电场的描述,又引入了电位移矢量这一辅助量,导出了电介质中的高斯定理,最后介绍了静电场的能量。

第一节 电荷库仑定律

自然界只存在正负两种电荷,同种电荷相互排斥,异种电荷相互吸引。物体所带电荷的多少叫作电量,常用 Q 或 q 表示,在国际单位制(SI)中,它的单位是库仑,符号是 C。正电荷的电量取正值,负电荷的电量取负值。实验表明,在自然界中,电量总是以一个基本单元的整数倍出现的,其他带电体的电量只能为基本单元电荷的整数倍。电荷的这种只能取离散的、不连续的量值的性质叫作电荷的量子化。

一、电荷的量子化

电荷是实物的一种属性,它最直观的表现就是对轻小物体的吸引。当物体具有了这种吸引轻小物体的性质,就说它带了电荷,带电荷的物体称为带电体。使物体带电叫作起电。用摩擦的方法使物体带电叫作摩擦起电。电荷有两种,美国科学家富兰克林将其命名为"正电荷"与"负电荷",电荷的多少用电量来度量。1913 年,密立根(R. A. millikan)用油滴实验测定了基本单元电荷的量值,即一个电子所带电量的绝对值,用符号 e 表示。迄今为止,我们知道电子是自然界存在的最小负电荷,质子是最小正电荷,1986 年国际推荐的电子电量的绝对值为

$$e = (1.6021892 \pm 0.0000046) \times 10^{-19} C$$

C 为电量的 SI 单位,称为库仑。自然界中,任何物体所带的电量都是 e 的整数倍,也就是说,并不是任何数值的电量都是被允许存在的,或者说电量是不连续的,我们称这种现象为电荷的量子化。尽管 1964 年美国科学家盖尔曼等人提出"基本粒子"的夸克模型,并预言每一个夸克带有 $\pm\frac{1}{3}e$ 或 $\pm\frac{2}{3}e$ 的电量,即夸克可带有分数电荷,然而迄今为止实验上还没有发现处于自由状态的夸克,即使发现了,也不过是把基本单元电荷的量值缩小到目前的 1/3,并不破坏电荷的量子化规律。然而由于电荷的量子 e 非常小,通常问题中涉及的带电粒子的数目又非常巨大,以致在宏观现象中,电荷的量子性无法体现,所以我们在讨论带电体时,认为电荷是连续分布的。

二、电荷守恒定律

大量的实验事实表明:电荷既不能被创生,也不能被消灭,只能由一个物体转移到另一个物体,或从物体的一部分转移到另一部分。反映这一客观事实的结论叫作电荷守恒定律。电荷守恒定律也有另外一种表述:在一个孤立系统内,无论发生怎样的物理过程,系统所带有的正负电荷电量的代数和总是保持不变。电荷守恒定律不仅在一切宏观过程中成立,还是一切微观过程所普遍遵守的。例如高能光子(γ 射线)和一个重原子核相碰撞时,该光子会转化为一对正负电子(电子对产生);反之,当一对正负电子在一定条件下相遇时,又会同时消失而产生两个或三个光子(电子对湮灭)。光子不带电,正负电子所带的电荷等量异号,故在此

微观过程中,虽然粒子产生或湮灭,但过程前后电荷的代数和保持不变。电荷守恒定律和能量守恒定律、动量守恒定律一样,是自然界的基本定律之一。

三、库仑定律

在介绍库仑定律之前,我们首先介绍点电荷模型。点电荷是一种理想模型,是指当带电体本身的几何线度比所研究的问题中涉及的距离小得多时,该带电体的形状与电荷的分布状况均无关紧要,该带电体就可以看作一个带电的点,叫作点电荷。由此可见,点电荷是个相对的概念。在宏观意义上谈论电子、质子等带电粒子时,完全可以把它们视为点电荷。1785 年法国物理学家库仑(C. A. Coulomb)通过扭秤实验总结出两个点电荷之间相互作用的规律,即库仑定律,这一规律是静电学的基础。

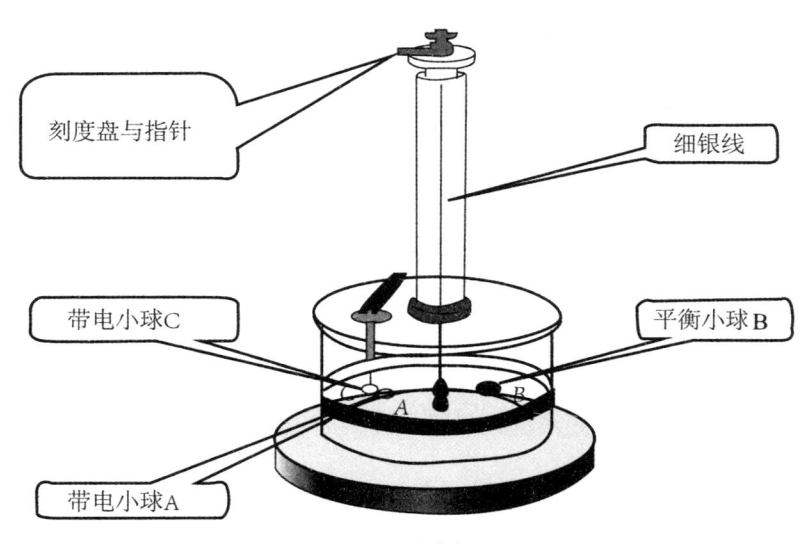

图 4-1 库仑扭秤

库仑定律表述如下:在真空中,两个静止的点电荷之间的相互作用力的大小和它们电量的乘积成正比,与它们之间距离的平方成反比;作用力的方向沿着它们之间的连线,同性相斥,异性相吸。

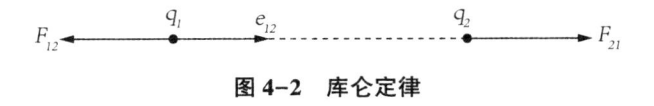

图 4-2 库仑定律

如图 4-2 所示,两个点电荷分别为 q_1 和 q_2,由电荷 q_1 指向电荷 q_2 的矢量用

r_{12} 表示。那么电荷 q_2 受到电荷 q_1 的作用力 F_{21} 可以表示为

$$F_{21} = k \frac{q_1 q_2}{r_{12}^2} e_{12} \tag{4.1.1}$$

式中，e_{12} 表示从电荷 q_1 指向电荷 q_2 的单位矢量，即 $e_{12} = r_{12}/r_{12}$，k 为比例系数，称为电场力常量，在国际单位制中其值为

$$k = 8.98755 \times 10^9 N \cdot m^2/C^2 \approx 9.0 \times 10^9 N \cdot m^2/C^2$$

为了简化其表达式和计算，又常引入另一常量 ε_0，并令

$$\varepsilon_0 = \frac{1}{4\pi k} = 8.85 \times 10^{12} C^2/(N \cdot m^2)$$

这 ε_0 称为真空介电常量(或真空电容率)。这样的处理方法称为单位制的有理化。用 ε_0 的式子代替(4.1.1)中的 k 可得

$$F_{21} = \frac{1}{4\pi \varepsilon_0} \frac{q_1 q_2}{r_{12}^2} e_{12} \tag{4.1.2}$$

当两个点电荷 q_1 和 q_2 同号时，$q_1 q_2 > 0$，F_{21} 与 e_{12} 同方向，表示电荷 q_2 受 q_1 的斥力；当两个点电荷 q_1 和 q_2 异号时，$q_1 q_2 < 0$，F_{21} 与 e_{12} 方向相反，表示电荷 q_2 受 q_1 的引力。q_1 受到 q_2 的作用力 F_{12} 与 q_2 受到 q_1 的作用力 F_{21} 大小相等，方向相反，且在同一直线上，符合牛顿第三定律，即 $F_{12} = -F_{21}$。如果有两个以上的点电荷，则式(4.1.1)对其中每一对电荷都成立，其中任一电荷所受其他电荷的作用力可以用矢量合成的方法求得。

库仑定律是物理学中著名的平方反比定律之一，其二次方的实验精度已经可以达到 10^{-16} 量级。库仑定律的适用范围也非常广泛，物理实验和地球物理实验结果表明，两点电荷之间的距离的数量级在 $10^{-14} m \sim 10^7 m$ 范围内，该定律都是极其精确的。

除此以外，我们通过库仑定律可以得到如下结果：

$$F_{12} = -F_{21} \tag{4.1.3}$$

这说明两个精确点电荷之间的相互作用力符合牛顿第三定律。应当指出，由于电磁相互作用传递速度有限，因此对运动电荷之间的相互作用力不能简单地应用牛顿第三定律，对此本书将不做进一步的讨论。

第二节　静电场电场强度 E

一、电场强度 E

从上节的讨论中可以看到,两个点电荷在真空中即使相隔一段距离也会存在相互作用力,那么这种相互作用力是通过什么中间媒介进行传递的呢？关于这个问题,在历史上曾有过长期的争论,一种观点认为这类力不需要任何媒质,也不需要时间,能够由一个物体立即作用到相隔一定距离的另一个物体上,这种观点叫作超距作用;另一种观点认为这类力是近距作用,电力是通过一种充满空间的弹性媒质——"以太"来传递的。近代物理学研究证明,"超距作用"的观点是错误的,电力的传播速度虽然很快(约 3×10^{8} m/s,与光速相同),但仍需要时间;而"近距作用"观点所假定的"以太"也是不存在的。

近代科学实验证明,两个点电荷之间的相互作用是通过场来传递的。场的概念现在已成为近代物理学最重要的基本概念之一。凡是有电荷的地方,四周就存在电场(electric field),即任何电荷都在自己周围的空间激发电场,电场的基本性质是:电场对处于其中的任何其他电荷都有作用力,称为电场力。具体地说,点电荷 q_1 在其周围激发电场,而点电荷 q_2 处在 q_1 的电场中,受到这个电场的作用;同样,点电荷 q_2 也在其周围空间激发电场,而点电荷 q_1 受到这个电场的作用。两个点电荷之间的相互作用过程如图 4-3 所示。当电荷发生变化时(包括电量改变或电荷运动等形式改变),其周围的电场也会随之变化,这个变化的电场是以光速在空间中进行传播的,电荷之间的相互作用力也是以光速传递的,由于光速极快,在通常情况下电场力传递所需的时间极短,是很难察觉的。但是随着科学技术的发展,人们已经有足够多的手段来证明电场力的传播是需要时间的。

图 4-3　两个点电荷的相互作用

除此以外,现代科学和实践证明,电场是一种特殊的物质,它与实物一样具有能量、质量和动量,不同的是,它不是由分子、原子组成的。

电场的一个重要性质就是对处于电场中的其他电荷施加力的作用,利用这一特性可以定量描述电场。为此,我们引入一个试探电荷 q_0 来测量各点处电场对它的作用力。一个试探电荷必须具备两个条件:(1)它的"几何线度"必须足够小,小到可以看作是点电荷,这样才能用它来确定空间内各点的电场性质;(2)它所带的电量必须足够小,使它的引入不至于改变原来电场的分布,否则测出来的电场将是重新分布后的电荷所激发的电场。实验表明,同一试探电荷所受的电场力的大小和方向随着它在电场中位置的变化而变化。当我们把试探电荷的位置固定时,发现试探电荷所受作用力的大小与其所带电量的多少成正比,若将它换成等量异号电荷,则其所受力的大小不变,方向相反。因此,对于电场中的固定点来说,电场力与试探电荷电量之比 F/q_0 是一个无论大小和方向都与试探电荷无关的矢量,它反映电场本身的性质,称为电场强度,简称场强,用 E 表示,即

$$E = \frac{F}{q_0} \tag{4.2.1}$$

上式表明电场中某点的电场强度 E 的大小等于单位正电荷在该点所受的电场力的大小,其方向为该正电荷在该点所受力的方向。在场源电荷静止的情况下,其周围的电场是静电场。这时,由上式定义的电场强度(也常简称为电场)是空间坐标系下的矢量函数。

电场强度的 SI 单位为牛顿/库仑,符号为 N/C,或伏特每米,符号为 V/m。可以证明:1N/C=1V/m,它相当于把电量为 1C 的试探电荷放到电场中某点,受到的电场力正好等于 1N 时该点电场强度的大小。

在静电场中,任一点只有一个电场强度 E 与之对应,也就是说静电场具有单值性。当电场强度的分布已知时,电荷 q 在电场中某点所受到的静电场力为

$$F = qE \tag{4.2.2}$$

二、点电荷的电场

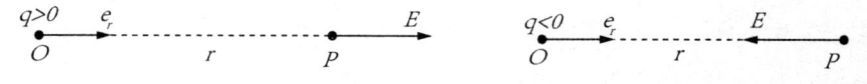

图 4-4 点电荷的电场

由库仑定律和电场强度的定义可求得真空中静止点电荷在空间中的电场强度分布。如图 4-4 所示,在真空中,假设点电荷 q 位于坐标原点,在点电荷 q 的电场中任取一点 P,距离 $OP=r$,在 P 点引入一个试探电荷 q_0,根据库仑定律,q_0 在 P 点所受的电场力为

$$F = \frac{1}{4\pi\varepsilon_0} \frac{q_0 q}{r^2} e_r$$

其中,e_r 是沿 OP 方向的单位矢量。根据场强定义式(4.2.1),可得 P 点的场强为

$$E = \frac{F}{q_0} = \frac{q}{4\pi\varepsilon_0 r^2} e_r \qquad (4.2.3)$$

由于 P 点是任意选定的,所以式(4.2.3)反映的是点电荷电场中任意一点的电场强度。当点电荷为正电荷时,场强 E 的方向与 e_r 的方向相同;当点电荷为负电荷时,场强 E 的方向与 e_r 的方向相反;场强 E 的大小与点电荷所带电量 q 成正比,与距离 r 的平方成反比。在以 q 为中心的每一个球面上场强的大小都相等,场强的方向都沿着半径的方向(即与球面垂直),简称径向,这样的场强分布称为球对称分布,或者说点电荷的场强分布具有球对称性。

式(4.2.3)是一个非常重要的关系式,后面会看到,在计算复杂带电体的电场强度分布时,是以该式为基础,运用微积分的方法进行计算的。

三、电场强度叠加原理

电场力是矢量,它的合成符合矢量叠加原理,若将试探电荷 q_0 放在点电荷系 $q_1, q_2, \cdots, q_n$ 所产生的电场中,试探电荷 q_0 在给定点处所受合力 F 等于各个点电荷分别对 q_0 作用的力 $F_1, F_2, \cdots, F_n$ 的矢量和,即

$$F = F_1 + F_2 + \cdots + F_n$$

将上式两边除以 q_0,得

$$\frac{F}{q_0} = \frac{F_1}{q_0} + \frac{F_2}{q_0} + \cdots + \frac{F_n}{q_0}$$

即

$$E = E_1 + E_2 + \cdots + E_n = \sum_{i=1}^{n} E_i \qquad (4.2.4)$$

式中 $E_1, E_2, \cdots, E_n$ 分别为各点电荷单独存在时,各自在 q_0 所在处产生的场强。此式表明:点电荷系在某点产生的电场强度等于各点电荷单独存在时在该点所产生的电场强度的矢量和。这一结论称为电场强度的叠加原理。

若电场是由电荷连续分布的带电体产生的,求解空间各点的电场强度分布时,需要用微积分的方法。设想把带电体看成是由许多无限小的电荷元 dq 所组成,每个电荷元 dq 都可视为点电荷,任一电荷元 dq 在 P 点所产生的电场强度为 dE,按照点电荷的电场强度公式

$$dE = \frac{1}{4\pi\varepsilon_0}\frac{dq}{r^2}e_r$$

式中，r 是场点 P 相对于电荷元 dq 的位矢 r 的模，e_r 是 r 的单位矢量。整个带电体在 P 点产生的电场强度，是所有电荷元产生的电场强度 dE 的矢量和。因为电荷是连续分布的，可以把求和形式转化为积分

$$E = \int dE = \frac{1}{4\pi\varepsilon_0}\int\frac{dq}{r^2}e_r \qquad (4.2.5)$$

这是一个矢量积分，在具体运算时，往往先写出 dE 在 x,y,z 三个坐标轴上的分量 dE_x, dE_y, dE_z，把矢量积分转化为标量积分，从而简化计算，即

$$E_x = \int dE_x, E_y = \int dE_y, E_z = \int dE_z$$

$$E = E_x i + E_y j + E_z k$$

在计算带电体产生的电场强度时，往往需要引入电荷密度的概念。根据带电体的形状，有时把电荷看成在一定体积内连续分布（体分布），有时把电荷看成在一定曲面上连续分布（面分布），有时把电荷看成在一定曲线上连续分布（线分布），对于这三种分布，可以定义三种不同的电荷密度，其中电荷体密度 ρ 表示单位体积的带电量，电荷面密度 σ 表示单位面积的带电量，电荷线密度 λ 表示单位长度的带电量。我们可以把电荷元 dq 根据电荷分布的不同分别表示为 $dq = \rho dV$，$dq = \sigma dS$，$dq = \lambda dl$，代入式（4.2.5）可得

$$E = \frac{1}{4\pi\varepsilon_0}\int_V\frac{\rho dV}{r^2}e_r（体分布）$$

$$E = \frac{1}{4\pi\varepsilon_0}\int_S\frac{\sigma dS}{r^2}e_r（面分布）$$

$$E = \frac{1}{4\pi\varepsilon_0}\int_l\frac{\lambda dl}{r^2}e_r（线分布）$$

下面我们通过讨论几个典型的例题来说明电场强度的计算方法。

例 4.2.1 由两个等量异号的点电荷（$+q$ 和 $-q$）组成的点电荷系，当两点电荷间距离 l 远比它们到场点的距离 r 小很多（即 $l \ll r$）时，这种带电系统称为电偶极子。从负电荷到正电荷的矢量线段 l 称为电偶极子的臂。电荷 q 和臂 l 的乘积 $p_e = ql$ 称为电偶极矩，简称电矩。试求电偶极子轴线的延长线和中垂线上任一点的电场强度。

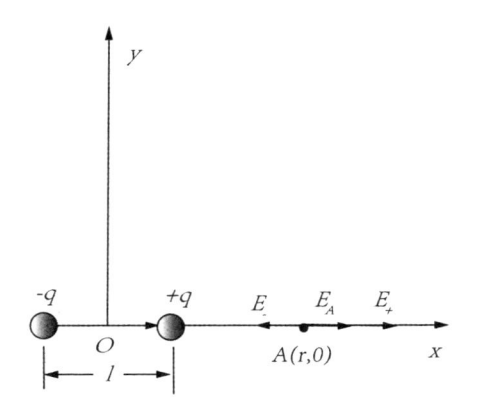

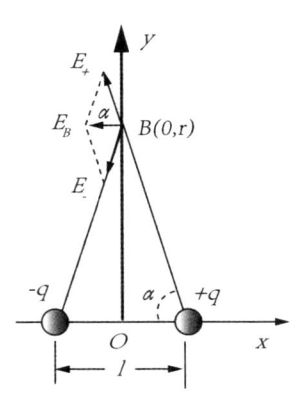

(a)轴线上的电场强度　　　　　(b)中垂线上的电场强度

图 4-5　电偶极子

解　(1)电偶极子轴线延长线上的电场分布。

如图 4-5(a)所示,在电偶极子轴线的延长线上任取一点 A,它到电偶极子中点 O 的距离为 r,点电荷 $+q$ 和 $-q$ 在 A 点的电场强度的大小分别为

$$E_+ = \frac{q}{4\pi\varepsilon_0(r-l/2)^2}, E_- = \frac{q}{4\pi\varepsilon_0(r+l/2)^2}$$

二者方向相反,根据场强叠加原理,A 点的合电场强度 E_A 的大小为

$$E_A = E_+ - E_- = \frac{q}{4\pi\varepsilon_0}\left[\frac{1}{(r-l/2)^2} - \frac{1}{(r+l/2)^2}\right] = \frac{2qlr}{4\pi\varepsilon_0(r^2-l^2/4)^2}$$

当 $l \ll r$ 时,$\left(r^2 - \dfrac{l^2}{4}\right)^2 \approx r^4$,故上式可化简为

$$E_A = \frac{2ql}{4\pi\varepsilon_0 r^3}$$

考虑到 E_A 的方向和电偶极矩 $p_e = ql$ 的方向一致,上式可改写为矢量式

$$E_A = \frac{2p_e}{4\pi\varepsilon_0 r^3}$$

(2)电偶极子中垂线上的电场分布。

如图 4-5(b)所示,在电偶极子的中垂线上任取一点 B,它到电偶极子中点 O 的距离为 r,点电荷 $+q$ 和 $-q$ 到 B 点的距离都是 $\sqrt{r^2 + \dfrac{l^2}{4}}$,它们在 B 点产生的场强大小相等,其值为

$$E_+ = E_- = \frac{q}{4\pi\varepsilon_0(r^2+l^2/4)}$$

E_+ 的方向是从点电荷 $+q$ 指向 B，E_- 的方向是从 B 指向点电荷 $-q$，显然 B 点的总电场强度 E_B 的方向与电偶极矩 $p_e=ql$ 的方向相反，B 点的总电场强度的大小为

$$E_B = E_+\cos\alpha + E_-\cos\alpha = 2E_+\cos\alpha$$

从图 4-5(b) 可以看出

$$\cos\alpha = \frac{l/2}{\sqrt{r^2+l^2/4}}$$

所以

$$E_B = 2E_+\cos\alpha = \frac{2q}{4\pi\varepsilon_0(r^2+l^2/4)} \times \frac{l/2}{\sqrt{r^2+l^2/4}} = \frac{ql}{4\pi\varepsilon_0(r^2+l^2/4)^{\frac{3}{2}}}$$

当 $l \ll r$ 时,

$$\left(r^2+\frac{l^2}{4}\right)^{\frac{3}{2}} \approx r^3$$

和处理问题(1)的方法类似，可以得到

$$E_B = \frac{p_e}{4\pi\varepsilon_0 r^3}$$

由于 B 点电场强度 E_B 的方向与电偶极矩 p_e 的方向相反，上式可改写成矢量式

$$E_B = -\frac{p_e}{4\pi\varepsilon_0 r^3}$$

由上述结果可以总结出两个很重要的结论：①电偶极子在远处的电场强度与距离 r 的三次方成反比，而点电荷的电场强度与距离 r 的平方成反比。相比可见，电偶极子的电场强度大小随距离的变化比点电荷的电场强度大小随距离的变化要快得多。②电偶极子在远处的电场强度与电偶极子的电矩 $p_e=ql$ 成正比，若 q 增大而 l 减小，其二者的效果互相抵消的情况下，电偶极子在远处产生的电场强度不变。因此，电偶极矩是描述电偶极子属性的一个物理量。

电偶极子是一个重要的物理模型，在研究电介质的极化、电磁波的发射等问题中，都是以电偶极子模型为基础的。例如有些电介质的分子。正、负电荷中心不重合，这类分子就可视为电偶极子。在电磁波发射中，一段金属导线中的电子做周期性运动，使导线两端交替带上正、负电荷，会形成振荡偶极子模型。

例 4.2.2 半径为 R 的均匀带电细圆环所带总电量为 q，如图 4-6 所示，试求

圆环轴线上任一点 P 的场强。

解 取坐标轴 Ox 如图 4-6 所示,把细圆环分割成很多电荷元,任取其中一个电量 $\mathrm{d}q$ 的电荷元。在轴线上任取一点 P, $OP=x$,设 $\mathrm{d}q$ 与 P 点的距离为 r,则电荷元在 P 点产生的场强为 $\mathrm{d}E$,$\mathrm{d}E$ 沿平行和垂直于轴线的两个方向的分量分别为 $\mathrm{d}E_\parallel$ 和 $\mathrm{d}E_\perp$。由于圆环上电荷分布关于 x 线对称,因此圆环上全部电荷的 $\mathrm{d}E_\perp$ 分量的矢量和为零,因而 P 点的合场强沿轴线方向,即 $E=\int_q \mathrm{d}E_\parallel$,式中积分为对环上全部电荷 q 积分。

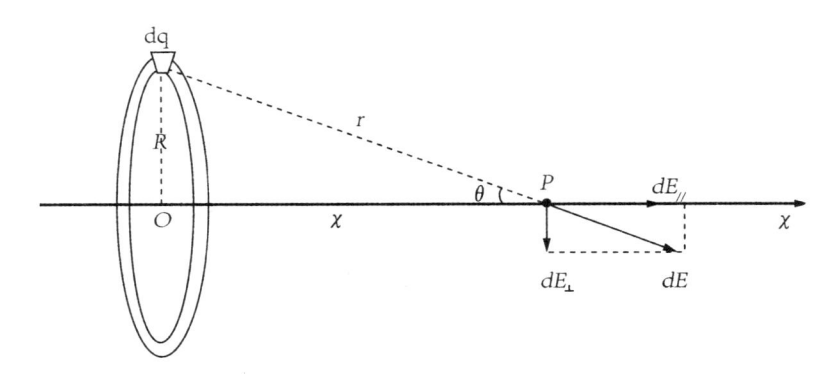

图 4-6 均匀带电细圆环轴线上的场强

$$\mathrm{d}E_\parallel = \mathrm{d}E\cos\theta = \frac{1}{4\pi\varepsilon_0}\frac{\mathrm{d}q}{r^2}\cos\theta$$

所以

$$E = \int_q \mathrm{d}E_\parallel = \int_q \frac{1}{4\pi\varepsilon_0}\frac{\mathrm{d}q}{r^2}\cos\theta$$

由于 P 点与圆环上所有电荷微元的距离 r 都相等,角 θ 也不变,所以

$$E = \frac{\cos\theta}{4\pi\varepsilon_0 r^2}\int_q \mathrm{d}q = \frac{q\cos\theta}{4\pi\varepsilon_0 r^2}$$

因为 $\cos\theta = x/r$,而 $r = (x^2+R^2)^{\frac{1}{2}}$,代入得

$$E = \frac{qx}{4\pi\varepsilon_0 r^3} = \frac{qx}{4\pi\varepsilon_0 (x^2+R^2)^{\frac{3}{2}}}$$

若 q 为正电荷,E 的方向沿 x 轴正方向;若 q 为负电荷,E 的方向沿 x 轴负方向。下面我们讨论两种有用的近似结果:

① 当 $x=0$ 时(即 P 点在圆环中心处),则 $E=0$,表明圆环中心处的场强为零。

② 当 $x \gg R$ 时,$(x^2+R^2)^{3/2} \approx x^3$,此时

$$E \approx \frac{q}{4\pi\varepsilon_0 x^2}$$

这说明在远离环心处的场强与环上电荷全部集中在环心处的一个点电荷所激发的场强相同。

例 4.2.3 半径为 R 的圆板均匀带电,电荷面密度为 σ,试求圆板轴线上任一点 P 处的电场强度。

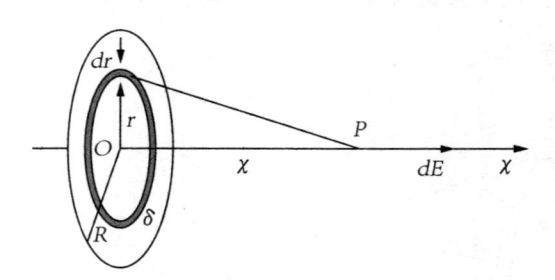

图 4-7 均匀带电圆盘轴线上的场强

解 本题可以根据例 4.2.2 的结果直接叠加来计算。由于圆板均匀带电,可将圆板看成许多半径连续变化（$0 \to R$）的圆环组成。取一个半径为 r,宽度为 dr 的细圆环,如图 4-7 所示,设该细圆环的总带电量为 dq,利用例 4.2.2 的结果,它在轴线上 P 点处产生的电场强度大小为

$$E = \frac{x\,dq}{4\pi\varepsilon_0 (x^2 + r^2)^{\frac{3}{2}}}$$

式中 $dq = \sigma \cdot 2\pi r dr$。由于组成圆盘的各细圆环产生的场强的方向都相同,所以 P 点的电场强度可以表示为

$$E = \int dE = \int \frac{x\sigma \cdot 2\pi r dr}{4\pi\varepsilon_0 (x^2 + r^2)^{\frac{3}{2}}} = \frac{x\sigma}{2\varepsilon_0} \int_0^R \frac{r dr}{(x^2 + r^2)^{\frac{3}{2}}}$$

$$= \frac{x\sigma}{4\varepsilon_0} \int_0^R \frac{d(x^2 + r^2)}{(x^2 + r^2)^{\frac{3}{2}}} = -\frac{x\sigma}{2\varepsilon_0} \left[(x^2 + r^2)^{-\frac{1}{2}}\right]_0^R$$

$$= \frac{\sigma}{2\varepsilon_0} \left[1 - \frac{x}{(x^2 + R^2)^{\frac{1}{2}}}\right]$$

圆板带正电则 E 的方向沿 x 轴正方向;圆板带负电则 E 的方向沿 x 轴负方向。

由均匀带电圆盘轴线上的场强分布,可得出如下两个有用的近似结论:

（1）当 $x \ll R$ 时,

$$\frac{x}{(x^2 + R^2)^{\frac{1}{2}}} \approx 0$$

所以
$$E = \frac{\sigma}{2\varepsilon_0}\left[1 - \frac{x}{(x^2+R^2)^{\frac{1}{2}}}\right] \approx \frac{\sigma}{2\varepsilon_0}$$

即当场点 P 到圆盘的距离远远小于圆盘的半径时,可将带电圆盘看作"无限大"的带电平面,因此在一无限大均匀带电平面附近,电场是均匀场。当 $x \ll R$ 时,均匀带电圆盘产生的场强与无限大均匀带电平面产生的场强是一样的。

(2)当 $x \gg R$ 时,
$$\frac{x}{(x^2+R^2)^{\frac{1}{2}}} = \frac{1}{(1+R^2/x^2)^{\frac{1}{2}}} = \left(1+\frac{R^2}{x^2}\right)^{-\frac{1}{2}} \approx 1 - \frac{R^2}{2x^2}$$

则
$$E = \frac{\sigma}{2\varepsilon_0}\left[1 - \frac{x}{(x^2+R^2)^{\frac{1}{2}}}\right] \approx \frac{\sigma}{2\varepsilon_0} \cdot \frac{R^2}{2x^2} = \frac{\pi R^2 \sigma}{4\pi\varepsilon_0 x^2} = \frac{q}{4\pi\varepsilon_0 x^2}$$

即当场点 P 到圆盘的距离远远大于圆盘的半径时,可以近似地把带电圆盘看作一个带电量 $q = \pi R^2 \sigma$ 的点电荷。以上两个结论也是符合我们自然的物理直觉的。

第三节 静电场的高斯定理

为了形象地描述电场强度在空间的分布情况,使电场有一个比较直观的图像,19 世纪英国物理学家法拉第首先引入电场线这一重要概念,又称为 E 线或电力线。利用电场线可以对电场中各处电场强度的分布情况给出比较直观的图像。除此以外,利用电场线的概念,定义电场中通过任意曲面的电场线条数叫作通过该曲面的电场强度通量,简称电通量,再利用电通量的概念来推导出电磁学的重要定理:静电场的高斯定理,从而为电磁学的进一步研究奠定重要的基础。

一、电场线

图 4-8 是几种静止电荷的电场线图。电场线是按下述规定在电场中画出的一系列假想的曲线:曲线上每一点的切线方向表示该点电场强度的方向;电场中某点电场强度的大小,等于该点的电场线密度,即该点处垂直于电场方向的单位面积上通过的电场线条数。

概括来讲,如果在电场中做出许多曲线,使这些曲线上每一点的切线方向和该点的电场强度方向一致,那么所有这样做出的曲线,叫作电场的电场线(或电力线)。如图4-9所示,设想通过该点取一个垂直于电场方向的面元$dS_\perp$,由于$dS_\perp$很小,所以$dS_\perp$面上各点的电场强度E认为是相同的,$d\Phi_e$表示通过面元$dS_\perp$的电场线条数,则该点的电场线密度,即电场强度的大小

$$E = \frac{d\Phi_e}{dS_\perp}$$

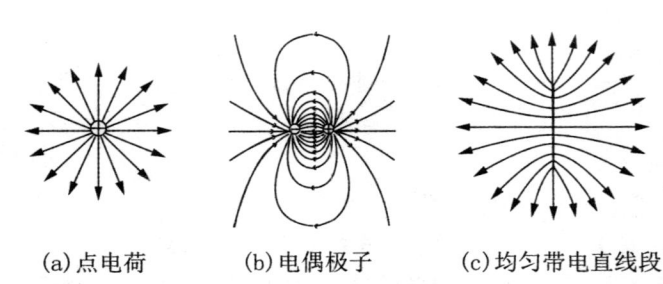

(a)点电荷　　(b)电偶极子　　(c)均匀带电直线段

图4-8　几种静止电荷的电场线图

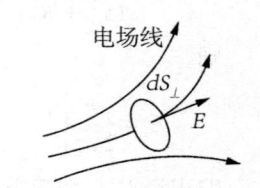

图4-9　电场线密度与电场强度大小的关系

从这些电场线图可以看出,除$E=0$的点外,静电场的电场线有以下一些普遍的性质:

(一)电场线起自正电荷(或来自无穷远处),止于负电荷(或伸向无穷远),但不会在没有电荷的地方中断;

(二)若带点体系中正、负电荷一样多,则由正电荷发出的所有电场线都集中到负电荷上去;

(三)在没有电荷处,任何两条电场线都不相交;

(四)静电场的电场线不形成闭合曲线。

二、电通量

在阐述高斯定理之前,需要引入物理和数学的预备知识——电通量。这里我们先介绍"电通量"的概念。通量是描述矢量场的一个重要概念,其来源于流体理论中流量这一概念,所谓流量表示的是某种流体单位时间内通过某一曲面的流体净质量(或净体积),或称为流体对该曲面的通量。利用通量的概念可以说明场与源的关系,因此通量概念可推广用于描述一切矢量场。虽然在静电场中并无任何东西在流动,但是若应用电场线做形象描述,更有助于我们对电通量的理解。我们把电场中通过任意曲面的电场线条数叫作通过该曲面的电场强度通量,简称电

通量,用符号 Φ_e 表示。

下面我们分几种情况来推导电通量的定义式:

(一)在均匀电场中,如果平面 S 与电场强度 E 的方向垂直,如图 4-10(a)所示,平面 S 的法向单位矢量 e_n ($S = Se_n$) 与电场强度 E 同方向,此时通过平面 S 的电通量为

$$\Phi_e = ES = ES\cos 0° = E \cdot S$$

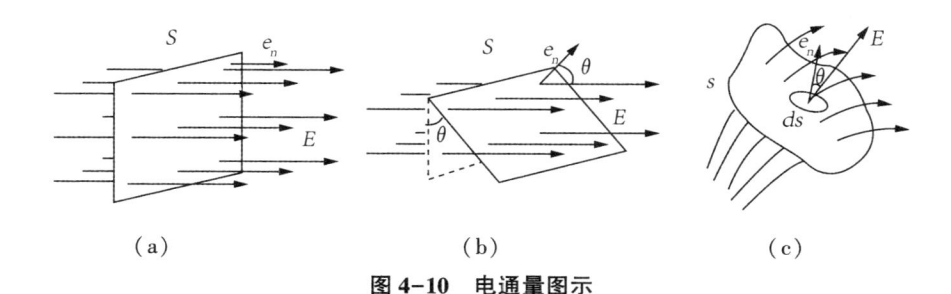

(a)　　　　(b)　　　　(c)

图 4-10　电通量图示

(二)在均匀电场中,如果平面 S 的法向单位矢量 e_n 与电场强度 E 成 θ 角,如图 4-10(b)所示,平面 S 在垂直于电场强度 E 方向的投影为 $S_\perp$,显然通过平面 $S_\perp$ 和平面 S 的电场线条数相同,且 $S_\perp = S\cos\theta$,则通过该平面 S 的电通量为

$$\Phi_e = ES_\perp = ES\cos\theta = E \cdot S$$

因为平面 S 的法向单位矢量 e_n 与电场强度 E 的夹角 θ 可以是锐角,也可以是钝角,所以通过平面 S 的电通量可正可负。当 θ 为锐角时,$\cos\theta > 0$,Φ_e 为正值;当 θ 为钝角时,$\cos\theta < 0$,Φ_e 为负值;当 θ 为直角时,$\cos\theta = 0$,Φ_e 为零。

(三)一般情况下,如图 4-10(c)所示,电场是非均匀的,而且所取的几何面 S 是任意曲面,即在曲面上,电场强度的大小和方向是逐点变化的。此时要计算通过该曲面的电通量,就需要使用微积分的思维方式。先要把该曲面划分成无限多个面元,每一个小面元都可以认为是平面,一个面元上各点的电场强度 E 可以认为是相同的。设面元 dS 的法向单位矢量 e_n 与该处的电场强度 E 的夹角为 θ,则通过该面元的电通量为

$$d\Phi_e = E \cdot dS$$

式中 $dS = dS\, e_n$,通过整个曲面 S 的电通量为通过所有面元的电通量的代数和,即

$$\Phi_e = \iint d\Phi_e = \iint E \cdot dS$$

这样的积分在数学上叫曲面积分,积分号下标 S 表示此积分遍及整个曲面。

(四)若曲面 S 是闭合曲面(也叫封闭曲面),则通过它的电通量为

$$\Phi_e = \oiint_s d\Phi_e = \oiint_s E \cdot dS \tag{4.3.1}$$

积分符号 $\oiint_s$ 表示对整个闭合曲面的积分。

对于不闭合的曲面,面上各处法向单位矢量的正向可以任意取指向这一侧或那一侧。对于闭合曲面,由于它使整个空间划分成内、外两部分,所以一般规定从内向外的方向为各处面元法向的正方向。如图 4-11 所示,当电场线从内部穿出时,电通量为正;当电场线从外面穿入时,电通量为负。通过整个闭合曲面的电通量就等于穿出与穿入闭合曲面的电场线的条数之差,也就是净穿出闭合曲面的电场线条数。

三、静电场的高斯定理

德国数学家、物理学家和天文学家高斯在诸多学术领域均有重要贡献,尤其在数学上建树颇丰,有"数学王子"的美誉。在物理学中,以他的名字命名的高斯定理是电磁学的基本定理之一,它给出了静电场中通过任一闭合曲面的电通量与该曲面内所包围电荷之间的量值关系。高斯定理的具体内容表述如下:在真空中的静电场内,通过任意闭合曲面 S 的电通量,等于该曲面所包围的所有电荷电量的代数和 $\sum q_{in}$ 除以 ε_0,与闭合曲面外部的电荷无关。对于高斯定理这种表述的理解将通过定理的证明和应用逐步加以深化。

用公式来表达高斯定理,则有

$$\Phi_e = \oiint_s E \cdot dS = \frac{1}{\varepsilon_0} \sum q_{in} \tag{4.3.2}$$

式中,$\sum q_{in}$ 表示闭合曲面内的电量代数和,这里的 S 通常是一个假想的闭合曲面,习惯上叫作高斯面。

静电场的高斯定理是由库仑定律和电场强度的叠加原理导出的,下面我们就从特殊到一般,分四步来推导出该定理。

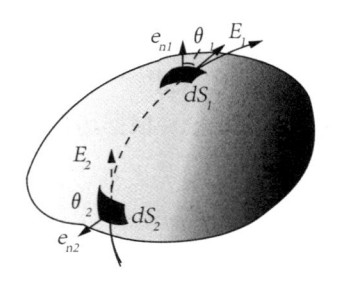

图 4-11 通过闭合曲面电通量

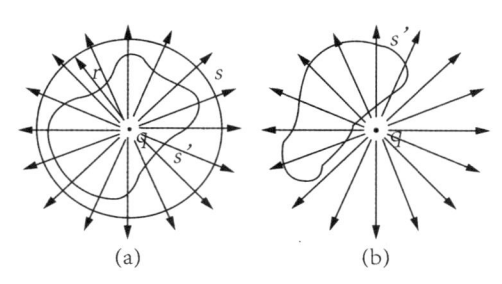

图 4-12 （a）闭合曲面包围点电荷
（b）闭合曲面不包围点电荷

（一）包围点电荷 q 的同心球面 S 的电通量等于 q/ε_0

以点电荷 $q>0$ 所在点为中心,取任意长度 r 为半径做一球面 S 包围这个点电荷 q,如图 4-12（a）所示,因为球面上任一点的电场强度 E 的大小都是 $q/4\pi\varepsilon_0 r^2$,方向都是沿着半径向外与该点 dS 方向相同,根据式 (4.3.1)，可得通过这个球面的电通量为

$$\Phi_e = \oiint_s E \cdot dS = \oiint_s E dS \cos 0$$

$$= \frac{q}{4\pi\varepsilon_0 r^2}\oiint dS = \frac{q}{4\pi\varepsilon_0 r^2} 4\pi r^2 = \frac{q}{\varepsilon_0}$$

要注意的是此结果与球面半径 r 无关,只与球面所包围的电荷的电量有关。这意味着,对以点电荷 q 为中心的任意半径的球面来说,通过它们的电通量都一样,都等于 q/ε_0。用电场线的图像来说,这表示通过半径不同的各球面的电场线条数相等,或者说,从点电荷 q 发出的 q/ε_0 条电场线连续地延伸到无限远处。这验证了电场线不会在没有电荷的地方中断的性质。

（二）通过包围点电荷 q 的任意闭合曲面 S 的电通量都等于 q/ε_0

设想另一个任意的闭合面 S'（即不要求必须是球面），S' 与球面 S 包围同一个点电荷 q,如图 4-12（a）所示,根据电场线的连续性,所以穿过 S' 的电场线将连续地穿过 S,即通过这两个闭合曲面的电场线条数一样。因此通过任意形状的包围点电荷 q 的闭合曲面的电通量都等于 q/ε_0。

（三）不包围点电荷的任意闭合曲面的电通量为零

如果闭合面 S' 不包围点电荷 q,如图 4-12（b）所示,则根据电场线的连续性可得出,从这一侧穿入 S' 的电场线条数一定等于从另一侧穿出 S' 的电场线条数,所以净穿出闭合面 S' 的电场线的总条数为零,故通过闭合面 S' 的电通量为零,即

$$\Phi_e = \oiint_s E \cdot dS = 0$$

（四）多个点电荷的电通量等于它们单独存在时的电通量的代数和

在点电荷系的电场中，做一个任意的闭合曲面 S，该曲面包围了 n 个点电荷 $q_1, q_2, \cdots, q_n$，闭合曲面 S 外还有 k 个点电荷 $q_{n+1}, q_{n+2}, \cdots, q_{n+k}$。根据场强叠加原理，在闭合曲面上各点的电场强度

$$E = E_1 + E_2 + \cdots + E_n + E_{n+1} + E_{n+2} + \cdots + E_{n+k}$$

其中 $E_1, E_2, \cdots, E_{n+k}$ 为单个点电荷产生的电场，E 为总电场。这时通过任意封闭曲面 S 的电通量为

$$\Phi_e = \oiint_s E \cdot dS = \oiint_s (E_1 + E_2 + \cdots + E_n + E_{n+1} + E_{n+2} + \cdots + E_{n+k}) \cdot dS$$
$$= \Phi_{e1} + \Phi_{e2} + \cdots + \Phi_{en} + \Phi_{e(n+1)} + \Phi_{e(n+2)} + \cdots + \Phi_{e(n+k)}$$

式中 $\Phi_{e1}, \Phi_{e2}, \cdots, \Phi_{e(n+k)}$ 分别为相应的点电荷单独存在时通过闭合曲面的 S 的电通量。由前述的结论知

$$\Phi_{e(n+1)} = \Phi_{e(n+2)} = \cdots = \Phi_{e(n+k)} = 0$$

因此

$$\Phi_e = \oiint_s E \cdot dS = \frac{q_1}{\varepsilon_0} + \frac{q_2}{\varepsilon_0} + \cdots + \frac{q_n}{\varepsilon_0} = \frac{1}{\varepsilon_0} \sum q_{in}$$

式中，$\sum q_{in}$ 表示在闭合曲面内的电量代数和。

若闭合曲面内的电荷 Q 连续地分布在带电体上，则可将带电体上的电荷分割为无限多个电荷元 dq，各电荷元均视为点电荷，式（4.3.2）右方的求和用积分来代替，即

$$\Phi_e = \oiint_s E \cdot dS = \frac{1}{\varepsilon_0} \int_Q dq$$

至此静电场的高斯定理得证。

对高斯定理的理解，应注意以下几点：

（一）高斯定理表达式中的场强 E 是闭合曲面上各点的电场强度，它是由全部电荷（既包括闭合曲面内又包括闭合曲面外的电荷）共同产生的合场强，并非只由闭合曲面内的电荷 $\sum q_{in}$ 所产生。

（二）通过闭合曲面的总电通量只决定于它所包围的电荷，即只有闭合曲面内部的电荷才对总电通量有贡献，闭合曲面外部的电荷对总电通量没有贡献。

（三）当闭合曲面上各点电场强度为零时，通过闭合曲面的电通量必为零；但当通过闭合曲面的电通量为零时，曲面上各点的电场强度不一定为零。

（四）静电场的高斯定理是反映静电场性质的基本定理之一，对任何静电场都普遍成立。它表明静电场是有源场，电荷就是静电场的源。

高斯定理的重要意义在于把电场与产生电场的源电荷联系了起来，它反映了静电场是有源场这一基本的性质。凡是有正电荷的地方，必有电场线发出；凡是有负电荷的地方，必有电场线汇聚。正电荷是电场线的源头，负电荷是电场线的收尾。高斯定理可以从库仑定律直接导出，反过来，高斯定理也可以导出库仑定律。因此，在静电学中，库仑定律和高斯定理是等价的，但是库仑定律只适用于静电场，而高斯定理可以推广到变化的电场中去，即不论是对时间变化的电场还是静电场，高斯定理都是成立的，他是麦克斯韦方程组（见第六章）的组成部分。

四、应用高斯定理求场强

当带电体的电荷分布已知时，原则上可由点电荷的电场强度公式和电场强度的叠加原理求出空间各点的电场分布，但计算往往比较复杂。如果带电体的电荷分布具有一定的对称性，利用静电场的高斯定理可以求出其电场分布，且计算大大简化。需要格外注意的是，能够直接运用高斯定理求场强的情形，都必须具有一定的对称性。

我们总结出利用静电场的高斯定理计算电场强度分布的方法和步骤如下：

（一）对称性分析

当电荷分布具有一定的对称性时，所激发的电场分布（包括大小和方向）也具有相应的对称性时，才可以利用高斯定理求出电场强度的分布。可以用高斯定理求解电场分布的典型带电体有：

1. 均匀带电球面、球体、球壳和多层同心球壳等，电场分布具有球对称性。
2. 均匀带电的无限长直线、圆柱面、圆柱体等，电场分布具有轴对称性。
3. 均匀带电的无限大平面、平板等，电场分布具有面对称性。

（二）根据电场分布的对称性特点，选取适当的高斯面。选择原则如下：

1. 高斯面必须通过所求的场点。
2. 高斯面的几何形状必须简单、规则，以便于计算。
3. 应使高斯面上各点电场强度大小相等，方向与该处的面元法线方向平行（这样就有 $E \cdot dS = dS\cos\theta = \pm EdS$，则 E 就可以从积分式 $\oint_S E \cdot dS$ 中提出来，即 $\oint_S E \cdot dS = E\oint_S dS = ES$）；或者使一部分高斯面的法线方向与 E 垂直（此时 $\cos\theta = 0$，则通过这部分高斯面的电通量为零）；或者使一部分高斯面上的电场强度为零（其相应的电通量为零）。

（三）根据高斯定理列方程求解。计算高斯面上穿过的电通量和高斯面内包围的电量的代数和,然后再根据高斯定理求出电场强度的表达式。

下面我们举例说明应用高斯定理求解电场强度的具体方法。

例 4.3.1 求均匀带电球面内外的场强分布。已知球面半径为 R,带电荷总量为 Q(设 $Q > 0$)。

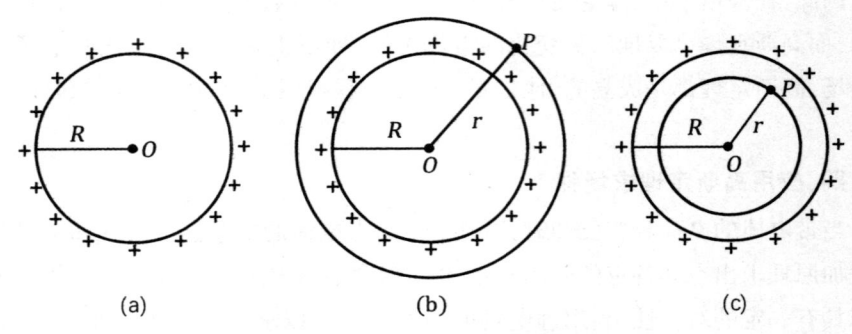

图 4-13 均匀带电球面的场强分布

解 如图 4-13(a)所示,由于电荷均匀分布在球面上,该带电体具有球对称性,所以电场分布也具有球对称性,在任何与带电球面同圆心的球面上,各点的场强大小都相等,方向沿径向。

(1)先求球面外任一点 P 处的场强。设球心为 O,以 $OP = r$ 为半径做一闭合球面 S 为高斯面。如图 4-13(b)所示。根据上述分析,可知高斯面上的场强大小处处相等,方向沿球面的半径向外,与球面上各处的法线方向相同。所以通过高斯面的电通量为

$$\Phi_e = \oiint_s E \cdot dS = \oiint_s E dS \cos 0 = E \oiint_s dS = E \cdot 4\pi r^2$$

此高斯面包围的电荷总量为 Q,由高斯定理有

$$\Phi_e = \oiint_s E \cdot dS = \frac{1}{\varepsilon_0} \sum q_{in} = \frac{Q}{\varepsilon_0}$$

即 $E \cdot 4\pi r^2 = \frac{Q}{\varepsilon_0}$,所以

$$E = \frac{Q}{4\pi \varepsilon_0 r^2} (r > R)$$

考虑 E 的方向,可得电场强度的矢量式为

$$E = \frac{Q}{4\pi \varepsilon_0 r^2} e_r (r > R)$$

此结果表明,均匀带电球面在球面外的场强,与把球面上的全部电荷集中在

球心处的一个点电荷所产生的场强分布一样。

(2)再求球面内任一点 P 处的场强。过 P 点做半径为 r ($r < R$) 的同心球面 S 为高斯面,如图 4-13(c)所示。上述关于场强大小和方向的分析仍然适用,通过该高斯面的电通量为

$$\Phi_e = \oiint_s E \cdot dS = \oiint_s E dS \cos 0 = E \oiint_s dS = E \cdot 4\pi r^2$$

此高斯面内不包含电荷,即 $\sum q_{in} = 0$,根据高斯定理有

$$\Phi_e = \oiint_s E \cdot dS = \frac{1}{\varepsilon_0} \sum q_{in} = 0$$

即
$$E \cdot 4\pi r^2 = 0$$

所以
$$E = 0 (r < R)$$

此结果表明,均匀带电球面内部的场强处处为零。

因此均匀带电球面的场强大小的分布可总结为

$$E = \begin{cases} \dfrac{Q}{4\pi \varepsilon_0 r^2}, & r > R \\ 0, & r < R \end{cases} \quad (4.3.3)$$

当球面上均匀分布的是负电荷时,场强大小的分布情况和正电荷时结果一样,只是场强的方向和正电荷的方向恰好相反,沿着半径方向指向球心。

例 4.3.2 求均匀带电球体的场强分布。已知球体半径为 R,带电荷总量为 Q ($Q>0$)。

解 均匀带电球体可以分割为一层一层的均匀同心带电球面,这样就可以利用例 4.3.1 题的分析结果,由于每一层球面产生的场强都具有球对称性,所以整个球体的场强分布具有球对称性。

(1)当场点 P 在球体外时,如图 4-14 所示,过 P 点做一个半径为 r ($r > R$) 的同心球面 S 为高斯面,通过该面的电通量为

$$\Phi_e = \oiint_s E \cdot dS = \oiint_s E dS \cos 0 = E \oiint_s dS = E \cdot 4\pi r^2$$

此高斯面包围的电荷总量为 Q,由高斯定理有

$$\Phi_e = \oiint_s E \cdot dS = \frac{1}{\varepsilon_0} \sum q_{in} = \frac{Q}{\varepsilon_0}$$

即
$$E \cdot 4\pi r^2 = \frac{Q}{\varepsilon_0}$$

所以

$$E = \frac{Q}{4\pi\varepsilon_0 r^2}(r \geqslant R)$$

考虑 E 的方向,可得电场强度的矢量式为

$$E = \frac{Q}{4\pi\varepsilon_0 r^2}e_r,(r \geqslant R)$$

此结果表明,均匀带电球体在球体外的场强,与把球体上的全部电荷集中在球心处的一个点电荷所产生的场强一样。

(2) 当场点 P 在球体内时,如图 4-14 所示,在球体内过 P 点做一个半径为 $r(r<R)$ 的同心球面 S 为高斯面,通过该面的电通量为

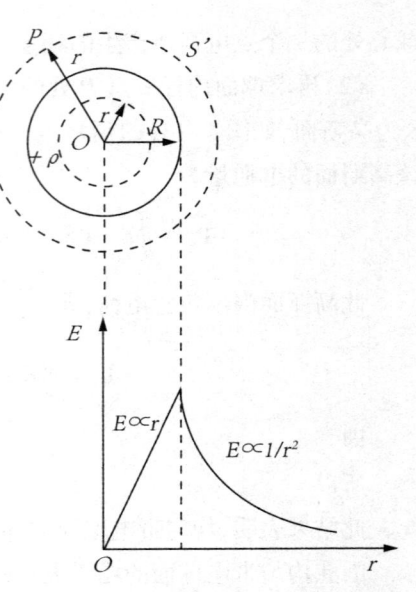

图 4-14 均匀带电球体的场强分布

$$\Phi_e = \oiint_s E \cdot \mathrm{d}S = \oiint_s E\mathrm{d}S\cos 0 = E\oiint_s \mathrm{d}S = E \cdot 4\pi r^2$$

此高斯面所包围的电荷总量为

$$q_{in} = \frac{Q}{4\pi R^3/3} \cdot \frac{4}{3}\pi r^3 = \frac{Qr^3}{R^3}$$

由高斯定理有

$$\Phi_e = \oiint_s E \cdot \mathrm{d}S = \frac{1}{\varepsilon_0}\sum q_{in} = \frac{Qr^3}{\varepsilon_0 R^3}$$

即

$$E \cdot 4\pi r^2 = \frac{Qr^3}{\varepsilon_0 R^3}$$

所以

$$E = \frac{Qr}{4\pi\varepsilon_0 R^3}(r \leqslant R)$$

此式表明,在均匀带电球体内部各点场强的大小与径矢大小成正比。考虑到场强的方向,球体内电场强度的矢量表示式为

$$E = \frac{Qr}{4\pi\varepsilon_0 R^3}e_r = \frac{Q}{4\pi\varepsilon_0 R^3}r(r \leqslant R)$$

若以 ρ 表示电荷体密度,则上式又可写成

$$E = \frac{Q}{4\pi\varepsilon_0 R^3}r = \frac{Q}{4\pi R^3/3}\frac{1}{3\varepsilon_0}r = \frac{\rho}{3\varepsilon_0}r \quad (r \leqslant R)$$

根据上述结果，可画出场强大小随距离的变化曲线——$E-r$ 曲线，如图 4-14 所示，在球体表面上，场强的大小是连续的。

例 4.3.3 求无限长均匀带电直线的场强分布。已知带电直线的电荷线密度为 λ（设 $\lambda > 0$）。

解 带电直线的电场分布应具有轴对称性，考虑离直线距离为 r 的一点 P 处的场强 E，P 点的电场方向垂直于带电直线而沿径向，并且和 P 点在同一圆柱面（以带电直线为轴）上的各点的场强大小都相等，而且方向都沿径向，如图 4-15 所示，过 P 点做一个以带电直线为轴，以 $OP=r$ 为半径，以 l 为高的圆柱形闭合曲面 S 为高斯面，通过此高斯面的电通量为

$$\Phi_e = \oiint_s E \cdot \mathrm{d}S = \int_{上底} E \cdot \mathrm{d}S + \int_{下底} E \cdot \mathrm{d}S + \int_{侧面} E \cdot \mathrm{d}S$$

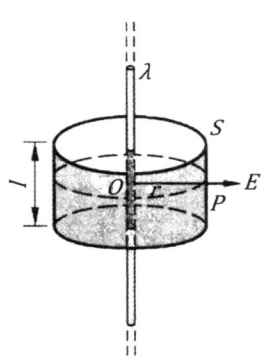

图 4-15 无限长带电直线的场

在 S 面的上底面和下底面位置处，场强的方向与底面平行，即没有电场线穿入或穿出，因此，$\int_{上底} E \cdot \mathrm{d}S = 0$，$\int_{下底} E \cdot \mathrm{d}S = 0$。而在侧面上各点的场强方向与该点处的法线方向相同，所以有

$$\Phi_e = \oiint_s E \cdot \mathrm{d}S = \int_{侧面} E \cdot \mathrm{d}S = \int_{侧面} E\cos 0 \mathrm{d}S = E \int_{侧面} \mathrm{d}S = E \cdot 2\pi r l$$

此高斯面包围的电荷总量 $\sum q_{in} = \lambda l$，由高斯定理得

$$\Phi_e = \oiint_s E \cdot \mathrm{d}S = \frac{1}{\varepsilon_0}\sum q_{in} = \frac{\lambda l}{\varepsilon_0}$$

所以

$$E \cdot 2\pi r l = \frac{\lambda l}{\varepsilon_0}$$

得

$$E = \frac{\lambda}{2\pi\varepsilon_0 r} \tag{4.3.4}$$

即无限长均匀带电直线产生的场强大小与场点到带电直线的距离 r 成反比，方向沿径向。

例 4.3.4 求无限大均匀带电平面的场强分布。已知带电平面上电荷面密度

为 σ（设 $\sigma > 0$）。

解 由于电荷均匀分布在无限大的平面上,因此电场分布具有面对称性,即平面两侧与平面等距离处场强大小都相等,方向都垂直且远离平面（$\sigma > 0$）。

如图 4-16 所示,选一个闭合的圆柱面 S 为高斯面,使其轴线与带电平面垂直,两底面与带电平面平行并在对称位置上,P 点位于它的一个底面上,通过此高斯面的电通量为

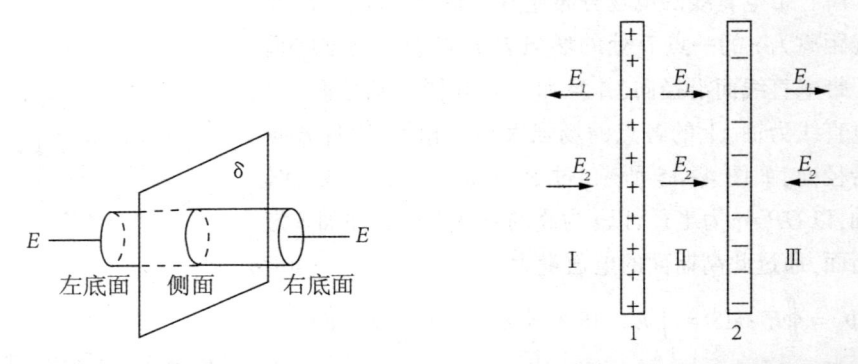

图 4-16 无限大均匀带电平面的场强分布　图 4-17 两无限大均匀带电平面的场强分布

$$\Phi_e = \oint_s \boldsymbol{E} \cdot \mathrm{d}\boldsymbol{S} = \int_{左底} \boldsymbol{E} \cdot \mathrm{d}\boldsymbol{S} + \int_{右底} \boldsymbol{E} \cdot \mathrm{d}\boldsymbol{S} + \int_{侧面} \boldsymbol{E} \cdot \mathrm{d}\boldsymbol{S}$$

由于圆柱侧面上各点的场强方向与侧面平行,即没有电场线穿入与穿出侧面,所以侧面的电通量为零。根据前面的对称性分析,在两底面上场强的大小相等,方向都与底面的法线方向相同,以 ΔS 表示一个底面的面积,所以

$$\Phi_e = \oint_s \boldsymbol{E} \cdot \mathrm{d}\boldsymbol{S} = \int_{左底} \boldsymbol{E} \cdot \mathrm{d}\boldsymbol{S} + \int_{右底} \boldsymbol{E} \cdot \mathrm{d}\boldsymbol{S}$$

$$= \int_{左底} E\cos 0 \mathrm{d}S + \int_{右底} E\cos 0 \mathrm{d}S = 2E\int_{左底} \mathrm{d}S = 2E\Delta S$$

此高斯面包围的电荷总量 $\sum q_{in} = \sigma \Delta S$,由高斯定理得

$$\Phi_e = \oint_s \boldsymbol{E} \cdot \mathrm{d}\boldsymbol{S} = \frac{1}{\varepsilon_0} \sum q_{in} = \frac{\sigma \Delta S}{\varepsilon_0}$$

所以 $2E\Delta S = \dfrac{\sigma \Delta S}{\varepsilon_0}$

得

$$E = \frac{\sigma}{2\varepsilon_0} \tag{4.3.5}$$

此结果表明,无限大均匀带电平面两侧的电场是均匀场,场强大小与场点到

平面的距离无关。这一结果和例 4.2.3 中(1)的分析结果相同。

利用上述结果,可求得两个带等量异号电荷的无限大平行平面的场强分布,如图 4-17 所示,两无限大平面 1 和 2 的电荷面密度分别为 $+\sigma$ 和 $-\sigma$,两平面在空间各处各自单独存在时所激发的场强大小 E_1、E_2 相等,在Ⅰ、Ⅲ区域场强方向相反,在Ⅱ区域场强方向一致向右。

根据场强叠加原理可得(取向右方向为正)如下结果:

Ⅰ区域 $E_Ⅰ = E_2 - E_1 = 0$

Ⅱ区域 $E_Ⅱ = E_1 + E_2 = \dfrac{\sigma}{2\varepsilon_0} + \dfrac{\sigma}{2\varepsilon_0} = \dfrac{\sigma}{\varepsilon_0}$

Ⅲ区域 $E_Ⅲ = E_1 - E_2 = 0$

上述结果表明,两个带等量异号电荷的无限大平行平面之间的电场是均匀分布的

第四节　静电场的环路定理　电势

前面我们从电荷在电场中受力出发,引入电场强度这个基本物理量来表示电场对电荷的作用,研究了静电场的性质。本节将从电荷在静电场中移动时,电场力对其做功的角度引入另一个基本物理量——电势,来描述静电场的另一性质。

一、电场力的功　静电场的环路定理

库仑力 $F = kq_1q_2/r^2$ 与万有引力 $F = Gm_1m_2/r^2$ 的表达形式非常类似,而万有引力是保守力,那么电场力是否是保守力呢?答案是肯定的。下面我们从库仑定律和电场强度的叠加原理出发,证明电场力所做的功与路径无关,即电场力是保守力。证明分为如下两步进行:

(一)单个点电荷的电场力做功

如图 4-18 所示,假设一正电荷 q 固定于原点 O,试验电荷 q_0 在点电荷 q 激发的电场中,经任意路径 acb 由 a 点运动到 b 点。在路径上任取一元位移 dl,当试验电荷 q_0 在电场中移动 dl 时,则电场力 F 所做的元功为

$$dA = F \cdot dl = q_0 E \cdot dl = q_0 E\cos\theta dl$$

式中,θ 是 E 与 dl 之间的夹角,场强大小 $E = \dfrac{1}{4\pi\varepsilon_0}\dfrac{q}{r^2}$,

$\cos\theta dl = dr$,于是可得

$$dA = q_0 \frac{1}{4\pi\varepsilon_0} \frac{q}{r^2} dr = \frac{1}{4\pi\varepsilon_0} \frac{q q_0}{r^2} dr$$

当试验电荷 q_0 由 a 点运动到 b 点，电场力所做的功为

$$A = \int_A^B dA = \int_{r_a}^{r_b} \frac{1}{4\pi\varepsilon_0} \frac{q q_0}{r^2} dr = \frac{q q_0}{4\pi\varepsilon_0} \int_{r_a}^{r_b} \frac{1}{r^2} dr$$

$$= \frac{q q_0}{4\pi\varepsilon_0} \left[-\frac{1}{r} \right]_{r_a}^{r_b} = \frac{q q_0}{4\pi\varepsilon_0} \left(\frac{1}{r_a} - \frac{1}{r_b} \right)$$

式中 r_a 和 r_b 分别表示从电荷 q 到移动的路径的起点 a 和终点 b 的距离。此结果表明，在点电荷 q 的静电场中，电场力对试验电荷所做的功，只与试验电荷的电量以及移动路径起点和终点的位置有关，而与移动路径无关。

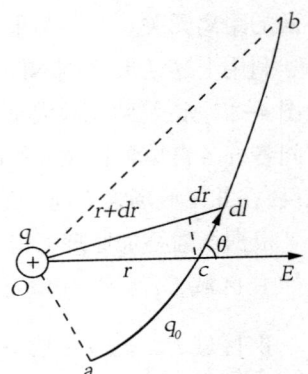

图 4-18　点电荷电场中电场

(二)任意带电体系产生的电场力做功

任意带电体都可以将其分割成许多电荷元(可视为点电荷)，每一个电荷元可以看作一个点电荷，任意带电体可看作由许多点电荷组成的点电荷系。根据场强叠加原理，点电荷系的总场强是各个点电荷 q_1、q_2…、q_n 单独产生的场强 E_1、E_2、…E_n 的矢量和

$$E = E_1 + E_2 + \cdots + E_n$$

从而试验电荷 q_0 在该电场中由 a 点运动到 b 点，电场力所做的功为

$$A = \int_{a(L)}^{b} q_0 E \cdot dl = q_0 \int_{a(L)}^{b} (E_1 + E_2 + \cdots + E_n) \cdot dl$$

$$= q_0 \int_{a(L)}^{b} E_1 \cdot dl + q_0 \int_{a(L)}^{b} E_2 \cdot dl + \cdots + q_0 \int_{a(L)}^{b} E_n \cdot dl$$

由于上式右方中的每一项都与路径无关，所以合电场力做的功也必然与路径无关。由此得出结论：当试验电荷在任何静电场中移动时，电场力所做的功只与试验电荷的电量以及起点和终点的位置有关，而与路径无关。这表明电场力是保守力，静电场是保守力场。

显然，如果在静电场中沿一闭合路径 L 移动 q_0，则电场力做的功

$$A = \oint_L q_0 E \cdot dl = 0$$

电场力做功与路径无关这一性质可以表示为

$$\oint_L E \cdot dl = 0 \tag{4.4.1}$$

此式表明，在静电场中，电场强度沿任意闭合路径的线积分(称为电场强度的

环流)恒等于零。这个结论称为静电场的环路定理。因此静电场是无旋场,电场线不闭合。静电场环路定理是描述静电场性质的另一个基本定理,它表明静电场是保守力场。

至此,我们得到真空中静电场所满足的两个基本方程

$$\Phi_e = \oiint_S E \cdot dS = \frac{1}{\varepsilon_0} \sum q_{in}(高斯定理)$$

$$\oint_L E \cdot dl = 0(静电场环路定理)$$

表明静电场有源,是无旋场,电场线不闭合。静电场的这一性质决定了在静电场中可以引入电势的概念。

二、电势能

在力学中已经指出,对于保守场可以引入势能的概念。类似的,在电学中,静电场是保守场,电场力是保守力,因此我们也可以引入"电势能"的概念。如同物体在重力场中一定位置处具有一定的重力势能一样,电荷在电场中一定位置处具有一定的电势能。

根据力学篇里讲述的在保守力场中,$A_{ab} = E_{pa} - E_{pb} = -\Delta E_p$,即保守力做的功等于系统势能的减少(或系统势能增量的负值),故电场力做功应等于电势能的减少(或电势能增量的负值)。设试探电荷 q_0 在静电场中任意两点 a、b 的电势能分别为 W_a 和 W_b,当试探电荷 q_0 从 a 点沿任意路径移动到 b 点时,电场力对 q_0 做的功等于相应势能增量的负值,即

$$A_{ab} = -(W_b - W_a) = \int_A^B q_0 E \cdot dl$$

关于电势能做几点说明:

(一)如同重力势能仅与物体质量 m 及其在重力场中的位置有关一样,电势能也仅与试探电荷电量 q_0 及其在静电场中的位置有关。

(二)如同重力势能是相对于重力势能零点而言的一样,电势能也是相对于电势能零点而言的。为了使电荷在电场中某点具有确定的电势能,则必须选定参考点,即电势能零点。电荷 q_0 在电场中某点 a 处的电势能 W_a 在量值上等于将 q_0 从 a 点移到电势能零点时电场力所做的功。即

$$W_a = \int_a^{"0"} q_0 E \cdot dl \qquad (4.4.2)$$

(三)如同重力势能属于地球和物体整个系统一样,电势能也属于电场和电荷

q_0 整个系统,或者说电势能是电荷 q_0 与产生电场的电荷(场源电荷)共有的相互作用能。

(四)在国际单位制中,电势能的单位是焦耳,符号 J,还有一种常用单位是电子伏特,符号 eV,$1eV = 1.602 \times 10^{-19} J$。

(五)在实际应用中,根据研究问题的性质,常选取无限远处或地球为电势能的零参考点。

三、电势和电势差

能否用电势能来描述静电场的基本性质呢?不能,原因就在于电势能不仅与电场本身有关,还与引入电场的试探电荷电量 q_0 有关。但是人们发现,虽然电势能 W_a 与 q_0 有关,但是 W_a/q_0 却与 q_0 无关,它反映了电场本身在 a 点的能量性质。故定义

$$U_a = \frac{W_a}{q_0} = \int_a^{"0"} E \cdot dl \qquad (4.4.3)$$

式中 U_a 为电场中 a 点的电势,电场中某点的电势等于单位正电荷在该点所具有的电势能,也等于把单位正电荷从该点沿任意路径移动到电势能零参考点时电场力所做的功。式(4.4.3)是电场强度和电势的积分关系式。

静电场中任意两点 a 和 b 电势的差值 $U_a - U_b$,称为 a,b 两点的电势差,通常也称为电压,用 U_{ab} 表示,即

$$U_{ab} = U_a - U_b = \int_a^{"0"} E \cdot dl - \int_b^{"0"} E \cdot dl = \int_A^B E \cdot dl \qquad (4.4.4)$$

即 a,b 两点的电势差等于把单位正电荷从 a 点移到 b 点时电场力所做的功。

从上述结论知,当点电荷 q_0 在电场中从 a 点移到 b 点时,电场力所做的功可用电势差表示为

$$A_{ab} = q_0 \int_A^B E \cdot dl = q_0(U_a - U_b) = q_0 U_{ab}$$

关于电势和电势差应说明几点:

(一)注意电势与电势能的区别。电势是从能量角度描述静电场性质的物理量,它与试探电荷无关。电势能是电场与试探电荷 q_0 之间的相互作用能,电势能与 q_0 有关,它并不能直接描述为定点处电场的性质。

(二)电势是空间坐标的标量函数,也称为电场的势函数。

(三)电势的值是相对的,取决于电势零点的选择。电势差是绝对的,与电势零点的选取无关。

在理论计算中,当电荷是分布在有限区域的带电体时,通常选无限远处为电势零点;无限大带电体只能选有限远处的适当位置为电势零点。实际应用中常选大地或电器的金属外壳为电势零点。

(四)在国际单位制中,电势与电势差的单位是伏特,符号 V,$1V = 1J/C$(焦耳/库仑)。

四、电势的计算

(一)点电荷电场中的电势分布

点电荷 q 的电场强度为 $E = \dfrac{q}{4\pi\varepsilon_0 r^2}e_r$,选无限远处为电势零点,用电势的定义式:

$$U_P = \int_P^{\text{参考点}} E \cdot dl = \int_P^{\infty} E \cdot dl,$$ 求电场中的电势。

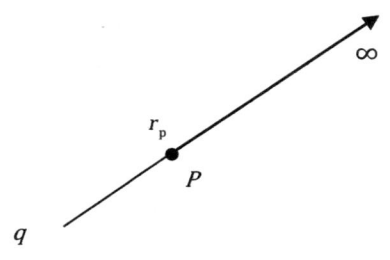

因为电场力的功与路径无关,所以我们选一条便于计算的路径,即沿着径矢的直线进行积分,如图 4-19 所示。则 P 点的电势可以表示为

图 4-19 点电荷的电势分布

$$U_P = \int_P^{\infty} E \cdot dl = \int_P^{\infty} E \cdot dr = \int_{r_P}^{\infty} E dr$$

$$= \int_{r_P}^{\infty} \frac{q}{4\pi\varepsilon_0 r^2} dr = \frac{q}{4\pi\varepsilon_0} \int_{r_P}^{\infty} \frac{1}{r^2} dr$$

$$= \frac{q}{4\pi\varepsilon_0} \left[-\frac{1}{r} \right]_{r_P}^{\infty} = \frac{q}{4\pi\varepsilon_0 r_P}$$

由于 P 点是任意选取的,因此 U_P 和 r_P 的下标可略去。所以点电荷 q 产生的电场中,电势的分布公式为

$$U = \frac{q}{4\pi\varepsilon_0 r} \tag{4.4.5}$$

式中 r 是场点到点电荷 q 的距离,U 是场点的电势。式(4.4.5)说明,电场中某点的电势值与点电荷 q 的正负和该点距场源的距离有关。在正电荷电场中电势为正,离点电荷越远电势越低。在负电荷电场中电势为负,离点电荷越远电势越高。

(二)电势叠加原理

根据电势的定义和场强叠加原理容易证明电势叠加原理。设点电荷系由 n

个点电荷 $q_1, q_2, \cdots, q_n$ 组成,由场强叠加原理可知总场强 $E = E_1 + E_2 + \cdots + E_n$。在点电荷系的电场中,由 (4.4.3) 式可得,场点 P 处的电势为

$$U_P = \int_P^\infty E \cdot dl = \int_P^\infty (E_1 + E_2 + \cdots + E_n) \cdot dl$$

$$= \int_P^\infty E_1 \cdot dl + \int_P^\infty E_2 \cdot dl + \cdots + \int_P^\infty E_n \cdot dl$$

$$= U_{1P} + U_{2P} + \cdots + U_{nP}$$

式中 $U_{1P}, U_{2P}, \cdots, U_{nP}$ 分别是点电荷 $q_1, q_2, \cdots, q_n$ 单独存在时,场点 P 处的电势。上式说明在点电荷系场所产生的电场中,某点的电势是各个点电荷单独存在时,在该点所产生的电势的代数和,这称为电势叠加原理。可表示为

$$U = U_1 + U_2 + \cdots + U_n = \sum_{i=1}^n U_i \qquad (4.4.6)$$

将点电荷的电场中电势分布公式 $U = q/4\pi\varepsilon_0 r$ 代入式(4.4.6),可得点电荷系的电场中,场点 P 处的电势为

$$U = \sum_{i=1}^n \frac{q_i}{4\pi\varepsilon_0 r_i} \qquad (4.4.7)$$

式中 r_i 是从点电荷 q_i 到场点 P 的距离。

对于电荷连续分布的带电体,可以看成由许多电荷元组成,每个电荷元都可视为点电荷,所带电量为 dq,dq 在电场中某点 P 处的电势为

$$dU = \frac{dq}{4\pi\varepsilon_0 r}$$

式中,r 是从电荷元 dq 到场点 P 的距离。

由电势叠加原理,电荷连续分布的带电体的电场中,场点 P 处的电势为

$$U = \int \frac{dq}{4\pi\varepsilon_0 r} \qquad (4.4.8)$$

对于电荷连续分布的体分布、面分布和线分布,电荷元 dq 分别为 $dq = \rho dV$,$dq = \sigma dS$,$dq = \lambda dl$,式(4.4.8)可写成

$$U = \frac{1}{4\pi\varepsilon_0} \int_V \frac{\rho dV}{r} \text{(体分布)}$$

$$U = \frac{1}{4\pi\varepsilon_0} \int_S \frac{\sigma dS}{r} \text{(面分布)}$$

$$U = \frac{1}{4\pi\varepsilon_0} \int_l \frac{\lambda dl}{r} \text{(线分布)}$$

(三)电势的计算方法

在给定电荷分布的电场中,求电势分布,即电场中任意点的电势,通常采用两种方法:

1. 根据已知的电荷分布,求解出电场强度的分布(特别是具有某种特殊对称性的电荷分布情况),由电势与电场强度的积分关系式来直接计算;

2. 作为一种方法,直接应用已有的结果,由电势的定义和电势叠加原理来计算。

要根据不同的问题选用不同的方法,一般可以按照下述两种情况来选择计算方法:

1. 利用电势定义式 $U_P = \int_P^{"0"} E \cdot dl$ 求电势分布,必须知道电场强度 E 在积分路径上的表达式,因此只有当电场强度分布已知或电荷分布具有一定的对称性,很容易由静电场的高斯定理求出电场分布时,用这种方法比较方便。

2. 当电场分布未知,且带电体的电荷分布不具有对称性时,应采用点电荷的电势分布公式及电势叠加原理进行计算。由于电势是标量,所以电势叠加比电场强度叠加在计算上要简单很多。

下面我们通过几个例题来说明电势的计算方法。

例 4.4.1 求距电偶极子相当远的地方任意一点的电势分布。已知电偶极子中两个点电荷 $-q$ 和 $+q$ 之间的距离为 l。

解 如图 4-20 所示,设场点 P 到 $-q$ 和 $+q$ 的距离分别为 r_- 和 r_+,P 到电偶极子中心 O 的距离为 r,选取无限远处为电势零参考点。根据点电荷的电势分布公式 $U = q/4\pi\varepsilon_0 r$ 和电势叠加原理,P 点的电势可以表示为

$$U = U_+ + U_- = \frac{q}{4\pi\varepsilon_0 r_+} + \frac{-q}{4\pi\varepsilon_0 r_-} = \frac{q}{4\pi\varepsilon_0} \frac{(r_- - r_+)}{r_+ r_-}$$

对于距离电偶极子相当远的场点 P,即 $r \gg l$,应有

$$r_+ r_- \approx r^2, \quad r_- - r_+ \approx l\cos\theta$$

其中 θ 为 r 与 l 之间的夹角,所以

$$U = \frac{ql\cos\theta}{4\pi\varepsilon_0 r^2} = \frac{p\cos\theta}{4\pi\varepsilon_0 r^2} = \frac{pr\cos\theta}{4\pi\varepsilon_0 r^3} = \frac{p_e \cdot r}{4\pi\varepsilon_0 r^3}$$

式中 $p_e = ql$ 为电偶极子的电矩。

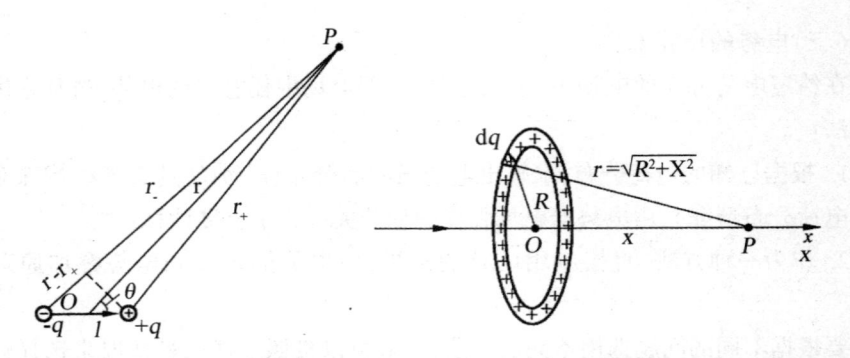

图 4-20　电偶极子的电势分布　　图 4-21　均匀带电细圆环轴线上的电势分布

例 4.4.2　求均匀带电细圆环轴线上距离环心 O 点处为 x 的一点 P 的电势,已知圆环半径为 R,总带电量为 Q。

解　如图 4-21 所示,取轴线为 x 轴,圆心 O 为坐标原点,在轴线上任取一点 P,其坐标为 x。把带电细圆环分割成许多电荷元 dq(可以看作点电荷),这些电荷元到 P 点的距离为 $r = \sqrt{R^2 + x^2}$,则 dq 在 P 处产生的电势为

$$dU = \frac{dq}{4\pi\varepsilon_0 r}$$

根据电势叠加原理,整个带电细圆环在 P 点产生的电势为

$$U = \int_q \frac{dq}{4\pi\varepsilon_0 r} = \frac{1}{4\pi\varepsilon_0 r} \int_q dq = \frac{q}{4\pi\varepsilon_0 r} = \frac{q}{4\pi\varepsilon_0 \sqrt{R^2 + x^2}}$$

现在我们讨论两种有用的特殊情况:
当 P 点位于环心时,即 $x = 0$,则

$$U = \frac{Q}{4\pi\varepsilon_0 R}$$

当 $x \gg R$ 时,$U \approx \dfrac{Q}{4\pi\varepsilon_0 x}$,表明在圆环轴线上足够远处的一点 P 处的电势,相当于把圆环的总电量集中于环心处的点电荷产生的电势。

例 4.4.3　求均匀带电球面的电势分布,设球面半径为 R,总带电量为 Q。

解　如图 4-22 所示,由例 4.3.1 可以得到均匀带电球面的场强分布:当 $r > R$ 时,$E = \dfrac{Q}{4\pi\varepsilon_0 r^2} e_r$;当 $r < R$ 时,$E = 0$。选取无穷远处为电势零点。

(1)球面外任一点 P 的电势 $(r > R)$

r 是点 P 到球心 O 的距离,从 P 点出发沿径矢 e_r 指向无限远为积分路径,则 P 点的电势为

$$U_P = \int_P^\infty E \cdot dl = \int_P^\infty E \cdot dr = \int_r^\infty E dr = \int_r^\infty \frac{Q}{4\pi\varepsilon_0 r^2} dr$$

$$= \frac{Q}{4\pi\varepsilon_0} \int_r^\infty \frac{1}{r^2} dr = \frac{Q}{4\pi\varepsilon_0} \left[-\frac{1}{r} \right]_r^\infty = \frac{Q}{4\pi\varepsilon_0 r}$$

此结果表明,均匀带电球面外各点的电势,与球面上的全部电荷集中于球心的一个点电荷在该点产生的电势相同。

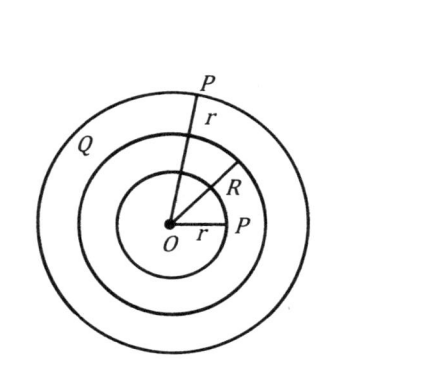

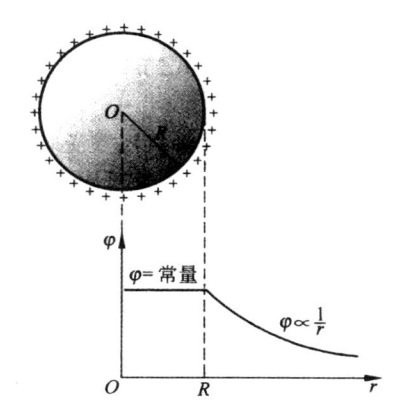

图 4-22 均匀带电球面的电势分布　　**图 4-23** 均匀带电球面的电势连续

(2) 球面内任一点 P 的电势 ($r < R$)

按照同样的方法,从 P 点出发沿径矢 e_r 指向无限远为积分路径,则 P 点的电势为

$$U_P = \int_P^\infty E \cdot dl = \int_P^\infty E \cdot dr = \int_r^\infty E dr = \int_r^R E dr + \int_R^\infty E dr$$

$$= \int_r^R 0 dr + \int_R^\infty \frac{Q}{4\pi\varepsilon_0 r^2} dr = 0 + \frac{Q}{4\pi\varepsilon_0} \int_R^\infty \frac{1}{r^2} dr$$

$$= \frac{Q}{4\pi\varepsilon_0} \left[-\frac{1}{r} \right]_R^\infty = \frac{Q}{4\pi\varepsilon_0 R}$$

表明均匀带电球面内各点电势相等,都等于球面上的电势。因而均匀带电球面的电势分布可归纳为

$$U = \begin{cases} \dfrac{Q}{4\pi\varepsilon_0 R}, & r \leq R \\ \dfrac{Q}{4\pi\varepsilon_0 r}, & r > R \end{cases} \quad (4.4.9)$$

表明在 $r = R$ 的球面上,电势是连续的,如图 4-23 所示。

例 4.4.4 设两个半径分别为 r_1 和 $r_2(r_1 < r_2)$ 的同心球壳均匀带电,小球壳带有电荷 $+q$,大球壳内表面带有电荷 $-q$,外表面带有电荷 $+q$,如图 4-24 所示。试计算:(1)小球壳内,两球壳间和大球壳外任一点的电势。(2)内外两球壳间的电势差。

解 利用电势定义求电势

(1)由于这个带电系统的电场分布具有球对称性,容易由静电场的高斯定理或均匀带电球面的场强分布与场强叠加原理求出空间各点场强的分布,因此可选无限远处为电势零点,利用电势定义式 $U_P = \int_P^\infty E \cdot dl$ 求电势分布。各区域的场强分布为

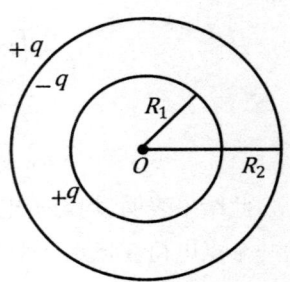

图 4-24 同心均匀带电球壳

$$E_1 = 0, r < r_1$$

$$E_2 = \frac{q}{4\pi\varepsilon_0 r^2}, r_1 < r < r_2$$

$$E_3 = \frac{q}{4\pi\varepsilon_0 r^2}, r > r_2$$

① 小球壳内 $(r < r_1)$ 任一点 P 处的电势

$$U_P = \int_P^\infty E \cdot dl$$

由于从小球壳内任一点 P 到无限远处的路径中电场强度 E 不连续,所以要分段积分,取积分路径沿径向,则

$$U_P = \int_P^\infty E \cdot dl = \int_P^\infty E \cdot dr = \int_r^\infty Edr = \int_r^{r_1} Edr + \int_{r_1}^{r_2} Edr + \int_{r_2}^\infty Edr$$

$$= \int_r^{r_1} 0 dr + \int_{r_1}^{r_2} \frac{q}{4\pi\varepsilon_0 r^2} dr + \int_{r_2}^\infty \frac{q}{4\pi\varepsilon_0 r^2} dr$$

$$= \int_{r_1}^\infty \frac{q}{4\pi\varepsilon_0 r^2} dr = \frac{q}{4\pi\varepsilon_0}\left[-\frac{1}{r}\right]_{r_1}^\infty = \frac{q}{4\pi\varepsilon_0 r_1}$$

② 两球壳间 $(r_1 < r < r_2)$ 任一点 P 处的电势

$$U_P = \int_P^\infty E \cdot dl = \int_P^\infty E \cdot dr = \int_r^\infty Edr = \int_r^{r_2} Edr + \int_{r_2}^\infty Edr$$

$$= \int_r^{r_2} \frac{q}{4\pi\varepsilon_0 r^2} dr + \int_{r_2}^\infty \frac{q}{4\pi\varepsilon_0 r^2} dr = \int_r^\infty \frac{q}{4\pi\varepsilon_0 r^2} dr = \frac{q}{4\pi\varepsilon_0}\left[-\frac{1}{r}\right]_r^\infty = \frac{q}{4\pi\varepsilon_0 r}$$

126

③大球壳外 ($r > r_2$) 任一点 P 处的电势

$$U_P = \int_P^\infty E \cdot dl = \int_r^\infty E dr = \int_r^\infty \frac{q}{4\pi \varepsilon_0 r^2} dr = \frac{q}{4\pi \varepsilon_0}\left[-\frac{1}{r}\right]_r^\infty = \frac{q}{4\pi \varepsilon_0 r}$$

(2)两球壳间的电势差

$$U_{12} = U_1 - U_2 = \int_{r_1}^{r_2} E \cdot dl = \int_{r_1}^{r_2} E dr$$

$$= \int_{r_1}^{r_2} \frac{q}{4\pi \varepsilon_0 r^2} dr = \frac{q}{4\pi \varepsilon_0}\left[-\frac{1}{r}\right]_{r_1}^{r_2} = \frac{q}{4\pi \varepsilon_0}\left(\frac{1}{r_1} - \frac{1}{r_2}\right)$$

第五节　电容与电容器

电容器是一种用途广泛的重要的电路元件,按其形状的不同可分为平板电容器、圆柱形电容器和球形电容器等;按电容数值能否改变可分为可变电容器、半可变电容器和固定电容器等;按电容器两极板之间所填充电介质的不同可分为空气电容器、云母电容器、陶瓷电容器以及塑料膜电容器等。

心脏除颤器是一种应用电击来抢救和治疗心律失常的医疗设备,其核心元件为电容器。如果把一个已经充满电的电容器在极短的时间内放电,可以得到较大的功率。心脏除颤器的工作原理是首先采用电池或低压直流电源给电容器充电,充电过程不到 1 分钟,然后利用电容器的瞬间放电,产生较强的脉冲电流对心脏进行电击。也可以描述为先积攒一定量的电能,然后通过电极释放到人体,该脉冲的功率可达 100kW,远大于电池或低压直流电源本身的功率,可以满足救助患者的需要。这种利用电池或低压直流电源给电容器缓慢充电,然后在高得多的功率下放电的技术通常也被用于闪光照相术和频闪照相术,类似的应用还有"电容焊"、激光和受控热核反应等。那么通过我们对电容器的介绍,大家能不能找到在我们的警用器械中哪些也是电容器在其中起了重要的作用呢?

一、电容和电容器

(一)孤立导体的电容

所谓"孤立"导体,就是指在这个导体附近没有其他导体和带电体。设想真空中有一个远离其他导体和带电体的孤立导体球,其半径为 R ,带电量为 Q 。当选无穷远处为电势零点后,根据之前的学习,我们知道导体球的电势为

$$U = \frac{Q}{4\pi\varepsilon_0 R}$$

此式表明,当 R 不变时,孤立导体球的电势 U 与其所带电量 Q 成正比,即比值 Q/U 是定值。为此定义孤立导体的电容为

$$C = \frac{Q}{U} \qquad (4.5.1)$$

电容 C 是反映孤立导体储存电荷和电能的能力的物理量,数值上等于每升高单位电势所需的电量。它只与孤立导体本身的形状、大小和周围电介质有关,而与它是否带电无关。

在国际单位制中,电容的单位为库仑每伏特(C/V),称为法(拉),符号为 F。

$$1F = 1C/V$$

半径为 R 孤立导体球的电容(选无限远处为电势零点)

$$C = \frac{Q}{U} = \frac{Q}{Q/4\pi\varepsilon_0 R} = 4\pi\varepsilon_0 R$$

若把地球看成一个孤立导体球,地球的电容为

$C = 4\pi\varepsilon_0 R = 4 \times 3.14 \times 8.85 \times 10^{-12} \times 6.4 \times 10^6 = 7.11 \times 10^{-4} F = 711\mu F$

从这个结果中我们也可以看出孤立导体的电容是很小的,即使把地球看成孤立导体,其电容也仅为 $7.11 \times 10^{-4} F$。同时也可以看出法拉(F)是一个很大的单位,实际应用中常用微法(μF)或皮法(pF)等较小的单位,

$$1F = 10^6 \mu F = 10^{12} pF$$

(二)电容器及其电容

电容器最简单、最基本的形式是平行板电容器。它是由两块相距很近、平行放置的相互绝缘的导体薄板构成的,如图 4-25 所示。本节讨论板间为真空的情况。平行板电容器带电时,它的两个导体薄板相对的两个表

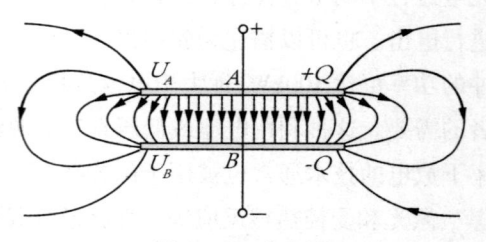

图 4-25 电容器

面上总是同时分别带上等量异号的电荷 $+Q$ 和 $-Q$,电荷均匀分布在两个相对的表面上,这时两板间有一定的电压 $U_{AB} = U_A - U_B$。一个电容器所带的电量 Q 总与板间电压 U_{AB} 成正比,比值 Q/U_{AB} 叫作电容器的电容。以 C 表示电容器的电容,就有

$$C = \frac{Q}{U_{AB}} = \frac{Q}{U_A - U_B} \qquad (4.5.2)$$

式中，Q 是正极板带电量，$U_{AB} = U_A - U_B$ 是两极板的电势差（取正值）。

电容器的电容与两极板的尺寸、形状、相对位置以及其间所填充的介质有关，而与 Q 和 U_{AB} 无关。

孤立导体也可以看成是电容器，这时电容器的另一导体位于无限远处，且电势为零。因此孤立导体的电容公式可看成是电容器电容公式的特例。

（三）几种常用电容器

下面我们来推导几种常用电容器的电容公式，在下面的计算中暂不考虑其他绝缘介质，即认为两极板间是真空或空气。

1. 平行板电容器

如图 4-26 所示，平行板电容器由两块彼此靠得很近的平行金属板组成。设其极板面积为 S，两极板内表面间距离为 $d(S \gg d^2)$，两极板内表面带电量分别为 $\pm Q$。由于极板间距很小，可视极板为无限大，极板间电场是均匀的，忽略边缘效应，极板间电场大小为 $E = \sigma/\varepsilon_0 = Q/\varepsilon_0 S$，两极板间电势差为

$$U_{AB} = Ed = \frac{Qd}{\varepsilon_0 S}$$

因此平行板电容器的电容为

$$C = \frac{Q}{U_{AB}} = \frac{Q}{Qd/\varepsilon_0 S} = \frac{\varepsilon_0 S}{d} \qquad (4.5.3)$$

此结果表明，平行板电容器的电容与电容器的极板面积成正比，与极板间距离成反比，而与极板带电量无关。

2. 球形电容器

如图 4-27 所示，球形电容器由两个同心的导体球壳组成，设两球壳半径分别为 R_A 和 $R_B (R_A < R_B)$，两导体球壳相对的两个表面分别带电 $\pm Q$。由高斯定理不难求出两导体球间的场强大小为 $E = Q/4\pi \varepsilon_0 r^2$，则两导体球间的电势差为

$$U_{AB} = \int_{r_a}^{r_b} E \cdot dr = \int_{r_a}^{r_b} \frac{Q}{4\pi \varepsilon_0 r^2} dr = \frac{Q}{4\pi \varepsilon_0} \int_{r_a}^{r_b} \frac{1}{r^2} dr$$

$$= \frac{Q}{4\pi \varepsilon_0} \left[-\frac{1}{r} \right]_{R_A}^{R_B} = \frac{Q}{4\pi \varepsilon_0} \left(\frac{1}{R_A} - \frac{1}{R_B} \right) = \frac{Q}{4\pi \varepsilon_0} \frac{R_B - R_A}{R_A R_B}$$

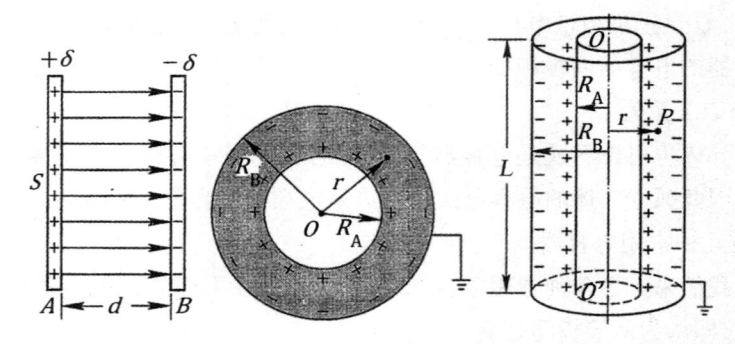

图 4-26 平行板电容器　图 4-27 球形电容器　图 4-28 圆柱形电容器

所以球形电容器的电容为

$$C = \frac{Q}{U_{AB}} = \frac{4\pi\varepsilon_0 R_A R_B}{R_B - R_A} \tag{4.5.4}$$

3. 圆柱形电容器

如图 4-28 所示，圆柱形电容器由两个同轴的导体圆柱形金属薄壁圆筒组成，设其半径分别为 R_A 和 $R_B(R_A < R_B)$，轴线长度为 L，当 $L \gg (R_B - R_A)$ 时，可视为无限长圆柱。设两导体相对的表面分别带电 $\pm Q$，由高斯定理可知，两导体间的场强大小为 $E = \lambda/2\pi\varepsilon_0 r$，其中 λ 是内导体薄壁外表面单位长度上所带的电量，$\lambda = Q/L$，r 是场点到圆柱轴线的距离。则内、外导体之间的电势差为

$$U_{AB} = \int_{r_a}^{r_b} E \cdot dr = \int_{r_a}^{r_b} \frac{\lambda}{2\pi\varepsilon_0 r} dr = \frac{\lambda}{2\pi\varepsilon_0} \int_{r_a}^{r_b} \frac{1}{r} dr$$

$$= \frac{\lambda}{2\pi\varepsilon_0}(\ln R_B - \ln R_A) = \frac{\lambda}{2\pi\varepsilon_0} \ln\frac{R_B}{R_A} = \frac{Q}{2\pi\varepsilon_0 L} \ln\frac{R_B}{R_A}$$

所以圆柱形电容器的电容为

$$C = \frac{Q}{U_{AB}} = \frac{2\pi\varepsilon_0 L}{\ln(R_B/R_A)} \tag{4.5.5}$$

由以上几种常用电容器的电容公式可见，电容器的电容只由组成电容器导体的形状、几何尺寸、相对位置和所填充的介质决定，而与极板上的电量无关。因为对于确定的电容器，极板上电量变化多少倍，两极板之间的电势变化同样的倍数，两者比值永远不变。

在实际应用中，为了增大电容，要在电容器两极板之间填充电介质。关于电介质的知识，我们会在下一节叙述。电容器有两个重要的指标，一个是该电容器的电容，另一个是电容器的耐压能力。当电容器两极板之间电势差超过耐压时，两极板间的电介质将被击穿，使电容器烧毁而失效。

应该指出,除了以上讨论的几种典型电容器的电容外,实际上任何导体间都存在着电容。如导线和导线之间,电子仪器的元件与金属外壳之间都存在着电容。这种电容实际上反映了两个彼此隔离的导体之间通过电场的相互影响。这种电容在电工和电子技术中通常被称为分布电容(或杂散电容),一般情况下,分布电容的值很小,通常可忽略不计,但在高频电路中,需要考虑分布电容的影响。

二、电容器的联接

在实际电路中,当遇到一个电容器的电容或耐压能力不能满足要求时,常常把几个电容器组合起来使用。电容器联接的基本方式有串联和并联两种。

(一) 电容器的串联

如图 4-29 所示,将电容分别为 C_1、C_1、C_3 的 3 个电容器串联在电路中,A、B、C、D 这 4 点的电压分别为 U_A、U_B、U_C、U_D,电容器组的总电压显然等于各电容器的电压之和,即 $U_{AD} = U_{AB} + U_{BC} + U_{CD}$。由于电源只向最外面的两个极板供给电量 $+q$ 和 $-q$,其他各极板所带电量都是静电感应产生的,所以 $q_1 = q_2 = q_3 = q$,式中 q_1、q_2、q_3 分别表示 C_1、C_1、C_3 上的带电量,即电容器在串联时,每个参与串联的电容器的带电量都等于串联电容器组的总带电量。根据电容的定义,可得

$$C_1 = \frac{q_1}{U_{AB}}, C_2 = \frac{q_2}{U_{BC}}, C_3 = \frac{q_3}{U_{CD}}$$

即

$$C_1 = \frac{q}{U_{AB}}, C_2 = \frac{q}{U_{BC}}, C_3 = \frac{q}{U_{CD}}$$

改写成

$$U_{AB} = \frac{q}{C_1}, U_{BC} = \frac{q}{C_2}, U_{CD} = \frac{q}{C_3}$$

$$U_{AD} = U_{AB} + U_{BC} + U_{CD} = \frac{q}{C_1} + \frac{q}{C_2} + \frac{q}{C_3} = q\left(\frac{1}{C_1} + \frac{1}{C_2} + \frac{1}{C_3}\right)$$

总电容

$$C = \frac{q}{U_{AD}} = \frac{1}{1/C_1 + 1/C_2 + 1/C_3}$$

即

$$\frac{1}{C} = \frac{1}{C_1} + \frac{1}{C_2} + \frac{1}{C_3}$$

把这一结果推广到任意多个电容器的串联,就得到

$$\frac{1}{C} = \sum \frac{1}{C_i} \qquad (4.5.6)$$

即电容器串联后,总电容的倒数是各个电容器的倒数之和。

电容器串联的特点是:总电容小于组内任意一个电容器的电容;两端的电压为电容器组内各电容器两端电压之和,即电容的串联以降低总电容为代价从而提高了耐压性。

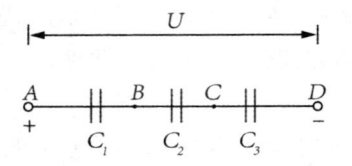

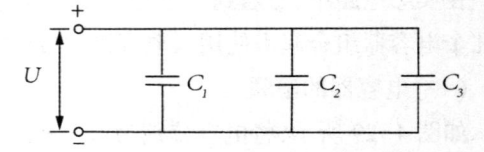

图 4-29 电容器的串联

图 4-30 电容器的并联

(二)电容器的并联

如图 4-30 所示,将电容分别为 C_1、C_1、C_3 的 3 个电容器并联在电路中,显然各电容器两端的电压均为电源电压 U,设 C_1、C_2、C_3 上的带电量分别为 q_1、q_2、q_3,则根据电容的定义,可得

$$q_1 = C_1 U, q_2 = C_2 U, q_3 = C_3 U$$

电容器组的总带电量

$$q = q_1 + q_2 + q_3 = (C_1 + C_2 + C_3) U$$

总电容

$$C = \frac{q}{U} = C_1 + C_2 + C_3$$

把这一结果推广到任意多个电容器的并联,就得到

$$C = \sum C_i \qquad (4.5.7)$$

即电容器并联时,总电容等于各个电容器电容之和。

电容器并联的特点是:增大了总电容,但耐压性降低了,因为只要耐压最低的那个电容器被击穿,就意味着整个电容器组被击穿了。即电容器的并联以降低耐压性为代价从而提高了总电容。

例 4.5.1 三个电容器 $C_1 = 20\mu F, C_2 = 40\mu F, C_3 = 40\mu F$,联接如图 4-31 所示,求这一组合的总电容。如果在 A、B 间加电压 $U = 220V$,则各电容器上的电压和电量各是多少?

解 这三个电容器既不是单纯的串联,也不是单纯的并联,而是混联。它是

C_2 和 C_3 串联后又和 C_1 并联。C_2 和 C_3 串联的总电容用式 (4.5.6)计算为

$$C_{23} = \frac{C_2 C_3}{C_2 + C_3} = \frac{40 \times 40}{40 + 40} = 20(\mu F)$$

C_{23} 再和 C_1 并联,用式(4.5.7)计算为

$$C = C_1 + C_{23} = 20 + 20 = 40(\mu F)$$

这就是电容器混联后的总电容。

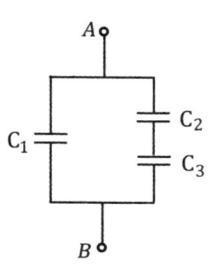

图 4-31 混联电容器组

显然 C_1 和 C_{23} 上的电压都是 A、B 两点间的电压,即 $U_1 = U_{23} = U = 220V$,则 C_1 上的电量为

$$Q_1 = C_1 U_1 = 20 \times 10^{-6} \times 220 = 4.4 \times 10^{-3}(C)$$

因为 C_2 和 C_3 是串联,则 C_2 和 C_3 上的带电量都等于 C_{23} 上的带电量,即

$$Q_2 = Q_3 = Q_{23} = C_{23} U_{23} = 20 \times 10^{-6} \times 220 = 4.4 \times 10^{-3}(C)$$

所以 C_2 和 C_3 上的电压分别为

$$U_2 = \frac{Q_2}{C_2} = \frac{4.4 \times 10^{-3}}{40 \times 10^{-6}} = 110(V)$$

$$U_3 = \frac{Q_3}{C_3} = \frac{4.4 \times 10^{-3}}{40 \times 10^{-6}} = 110(V)$$

三、电容器的能量(电能)

(一)电容器的能量

电容器带电时具有能量的事实可以从下述实验中看出。将一个电容器 C、一个直流电源 E 和一个灯泡 B 连成如图 4-32 的电路,先将开关 K 倒向 a 边,然后将开关倒向 b 边时,灯泡会发出一次强的闪光。一些照相机上附装的闪光灯就是利用了这样的原理。

可以这样来分析这个实验现象,开关倒向 a 边时,电容器两极板和电源相连,使电容器两极板带上电荷,这个过程叫作电容器的充电。当开关倒向 b 边时,电容器两极板上的正负电荷又会通过有灯泡的电路中和,这个过程叫作电容器的放电。灯泡发光是电流通过时的显示,灯泡发光所消耗的能量是从哪里来的呢?是从电容器释放出来的,而电容器的能量是它在充电时由电源供给的。

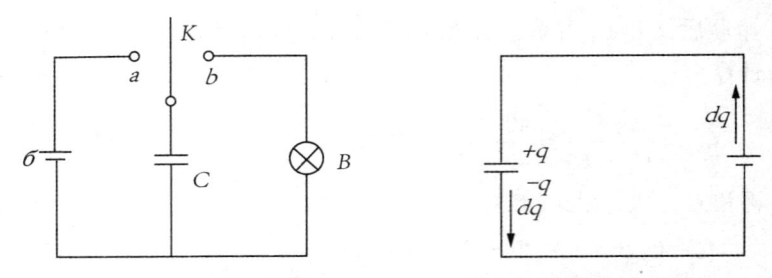

图 4-32　电容器充放电电路图　图 4-33　电容器的充电过程

现在我们来计算当电容器带有电量 Q，两极板间的电压为 U 时所具有的能量，这个能量可以根据电容器在充电过程中，外力克服电场力对电荷所做的功，来计算电容器储存的能量。如图 4-33 所示，设电容器在开始充电时，两极板上所带电量为零，在充电过程中的某一瞬间，两极板上分别带电 $\pm q$，两板间的电压为 u，此时再将 $dq(dq>0)$ 从负极板搬运到正极板，电源克服电场力所做的功为

$$dA = udq$$

继续充电时电源要继续做功，此功不断转化成电容器所储存的电能，所以在整个充电过程中储存于电容器的总电能为

$$A = W = \int_0^Q u dq$$

其中积分下限 0 表示充电开始时电容器上每一极板上电荷量为零，上限 Q 表示充电结束时电容器每一极板上电荷量的绝对值。u 与 q 的关系是 $u = q/C$，代入上式得

$$W = \int_0^Q u dq = \int_0^Q \frac{q}{C} dq = \frac{1}{C}\left[\frac{1}{2}q^2\right]_0^Q = \frac{Q^2}{2C}$$

利用 $Q = CU$，可得电容器储存的电能

$$W = \frac{Q^2}{2C} = \frac{1}{2}CU^2 = \frac{1}{2}QU \qquad (4.5.8)$$

式中 U 是充电完毕电容器两极板间的电压。在实际中通常电容器充电后的电压值是给定的，这时用上式中的第二种表达式，即 $W = \frac{1}{2}CU^2$ 来讨论电容器的储能问题比较方便。

(二) 电场能量和电场能量密度

为了找到电容器能量和场强的关系，我们以空气为中间介质的平行板电容器为例来展开讨论。忽略边缘效应，两极板间的电场是均匀的，因为

$$U = Ed, C = \frac{\varepsilon_0 S}{d}$$

所以

$$W = \frac{1}{2}CU^2 = \frac{1}{2}\frac{\varepsilon_0 S}{d}E^2 d^2 = \frac{1}{2}\varepsilon_0 E^2 Sd = \frac{1}{2}\varepsilon_0 E^2 V \quad (4.5.9)$$

式中 V 为电容器中电场遍及的空间的体积,所以电场的能量密度表示为

$$w = \frac{1}{2}\varepsilon_0 E^2 \quad (4.5.10)$$

虽然式(4.5.9)、(4.5.10)是从平行板电容器的匀强电场这一特例导出的,但是可以证明,此结论在更广泛的情况下也普遍成立。

例 4.5.2 一个空气平行板电容器的电容 $C = 10^{-12}F$,当充电至 $Q = 10^{-4}C$ 时切断电源。求:(1)极板间电压 U 和电容器的能量各是多少？(2)若将极板间距由 d 拉开至 $4d$ 时,电容器的能量改变了多少？

解 (1)极板间电压为

$$U = \frac{Q}{C} = \frac{10^{-4}}{10^{-12}} = 10^8 (\text{V})$$

电容器的能量为

$$W = \frac{Q^2}{2C} = \frac{(10^{-4})^2}{2 \times 10^{-12}} = 5000(\text{J})$$

(2)当极板间距由 d 拉开至 $4d$ 时,其电容可分别表示为

$$C = \frac{\varepsilon_0 S}{d}, C' = \frac{\varepsilon_0 S}{4d} = \frac{C}{4}$$

能量的改变为

$$\Delta W = W' - W = \frac{Q^2}{2C'} - \frac{Q^2}{2C} = \frac{2Q^2}{C} - \frac{Q^2}{2C} = \frac{3Q^2}{2C}$$

$$= \frac{3 \times (10^{-4})^2}{2 \times 10^{-12}} = 1.5 \times 10^4 (\text{J}) > 0$$

可见增大电容器的极板间的间距后电容器的能量增加了,增加的能量是由外力克服两极板间的引力做功而转换来的。

第六节 静电场中的电介质

电介质是指在通常条件下导电性能极差的物质。在以前电介质只是被作为

电气绝缘材料来应用,所以通常人们认为电介质就是绝缘体。其实电介质除了具有电气绝缘性能以外,还具有在电场作用下的一个重要特性。随着科学技术的发展,某些固体电介质具有很多极化相关的特殊性能。如今,在很多高新技术中,电介质的这类特性都有很广泛的应用。

我们在实际生活中接触到的电容器两极板间总是充满着某种电介质(如油、云母、陶瓷等),电介质对电容器内的电场有什么影响呢?这可以通过下面的实验观察出来。图4-34(a)是两个平行放置的金属板构成的电容器,两板分别带有等量异号电荷 $+Q$ 和 $-Q$,板间是空气,可以近似当成真空处理。两板分别连到静电计的直杆和外壳上,这样就可以由直杆上指针偏转的大小测出两带电板之间的电压来。设此时的电压为 U_0,如果保持两板距离和板上的电荷都不变,而在板间充满电介质,如图4-34(b)所示,或把两板插入绝缘液体,如油中,则可由静电计的偏转减小发现两板间的电压变小了。以 U 表示插入电介质后两板间的电压,实验证明,U 与 U_0 的关系可以表示为

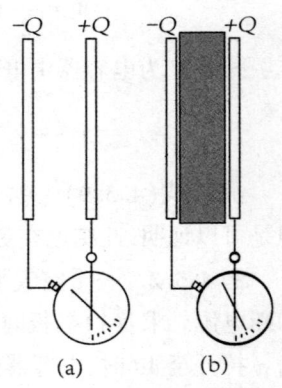

$$U = \frac{U_0}{\varepsilon_r} \qquad (4.6.1)$$

图 4-34 介质对电场的影响

式中 ε_r 是一个大于1的数,它的大小随电介质的种类和状态(如温度)的不同而不同,它是电介质的一种特性常数,叫作电介质的相对介电常量或相对电容率。几种电介质的相对介电常量列在表4-6-1中。

表 4-6-1　几种常见电介质的相对介电常量

电介质	相对介电常数 ε_r	电介质	相对介电常数 ε_r
真空	1	云母	5.4
干燥空气(20℃)	1.00055	陶瓷	6~8
石蜡	2.1	玻璃	5~10
变压器油(20℃)	2.24	水(20℃)	80.2
聚乙烯	2.26	钛酸钡	$10^3 \sim 10^4$
乙醇	26	硬纸	5
蒸馏水	81	蜡纸	5
硬胶	2.7	木材	2.5~7
橡胶	3.3	硫	4

续表

电介质	相对介电常数 ε_r	电介质	相对介电常数 ε_r
聚苯乙烯	2.6	聚四氟乙烯	2.0
瓷	5.5	变压器油	2.4

根据电容的定义式 $C = Q/U$ 和上述实验结果(即 Q 未变而电压从 U_0 减小为 U_0/ε_r)可知,当电容器两极板间充满电介质时,其电容将增大为板间是真空时的 ε_r 倍,即

$$C = \varepsilon_r C_0 \tag{4.6.2}$$

其中 C 表示电容器两板间充满相对介电常量为 ε_r 时的电容,C_0 为两板间为真空时的电容。

在上述实验中,电介质插入后两板间的电压减小,说明由于电介质的插入使板间的电场减弱了。根据 $U = Ed, U_0 = E_0 d$,所以

$$E = \frac{E_0}{\varepsilon_r} \tag{4.6.3}$$

即电场强度减小为板间为真空时的 $1/\varepsilon_r$ 倍。为什么会有这个结果呢?这可以用电介质受电场的影响而发生的变化来说明,这涉及电介质的微观结构和极化。

一、电介质的极化 极化电荷

电介质是由大量电中性的分子组成的绝缘体,分子中正负电荷束缚得较紧密,几乎不存在可自由移动的电荷。在无外电场时,有些电介质(如氢、甲烷等)的分子正负电荷的中心是重合的,这类电介质称为无极分子电介质;有些电介质(如水、有机玻璃等)在无外电场时,分子正负电荷中心不重合,构成等效的电偶极子,这类电介质称为有极分子电介质。

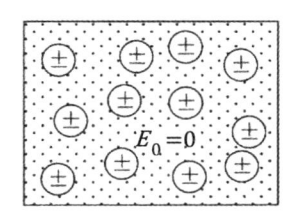

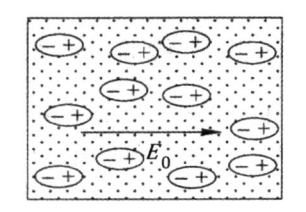

(a)无外电场,无极分子正负电荷中心重合　　(b)外电场作用下,正负电荷中心分离

图 4-35　无极分子电介质的位移极化

无极分子电介质处在外电场中时,由于分子中的正负电荷受到相反方向的电场力,因此正负电荷中心将发生微小的相对位移,从而形成等效电偶极子,这些电偶极子的电偶极矩 p 的方向与外电场 E_0 的方向一致,在垂直 E_0 方向的介质两端表面上分别出现正负极化电荷,如图 4-35 所示。这是一种电介质的极化现象。无极分子电介质的极化常称为位移极化。

将有极分子电介质放在均匀的外电场中,介质中的分子电偶极子将受到外电场的力矩作用,从而使其电偶极矩 p 的取向与外电场 E_0 的方向趋于一致,在垂直 E_0 方向的介质两端表面上也会出现正负极化电荷,如图 4-36 所示。这也是一种电介质的极化现象,有极分子电介质的这种极化机制被称为取向极化。

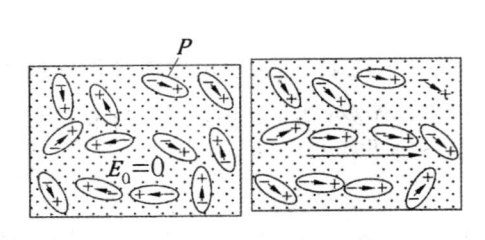

图 4-36 有极分子电介质的取向极化 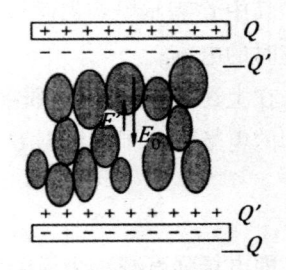　　**图 4-37 极化电荷与极化电场**

如图 4-37 所示,金属板上的电荷 Q 称为自由电荷,因为极化而在电介质表面上显示出来的电荷 Q' 称为极化电荷(或束缚电荷)。极化电荷与相邻极板上的自由电荷符号相反,它在电介质内产生极化电场 E',E' 的方向与 E_0 的方向相反,电介质中的合场强 E 是 E_0 和 E' 的矢量和,即

$$E = E_0 + E' \tag{4.6.4}$$

其大小关系为

$$E = E_0 - E' \tag{4.6.5}$$

此式表明,由于电介质的插入使板间的电场减弱了。

如果外加电场很强,则电介质分子中的正负电荷有可能被拉开而变成可以自由移动的电荷,使电介质的绝缘性被破坏而变成导体,这种现象叫电介质的击穿。一种电介质材料所能承受的不被击穿的最大电场强度,叫作这种电介质的介电强度或击穿场强。表 4-6-2 给出了几种电介质介电强度的数值。

表 4-6-2　几种电介质的介电强度

电介质	介电强度 (kV/mm)	电介质	介电强度 (kV/mm)
空气	3	胶木	20
玻璃	10 ~ 25	石蜡	30
陶瓷	6 ~ 20	聚乙烯	50
矿物油	15	云母	80 ~ 200
纸（浸过油的）	15	钛酸钡	3
二氧化钛	6	纸	14

例 4.6.1　一个平行板电容器极板间充满相对介电常量为 ε_r 的电介质。求当它带电量为 Q 时，电介质两表面上的面束缚电荷是多少。

解　如图 4-38 所示，极板间电介质在自由电荷 $+Q$ 和 $-Q$ 的电场作用下，因电极化产生的面束缚电荷电量分别设为 $+Q'$ 和 $-Q'$。以 σ 和 σ' 分别表示极板上和电介质表面的面电荷密度，则 $\sigma = Q/S, \sigma' = Q'/S$，其中 S 为极板面积。当两极板间为真空时，板间电场强度为 $E_0 = \sigma/\varepsilon_0$，当两极板间有电介质时，板间电场是自由电荷 Q 和束缚电荷 Q' 产生的场强的矢量和，即 $E = E_0 + E'$，而且 $E' = \sigma'/\varepsilon_0$。把 $E = E_0/\varepsilon_r$，代入 $E = E_0 - E'$ 得

$$\frac{E_0}{\varepsilon_r} = E_0 - E', \text{即 } E' = E_0\left(1 - \frac{1}{\varepsilon_r}\right)$$

把 $E_0 = \sigma/\varepsilon_0$ 和 $E' = \sigma'/\varepsilon_0$ 代入上式得

$$\frac{\sigma'}{\varepsilon_0} = \frac{\sigma}{\varepsilon_0}\left(1 - \frac{1}{\varepsilon_r}\right), \text{即 } \sigma' = \sigma\left(1 - \frac{1}{\varepsilon_r}\right)$$

所以

$$Q' = Q\left(1 - \frac{1}{\varepsilon_r}\right)$$

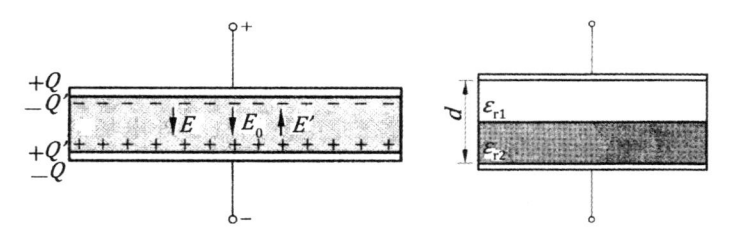

图 4-38　有电介质的电容器电荷分布　图 4-39　例 5.5.2 用图

例 4.6.2　如图 4-39 所示，一平行板电容器的极板面积为 S，板间由两层相

对介电常量分别为 ε_{r1} 和 ε_{r2} 的电介质充满,二者厚度都是板间距离 d 的一半。求此电容器的电容。

解 由于两电介质的分界面与板间电场强度垂直,所以该面上电势相等。因此可以设想两电介质在此面上以一薄金属板隔开,这样,图示电容器就可以看作是两个电容器串联组成的。由式 $C_0 = (\varepsilon_0 S)/d$ 和式(4.6.2) $C = \varepsilon_r C_0$ 知,两个电容器的电容分别是

$$C_1 = \varepsilon_{r1} \frac{\varepsilon_0 S}{d/2} = \frac{2\varepsilon_0 \varepsilon_{r1} S}{d}, C_2 = \varepsilon_{r2} \frac{\varepsilon_0 S}{d/2} = \frac{2\varepsilon_0 \varepsilon_{r2} S}{d}$$

由电容器串联公式(4.5.6) $\frac{1}{C} = \sum \frac{1}{C_i}$ 可得此电容器的电容为

$$C = \frac{C_1 C_2}{C_1 + C_2} = \frac{(2\varepsilon_0 \varepsilon_{r1} S/d) \times (2\varepsilon_0 \varepsilon_{r2} S/d)}{2\varepsilon_0 \varepsilon_{r1} S/d + 2\varepsilon_0 \varepsilon_{r2} S/d}$$

$$= \frac{(2\varepsilon_0 \varepsilon_{r1} S/d) \times (\varepsilon_{r2}/d)}{\varepsilon_{r1}/d + \varepsilon_{r2}/d} = \frac{2\varepsilon_0 \varepsilon_{r1} \varepsilon_{r2} S}{d(\varepsilon_{r1} + \varepsilon_{r2})}$$

二、电介质中的高斯定理 电位移矢量 D

电介质放在电场中,受电场的作用而极化,产生极化电荷,极化电荷又会反过来影响电场的分布,有电介质存在时的电场应该由电介质上的极化电荷和自由电荷共同产生。

我们在之前的内容中讨论过真空中的高斯定理,现在将它推广到有电介质存在的静电场中去,从而得到电介质中的高斯定理。在有电介质存在的情况下,静电场高斯定理也适用,只不过计算总电场的电通量时,应计及高斯面内所包含的自由电荷 q_0 和极化电荷 q',即

$$\oint_S E \cdot dS = \frac{1}{\varepsilon_0} \sum (q_0 + q') \tag{4.6.6}$$

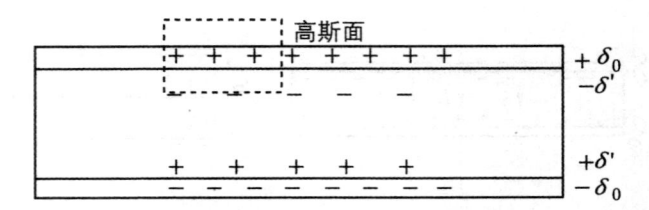

图 4-40 电介质中的高斯定理

下面以充满各向同性均匀电介质的平行板电容器为例来讨论。如图 4-40 所

示,取一闭合的圆柱面作为高斯面,高斯面的两底面与极板平行,其中下底面在电介质内,底面的面积为 S,q_0 和 q' 分别为高斯面内所包含的自由电荷和极化电荷,σ_0 和 σ' 分别为自由电荷面密度和极化电荷面密度,自由电荷在两平板间激发的场强为 $E_0 = \sigma_0/\varepsilon_0$,极化电荷在两平板间激发的场强为 $E' = \sigma'/\varepsilon_0$。根据式(4.6.5) $E = E_0 - E'$ 得

$$\frac{E_0}{\varepsilon_r} = E_0 - E', \text{即} E' = E_0\left(1 - \frac{1}{\varepsilon_r}\right)$$

把 $E_0 = \sigma_0/\varepsilon_0$ 和 $E' = \sigma'/\varepsilon_0$ 代入上式得

$$\frac{\sigma'}{\varepsilon_0} = \frac{\sigma_0}{\varepsilon_0}\left(1 - \frac{1}{\varepsilon_r}\right), \text{即} \sigma' = \sigma_0\left(1 - \frac{1}{\varepsilon_r}\right)$$

所以

$$q' = q_0\left(1 - \frac{1}{\varepsilon_r}\right)$$

因为到 q' 和 q_0 是异号电荷电量,所以

$$q_0 + q' = q_0 - q_0\left(1 - \frac{1}{\varepsilon_r}\right) = \frac{q_0}{\varepsilon_r}$$

代入(4.6.6)得

$$\oint_S E \cdot dS = \frac{1}{\varepsilon_0}\sum\frac{q_0}{\varepsilon_r} = \frac{1}{\varepsilon_0 \varepsilon_r}\sum q_0$$

写作

$$\oint_S \varepsilon_0 \varepsilon_r E \cdot dS = \sum q_0 \qquad (4.6.7)$$

令

$$D = \varepsilon_0 \varepsilon_r E = \varepsilon E$$

D 叫作电位移矢量,单位为 C/m^2(库仑/米^2)。$\varepsilon = \varepsilon_0 \varepsilon_r$,其中 ε 称为电介质的电容率或介电常量,它是一个与 ε_0 有相同量纲的量;相对电容率(相对介电常量) ε_r 是一个无量纲的量。在真空中 $\varepsilon_r = 1$,$\varepsilon = \varepsilon_0$,所以 ε_0 称为真空电容率或真空介电常量。利用这些常量,式(4.6.7)可写为

$$\oint_S D \cdot dS = \sum q_0 \qquad (4.6.8)$$

式中,$\oint_S D \cdot dS$ 是通过闭合曲面 S 的电位移矢量通量。上式虽然是从平行板电容器特例中得出的,但可以证明在一般情况下也是正确的。

有电介质存在时的高斯定理表述如下:通过在电介质中所作高斯面的电通量

等于该高斯面所包围的自由电荷的代数和,与极化电荷及高斯面外的电荷无关。其数学表达式为

$$\oint_S D \cdot dS = \sum q_{0,in} \quad (4.6.9)$$

式中,$\sum q_{0,in}$ 为高斯面内包围的自由电荷的代数和,电位移矢量通量只和自由电荷有关。

已知自由电荷分布,求电介质中电场强度分布的方法和步骤是:

(一)当自由电荷分布具有对称性时,首先根据电介质中的高斯定理求出电位移矢量 D 的分布;

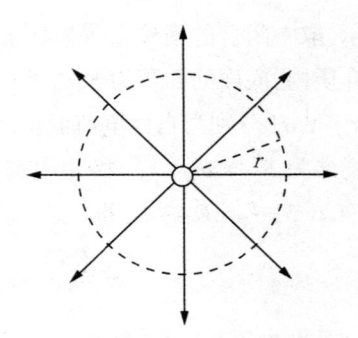

图 4-41 均匀电介质中点电荷的场强

(二)对各向同性均匀电介质,由 $D = \varepsilon E$ 的关系进一步求出电场强度 E 的分布。

例 4.6.3 设一个带电量为 Q 的点电荷周围充满电容率为 ε 的均匀电介质,求空间场强分布。

解 如图 4-41 所示,以点电荷为中心做半径为 r 的高斯面 S,根据介质中的高斯定理

$$\oint_S D \cdot dS = \sum q_{0,in}$$

可得

$$\oint_S D \cdot dS = D \cdot 4\pi r^2 = Q$$

所以

$$D = \frac{Q}{4\pi r^2}$$

$$E = \frac{D}{\varepsilon} = \frac{Q}{4\pi\varepsilon r^2}。$$

三、电介质中电场的能量 能量密度

前面我们讨论了电容器的储能问题,当电容器充电后,电容器中便储存了电能。现在提出一个问题,这部分能量存在于何处?人们容易给出两种答案:一是存在于电荷中;二是存在于电场中。在静电场的情况下,因为电荷和电场总是同时存在的,所以无法分辨究竟是电荷携带了能量还是电场储存了能量。在以后的学习中我们将会看到,随时间迅速变化的电场和磁场可以脱离电荷而传播到很远

的地方,电磁波携带能量已经是近代无线电技术中人所共知的事实,因此电容器中储存的能量是储存于电场中的,或者说电能是定域于电场之中的。既然电能分布在电场中,就有必要将电能的公式用描述电场的物理量——电场强度 E 表示出来,下面以平行板电容器为例来讨论这一问题。

电容器的储能公式为 $W_e = \frac{1}{2}CU^2$,平行板电容器的电容为 $C = \varepsilon S/d$,两极板间电势差 $U = Ed$,代入电容器储能公式

$$W_e = \frac{1}{2}CU^2 = \frac{1}{2}\frac{\varepsilon S}{d}(Ed)^2 = \frac{1}{2}\varepsilon E^2 Sd = \frac{1}{2}DEV$$

其中 $V = Sd$ 是两极板间电场所占空间的体积。由上式可见,平行板电容器所储存的电能 W_e 正比于两极板间电场所占空间的体积,即电能分布于电场中。在电场中单位体积内的电能称为电场能量密度,简称电能密度,即

$$w_e = \frac{W_e}{V} = \frac{1}{2}DE \qquad (4.6.10)$$

对于任意电介质的普遍情况,电场中的电能密度为

$$w_e = \frac{1}{2}D \cdot E \qquad (4.6.11)$$

虽然上式是由平行板电容器中均匀电场的特例推导出来的,但是可以证明,它对于任何电介质内的电场都是成立的。在真空中,由于 $\varepsilon_r = 1$,$D = \varepsilon_0 \varepsilon_r E$,所以在电场强度相同的情况下,电介质中的电场能量密度将增大到真空中的 ε_r 倍。这是因为在电介质中,不但电场 E 本身储有能量,而且电介质的极化过程也吸收并储存了能量。

当电场不均匀时,总电能 W_e 应等于电能密度的体积分

$$W_e = \int_V w_e dV = \int_V \frac{1}{2}DEdV = \int_V \frac{1}{2}\varepsilon E^2 dV \qquad (4.6.12)$$

式中的积分遍及电场分布的空间。

例 4.6.4 如图 4-42 所示,球形电容器的导体球壳内、外半径分别为 r_1 和 r_2,球壳间充满了相对电容率为 ε_r 的电介质。求当电容器内外两极板上分别带有电量为 $+Q$ 和 $-Q$ 时,电容器所储存的电场能量。

解 根据高斯定律易求出内球内部和外球外部的电场强度大小为零,两个球壳之间的场强大小为

$$E = \frac{Q}{4\pi \varepsilon_0 \varepsilon_r r^2}, R_1 < R < R_2$$

取半径为 r，厚度为 dr 的球壳为体积微元，其体积为 $dV = 4\pi r^2 dr$，由式 (4.6.12)，电场总能量为

$$W_e = \int_V w_e dV = \int_V \frac{1}{2}\varepsilon E^2 dV = \int_{r_1}^{r_2} \frac{1}{2}\varepsilon_0 \varepsilon_r \left(\frac{Q}{4\pi \varepsilon_0 \varepsilon_r r^2}\right)^2 4\pi r^2 dr = \int_{r_1}^{r_2} \frac{Q^2}{8\pi \varepsilon_0 \varepsilon_r r^2} dr$$

$$= \frac{Q^2}{8\pi \varepsilon_0 \varepsilon_r} \int_{r_1}^{r_2} \frac{1}{r^2} dr = \frac{Q^2}{8\pi \varepsilon_0 \varepsilon_r} \left[-\frac{1}{r}\right]_{r_1}^{r_2} = \frac{Q^2}{8\pi \varepsilon_0 \varepsilon_r} \left(\frac{1}{R_1} - \frac{1}{R_2}\right)$$

此外，利用电容器储存电能公式 (4.5.8) $W = \dfrac{Q^2}{2C}$ 和球形电容器电容公式 (4.5.4) $C = \dfrac{4\pi \varepsilon_0 R_1 R_2}{R_2 - R_1}$（乘以 ε_r），同样可得上述结论，即

$$W = \frac{Q^2}{2C} = \frac{Q^2}{2[4\pi \varepsilon_0 \varepsilon_R R_1 R_2/(R_2 - R_1)]} = \frac{Q^2(R_2 - R_1)}{8\pi \varepsilon_0 \varepsilon_R R_1 R_2} = \frac{Q^2}{8\pi \varepsilon_0 \varepsilon_r}\left(\frac{1}{R_1} - \frac{1}{R_2}\right)$$

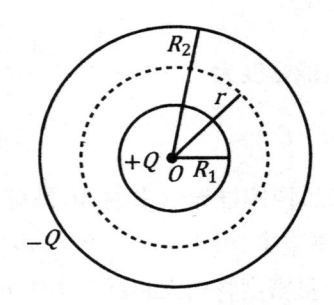

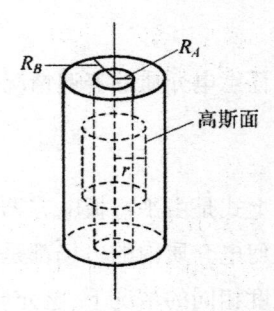

图 4-42 球形电容器　　　图 4-43 圆柱形电容器的截面

例 4.6.5 如图 4-43 所示，内外半径分别为 R_A 和 R_B 的圆柱形电容器，圆柱面长度为 L，且 $L \gg R_B$，两个圆柱面之间充满了相对电容率为 ε_r 的电介质。(1) 求当这两个圆柱面上带电量分别为 $\pm Q$ 时，两圆柱面间的电场能量；(2) 由能量关系推算此圆柱形电容器的电容。

解 (1) 两个圆柱面单位长度的带电量为 $\pm \lambda = \pm Q/L$，根据高斯定理可得两个圆柱面之间的场强大小

$$E = \frac{\lambda}{2\pi \varepsilon_0 \varepsilon_r r} = \frac{Q}{2\pi \varepsilon_0 \varepsilon_r r L}, R_A < r < R_B$$

取半径为 r，厚度为 dr，长度为 L 的圆柱薄层为体积微元，其体积为 $dV = 2\pi r L dr$，由式 (4.6.12)，电场总能量为

$$W_e = \int_V w_e dV = \int_V \frac{1}{2}\varepsilon E^2 dV = \int_{r_a}^{r_b} \frac{1}{2}\varepsilon_0 \varepsilon_r \left(\frac{Q}{2\pi \varepsilon_0 \varepsilon_r r L}\right)^2 2\pi r L dr$$

$$= \int_{r_a}^{r_b} \frac{Q^2}{4\pi\varepsilon_0\varepsilon_r rL} dr = \frac{Q^2}{4\pi\varepsilon_0\varepsilon_r L} [\ln r]_{R_A}^{R_B} = \frac{Q^2}{4\pi\varepsilon_0\varepsilon_r L} \ln \frac{R_B}{R_A}$$

(2)由电容器储存电能的公式(4.5.8) $W_e = Q^2/2C$ 得

$$C = \frac{Q^2}{2W_e} = \frac{Q^2}{[2Q^2\ln(R_B/R_A)]/4\pi\varepsilon_0\varepsilon_r L} = \frac{2\pi\varepsilon_0\varepsilon_r L}{\ln(R_B/R_A)}$$

这一结果与式(4.5.5)一致。

思考题

1. 判断下列说法是否正确,并说明理由。
(1)电场中某点场强的方向是将点电荷放在该点处所受到的电场力的方向;
(2)电荷在电场中某点受到的电场力很大,该点的场强一定很大;
(3)在以点电荷为中心,r 为半径的球面上,场强处处相等。

2. 如果在高斯面上的 E 处处为零,面内是否一定没有净电荷? 反过来,如果高斯面内没有净电荷,能否肯定面上所有各点的 E 都等于零?

3. 电势为零的空间场强一定为零吗?

4. 电场强度为零的空间电势一定为零吗?

5. 静电场场强沿一闭合回路的积分 $\oint_L E \cdot dl = 0$,表明了电场线的什么性质?

6. 将一电中性的导体放在静电场中,(1)在导体上感应出来的正负电荷电量是否一定相等? 这时导体是否是等势体? (2)如果在电场中把导体分开成为两部分,则一部分导体上带正电,另一部分上带负电,这时两部分导体的电势是否相等?

7. 一带电导体放在封闭的金属壳内部。
(1)若将另一带电导体从外面移近金属壳,壳内的电场是否会改变? 金属壳及壳内带电体的电势是否会改变? 金属壳和壳内带电体之间的电势差是否会改变?
(2)若将金属壳内部的带电体在壳内移动或与壳接触时,壳外部的电场是否改变?
(3)如果壳内有两个带异号等值电荷的带电体,则壳外的电场如何?

8. (1)一导体球上不带电,其电容是否为零?
(2)当平行板电容器的两极板上分别带上等值同号的电荷时,其电容值是否改变？

（3）当平行板电容器的两极板上分别带上同号不等值的电荷时，其电容值是否改变？

9. 在电容器中充入电介质后电容为什么会增大？

10. 如题 10 图所示三根电场线。

（1）正的检验电荷被放置在 A 点及 B 点，在检验电荷上的电场力沿什么方向？

（2）如果检验电荷被释放，则在 A 点还是 B 点，电荷的加速度会较大？

11. 如题 11 图所示，点电荷 q_1 固定不动，q_2 从 A 点移动到 B 点前后，P 点的场强 E 是否变化？穿过高斯面 S 的电通量 Φ_e 是否变化？

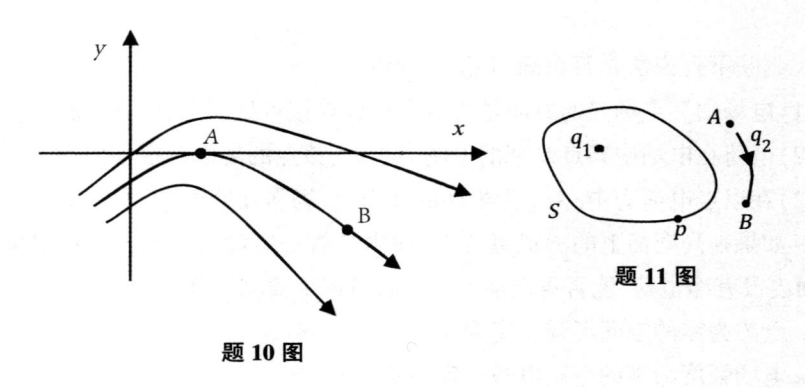

题 10 图

题 11 图

第五章

稳恒磁场

本章将讨论运动电荷之间的相互作用。一切电磁现象都起因于电荷及其运动。在运动电荷的周围空间除了存在电场,还存在磁场。运动电荷之间的相互作用是通过电场和磁场来传递的。稳恒电流所产生的不随时间变化的磁场,称为稳恒磁场,稳恒磁场在空间的分布是不随时间变化的,所以也称为静磁场。虽然静磁场与静电场的性质、规律不同,但在研究方法上却有很多类似之处。稳恒磁场的内容可以归纳为如下两类问题,第一类问题是源与场的关系,内容包括稳恒电流激发磁场的基本规律——毕奥-萨伐尔定律及稳恒磁场的性质等;第二类问题是场对运动电荷和载流导线的作用。本章主要讨论真空中的稳恒磁场,最后简要介绍磁介质及其磁介质中的磁场。

第一节 磁场 磁感应强度

在历史上,磁现象的发现比电要早得多,我国是最早发现和应用磁现象的国家,在战国时期(公元前 300 年)就已经发现了磁铁矿石 (Fe_3O_4) 吸铁的现象。东汉时期的王充(27 年—约 97 年)指出古代的"司南勺"是个指南器。11 世纪初,我国已将指南针用于航海。11 世纪末,指南针传入欧洲,指南针是我国古代四大发明之一,对世界文明的发展有重大的影响。

人们把磁铁矿石能够吸引铁、钴、镍等物质的性质称为磁性,把磁体上磁性特别强的区域称为磁极。目前我们检测 DNA 的常用方法之一——磁珠法就是应用了这种特性。如果在远离其他磁性物质的地方将磁铁悬挂起来,使它能在水平面内自由转动,则静止时磁极的两端总是分别指向南北方向,指北的一端称为北极(N 极),指南的一端称为南极(S 极)。磁铁的磁极总是成对出现的,且同名磁极相互排斥,异名磁极相互吸引。一般情况下,磁铁的指向与严格的南北方向有偏离,所偏离的角度称为地磁偏角。北宋科学家沈括(公元 1031—1095 年)发现了地磁偏角,西方直到公元1492年哥伦布第一次航行美洲时才发现地磁偏角,比沈括的发现晚了约400年。在地球上不同的地方,地磁偏角一般也不相同。在同一个地方,地磁偏角随着时间的推移也在不断变化。发生磁暴时和在磁力异常地区,如磁铁矿和高压线附近,地磁偏角将会产生急剧变化。在中国的大部分地区,地磁偏角在 $-10°\sim+2°$ 之间。

一、磁场 磁感应强度 B

既然磁性在自然界中是普遍存在的,那么磁的本质是什么?在历史上很长一段时间里,磁学和电学的研究一直彼此独立地发展着,人们曾认为磁和电是两类截然不同的现象,直到1820年丹麦科学家奥斯特(Hans Christian rsted)发现电流对小磁针的作用。奥斯特的实验,如图5-1所示,导线 AB 沿南北方向放置,下面有一个可在水平面内自由转动的磁针,当导线中没有电流通过时,磁针在地球磁场的作用下沿南北取向,但当导体中通过电流时,磁针就会发生偏转。当电流的方向是从 A 到 B 时,则从上向下看去,磁针沿顺时针方向偏转;当电流反向时,磁针的偏转方向也反过来。

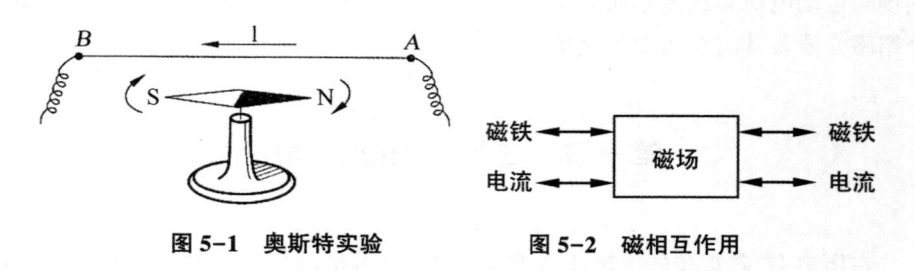

图 5-1 奥斯特实验　　图 5-2 磁相互作用

奥斯特实验表明,电流可以对磁铁施加作用力;反过来,人们还发现磁铁可以对载流导线施加作用力。此外电流和电流之间也有相互作用力。那么磁铁和磁铁、磁铁和电流、电流与电流之间的相互作用是以什么方式进行的呢?

我们已经知道静止电荷之间的作用力是通过电场来传递的,电荷在其周围空间产生电场,电场的基本属性是对处在其中的任何其他电荷都有作用力。类似于静电场,磁铁或电流之间的相互作用力也是通过场来传递的,这种场称为磁场。磁铁或电流在自己周围的空间里产生磁场,而磁场的基本性质之一是对置于其中的任何其他磁铁或电流有作用力。用磁场的观点可以把关于磁铁与磁铁,磁铁与电流,以及电流与电流之间的相互作用统一起来,所有这些相互作用都是通过磁场来传递的,这可以形象地用图5-2表示。

磁铁和电流都可以激发磁场,这就启发我们提出这样的问题,磁铁和电流的本源是否一致呢？1822 年，安培（Ampère）提出了有关物质磁性本质的假说——分子环流假说，他认为一切磁现象的根源是电流的存在，组成磁铁的最小单元（磁分子）就是分子环流，若这样一些分子环流定向地排列起来，在宏观上就会显示出 N、S 极来，如图 5-3 所示。我们知道原子是由带正电的原子核和绕核旋转的负电子组成的，电子不仅旋转，而且还有自旋。原子、分子等微观粒子内电子的这些运动形成"分子环流"，这便是物质磁性的基本来源。由此可知，一切磁现象起源于电荷的运动，或者说磁力都是运动电荷之间的相互作用。

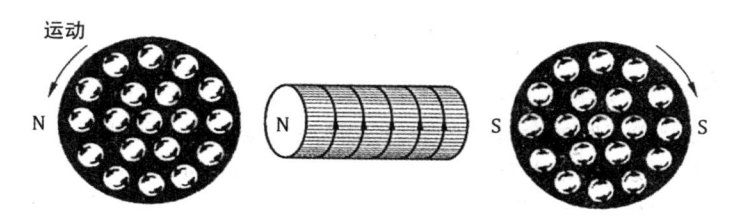

图 5-3 安培分子环流假说

二、磁感应强度 B

为了定量地描述电场的分布，我们引入了电场强度矢量 E，同样为了定量地描述磁场的分布也需要引入一个与电场中电场强度矢量 E 地位相当的物理量，这个物理量称为磁感应强度，用 B 表示，它的大小反映该点磁场的强弱，它的方向为该点磁场的方向。

磁感应强度 B 是一个矢量，它用下述方法定义。如图 5-4 所示，一正电荷 q 以速度 v 通过电流周围某场点 P。把这一运动电荷当作检验（磁场的）电荷。实验指出，q 沿不同方向通过 P 点时，它受磁力的大小不同，但当 q 沿某一特定方向（或其相反方向）通过 P 点时，它受的磁力为零而与 q 无关。磁场中各点都有各自的特定方向。这说明磁场本身具有"方向性"。可以用这个特定方向（或其相反方向）来规定磁场的方向。当 q 沿其他方向运动时，实验发现 q 受到的磁力 F 的方向总与此"不受力方向"以及 q 本身的速度 v 的方向垂直。这样可以进一步具体规定 B 的方向，使 $v \times B$ 的方向正是 F 的方向。

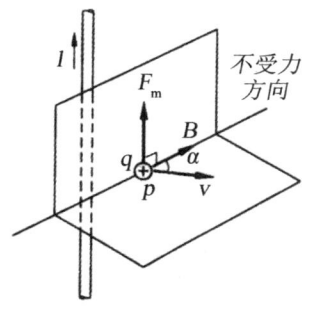

图 5-4 的定义

以 α 表示 q 的速度 v 与 B 的方向之间的夹角。实验给出，在不同的场点，当不同的 q 以不同的速度大小 v 和方向 α 越过时，它受的磁力 F 一般不同；但在同一场点,实验给出比值 $F/qv\sin\alpha$ 却是一个恒量,与 q,v,α 无关,只决定于场点的位置。根据这一结果,可以用 $F/qv\sin\alpha$ 表示磁场本身的性质而把 B 的大小规定为

$$B = \frac{F}{qv\sin\alpha} \tag{5.1.1}$$

这样,就有磁力大小的定义

$$F = qvB\sin\alpha \tag{5.1.2}$$

将式(5.1.2)关于 B 的大小的规定和上面关于 B 的方向的规定结合到一起,可得到磁感应强度(矢量) B 的定义为

$$F = qv \times B \tag{5.1.3}$$

这一公式被称为洛伦兹力公式,现在用它根据运动电荷所受磁力来定义磁感应强度。在已经测知或理论求出磁感应强度分布的情况下,也可以用式(5.1.3)求任意运动电荷在磁场中受的磁力。

磁感应强度的国际单位是特(斯拉),符号为 T。另一种常见的单位是高斯,符号为 G,它和 T 的数值关系是

$$1T = 10^4 G$$

由于洛伦兹力的方向总是与运动电荷速度的方向垂直,所以洛伦兹力永远不对电荷做功。它只改变电荷运动的方向,而不改变它的速率和动能。

产生磁场的运动电荷或电流可称为磁场源。实验指出,在有若干个磁场源的情况下,它们产生的磁场服从叠加原理。以 B_i 表示第 i 个磁场源在某处产生的磁场,则在该处的总磁场 B 为

$$B = \sum B_i$$

第二节 毕奥-萨伐尔定律

在图 5-1 所示的奥斯特实验中,表明了载流直导线附近存在磁场,该磁场中任一点处磁感应强度的大小和方向除了可以用实验测量的方法得到之外,是否可以利用理论计算的方法得到呢? 是否有这样的理论呢? 答案是肯定的,毕奥-萨伐尔定律就是在已知电流的条件下计算磁感应强度的定律。

一、毕奥-萨伐尔定律

我们已经知道,运动电荷在其周围产生磁场,而电流是电荷的定向运动形成的,所以在载流导线周围,一定有相应的磁场存在,那么怎么才能确定空间中的磁场呢？实验表明磁场和电场一样遵循叠加原理。因此我们在计算载流导线产生的磁场时,可以把载流导线分割成无限多个小微元 dl ,把 Idl 称为电流元,其中矢量 dl 的方向与导线中电流的方向一致。而整个载流导线所产生的磁场,就是这些电流元所产生的磁场 dB 的叠加。

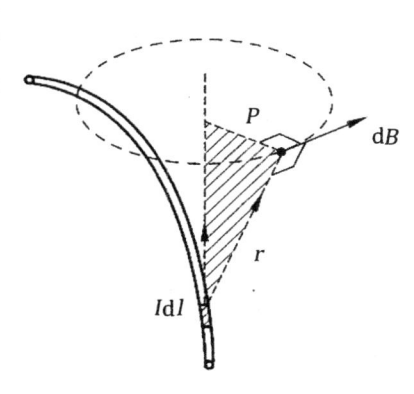

图 5-5 毕奥-萨伐尔定律

19 世纪 20 年代,法国物理学家毕奥-萨伐尔(Biot-Savart law)等人对载流导体产生的磁场做了大量的实验研究,总结出描述载流导线中任一电流元 Idl 在真空中任一点产生的磁感应强度 dB 所遵循的规律,此规律被称为毕奥-萨伐尔定律。

如图 5-5 所示,任一电流元 Idl 在真空中任一点 P 处产生的磁感应强度 dB 的大小与电流元 Idl 成正比,与电流元 Idl 和由电流元到 P 点的矢径 r 之间的夹角 θ 的正弦成正比,与 r^2 成反比, dB 的方向为 $dl \times r$ 所决定的方向,即

$$dB = \frac{\mu_0}{4\pi} \frac{Idl \times r}{r^3} \tag{5.2.1}$$

式中, μ_0 为真空磁导率,其值为 $\mu_0 = 4\pi \times 10^{-7} N/A^2$ 。 dB 的大小为

$$dB = \frac{\mu_0}{4\pi} \frac{Idl\sin\theta}{r^2} \tag{5.2.2}$$

这个载流导线在真空中 P 点处的总磁感应强度 B 等于

$$B = \int dB = \int \frac{\mu_0}{4\pi} \frac{Idl \times r}{r^3} \tag{5.2.3}$$

二、毕奥-萨伐尔定律的应用举例

例 5.2.1 圆弧电流圆心处的磁场。有一半径为 R 的圆弧形导线,它具有圆心角 φ ,载有电流 I ,求圆心 O 点处的磁感应强度 B 。

解 如图 5-6 所示,在圆弧电流上任取一电流元 Idl,无论电流元位于导线上何处,Idl 与从电流元所在位置到场点 O 的矢量 r 的夹角 θ 都是 $90°$,且 $r = R$。根据毕奥-萨伐尔定律,Idl 在圆心 O 点处的 dB 的大小为

$$dB = \frac{\mu_0}{4\pi} \frac{Idl\sin\theta}{r^2} = \frac{\mu_0}{4\pi} \frac{Idl}{R^2}$$

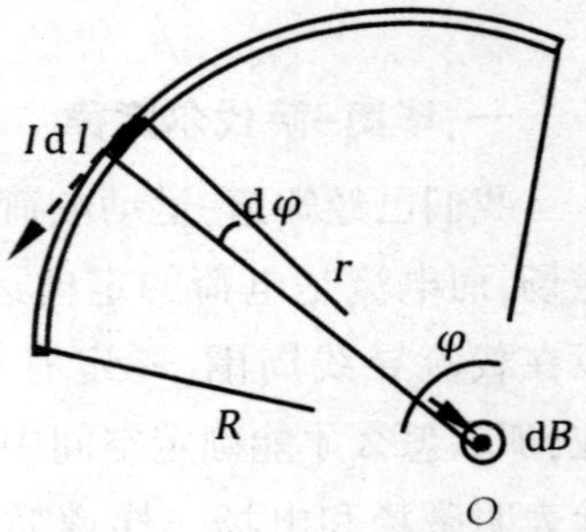

该 dB 的方向垂直纸面向外,图中用 ⊙ 表示,并且圆弧上所有电流元产生的 dB 的方向都如此,所以圆心 O 点处的磁感应强度 B 的方向垂直纸面向外。由上式和关系式 $dl = Rd\varphi$ 可得

图 5-6 圆弧电流圆心处的磁场

$$B = \int dB = \int \frac{\mu_0}{4\pi} \frac{Idl}{R^2} = \int_0^\varphi \frac{\mu_0}{4\pi} \frac{IR}{R^2} d\varphi = \frac{\mu_0 I \varphi}{4\pi R}$$

如果要求载流的整个圆形导线在圆心处的磁场,即 $\varphi = 2\pi$,则

$$B = \frac{\mu_0 I}{2R} \qquad (5.2.4)$$

例 5.2.2 圆形电流轴线上的磁场。有一半径为 R 的载流圆环,电流强度为 I,求它轴线上任一点 P 处的磁感应强度 B。

解 如图 5-7 所示,在圆形电流上任取一电流元 Idl,根据毕奥-萨伐尔定律,Idl 在 P 点处产生的 dB 的大小为

$$dB = \frac{\mu_0}{4\pi} \frac{Idl\sin\theta}{r^2}$$

上式中,Idl 与 r 的夹角 θ 是 $90°$,所以

$$dB = \frac{\mu_0}{4\pi} \frac{Idl}{r^2}$$

由于不同的电流元 Idl 在 P 点处产生的 dB 的方向不相同,因此为了计算总磁感应强度,将 dB 分解成平行于轴线的分量 $dB_\parallel$ 和垂直于轴线的分量 $dB_\perp$,由于圆形电流具有对称性,各垂直分量相互抵消,所以总磁感应强度 B 的大小为各个平行分量 $dB_\parallel$ 的代数和,即

$$B = \int dB_\parallel = \int dB\cos\alpha = \int \frac{\mu_0}{4\pi} \frac{Idl}{r^2} \cos\alpha$$

由于 $\cos\alpha = R/r$,且对给定点 P 来说,α、R、r 和 I 都是常数,所以

$$B = \int \frac{\mu_0}{4\pi} \frac{IRdl}{r^3} = \frac{\mu_0 IR}{4\pi r^3} \int_0^{2\pi R} dl = \frac{\mu_0 I R^2}{2 r^3} = \frac{\mu_0 I R^2}{2 (R^2 + x^2)^{3/2}}$$

B 的方向沿 x 轴方向。

特例:如果 $x = 0$,则圆形电流在圆心 O 处的磁感应强度 B 的大小为

$$B = \frac{\mu_0 I}{2R} \tag{5.2.5}$$

上式与例 5.2.1 的结果式 (5.2.4) 完全相同。

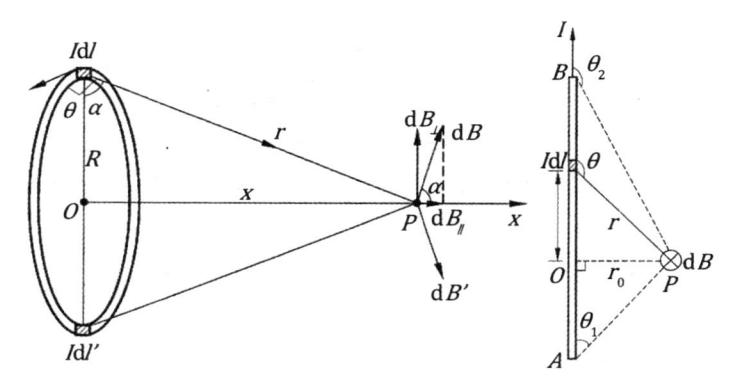

图 5-7 圆形电流轴线上的磁场　图 5-8 直线电流的磁场

例 5.2.3 直线电流的磁场。在真空中有一长为 L 的载流直导线,导线中电流强度为 I,求导线附近一点 P 处的磁感应强度 B。

解 如图 5-8 所示,在导线上任取一电流元 Idl,根据毕奥-萨伐尔定律,Idl 在 P 点处产生的 dB 的大小为

$$dB = \frac{\mu_0}{4\pi} \frac{Idl\sin\theta}{r^2}$$

dB 的方向垂直于电流元 Idl 与矢径 r 所决定的平面,垂直于纸面向里,图中用 $\otimes$ 表示。由于该直线上的每一个电流元 Idl 在 P 点处产生的 dB 的方向都相同,因此总磁感应强度 B 的方向也垂直纸面向里,且总磁感应强度 B 的大小为

$$B = \int_A^B dB = \frac{\mu_0}{4\pi} \int_A^B \frac{Idl\sin\theta}{r^2}$$

积分中有 3 个变量,分别是 l、r、θ,需要统一积分变量。由图可知

$$\frac{l}{r_0} = \cot(\pi - \theta) = -\cot\theta, \text{所以 } l = -r_0\cot\theta, dl = \frac{r_0}{\sin^2\theta}d\theta$$

$$\frac{r_0}{r} = \sin(\pi - \theta) = \sin\theta, \text{所以 } r = \frac{r_0}{\sin\theta}$$

153

统一积分变量到 θ，积分下限和上限分别为 θ_1 和 θ_2，将这些关系式代入积分式，可得

$$B = \frac{\mu_0}{4\pi}\int_A^B \frac{Idl\sin\theta}{r^2} = \frac{\mu_0}{4\pi}\int_{\theta_1}^{\theta_2} I\sin\theta \frac{\sin^2\theta}{r_0^2} \frac{r_0}{\sin^2\theta}d\theta = \frac{\mu_0 I}{4\pi r_0}\int_{\theta_1}^{\theta_2}\sin\theta d\theta$$

$$B = \frac{\mu_0 I}{4\pi r_0}(\cos\theta_1 - \cos\theta_2) \tag{5.2.6}$$

上式中 θ_1 和 θ_2 分别是导线两端的电流元与它们到 P 点的矢径的夹角。

讨论：（一）当导线为无限长时，$\theta_1 = 0, \theta_2 = \pi$，代入式（5.2.6）并用符号 r 代替 r_0，得

$$B = \frac{\mu_0 I}{2\pi r} \tag{5.2.7}$$

（二）当导线为半无限长时，$\theta_1 = \pi/2, \theta_2 = \pi$，代入式（5.2.6）并用符号 r 代替 r_0，可得

$$B = \frac{\mu_0 I}{4\pi r} \tag{5.2.8}$$

（三）当 P 点在载流直导线的轴线（或其延长线）上时，由于 Idl 与 r 的方向平行，所以 $Idl \times r = 0$，由毕奥-萨伐尔定律得 $dB = 0$，故

$$B = 0 \tag{5.2.9}$$

例 5.2.4 求载流均匀密绕长直螺线管轴线上的磁场（总长度 L，界面半径 R，单位长度上匝数为 n，通过电流为 I）。

解 对于均匀密绕长直螺线管，可以看成是由一系列紧密并排的圆线圈构成的，在轴线上某点 P 处的磁场为各匝圆电流在该点产生的磁场的叠加。

如图 5-9 所示，取 P 点为坐标原点，x 轴沿螺线管轴向向右为正方向。在导线上任意位置 x 处选取长为 dx 的微元，将它看成圆电流，其电流为

$$dI = nIdx$$

根据毕奥-萨伐尔定律，它在 P 点处产生的 dB 的大小为

$$dB = \frac{\mu_0}{2}\frac{R^2 nIdx}{(R^2 + x^2)^{\frac{3}{2}}}$$

方向沿轴线向右，因为各个微元在 P 点产生的磁场方向都相同，根据叠加原理整个螺线管在 P 点产生的磁场为

$$B = \int_L dB = \int \frac{\mu_0}{2}\frac{R^2 nIdx}{(R^2 + x^2)^{\frac{3}{2}}}$$

由图 5-9 可知 $x = R\cot\beta$

$$dx = -R\csc^2\beta d\beta, R^2 + x^2 = R^2\csc^2\beta$$

$$B = \int_{\beta_1}^{\beta_2}(-\frac{\mu_0}{2}nI\sin\beta)d\beta = \frac{\mu_0}{2}nI(\cos\beta_2 - \cos\beta_1) \quad (5.2.10)$$

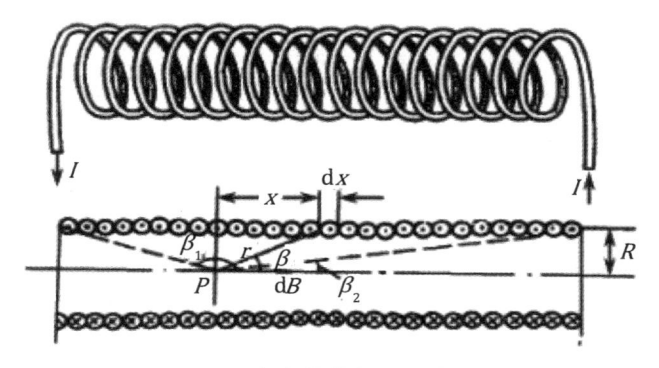

图 5-9 长螺线管轴线上的磁场

由上式表示的磁场分布如图 5-10 所示（$L = 10R$）。显然，在螺线管中部较大范围内磁场都可以近似视为是匀强的，只是在端面附近才显著下降。

由式(5.2.10)，我们可以分析两种特殊情况下的磁感应强度：

(1) 对无限长直螺线管，内部轴线上任一点 $\beta_2 \to 0, \beta_1 \to \pi$

$$B = \mu_0 nI \quad (5.2.11)$$

(2) 在螺线管的任意端口的中心处，$\beta_2 \to \pi/2, \beta_1 \to \pi$

$$B = \frac{1}{2}\mu_0 nI \quad (5.2.12)$$

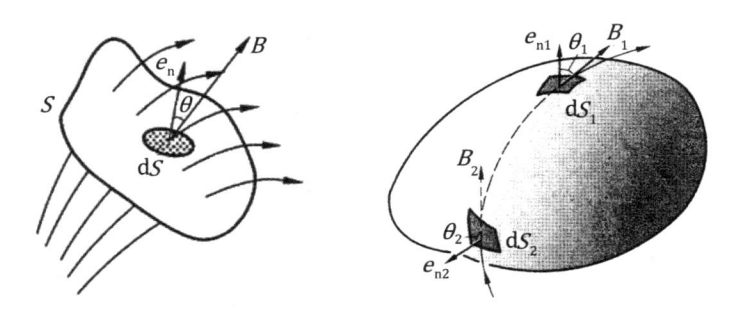

图 5-10 长螺线管轴线上的磁场分布

第三节　磁场中的高斯定理

与静电场中为了形象描绘电场的分布而引入电场线类似,在磁场中引入磁感线来形象地描绘磁场的分布。磁感线的画法与电场线的画法一样,并规定:(一)磁感线上每一点的切线方向与该点的磁感应强度 B 的方向平行;(二)磁感线的疏密程度表示磁感应强度的大小,即穿过与 B 垂直的单位面积的磁感线条数与磁感应强度的大小有关。图 5-11 为三种典型电流所产生的磁场的磁感线分布。

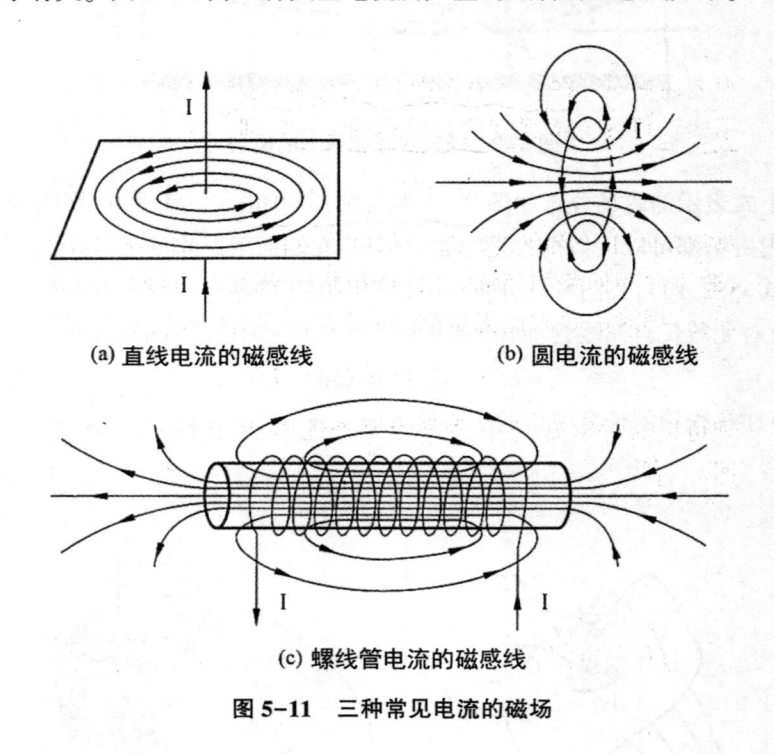

(a) 直线电流的磁感线　　(b) 圆电流的磁感线

(c) 螺线管电流的磁感线

图 5-11　三种常见电流的磁场

一、磁感线

磁感线具有以下一些性质:

(一)由于磁场中任一点的磁场方向是唯一的,所以磁场中任意两条磁感线不会相交。磁感线的这一性质和电场线相同。

(二)磁感线是闭合曲线,没有起点和终点。这和静电场的电场线不同,静电场的电场线起始于正电荷(或来自无穷远处),止于负电荷(或伸向无穷远处)。

闭合的磁感线与闭合的电流回路总是互相套合的,它们之间的方向关系符合右手定则:若以右手伸直的拇指代表电流方向,则弯曲的四指沿磁感线方向;若弯曲的四指沿电流方向,则拇指指向磁感线方向。

二、磁通量　磁场的高斯定理

任何矢量场,都可以引入通量的概念。磁场是矢量场,可以引入相应的磁通量。在磁场中穿过任意曲面 S 的磁感线的条数称为穿过该面的磁通量,用 Φ_m 表示。

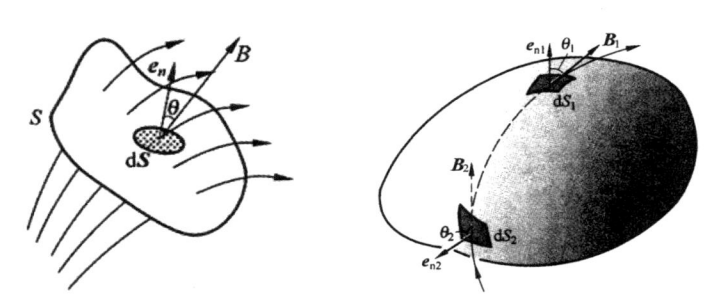

图 5-12　通过任一曲面的磁通量　图 5-13　对磁场高斯定理的说明

如图 5-12 所示,通过磁场中任一面元 dS 的磁通量 $d\Phi_m$ 定义为

$$d\Phi_m = B \cdot dS = BdS\cos\theta$$

式中 B 为面元 dS 处的磁感应强度,θ 为面元的法线方向 e_n 与该点的 B 矢量之间的夹角。由上式可知,通过某一给定曲面 S 的磁通量 Φ_m 的计算公式为

$$\Phi_m = \int_S B \cdot dS \qquad (5.3.1)$$

磁通量的 SI 单位是韦(伯),符号 Wb,$1Wb = 1\text{T} \cdot \text{m}^2$。

对于闭合曲面,同样规定由内向外为法线的正方向。按此规定,磁感线从闭合曲面穿出处的磁通量为正,穿入处的磁通量为负。如图 5-13 所示,因为磁感线是闭合的,所以从闭合曲面某处穿入的磁感线必定要从闭合曲面的另一处穿出。因此通过任一闭合曲面的总磁通量必为零,即

$$\Phi_m = \oint_S B \cdot dS = 0 \qquad (5.3.2)$$

这就是磁场的高斯定理,它是电磁场的一条基本规律。大量实验证明,对于变化的磁场此定理仍然成立。

把磁场的高斯定理 $\Phi_m = \oint_S B \cdot dS = 0$ 与静电场的高斯定理 $\Phi_e = \oint_S E \cdot dS = \dfrac{1}{\varepsilon_0}\sum$

q_{in}比较,可以看出静电场与磁场本质上的区别:静电场是有源场,其场源是自然界可以单独存在的正、负电荷;而磁场是无源场,即自然界中迄今为止还未发现单独存在的磁极。所以静电场中闭合曲面的电通量可以不为零,说明电场线起始于正电荷,终止于负电荷,无电荷处不中断。磁场中任何闭合曲面的磁通量一定等于零,说明磁感线是无始无终的闭合曲线,或者来自无穷远处,终止于无穷远处。

这里要说明一点,早在1931年狄拉克从量子理论预言了磁单极子的存在。现在,关于弱相互作用、电磁相互作用和强相互作用的"大统一理论"也认为磁单极子存在。磁单极子在宇宙学中占有重要地位,它有利于大爆炸宇宙论的印证。显然,如果在实验中找到了磁单极子,磁场的高斯定理以致整个电磁理论就要做重大的修改,因此寻找磁单极子的实验研究有着重要的理论意义。虽然1975年和1982年分别有实验室宣称他们探测到了磁单极子,但都没有得到科学界的公认。寻找磁单极子仍是当代物理学上十分引人注目的重要课题之一。

第四节 安培环路定理

一、安培环路定理

在静电场中,场强沿任意闭合路径的线积分(称为场强的环流)都等于零,即$\oint_L E \cdot dl = 0$,它说明静电场是保守场。但是在稳恒磁场中,磁感应线都是一系列环绕电流的闭合曲线,所以磁感应强度B沿任意闭合回路的线积分不恒等于零,稳恒磁场也不是保守场。由毕奥-萨伐尔定律可以导出

$$\oint_L B \cdot dl = \mu_0 \sum I_{in} \qquad (5.4.1)$$

这是稳恒磁场的基本规律之一,称为安培环路定理。其表述如下:在真空中的稳恒磁场内,磁感应强度B沿任意闭合回路的线积分(称为磁感应强度B的环流),等于穿过以该回路为边界的任意曲面的传导电流代数和的μ_0倍。即在真空中的稳恒磁场内,磁感应强度B沿任意闭合回路的线积分(称为磁感应强度B的环流),等于穿过以该回路为边界的任意曲面的传导电流代数和的μ_0倍。即当I的方向与回路L的绕向服从右手螺旋定则时,I取正号;反之,I取负号。如图5-14所示,根据上面的规定,这时

$$\oint_L B \cdot dl = \mu_0(I_1 - I_2)$$

应该指出上述安培环路定理仅适用于稳恒磁场。安培环路定理表明磁场是非保守场,不能引入磁势的概念来描述磁场。

下面通过载流长直导线的磁场来对安培环路定理加以说明。

如图 5-15 所示,长直导线内电流强度为 I,取一平面与长直导线垂直,以平面与导线的交点 O 为圆心,在平面上作一半径为 r 的圆,则该圆周上各点的磁感应强度 B 的大小为

$$B = \frac{\mu_0 I}{2\pi r}$$

图 5-14 安培环路定理应用

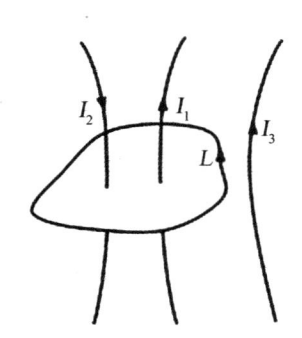

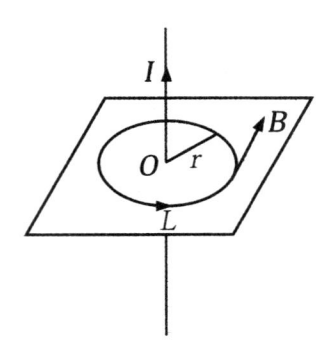

图 5-15 安培环路定理说明

选定积分路径是俯视时沿该圆周的逆时针方向,则闭合回路绕向和电流方向遵循右手螺旋定则,所以 I 取正号,而且圆周上每一线元 dl 上 B 的方向与 dl 的方向都相同,即 B 与 dl 的夹角 $\theta = 0$,所以

$$\oint_L B \cdot dl = \oint_L B\cos\theta dl = \oint_L B\cos0 dl = \oint_L \frac{\mu_0 I}{2\pi r}dl = \frac{\mu_0 I}{2\pi r}\oint_L dl = \mu_0 I$$

结果符合安培环路定理。如果选定积分路径是俯视时沿该圆周的顺时针方向,则闭合回路绕向和电流方向不遵循右手螺旋定则,所以 I 取负号,且圆周上每一线元 dl 上 B 的方向与 dl 的方向都相反,B 与 dl 的夹角 $\theta = \pi$,所以

$$\oint_L B \cdot dl = \oint_L B\cos\theta dl = \oint_L B\cos\pi dl = -\oint_L \frac{\mu_0 I}{2\pi r}dl = -\frac{\mu_0 I}{2\pi r}\oint_L dl = -\mu_0 I$$

结果同样符合安培环路定理。对安培环路定理的理解应注意以下几点:

(一) 式(5.4.1)中 $\oint_L B \cdot dl = \mu_0 \sum I_{in}$ 右端的 $\sum I_{in}$ 只包括穿过闭合回路 L 的传导电流;

(二) 回路的绕向与传导电流方向满足右手螺旋定则关系时,传导电流取正,否则取负;

（三）式(5.4.1)中 $\oint_L B \cdot dl = \mu_0 \sum I_{in}$ 左端的 B 是空间内所有传导电流产生的磁感应强度的矢量和，也包括不穿过回路 L 的传导电流产生的磁场，只是不穿过回路 L 的传导电流产生的磁场沿回路 L 积分后的总效果等于零。

至此，得到真空中稳恒磁场所满足的两个基本方程：

$$\Phi_m = \oint_S B \cdot dS = 0 \text{（高斯定理）}$$

$$\oint_L B \cdot dl = \mu_0 \sum I_{in} \text{（安培环路定理）}$$

表明磁场无源、有旋场，磁感线闭合。

例 5.4.1 如图 5-16 所示，当只有电流 I_1 时，计算 B 沿回路 L 的环流。然后依次加入电流 I_2、I_3、I_4，再分别计算 B 沿回路 L 的环流。

解 （1）只有电流 I_1 穿过回路时，由右手螺旋定则知 I_1 取正号，所以环流 $\oint_L B \cdot dl = \mu_0 I_1$；

（2）电流 I_2 穿过回路两次，但符号相反，对环流没有贡献，$\oint_L B \cdot dl = \mu_0 I_1$；

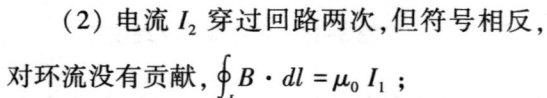

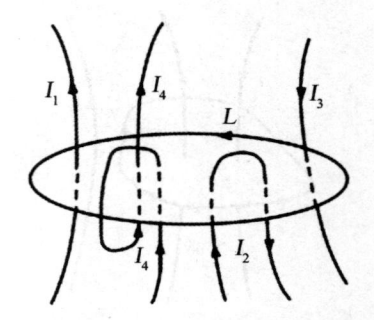

图 5-16 例 5.4.1 用图

（3）电流 I_3 的符号为负，$\oint_L B \cdot dl = \mu_0(I_1 - I_3)$；

（4）电流 I_4 穿过回路两次，符号都为正，$\oint_L B \cdot dl = \mu_0(I_1 - I_3 + 2I_4)$。

二、安培环路定理的应用举例

在静电学中利用高斯定理可以方便地计算出某些具有对称性的带电体的电场分布，同样利用安培环路定理也可以方便地计算出某些具有一定对称性的电流的磁场分布。求解的方法一般包含两步：首先根据电流的对称性分析磁场分布的对称性；然后再应用安培环路定理计算磁感应强度的大小。此方法的关键是选取合适的闭合回路 L 以便积分 $\oint_L B \cdot dl$ 中的 B 能以标量形式从积分号内提出来，下面举几个例子来说明利用安培环路定理计算磁场分布。

例 5.4.2 无限长圆柱直导线的横截面半径为 R，总电流 I 沿轴线方向流动，均匀通过圆柱导体的截面，试计算该均匀载流无限长圆柱导体内外的磁感应强度 B。

解 如图 5-16(a)所示,根据电流分布的对称性,可以确定磁感应强度 B 的大小只与场点 P 到轴线的垂直距离 r 有关,即在以轴线为圆心, $r > R$ 为半径的圆周上各点 B 的大小都相等, B 的方向与电流 I 服从右手螺旋定则。以该圆周且与电流满足右手螺旋定则的方向作为积分回路,根据安培环路定理有

$$\oint_L B \cdot dl = \mu_0 I$$

还可以计算 B 的环流如下

$$\oint_L B \cdot dl = \oint_L B\cos\theta dl = \oint_L B\cos0 dl = \oint_L B dl = B\oint_L dl = B \cdot 2\pi r$$

综合上面两种计算方法,可得 $\mu_0 I = B \cdot 2\pi r$,所以

$$B = \frac{\mu_0 I}{2\pi r}(r > R)$$

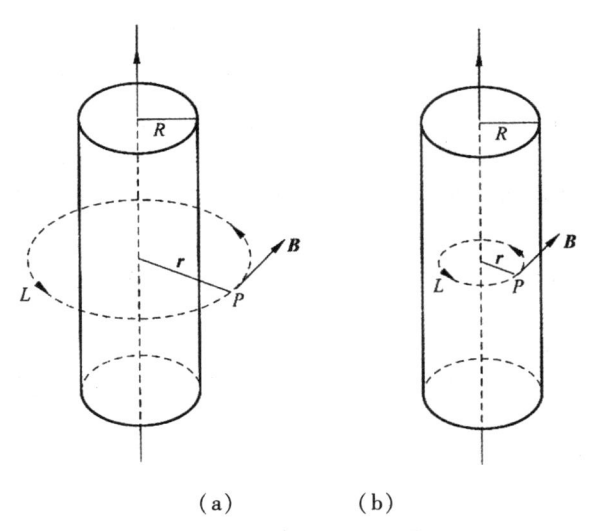

(a)　　(b)

图 5-16 例 5.4.2 用图

如图 5-16(b)所示,当 $r < R$ 时,即在圆柱导体内部,同理可得

$$\oint_L B \cdot dl = \mu_0 i$$

其中 i 是穿过闭合回路 L 的电流,显然

$$i = \frac{I}{\pi R^2}\pi r^2 = \frac{I r^2}{R^2}$$

而且仍然有

$$\oint_L B \cdot dl = B \cdot 2\pi r$$

161

即
$$\mu_0 i = B \cdot 2\pi r$$
所以
$$B = \frac{\mu_0 i}{2\pi r} = \frac{\mu_0 I r}{2\pi R^2} (r < R)$$

例 5.4.3 计算载流长直密绕螺线管内的磁场分布,已知其单位长度的匝数为 n,通过每匝线圈的电流都为 I。

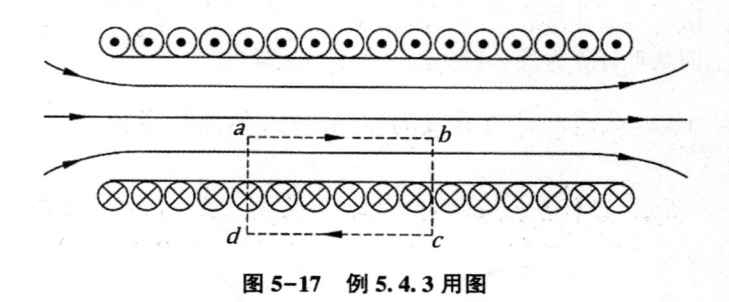

图 5-17 例 5.4.3 用图

解 如图 5-17 所示,对于密绕螺线管,可以认为管外没有磁场,管内可看作磁感应线平行于轴线的匀强磁场。做一个闭合回路 abcda,管内 ab 段上各点 B 的大小和方向都相同。管外 cd 段没有磁场,而 bc 段和 da 段的 dl 与 B 垂直。根据安培环路定理 $\oint_L B \cdot dl = \mu_0 \sum I_{in}$,有

$$\oint_L B \cdot dl = \int_A^B B \cdot dl + \int_b^c B \cdot dl + \int_c^d B \cdot dl + \int_d^a B \cdot dl$$
$$= \int_A^B B \cdot dl = \int_A^B B dl = B \overline{ab}$$

闭合回路 abcda 所包围的总电流强度为 $n\overline{ab}I$,且积分回路与电流方向符合右手螺旋定则,因此有

$$B\overline{ab} = \mu_0 n \overline{ab} I$$

所以

$$B = \mu_0 n I \qquad (5.4.2)$$

载流螺线管内是匀强磁场,此结果与我们之前得到的结论是一致的。

例 5.4.4 计算如图 5-18 所示载流螺绕环内的磁场分布,已知其内外半径分别为 r_1 和 r_2,总匝数为 N,通过每匝线圈的电流都为 I。

解 根据电流分布的对称性可知,在螺绕环内部,磁感线形成同心圆。取以 O 点为圆心,$r(r_1 < r < r_2)$ 为半径的圆周作为闭合回路,方向沿逆时针方向。由安培环路定理 $\oint_L \boldsymbol{B} \cdot d\boldsymbol{l} = \mu_0 \sum I_{in}$,有

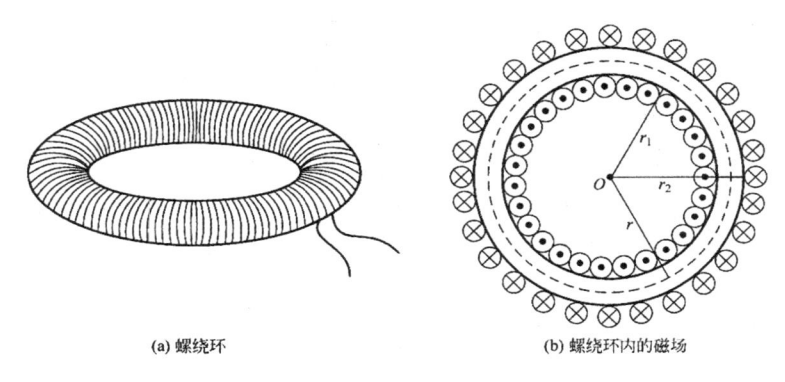

(a) 螺绕环

(b) 螺绕环内的磁场

图 5-18 例 5.4.4 用图

$$\oint_L \boldsymbol{B} \cdot d\boldsymbol{l} = \oint_L B\cos\theta dl = \oint_L B\cos 0 dl = \oint_L B dl = B\oint_L dl = B \cdot 2\pi r$$

$$\mu_0 \sum I_{in} = \mu_0 NI$$

所以

$$B = \frac{\mu_0 NI}{2\pi r} \tag{5.4.3}$$

与载流螺线管内的匀强磁场不同,在螺绕环的横截面上,磁感应强度 B 的大小不是常数。

在环管横截面半径比螺绕环中心半径 R 小得多的情况下,可忽略从圆心 O 点到管内各点的 r 的区别而取 $r = R$,这样就有

$$B = \frac{\mu_0 NI}{2\pi r} = \frac{\mu_0 NI}{2\pi R} = \mu_0 nI$$

其中 $n = N/2\pi R$ 为螺绕环单位长度上的匝数。

用安培环路定理可以非常简便地求出某些电流产生的稳恒磁场的磁感应强度 B,在具体求解问题时一般分为以下几个步骤:(1) 先分析磁场的分布是否具有空间对称性;(2) 根据磁场在空间的对称性分布特点,选取恰当的闭合路径作为积分路径,选取的积分路径必须通过所要求的场点;(3) 由安培环路定理分别计算 B 的环流 $\oint_L \boldsymbol{B} \cdot d\boldsymbol{l}$ 和积分路径所包围电流的代数和 $\sum I_{in}$,并通过右手螺旋法则判

断穿过路径 L 的各电流的正负值,再按照安培环路定理求出给定场点的磁感应强度。

第五节 带电粒子在磁场中的运动

火箭是一种利用燃料燃烧后形成的喷出气体产生反冲推力的发动机。它自带燃料与助燃剂,因而可以在空间任何地方发动。空间技术的发展离不开火箭,各式各样的人造卫星、飞船和空间探测器都是靠火箭发射并控制航向的。当进行太空探索时,如果没有常规火箭的燃料,如何将物体发射呢?电磁轨道炮可以有效地解决这一问题,轨道炮是一个在短时间内利用磁场力把抛射物加速到高速的装置,它可以使物体在 1 ms 内由静止加速到 10 km/s。

一、带电粒子在磁场中的运动

我们已经知道,运动电荷在磁场中会受到力的作用,该力可以用磁感应强度 B、运动电荷的电荷量 q 和速度 v 表示出来

$$F = qv \times B \tag{5.5.1}$$

称为洛伦兹力。若运动电荷所在空间既有磁场又有电场,则作用在该电荷上的力是电场力与磁场力的矢量和,表示为

$$F = q(E + v \times B) \tag{5.5.2}$$

(5.5.2)式称为普遍情况下的洛伦兹力公式,这已经被实验所验证。

对于带电粒子在匀强磁场中运动,一般可以分为以下情况讨论。

(一)带电粒子的初速度 v 平行于 B

当 v ∥ B 时,带电粒子所受洛伦兹力 $F = 0$,仍以原来的速度 v 做匀速直线运动。

(二)带电粒子的初速度 v 垂直于 B

当 v ⊥ B 时,带电粒子所受洛伦兹力的大小 $F = qvB =$ 恒量,方向与运动方向垂直,洛伦兹力起着向心力的作用,带电粒子在垂直于 B 的平面内做匀速圆周运动。如图 5-19 所示,利用圆周运动的向心力公式 $qvB = mv^2/r$,可得带电粒子做圆周运动的回旋半径为

$$R = \frac{mv}{qB} \tag{5.5.3}$$

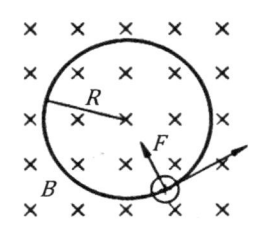

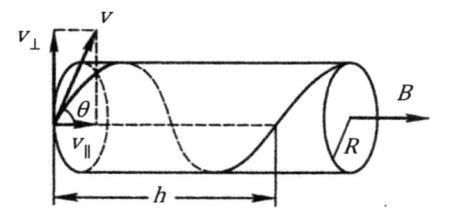

图 5-19 带电粒子的圆周运动　　图 5-20 螺旋运动

粒子运动一周所需要的时间,即回旋周期为

$$T = \frac{2\pi R}{v} = \frac{2\pi m}{qB} \tag{5.5.4}$$

单位时间内粒子所转动的圈数,即回旋频率为

$$f = \frac{1}{T} = \frac{qB}{2\pi m} \tag{5.5.5}$$

由式(5.5.4)和式(5.5.5)可以看出回旋周期和回旋频率与带电粒子的速率及回旋半径无关。

(三)带电粒子的初速度 v 与 B 成任意夹角 θ 的普遍情形

在普遍情形下,如图 5-20 所示,v 与 B 成任意夹角 θ,这时将 v 分解为平行于 B 的分量 $v_\parallel = v\cos\theta$ 和垂直于 B 的分量 $v_\perp = v\sin\theta$。速度的垂直分量 $v_\perp$ 使带电粒子在垂直于 B 的平面内做匀速圆周运动,速度的平行分量 $v_\parallel$ 使带电粒子沿 B 的方向(或其反方向)做匀速直线运动。这就是说带电粒子同时参与了这两种运动,其合成运动轨迹是一条螺旋线,其螺距为

$$h = v_\parallel T = v\cos\theta \cdot \frac{2\pi m}{qB} = \frac{2\pi m v\cos\theta}{qB} \tag{5.5.6}$$

由此可见,带电粒子每回旋一周所前进的距离 h 仅与 $v_\parallel$ 成正比,与 $v_\perp$ 无关。

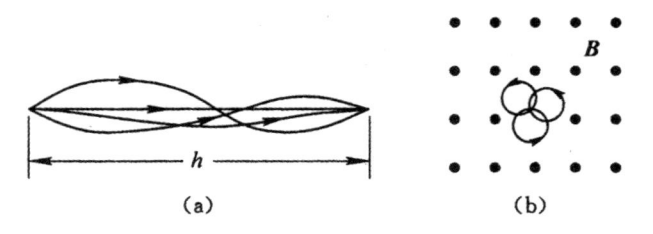

图 5-21 均匀磁场的磁聚焦

上述结果阐明了一种简单的磁聚焦原理。我们知道,一束发散的光线,通过透镜后可以汇聚在一点,这是光聚焦。一束发散的带电粒子,通过磁场后可以汇聚在一起,我们称之为磁聚焦。为什么磁场可以使带电粒子聚焦呢?设想从磁场

165

中某点发射出一束很窄的带电粒子流,若它们的速率 v 彼此相近,且与 B 的夹角 θ 都很小,则虽然 $v_\perp = v\sin\theta \approx v\theta$ 会使各个粒子沿不同半径做螺旋线运动,但是 $v_\parallel = v\cos\theta \approx v$ 都近似相等,由式(5.5.6)所决定的螺距 h 也近似相等,所以各个粒子经过距离 h 后又重新汇聚在一起,如图 5-21 所示。

在非均匀强磁场中,速度 v 的方向与磁场 B 的方向不同的带电粒子也要做螺旋运动,但半径和螺距都将不断变化。特别是当粒子向磁场较强处螺旋前进时,它受到的磁场力,根据 $F = qv \times B$,有一个和螺旋前进方向相反的分量,如图 5-22 所示,这一分量有可能最终使粒子的前进速度减小到零,并继而沿反方向前进。强度逐渐增加的磁场能使粒子发生"反射",因而把这种磁场分布叫作磁镜。

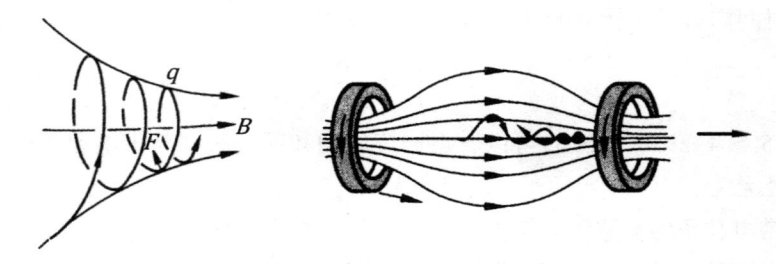

图 5-22 非均匀磁场对运动的带电粒子的力　图 5-23 磁瓶

如果在一长直圆柱形真空室中形成一个两端很强、中间较弱的磁场,如图 5-23 所示,这一磁场区域的两端就形成两个磁镜,当带电粒子平行于磁场方向的速度分量不太大时,它将被约束在两个磁镜间的磁场内来回运动而不能逃脱。这种约束带电粒子的磁场分布叫作磁瓶。在现代研究受控热核反应的实验中,需要把很高温度的等离子体限制在一定空间区域内。在这样的高温下,所有固体材料都将气化而不能作为容器。上述磁约束就成了达到这种目的的常用方法之一。

二、霍尔效应

如图 5-24 所示,将一个导电板放在垂直于它的磁场中,当有电流通过它时,在导电板的 A 和 A' 两侧会产生一个电势差 $U_{AA'}$,这种现象是美国物理学家霍尔(Hall James)于 1879 年发现的,故称之为霍尔效应。实验表明,在磁场不太强时,电势差 $U_{AA'}$ 与电流 I 和磁感应强度 B 成正比,而与导电板的厚度 d 成反比,即

图 5-24 霍尔效应

$$U_{AA'} = K\frac{IB}{d} \qquad (5.5.7)$$

式(5.5.7)中的比例系数 K 称为霍尔系数。

霍尔效应可以用洛伦兹力来解释。设导电板内载流子的平均定向速率为 u,它们在磁场中受到的洛伦兹力为 quB,该力使导体内移动的电荷(载流子)发生偏转,结果在 A 和 A' 两侧分别聚集了正负电荷,从而形成了电势差。当 A 和 A' 之间形成电势差后,载流子又受到了一个与洛伦兹力方向相反的电场力 $qE = qU_{AA'}/b$,其中 E 为电场强度大小,b 为导电板的高度。当电场力与洛伦兹力达到平衡时,载流子不再做横向运动,最终在 A 和 A' 之间形成一个稳定的霍尔电压 $U_{AA'}$。根据力的平衡条件则有

$$quB = \frac{qU_{AA'}}{b} \tag{5.5.8}$$

此外,设载流子的浓度为 n,则电流强度 I 与 u 的关系为 $I = qnubd$,整理可得

$$u = \frac{I}{qnbd}$$

代入式(5.5.8),得

$$\frac{qIB}{qnbd} = \frac{qU_{AA'}}{b}$$

即

$$U_{AA'} = \frac{1}{nq}\frac{IB}{d} \tag{5.5.9}$$

比较式(5.5.9)与式(5.5.7)可得霍尔系数为

$$K = \frac{1}{nq} \tag{5.5.10}$$

上式表明,霍尔电压 $U_{AA'}$ 和霍尔系数 K 与载流子浓度 n 成反比,因此,我们可以通过霍尔系数的测量来确定导电板内的载流子浓度。在金属导体中,由于自由电子数密度 n 很大,因而其霍尔系数很小,相应的霍尔电压也很弱;在半导体中,载流子密度很小,因而其霍尔系数比金属导体中大得多。并且,半导体的载流子浓度受杂质、温度及其他的因素影响很大,霍尔效应为半导体载流子浓度变化的研究提供了重要的方法。上式还表明,霍尔系数的正、负取决于载流子电荷 q 的正、负。同时霍尔电势差的正、负也取决于电荷 q 的正、负。因此霍尔系数的正、负还可以判断半导体的类型。

半导体有电子型(N型)和空穴型(P型)两种,N型半导体的载流子为电子,带负电,P型半导体的载流子为空穴,相当于带正电的粒子。如图5-25(a)所示,若载流子 $q > 0$,载流子定向速度 u 的方向与电流方向一致,洛伦兹力使它向上偏

转,从而 $U_{AA'} > 0$;反之,如图 5-25(b)所示,若载流子 $q < 0$,载流子定向速度 u 的方向与电流方向相反,洛伦兹力也使它向上偏转,从而 $U_{AA'} < 0$。因此根据霍尔电压 $U_{AA'}$ 的正负号可以判断半导体的导电类型。

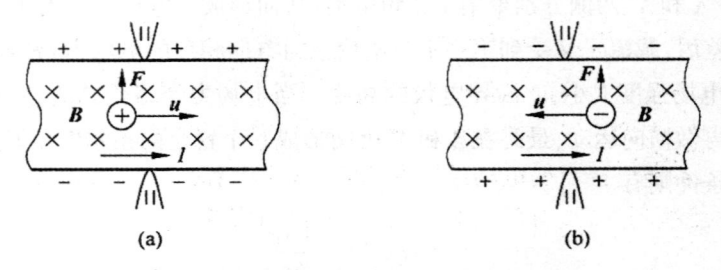

图 5-25 霍尔效应与载流子电荷正负的关系

三、回旋加速器

回旋加速器是获得高能粒子的一种装置,第一台回旋加速器是美国物理学家劳伦斯(Ernest Orlando Lawrence)于 1932 年研制成功的,他因此获得了 1939 年的诺贝尔物理学奖。下面简述回旋加速器的工作原理。

回旋加速器是利用回旋频率与粒子速度无关的性质制成的。如图 5-26 所示,其核心部分是两个 D 形盒,放在电磁铁两极之间的强大磁场中,磁场的方向垂直于 D 形盒的底面。两个 D 形盒之间接有交流电源,它在缝隙里形成一个交变电场用以加速带电离子。假设正当 D_2 电极的电势高于 D_1 时,从粒子源发出一个带正电离子,它在缝隙中被加速,以速率 v_1 进入 D_1 内部。由于电屏蔽效应,离子绕过回旋半径为 $r_1 = mv_1/qB$ 的半个圆周后又

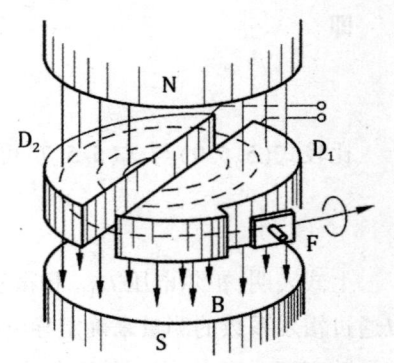

图 5-26 回旋加速器原理

回到缝隙。如果这时电场恰好反向,即交变电场的周期恰好为 $T = 2\pi m/qB$,则正离子又将被加速,以更大的速率 v_2 进入 D_2 内部,绕过回旋半径 $r_2 = mv_2/qB$ 的半个圆周后又再次回到缝隙。虽然 $r_2 > r_1$,但绕过半个圆周所用的时间却都是一样的。虽然离子的速率和回旋半径一次比一次增大,但是只要缝隙中的交变电场以不变的回旋周期往复变化,那么不断被加速的离子就会沿着螺旋轨迹逐渐趋近 D 形盒的边缘,用致偏电极 F 可将已达到预期速率的离子引出,供实验使用。高能粒子在科学技术中有广泛的应用领域,如核工业、农业、医学、考古学等。

如果 D 形盒的半径为 R，根据式 $R = mv/qB$，离子所获得的最终速率为 $v = qBR/m$，离子的动能为

$$E_k = \frac{1}{2}mv^2 = \frac{q^2 B^2 R^2}{2m}$$

上式表明，要使离子获得很高的能量，就要建造巨型的强大电磁铁并且增加 D 形盒的直径。

第六节　磁场对电流的作用

导线中的电流是由载流子定向运动形成的，当把载流导线置于磁场中时，运动的载流子就要受到洛伦兹力的作用而侧向漂移，与晶格上的正离子碰撞，把力传递给了导线，所以载流导线在磁场中也要受到磁力的作用，通常把这个力称为安培力。

一、载流导线在磁场中受到的安培力

如图 5-27 所示，在载流导线上取一电流元 Idl。设导线的横截面积为 S，单位体积中的载流子数为 n，每个载流子所带电量为 q，载流子的平均漂移速度为 v，由于每一个载流子受到的洛伦兹力都是 $F = qv \times B$，而在 dl 中共有 $nSdl$ 个载流子，所以电流元 Idl 所受的磁场力为 $dF = nSdlqv \times B$，此力即为导线元（电流元）Idl 所受到的安培力。由于 v 的方向与 dl 的方向相同，而 $I = nqvS$，所以上式可写为

$$dF = Idl \times B \tag{5.6.1}$$

利用上式可以计算任一载流导线在磁场中受到的安培力。具体地说，可把载流导线分割成无限多的电流元，整个载流导线所受的安培力为作用在各段电流元上的磁力的矢量和，即

$$F = \int_L dF = \int_L Idl \times B \tag{5.6.2}$$

式中 B 为各电流元所在处的"当地 B"。

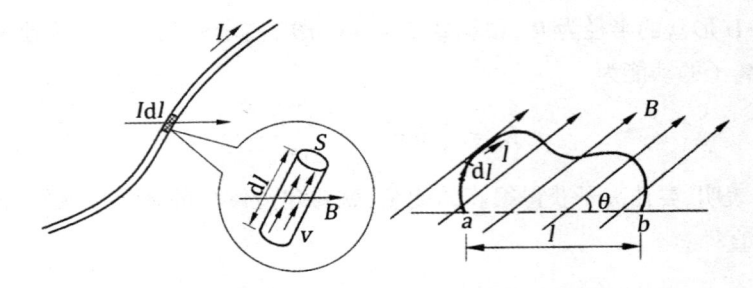

图 5-27 电流元受的磁场力　图 5-28 例 5.6.2 用图

例 5.6.1 在均匀磁场 B 中有一段弯曲导线 ab，起点 a 到终点 b 的直线距离为 l，导线中通有电流 I，如图 5-28 所示，求此段导线受的安培力。

解 根据式(5.6.2)，所求安培力为

$$F = \int_{(A)}^{(B)} Idl \times B = I\left(\int_{(A)}^{(B)} dl\right) \times B$$

此式中积分是各段矢量长度元 dl 的矢量和，它等于从 a 到 b 的矢量直线段 l，因此得

$$F = Il \times B \tag{5.6.3}$$

这说明如图所示的整个弯曲导线受的安培力等于从起点到终点连接的直导线通过相同的电流时受的安培力。在图示的情况下，l 和 B 的方向都与纸面平行，因而

$$F = IlB\sin\theta$$

此安培力的方向垂直纸面向外。

通过这个例子我们可以得到以下几个结论：

（一）直导线平行于均匀磁场放置，$F = 0$，导线不受磁场力的作用；

（二）直导线垂直于均匀磁场放置，$F = IlB$，导线所受磁场力最大；

（三）任意闭合载流导线在均匀磁场中放置，即上述问题中的 a 点和 b 点重合，$F = 0$，表明任意形状闭合的载流回路在均匀磁场中不受安培力的作用。

二、平面载流线圈在均匀磁场中受到的力矩

如图 5-29 所示，在均匀磁场 B 中放置一刚性矩形平面载流线圈，边长分别为 L_1 和 L_2，电流强度为 I，用 e_n 表示线圈平面的单位法向量，规定 e_n 的指向与线圈中电流的环绕方向之间满足右手螺旋定则，即右手四指环绕方向代表电流的方向，则拇指指向 e_n 的方向。设线圈平面与 B 的方向成 θ 角，对边 ab、cd 与磁场垂直。这时导线 bc、ad 所受的安培力分别为 F_1 和 F_1'，则

$$F_1 = IL_1B\sin\theta, F'_1 = IL_1B\sin(\pi - \theta) = IL_1B\sin\theta$$

F_1 和 F'_1 大小相等，方向相反，并且在同一直线上，是一对平衡力，即合力为零。导线 ab、cd 所受的安培力分别为 F_2 和 F'_2，则

$$F_2 = F'_2 = IL_2B$$

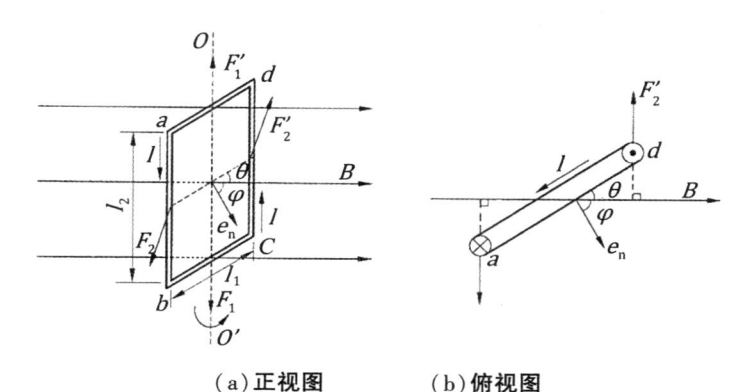

(a)正视图　　(b)俯视图

图 5-29　平面载流线圈在均匀磁场中

F_2 和 F'_2 大小相等，方向相反，但不在同一直线上，这一对力对 OO' 轴（OO' 轴为 bc 和 ad 两边中点的连线）的力矩为

$$M = F_2\frac{L_1}{2}\cos\theta + F'_2\frac{L_1}{2}\cos\theta = IL_1L_2B\cos\theta = ISB\cos\left(\frac{\pi}{2} - \varphi\right) = ISB\sin\varphi$$

式中 $S = L_1L_2$ 表示线圈面积，φ 为 e_n 和 B 之间的夹角。如果线圈为 N 匝，那么线圈所受力矩的大小为

$$M = NISB\sin\varphi \tag{5.6.4}$$

力矩 M 的方向与矢量积 $e_n \times B$ 的方向一致。定义 $m = NISe_n$，称 m 为载流线圈的磁矩，因此上式可用矢量形式表示为

$$M = (NISe_n) \times B = m \times B \tag{5.6.5}$$

力矩 M 的大小为 $M = mB\sin\varphi$，方向由 m 与 B 的矢量积决定。

下面讨论几种情况：

如图 5-30(a)所示，当 e_n 和 B 之间的夹角 $\varphi = 0$ 时，即线圈平面与磁场方向垂直，m 与 B 的方向相同时，线圈所受力矩大小 $M = mB\sin0 = 0$，这时线圈处于稳定平衡状态。

如图 5-30(b)所示，当 $\varphi = \pi/2$ 时，即线圈平面与磁场方向平行，m 与 B 的方向垂直时，线圈所受力矩大小 $M = mB\sin(\pi/2) = mB$，为最大。

如图 5-30(c)所示，当 $\varphi = \pi$ 时，即线圈平面与磁场方向垂直，m 与 B 的方向

相反时,线圈所受力矩大小 $M = mB\sin\pi = 0$,这时线圈处于非稳定平衡状态,只要线圈稍稍偏过一个微小角度,它就会在力矩作用下离开这个位置。

式(5.6.5) $M = m \times B$ 虽然是从矩形载流线圈推导出来的,但可以证明它对任意形状的平面线圈都是成立的。磁场对载流线圈作用力矩的规律是制造各种电动机和电流计的基本原理。

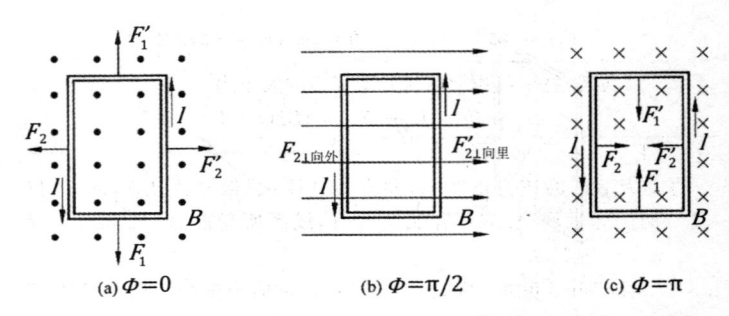

(a) $\Phi = 0$ (b) $\Phi = \pi/2$ (c) $\Phi = \pi$

图 5-30 矩形载流线圈 e_n 与磁场方向成不同角度时所受磁力矩

例 5.6.2 在磁感应强度为 $B = 0.05T$ 的均匀磁场中放置一边长为 $l = 2m$ 的正方形线圈,线圈共有 $N = 100$ 匝,通以电流 $I = 1A$。问线圈平面与磁场在何位置关系时,线圈所受的磁力矩最大,此磁力矩等于多少。

解 由 $M = NISB\sin\varphi$ 可知,当线圈平面的法线方向 e_n 与磁场方向 B 垂直时,即 $\varphi = \pi/2$ 时,线圈所受磁力矩最大。此磁力矩为

$$M = NISB\sin\frac{\pi}{2} = 100 \times 1 \times 2^2 \times 0.05 \times 1 = 20(\text{N} \cdot \text{m})$$

第七节 磁介质

电场中的电介质由于电极化而影响原电场,电介质中的电场强度 E 等于真空中的电场强度 E_0 和电介质由于电极化而产生的附加电场强度 E' 的矢量和,即 $E = E_0 + E'$。与此相类似,磁场对处于磁场中的物质也有作用,凡是磁场中与磁场发生相互作用的物质都称为磁介质。实际上,任何物质在磁场作用下都或多或少地发生变化并反过来影响磁场,因此任何物质都可以看作磁介质。磁介质中的磁感应强度 B 等于真空中的磁感应强度 B_0 和磁介质由于磁化而产生的附加磁感应强度 B' 的矢量和,即

$$B = B_0 + B' \tag{5.7.1}$$

磁介质对磁场的影响远比电介质对电场的影响要复杂。我们知道,无论是有极分子电介质还是无极分子电介质,当它们处于电场中时,电介质内的电场强度 E 都要有所减弱,但不同的磁介质在磁场中的表现则很不相同,磁介质对磁场的影响不一定是削弱原来的磁场,这要看与 B_0 和 B' 是同向还是反向。

一、磁介质的分类

实验发现,当磁场中充满各向同性的均匀磁介质时,磁介质中的磁感应强度 B 是真空中的磁感应强度 B_0 的 μ_r 倍,即

$$B = \mu_r B_0 \quad (5.7.2)$$

式中,μ_r 称为磁介质的相对磁导率,它随磁介质的种类和状态的不同而不同,如表 5-7-1 所示,其大小反映了磁介质对磁场影响的程度。根据实验分析,磁介质可分为三类:

(一)若 $\mu_r > 1$,这种磁介质的附加磁场 B' 方向与原磁场 B_0 方向相同,使磁介质中磁感应强度 $B > B_0$,这种磁介质称为顺磁质,铝、锰、钛、铬、铀、氧等物质都属于顺磁质。

(二)若 $\mu_r < 1$,这种磁介质的附加磁场 B' 方向与原磁场 B_0 方向相反,使磁介质中磁感应强度 $B < B_0$,这种磁介质称为抗磁质。金、银、铜、硫、氢都属于抗磁质。

上述两类磁介质统称为弱磁性物质。

(三)还有一类磁介质的 $\mu_r \gg 1$,而且 μ_r 还随着外磁场的大小发生变化,B' 的方向与 B_0 的方向相同,且 $B \gg B_0$,这种磁介质称为铁磁质。铁磁质具有很多特殊的磁性质,其代表是铁、钴、镍等这类磁性很强的物质。铁磁质常被称为强磁性物质。

表 5-7-1 几种磁介质在常温下的相对磁导率

顺磁质	相对磁导率 μ_r	抗磁质	相对磁导率 μ_r	铁磁质	相对磁导率 μ_r
锰	$1 + 12.4 \times 10^{-5}$	铋	$1 - 1.70 \times 10^{-5}$	铸铁	$200 \sim 400$
铬	$1 + 4.5 \times 10^{-5}$	铜	$1 - 0.108 \times 10^{-5}$	铸钢	$500 \sim 2200$
铝	$1 + 0.82 \times 10^{-5}$	汞	$1 - 2.90 \times 10^{-5}$	硅钢	7×10^3(最大值)
铂	$1 + 3.0 \times 10^{-5}$	氢	$1 - 2.47 \times 10^{-5}$	坡莫合金	1×10^5(最大值)

抗磁质的微观解释比较复杂,有兴趣的读者可参考相关书籍,下面我们讨论顺磁质的磁化微观机制。根据物质的电结构理论,分子中任何一个电子都同时参

与两种运动,即环绕原子核的轨道运动和电子本身的自旋,这两种都产生磁效应。把分子看作一个整体,分子中各个电子对外界产生的磁效应的总和可用一个等效圆电流表示,这个等效的圆电流称为分子电流。分子电流具有一定的磁矩。对顺磁质来说,在没有外磁场时,每个分子的磁矩并不为零,但由于分子处于无规则的热运动中,分子磁矩取每一个方向的概率是一样的,因而宏观上对外不显磁性。当存在外磁场时,这些分子磁矩在外磁场作用下都有转向磁场方向的趋势,但由于热运动,分子磁矩只在一定程度上指向外磁场方向,外磁场越强,分子磁矩的规则排列就越整齐,从而在宏观上对外显示出磁性。例如,长直螺线管中某种均匀磁介质,在没有外磁场作用时,各分子电流的取向杂乱无章,它们的磁矩相互抵消,宏观上不显示磁性,如图5-31(a)所示;当线圈通有电流时,电流的磁场对分子磁矩发生取向作用,各分子电流的磁矩在一定程度上沿外磁场的方向排列起来,从宏观上来看,在磁介质表面相当于有一层电流流过,如图5-31(b)所示。这种因磁化而出现的宏观电流叫作磁化电流(也称束缚电流),磁介质磁化后产生的附加磁场,就是磁化电流产生的磁场。根据叠加原理,磁介质中合磁场的磁感应强度为原磁场的磁感应强度和附加磁场的磁感应强度的矢量和。

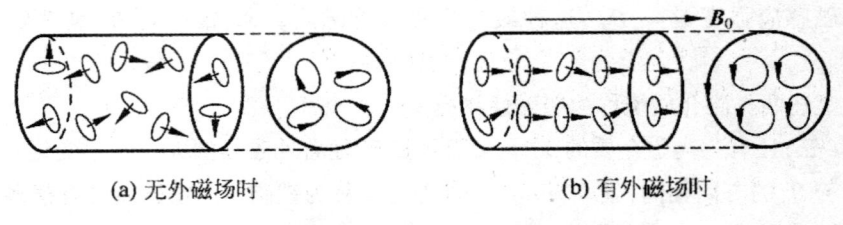

(a) 无外磁场时　　　　　　　(b) 有外磁场时

图 5-31　磁化的微观机制与宏观效果

二、有磁介质时的高斯定理和安培环路定理

在磁介质中,总的磁感应强度 B 为传导电流 I 产生的 B_0 和磁化电流 I' 产生的 B' 叠加的结果,即

$$B = B_0 + B' \tag{5.7.3}$$

理论研究表明,不论是磁场 B_0 还是附加磁场 B',其磁场线都是一些闭合曲线。因此对于磁场中的任意闭合曲面 S,均有

$$\oint B_0 \cdot dS = 0, \oint B' \cdot dS = 0 \tag{5.7.4}$$

于是,对于有磁介质存在的总磁场 B 来说,有

$$\oint B \cdot dS = \oint (B_0 + B') \cdot dS = 0 \qquad (5.7.5)$$

这就是有磁介质存在时的磁场中的高斯定理。

同样地,在磁介质存在时,安培环路定理 $\oint_L B \cdot dl = \mu_0 \sum I_{in}$ 应写成

$$\oint_L B \cdot dl = \mu_0 \left(\sum I_{in} + \sum I' \right) \qquad (5.7.6a)$$

以无限长载流直螺线管中充满均匀的各向同性顺磁质为特例来讨论。设线圈中的传导电流为 I,磁介质的相对磁导率为 μ_r,单位长度线圈的匝数为 n,圆柱形磁介质表面上单位长度的磁化电流为 nI'。积分回路仍取图 5-17 中的矩形回路,令 $\overline{ab}$ 为 1 单位长度,则上式可写为

$$\oint_L B \cdot dl = \mu_0 n(I + I') \qquad (5.7.6b)$$

对长直螺线管有

$$B_0 = \mu_0 nI, \quad B' = \mu_0 n I'$$

由式(5.7.1)和式(5.7.2)有

$$B_0 + B' = \mu_r B_0$$

所以有

$$\mu_0 nI + \mu_0 n I' = \mu_0 \mu_r nI$$

代入式(5.7.6b)有

$$\oint_L B \cdot dl = \mu_0 \mu_r nI$$

令 $\mu_0 \mu_r = \mu$,并称 μ 为磁导率,上式即可写为

$$\oint_L B \cdot dl = \mu nI \qquad (5.7.7)$$

令

$$H = \frac{B}{\mu} \qquad (5.7.8)$$

H 叫作磁场强度,它是描述磁场的一个辅助量,在国际单位制中,磁场强度的单位是安培/米,符号为 A/m。式(5.7.7)就可以写成

$$\oint_L H \cdot dl = nI \qquad (5.7.9)$$

上式虽然是从无限长载流长直螺线管得出的,但可以证明在一般情况下它也是正确的。故磁介质中的安培环路定理可表述如下:磁场强度 H 沿任意闭合回路的线积分(称为磁场强度 H 的环流),等于穿过以该回路为边界的任意曲面的传导

电流的代数和,其数学表达式为

$$\oint_L H \cdot dl = \sum I \tag{5.7.10}$$

注意上式中的 I 只是传导电流,不包括磁化电流。

计算有磁介质存在的磁场时,一般是根据传导电流的分布,利用上式求出 H 的分布,然后再利用 $H = B/\mu$ 求出 B 的分布,从而避开了直接利用(5.7.6)式求 B 需先求出磁化电流而带来的麻烦。

用有磁介质时的安培环路定理求解磁感应强度 B 的分布时,其步骤与用真空中的安培环路定理求磁感应强度分布的解法类似。首先需要分析磁场的对称性,然后选取合适的闭合路径,由式 (5.7.10) 求出磁场中磁场强度 H 的分布。值得注意的是,在这一求解过程中,磁化电流是不出现的,只考虑闭合路径包围的传导电流。

三、铁磁质

铁磁质是以铁为代表的一类磁性很强的物质,它们具有很多特殊的性质。在纯化学元素中,除铁之外,还有过渡族中的其他元素(如钴、镍)和某些稀土族元素(如镝)具有铁磁性,然而常用的铁磁质多是它们的合金和氧化物。铁磁质常用于电机、电器设备、电子器件等。

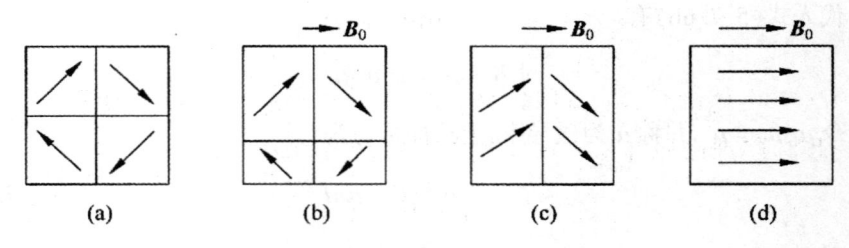

图 5-32 铁磁质的磁化示意图

铁磁质内存在无数自发磁化的小区域,叫作磁畴,它的大小为 $10^{-12} m^3 \sim 10^{-8} m^3$,在每个磁畴中,所有分子的磁矩全都向着同一个方向排列整齐。在未磁化的铁磁质中,由于热运动,各磁畴的磁化方向不同,因而在宏观上对外界并不显示出磁性,如图 5-32(a)所示。当铁磁质受到外磁场作用并逐渐增大时,其磁矩方向和外磁场方向相近的磁畴逐渐扩大,而方向相反的磁畴逐渐缩小。最后当外加磁场大到一定程度后,所有磁畴的磁矩方向都指向同一个方向,这时铁磁质就达到了磁饱和状态,过程如图 5-32(b) ~ (d)所示。如果在磁饱和后撤去外磁场,铁磁质将重新分裂为许多磁畴,但由于内应力等作用,磁畴并不能恢复到原来的退磁状态,因而表现出磁滞现象。当铁磁质的温度超过某一临界温度时,分子热运动加剧到了使磁畴瓦解的程度,从而使材料的铁磁性消失,变为顺磁性,这个温度称为居里温度或居里点。

铁磁质具有以下几个主要的特性:

(一)具有很大的磁导率 μ。在外磁场作用下,能产生很大的与外磁场同向的附加磁感应强度,并且磁导率 μ 不是常数,而是随着铁磁质中磁场强度的变化而变化。

(二)存在磁滞现象。铁磁质的磁化过程落后于外加磁场的变化,当外加磁场停止作用后,铁磁质仍保留部分磁性,称为剩磁现象。

(三)任何铁磁质都有一个临界温度,称为居里温度。当温度超过居里温度时,铁磁质的磁性立即消失,变为普通的顺磁质。

例 5.7.1 如图 5-33 所示,有两个半径分别为 r_1 和 r_2 的无限长同轴圆柱面,两圆柱面间充以相对磁导率为 μ_r 的磁介质。当两圆柱面通过相反方向的电流 I 时,试求:(1)磁介质中任一点 P 的磁感应强度的大小;(2)大圆柱体外面任一点 Q 的磁感应强度。

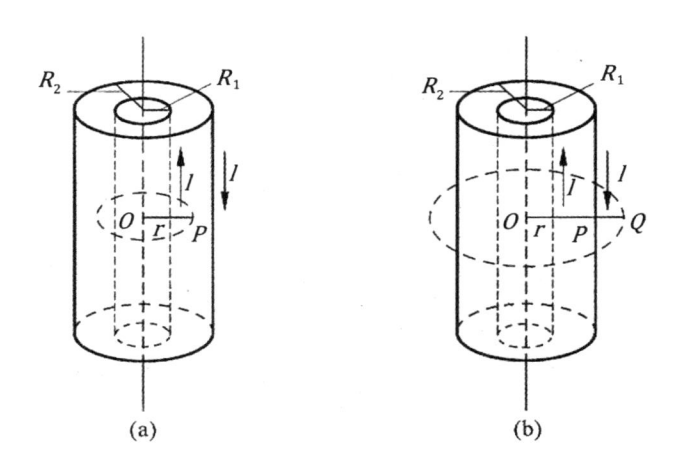

图 5-33 例 5.7.1 用图

解 (1)两个无限长的同轴圆柱面所产生的磁场是对称分布的。如图 5-33(a)所示,设磁介质内任一点 P 到轴线的垂直距离为 r,并以 r 为半径作一圆周,以该圆周为闭合回路,方向与内圆柱面电流一致,满足右手螺旋定则。根据磁介质中的安培环路定理 $\oint_L H \cdot dl = \sum I$,有

$$\oint_L H \cdot dl = \oint_L H dl = H \oint_L dl = 2\pi r H = I$$

所以
$$H = \frac{I}{2\pi r}$$

可得 P 点的磁感应强度的大小为
$$B = \mu H = \frac{\mu I}{2\pi r} = \frac{\mu_0 \mu_r I}{2\pi r}$$

(2)如图 5-33(b)所示,设两同轴圆柱面之外任一点 Q 到轴线的垂直距离为 r,并以 r 为半径作一圆周,同理,由磁介质中的安培环路定理 $\oint_L H \cdot dl = \sum I$,可得
$$\oint_L H \cdot dl = 0$$

所以
$$H = 0$$

Q 点的磁感应强度的大小为
$$B = 0$$

第八节 气相色谱-质谱联用仪的工作原理

一、气相色谱原理

气相色谱的流动相为惰性气体,气-固色谱法中以表面积大且具有一定活性的吸附剂作为固定相。当多组分的混合样品进入色谱柱后,由于吸附剂对每个组分的吸附力不同,经过一定时间后,各组分在色谱柱中的运行速度也就不同。吸附力弱的组分容易被解吸下来,最先离开色谱柱进入检测器,而吸附力最强的组分最不容易被解吸下来,因此最后离开色谱柱。如此,各组分得以在色谱柱中彼此分离,顺序进入检测器中被检测记录下来。

二、质谱原理

质谱分析是测量荷质比(电荷-质量比)的分析方法,其基本原理是使试样中各组分在离子源中发生电离,生成不同荷质比的带正电荷的离子。经过加速电场的作用,形成离子束,进入质量分析器。在质量分析器中再利用电场和磁场使其发生相反的速度色散,将他们分别聚焦得到质谱图,从而确定其质量。

三、气相色谱-质谱联用仪的应用

气相色谱-质谱联用($GC-MS$)是一种结合气相色谱和质谱的特性,在试样中鉴定不同物质的方法(如图 5-34)。其主要应用于工业检测、食品安全、环境保护等众多领域,如农药残留、食品添加剂;纺织品检测,如禁用偶氮染料、含氯苯酚检测等;化妆品检测,如二恶烷、香精香料检测等;电子电器检测,如多溴联苯、多溴联苯醚等。物证检验中可能涉及各种各样的复杂化合物,气质联用仪为这些司法鉴定过程中复杂化合物的定性定量分析提供了强有力的支持。

图 5-34 气相色谱-质谱联用仪

思考题

1. 为什么不把作用于运动电荷的磁力方向定义为磁感应强度 B 的方向?
2. 如果一带电粒子做匀速直线运动通过某区域,是否能断定该区域的磁场为零?
3. 为什么当磁铁靠近电子管电视机的屏幕时会使图像变形?
4. 在载有电流 I 的圆形回路中,回路平面内各点磁感应强度的方向是否相同?回路内各点磁感应强度的大小是否相同?
5. 用安培环路定理能否求出有限长一段载流直导线周围的磁场?
6. 为什么两根通有大小相等、方向相反的电流的导线扭在一起能减小杂散磁场?

7. 下面的几种说法是否正确,试说明理由。

(1) 若闭合曲线内不包围传导电流,则曲线上各点的 H 必为零;

(2) 若闭合曲线上各点的 H 为零,则该曲线所包围的传导电流的代数和为零;

(3) 通过以闭合回路 L 为边界的任意曲面的磁通量均相等。

8. 如果一闭合曲面包围条形磁棒的一个磁极,问通过该闭合曲面的磁通量是多少?

9. 飞机在天空水平向西飞行,哪边的机翼上电子较多?

10. 若释放磁铁附近的小铁片,它会向磁铁运动,其动能从何而来?

11. 定性地解释磁镜两端对做回旋运动的带电粒子能起反射作用。

12. 顺磁质和铁磁质的磁导率明显依赖于温度,而抗磁质的磁导率则几乎与温度无关,为什么?

第六章

变化的磁场和变化的电场

电流能够产生磁场,磁场对电流有力的作用,这说明电现象和磁现象之间有着密切的联系。这一事实也很自然地启发人们去思考,既然电能生磁,那么,反过来是否磁也能生电呢?实验的结果表明:当穿过线圈的磁通量发生变化时,线圈中就会有电流产生。这种现象被称为电磁感应。本章主要讨论电磁感应现象及其基本规律,分别对动生电动势、感生电动势、自感和互感进行讨论,最后将对麦克斯韦方程组做综合的陈述并简略地介绍电磁波的性质。

第一节 电源和电动势

我们知道,只有在导体中建立起电场,才能在导体中形成电流。如图 6-1 所示,若将电势不等的两个带电导体板 A、B 用导线连接起来,则导线中就会有静电场 E_s 存在。在电场力的作用下,正电荷将从高电势的 A 板经导线流向低电势的 B 板,在导线中形成电流。随着电荷的迁移,A、B 两板上电荷的分布将发生改变,最终两板将变成等势体。由场强和电势的关系可知,这时导体内的电场强度为零,电流终止。可见,只靠电场力是不能产生稳恒电流的。如果在 A、B 两板之间,有一种本质上与电场力不同的外来力——非静电力,它能够反抗电场力的作用,将由 A 板沿导线迁移到 B 板的正电荷,经电源内部重新搬回到 A 板去。从而维持 A、B 两板电势差恒定,使导线中的静电场 E_s 稳定不变,这样就能在导线中产生持续的稳恒电流。

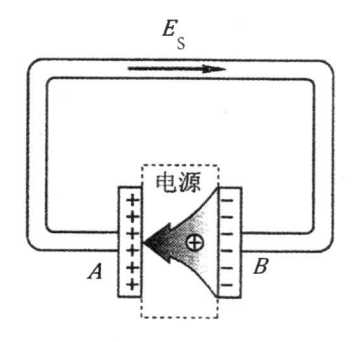

图 6-1 电源中非静电力的作用

一、电源

提供搬运电荷的非静电力的装置称为电源。电源的作用就是把正电荷从低电势的负极送回高电势的正极。这一过程靠电场力是无法实现的(电源内部静电场强 E_s 的方向是从电源正极指向负极的),它只能依赖于非电场力。在电源内部,既有电场力,又有非静电力。非静电力反抗电场力做功,完成正电荷由低电势到高电势的输运任务。在电源外部的线路中,只有电场力。在电场力的作用下,正电荷从高电势的正极向低电势的负极运动。这样周而复始,形成持续电流。这就是说,电流是电场力和非静电力共同作用的结果。

电源的种类很多,不同类型的电源,非电场力的本质也不相同。在干电池、蓄电池中,非电场力起的是与离子的溶解和沉积过程相联系的化学作用;在温差电源中,非电场力起的是与温度差和电子的浓度差相联系的扩散作用;在普通发电机中,非电场力则起的是电磁作用。这些将在以后的相关章节中做详细的介绍。

二、电动势

在电源内部,非电场力反抗电场力做功,把正电荷从低电势的负极移动到高电势的正极。显然,在这一过程中,电源把某种形式的其他能量转换为电能。从能量角度来看,电源只不过是一种能量转换装置。不同类型的电源,实现着不同形式的能量向电能的转换。

能量转换要靠做功(或传热)来实现,能量转换的量值可用所做功(或所传热量)的多少来量度。不同电源把非电能转换为电能的本领各不相同。因此可以用非电场力做功本领的强弱来定义一个新的物理量——电动势,以表示不同电源在完成能量转换这一性能上的差异。

在电源内部,当单位正电荷从负极移到正极时,非电场力所做的功叫作电源的电动势,以 E 表示。在电源内部,若正电荷 q 所受的非电场力为 F_k ,则非电场力 F_k 把正电荷 q 从电源负极移动到电源正极所做的功为

$$A = \int_{-}^{+} F_k \cdot dl$$

由定义知

$$E = \frac{A}{q} = \int_{-}^{+} \frac{F_k}{q} \cdot dl$$

用 E_k 表示单位正电荷在电源中所受到的非电场力,并称之为非静电性场

强,即

$$E_k = \frac{F_k}{q}$$

则电源的电动势为

$$E = \int_-^+ E_k \cdot dl \tag{6.1.1}$$

由定义可以看出,电动势是个标量。然而,为了标明电源在电路中供电的方向,我们规定电动势的方向从负极经电源内部到正极,也就是正电荷受到的非电场力的方向。一个电源的电动势具有一定的数值,它与外电路的性质以及是否连通都没有关系,它反映的是电源中非静电力做功的本领,是表示电源本身的特征量。电动势是标量,电动势的单位和电势的单位相同,也是伏特。还应指出的是,在电源内部,除了电场力和非电场力以外,还存在着内阻作用。同电动势一样,内阻的大小也是判断电源性能优劣的一项指标。

虽然电动势的单位与电势的单位相同,但它们的物理意义有区别:电动势是反映非电场力做功本领的物理量,而电势是反映静电场性质(静电场环路积分为零)的物理量。

对于整个闭合回路上都有非电场力的情况(例如置于时变磁场中的闭合线圈),是无法划分"电源内部"和"电源外部"的,这时整个闭合回路上的电动势为

$$E = \oint_L E_k \cdot dl \tag{6.1.2}$$

即电源的电动势等于在单位正电荷沿电势升高的方向绕闭合回路一周的过程中,电源的非电场力所做的功。式(6.1.2)是电动势的普遍定义式,式(6.1.1)只是它的一个特殊情况,因为当电源外部 $E_k = 0$ 时,式(6.1.2)就变为式(6.1.1)了。

第二节 电磁感应的基本定律

电吉他由于被广泛地应用于摇滚乐,所以也称为摇滚吉他。传统的吉他靠弦线在乐器的空心腔体中振荡产生共鸣来提供声音,而电吉他则是实心的乐器,没有腔体的共鸣,金属弦的振荡由电拾音器检测并把电信号经放大器传送到扬声器。电吉他拾音器的基本结构如图6-2所示,连接到放大器的导线绕在小磁体上成为线圈。磁体的磁场使磁体正上方的一段金属弦磁化,产生 N 极和 S 极,这段

弦就具有了它自己的磁场。当弦被弹拨而产生振荡时,它相对线圈的运动使它的磁场穿过线圈的磁通量发生变化,于是在线圈中感应出微弱的电流。当弦朝向和背离线圈振荡时,感应电流以与弦振荡相同的频率改变方向,因而把振荡的频率经放大器传送到扬声器,这样,我们就听到电吉他的声音了。磁体越大、缠绕的线圈越多,拾音器的输出功率就越大,电吉他控制声音的方法比传统的吉他多得多。

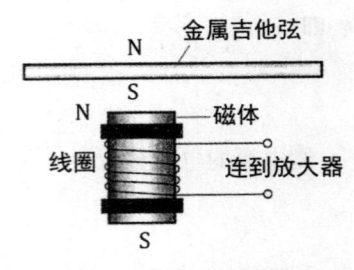

图 6-2 电吉他拾音器

电磁炉作为厨具市场的一种新型灶具,改变了传统的明火烹调方式。那么,它的加热原理是什么？电磁炉是通过其电子线路板部分产生交变磁场,当把铁质锅具放置在炉面上时,通过切割交变磁力线而在锅具底部的金属内产生交变的电流(即涡流),涡流使锅具内的铁原子高速无规则运动,原子互相碰撞、摩擦而产生热能(电磁炉煮食的热源来自锅具底部而不是电磁炉本身,所以热效率要比其他炊具的效率均高出近 1 倍)使器具本身自行高速发热,用来加热和烹饪食物。

一、法拉第电磁感应定律

1831 年,法拉第(Michael Faraday)在大量实验的基础上发现:当通过一个闭合回路所包围面积的磁通量发生变化时,回路中就会产生电流,这种电流称为感应电流,与之相应的电动势称为感应电动势。由于磁通量的变化而产生电流的现象称为电磁感应现象。

认识到电磁感应现象后,自然转向研究感应电动势与磁通量变化之间的定量关系。法拉第根据大量的精确实验,总结出:导体回路中感应电动势的大小,与穿过导体回路面积的磁通量对时间的变化率成正比。这一结论叫作法拉第电磁感应定律。其数学表达式为

图 6-3 法拉第

$$E = -\frac{d\Phi_m}{dt} \tag{6.2.1}$$

式中 E 的单位是伏特(V), Φ_m 的单位是韦伯(Wb), t 的单位是秒(s)。式中的负号反映感应电动势的方向与磁通量变化的关系,它也是楞次定律的数学表示。这个问题我们稍后会予以详细说明。

应该指出,式(6.2.1)只适用于单匝导线所构成的回路,如果不是单匝而是 N 匝线圈,那么当磁通量变化时,每匝线圈中都将产生感应电动势,由于各匝之间都

是串联的,所以整个线圈中的感应电动势就等于各匝线圈所产生的感应电动势之和。如果穿过各匝线圈的磁通量均为 Φ_m,则 N 匝线圈中的总电动势为

$$E = -N\frac{d\Phi_m}{dt} = -\frac{d(N\Phi_m)}{dt} = -\frac{d\Psi_m}{dt} \quad (6.2.2)$$

式中 $\Psi_m = N\Phi_m$ 称为多匝线圈的全磁通(亦称磁链)。

二、感应电动势方向的判别

为了确定感应电动势的方向,一般可以采用以下两种方法。

(一)楞次定律

俄国物理学家楞次(Heinrich Friedrich Emil Lenz)在大量实验事实的基础上,于1833年总结出了一个判别感应电动势方向的定律:在闭合回路中,感应电流的方向总是使它自身所激发的磁通量阻碍引起感应电流原有磁通量的变化。这一结论又称为楞次定律。当引起感应电流的磁通量增加时,感应电流产生的磁通量将阻碍原磁通量的增加;当引起感应电流的磁通量减小时,感应电流产生的磁通量将补偿原磁通量的减小。应该注意的是感应电流产生的磁通量反抗的不是原来的磁通量本身,而是原来磁通量的变化。式(6.2.1)中的负号表示的正是这一点。因此对于闭合回路,用磁感应定律式(6.2.1)和利用楞次定律确定感应电动势的方向得到的结果是完全一致的。

如图6-4所示,用楞次定律来判别感应电动势的方向的具体步骤如下:

1. 明确原磁场 B 的方向以及 Φ_m 是增加还是减少;
2. 确定感应电流产生的磁场 B' 的方向:当 Φ_m 增加时,B' 与 B 反向;当 Φ_m 减少时,B' 与 B 同向;
3. 确定感应电流 I_i 的方向:I_i 与 B' 的方向成右手螺旋关系。

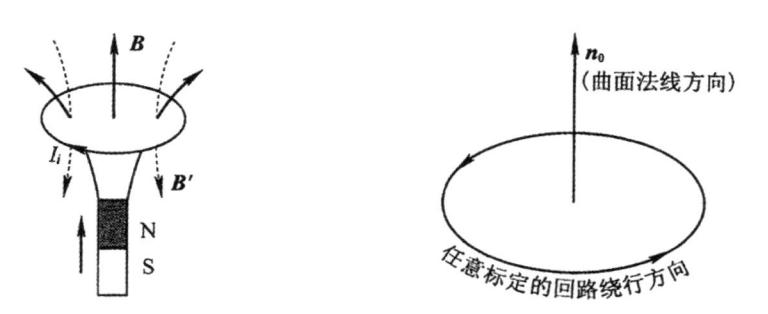

图 6-4 用楞次定律判别感应电动势的方向　　图 6-5 回路绕行正方向的规定

(二)规定回路正方向法则

经过上面的学习,我们知道了,其实在法拉第电磁感应定律里面包含了楞次定律的内容,公式 $E = -\dfrac{d\Phi_m}{dt}$ 中的负号就是楞次定律的数学表述,它是用来说明感应电动势的方向的。

我们知道,用正负号来表示一个物理量的方向,总是建立在一定的正方向规定的基础之上的(物理量的方向与选定的正方向同向时为正,反向时为负)。显然,为了能用正负号来描述感应电动势的方向,首先要规定回路绕行的正方向(类似于坐标轴的正向)。E 的正负就是相对于回路的正方向而言的。E > 0,表示 E 的方向与回路的正方向相同;E < 0,表示 E 的方向与回路的正方向相反。

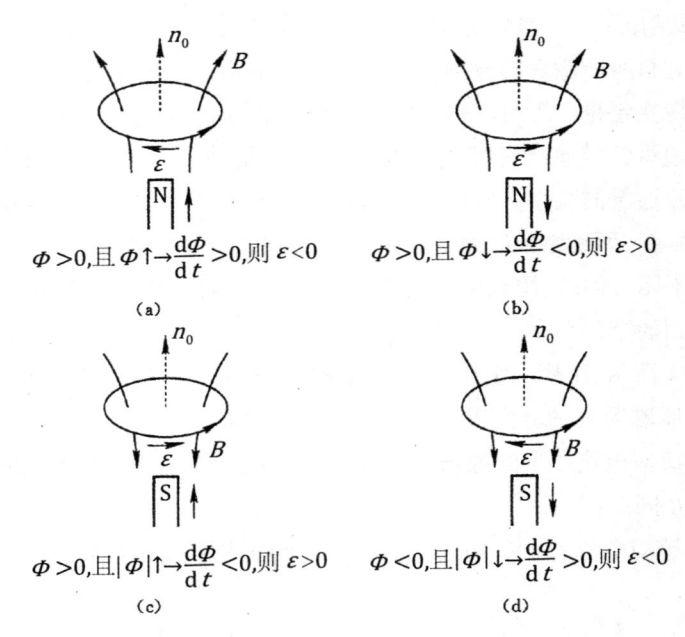

$\Phi>0,且\Phi\uparrow\to\dfrac{d\Phi}{dt}>0,则\varepsilon<0$ $\Phi>0,且\Phi\downarrow\to\dfrac{d\Phi}{dt}<0,则\varepsilon>0$

(a)   (b)

$\Phi>0,且|\Phi|\uparrow\to\dfrac{d\Phi}{dt}<0,则\varepsilon>0$ $\Phi<0,且|\Phi|\downarrow\to\dfrac{d\Phi}{dt}>0,则\varepsilon<0$

(c)   (d)

图 6-6 用正负号来判断感应电动势的方向

回路绕行的正方向可以任意选取,但是,仅仅只有回路绕行的正方向还不够,因为电磁感应定律中还涉及另一个代数量 Φ_m,而磁通量 Φ_m 的正负依赖于所包围曲面的正法线方向 n_0 的选定,如图 6-5 所示。本来 n_0 的选取也可以是任意的,但是在同一个问题中,若这两个方向都任意选取,处理问题时就无规律可言。所以按照通常的习惯,遵从如下原则:回路绕行的正方向和回路所围曲面的正法线方向满足右手螺旋定则。具体处理问题时,先任选回路绕行的正方向,再用右手螺旋定则确定曲面的正法线方向。有了这两个正方向,两个代数量 E 和 Φ_m,以及

Φ_m 的变化率 $d\Phi_m/dt$ 的正负就有了明确的含义。法拉第正是在上述有关规定的基础上,用正负号来表示感应电动势的方向的。

下面举例说明如何用正负号来判断感应电动势的方向,共分如图 6-6 所示的四种情况。图中选取俯视时逆时针方向作为回路绕行正方向,由右手螺旋定则可知,回路所围平面的正法线方向竖直向上。在图(a)中,磁铁的 N 极移向线圈,对于所规定的正法线方向,Φ_m 为正,而且 Φ_m 的值增大,所以 $\dfrac{d\Phi_m}{dt} > 0$,由式 (6.2.1) $E = -\dfrac{d\Phi_m}{dt}$ 知 E 为负值,这说明感应电动势的方向与我们所标定的回路绕行正方向相反。而在图(c)中,磁铁的 S 极移向线圈,对于规定的正法线方向,Φ_m 为负,且 Φ_m 的绝对值在增大,所以 $\dfrac{d\Phi_m}{dt} < 0$,由式 (6.2.1) 知 E 为正值,这说明 E 的方向和我们取定的回路绕行正方向相同。其他两种情况,如图(b)和图(d),读者可以按照上述方法自行分析。

综上所述,可将用正负号法则判断感应电动势方向的方法概括如下:

1. 先任选回路绕行的正方向,再用右手螺旋定则确定回路所围曲面的正法线方向;

2. 确定 Φ_m 的正负及 $|\Phi_m|$ 的增减情况;

3. 由 $d\Phi_m = \Phi_m(t + dt) - \Phi_m(t)$ 确定其正负,从而知 $\dfrac{d\Phi_m}{dt}$ 的正负;

4. 由 $E = -\dfrac{d\Phi_m}{dt}$ 得知 E 的正负,从而确定 E 的方向。

例 6.2.1 如图 6-7 所示,一长直导线通有电流 $I = kt$ (k 为正的常数,$0 < t < \tau$)。一个长、宽分别为 a、b 的矩形线圈与长直导线共面,且其一边与长直导线平行,线圈与导线平行的近边与导线的距离为 d,求矩形线圈中的感应电动势。

解 长直导线中的电流是时间 t 的函数,它在周围空间产生的磁场是随时间变化的,因而穿过矩形线圈的磁通量也是随时间变化的,故线圈中会产生感应电动势 E。为了求出 E,我们先求出穿过线圈的磁通量 Φ_m。选取顺时针方向为线圈绕行的正方向,则线圈平面的正法线方向垂直纸面向里。

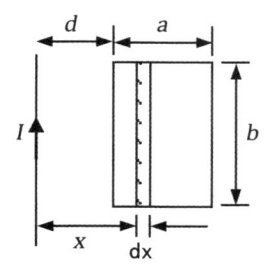

图 6-7 例 6.2.1 用图

长直载流导线在距导线 x 处的磁感应强度的大小为

$$B = \frac{\mu_0 I}{2\pi x}$$

对于非均匀磁场来说,求磁通量需要用高等数学中的微元法。为此,取长为 b、宽为 dx 的窄矩形作为面元,穿过它的磁通量为

$$d\Phi_m = B \cdot dS = B\cos 0 dS = BdS = \frac{\mu_0 I}{2\pi x} b dx$$

故在任一时刻 t,通过线圈的磁通量为

$$\Phi_m = \int_d^{d+a} \frac{\mu_0 I}{2\pi x} b dx = \frac{\mu_0 I b}{2\pi} \int_d^{d+a} \frac{dx}{x} = \frac{\mu_0 I b}{2\pi} \ln\frac{d+a}{d} = \frac{\mu_0 k t b}{2\pi} \ln\frac{d+a}{d}$$

所以

$$E = -\frac{d\Phi_m}{dt} = -\frac{\mu_0 k b}{2\pi} \ln\frac{d+a}{d}$$

由于 $E < 0$,故线圈中的感应电动势的方向与回路所选定的正方向——顺时针方向相反,即 E 沿逆时针方向。

现在我们总结求回路中电动势的一般思路:一般是先找出该回路的磁通量表达式,如果此磁通量是时间的函数,则通过对时间求导即得感应电动势,再根据楞次定律或通过规定回路正方向法确定感应电动势的方向。如果需要,再根据给定的条件求回路中的感应电流,如果回路中还串联有其他电动势,则根据欧姆定律可确定回路中电流的大小和方向。

第三节 动生电动势

法拉第电磁感应定律告诉我们,不管什么原因,只要穿过回路的磁通量发生变化,回路中就有感应电动势产生。实际上,使回路中磁通量发生变化的方式是多种多样的。但是,最基本的方式只有两种:一种是由于导体或者导体回路在磁场中产生的相对运动所引起的磁通量变化;另一种是导体或者导体回路不动,而磁场随时间的变化所引起的磁通量变化。按照穿过回路磁通量变化原因的不同,将感应电动势分为动生电动势和感生电动势两类,本节和下一节分别加以研究。

一、动生电动势及其非静电力

在稳恒磁场中,由于导体或者导体回路在磁场中产生的相对运动而在导线中所产生的感应电动势叫作动生电动势。比较形象地说,动生电动势就是运动导体

切割磁力线时导线中所产生的电动势。根据前面的学习我们知道,有电动势,就有相应的非静电力。那么,产生动生电动势的非电场力在本质上是什么力呢？由图 6-8 所示的情况可以看出,当导体棒 ab 以速度 v 向右运动时,导体内的自由电子也以同样的速度 v 随棒一起向右做定向运动。而运动电荷在磁场中受洛伦兹力作用,根据洛伦兹力公式,导体棒中

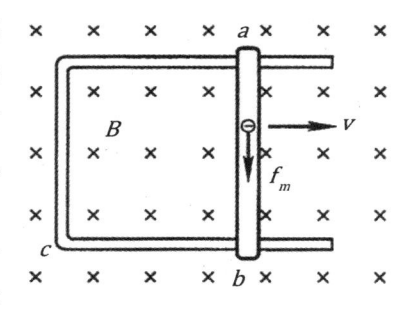

图 6-8　动生电动势的非电场力

自由电子所受到的洛伦兹力为 $f = -e(v \times B)$,其方向由 a 指向 b。在洛伦兹力的推动下,自由电子将沿 ab 方向运动,在导体回路中形成电流。这一结论告诉我们,动生电动势的非静电力是洛伦兹力。如果图 6-8 中没有固定的导体框架与导体棒 ab 相接触,洛伦兹力将使自由电子向棒的 b 端聚集,使 b 端带负电,而 a 端带正电。可见,在磁场中运动的一段导体就相当于一个电源。但是,我们应该注意到,并非所有在磁场里运动的导体中都会产生动生电动势。究竟有没有动生电动势产生,这要看导体在磁场中是如何运动的。实验表明,只有当导体切割磁感线时,导体中才会有动生电动势产生,否则,没有动生电动势产生。其原因可以用如图 6-9 所示的几种情况来解释:在(a)图中,当导线切割磁感线时,导线中自由电子所受的洛伦兹力沿着导线,故有电动势产生;在(b)图中,导线不切割磁感线,导线中自由电子不受洛伦兹力作用,导线中就没有动生电动势产生;在(c)图中,电子所受洛伦兹力与导线垂直,导线 ab 两端也没有动生电动势产生。

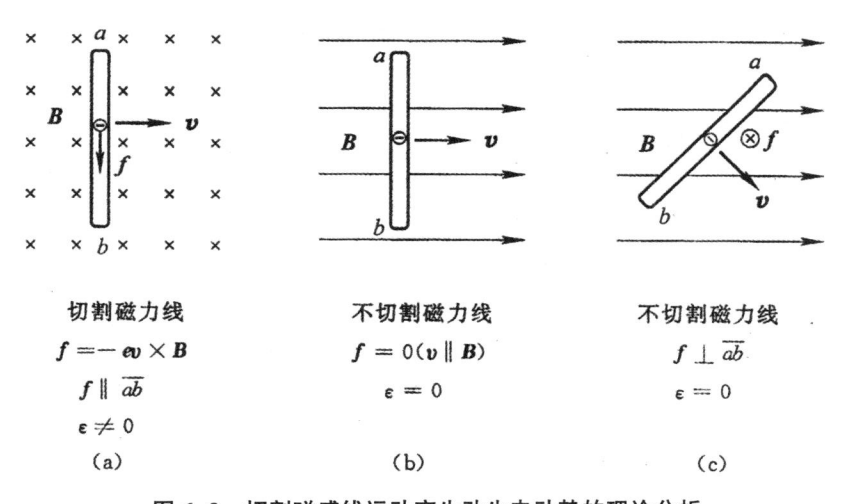

切割磁力线
$f = -ev \times B$
$f \parallel \overline{ab}$
$\varepsilon \neq 0$
(a)

不切割磁力线
$f = 0 (v \parallel B)$
$\varepsilon = 0$
(b)

不切割磁力线
$f \perp \overline{ab}$
$\varepsilon = 0$
(c)

图 6-9　切割磁感线运动产生动生电动势的理论分析

二、动生电动势的计算

动生电动势的非电场力是洛伦兹力,即 $f = -e(v \times B)$,则单位正电荷所受的非电场力,即非静电性场强为

$$E_k = \frac{f}{-e} = v \times B$$

根据电动势的定义 $E = \int_L E_k \cdot dl$,动生电动势定义为

$$E = \int_L dE = \int_L (v \times B) \cdot dl \qquad (6.3.1)$$

式中 v 为导线相对于磁场 B 的运动速度,dl 为导线上的长度元矢量,其方向沿回路绕行的正方向。动生电动势微元 $dE = (v \times B) \cdot dl$ 为在 dl 上产生的动生电动势。

式(6.3.1)提供了计算电动势的一种重要方法,当然,动生电动势也可以根据法拉第电磁感应定律来计算。由此可见,动生电动势的计算有两种方法可供选择。对于一段导线和闭合回路,这两种方法均能适用。当用法拉第定律来计算一段导线中的动生电动势时,应该明确,一段导线是没有磁通量的概念的,这时公式中的 Φ_m 是指这段导线在运动中所扫过面积上的磁通量,下面举例说明动生电动势的计算。

例 6.3.1 如图 6-10 所示,一根长为 L 的铜棒在均匀磁场 B 中垂直于磁场的平面内,绕其一端 O 以角速度 ω 匀速转动,求铜棒上的动生电动势,要求指明其方向。

解 对于本题我们可以采取两种办法求解,现在让我们对比一下这两种办法。

(1)用电动势的定义直接求解

本题虽然 L 是直导线,磁场为均匀场,B、L、v 也两两正交,但铜棒在旋转过程中,

图 6-10 例 6.3.1 用图

棒上各处的线速度均不相同,故不能直接套用 E = BLv 来计算,必须用积分法来进行求解。

在铜棒上距 O 点为 l 处取一长度元矢量 dl,规定其方向由 O 指向 a,则该长度元上的电动势为

$$dE = (v \times B) \cdot dl = vB\sin\frac{\pi}{2}\cos\pi dl$$

$$= -vBdl = -\omega lBdl$$

整个铜棒上的电动势为

$$E = \int_0^L -\omega lBdl = -\omega B\int_0^L ldl = -\frac{1}{2}\omega B L^2$$

式中的负号表示 E 的方向与所选取的积分正方向(长度元矢量 dl 的方向)相反,即电动势 E 的方向是由 a 指向 O,或者说 O 端电势高。

(2)用法拉第电磁感应定律求解

铜棒在转动过程中 t 时间内转过的角设为 θ,所扫过的面积 S 为一扇形,其面积为

$$S = \frac{1}{2}L^2\theta = \frac{1}{2}L^2\omega t$$

以扇形边缘沿顺时针方向取作回路绕行的正方向,则 S 的正法线方向垂直纸面向里,即磁场 B 与面矢量 S 方向相同,所以通过扇形面积的磁通量为

$$\Phi_m = B \cdot S = BS\cos 0 = BS = \frac{1}{2}BL^2\omega t$$

由电磁感应定律得

$$E = -\frac{d\Phi_m}{dt} = -\frac{1}{2}BL^2\omega$$

E < 0 表示它的方向与所选回路绕行正方向相反,即由 a 指向 O,O 端电势高。此结果与第一种解法结论一致。

例 6.3.2 如图 6-11 所示,长直导线中通有稳恒电流 I,另一长为 l 的金属棒 AB 以 v 的速率平行于长直导线向上做匀速运动。两者同在纸面上,相互垂直,且棒的 A 端与长直导线的距离为 d,求棒中的动生电动势。

解 建立如图所示坐标系,在金属棒上距长直导线 x 处取长度元 dx,选取正方向由 A 指向 B,该处磁感应强度的大小为

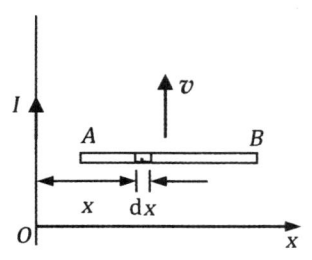

图 6-11 例 6.3.2 用图

$$B = \frac{\mu_0 I}{2\pi x}$$

磁感应强度的方向垂直纸面向里,与金属棒的速度方向垂直,则在长度元 dx 上产生的动生电动势为

$$dE = (v \times B) \cdot dl = vB\sin\frac{\pi}{2}\cos\pi dx = -vBdx = -\frac{\mu_0 Iv}{2\pi x}dx$$

整个金属棒上的动生电动势为

$$E = \int_d^{d+l} -\frac{\mu_0 Iv}{2\pi x}dx = -\frac{\mu_0 Iv}{2\pi}\int_d^{d+l}\frac{1}{x}dx = -\frac{\mu_0 Iv}{2\pi}\ln\frac{d+l}{d}$$

式中的负号表示电动势的方向与选取的正方向由 A 指向 B 方向相反,即电动势的方向由 B 指向 A ,所以 A 端电势高。

现在我们总结有关动生电动势的计算方法:(一)利用动生电动势的定义式(6.3.1)直接计算,这时要在运动导体上选定 dl,弄清 dl 的速度 v 和 dl 所在处的 B 。一般情况下,在积分路径上不同 dl 处的 v 和 B 是各不相同的,特别要注意确定各个物理量及它们之间的夹角关系。正确的写出定义式进行求解。(二)根据导体在单位时间内切割磁场线数即法拉第电磁感应定律进行式(6.2.1)计算。

第四节 感生电动势 感生电场

在如图 6-12 所示实验中,将带有小灯泡的小线圈放置在螺线管的铁芯之上,给螺线管通以 220V 的工频交流电,这时将会看到小灯泡发光。这是因为螺线管中的交流电激发出随时间变化的磁场,因而穿过小线圈的磁通量也就随时间变化,根据法拉第定律,在小线圈中就会有感应电动势产生。这种静止于时变磁场中的导体回路,由于磁场的变化而产生的电动势称为感生电动势。

一、感生电动势的非静电力

小灯泡发光是有电流通过的结果,那么,驱动小线圈中电荷运动形成电流的非静电力是什么力呢?可以肯定,它不是洛伦兹力,因为线圈静止不动,它也不是库仑力,因为库仑力是静止电荷产生的,而这里没有静止电荷。显然,在小线圈中驱动电荷做定向运动的力是一种当时人们还没有认识的非静电力。为了探索感生电动势非场力的本质,麦克斯韦分析了有关实验,他注意到感生电动势是由变化的磁场所引起的。透过这一客观事实,他敏锐地感觉到,感生电动势产生的原因预示着一种与变化的磁场相联系的新效应,又考虑到实验线圈中的静止电荷所受的力应该是一种电场力。于是,麦克斯韦假设:随时间变化的磁场在其周围激发一种新的电场,这种电场具有涡旋性,称为感生电场,场强以 E_i 表示。感生电场对电荷有力的作用($F = qE_i$),正是这种感生电场力充当了产生感生电动势的非静电力,驱动电荷在导体中做定向运动。

实验表明感生电动势与导体的性质及回路的形状无关,仅取决于磁场的变化。感生电场与静电场的相同点是,它们都是一种客观存在的物质,它们对电荷都有作用力。与静电场的区别是,感生电场不是由电荷激发的,而是由变化的磁场激发的,其电场线是无头无尾的,即 $\oint E_i \cdot dl \neq 0$,因而感生电场不是保守场,所以在感生电场中不能引入电势的概念。

二、感生电场

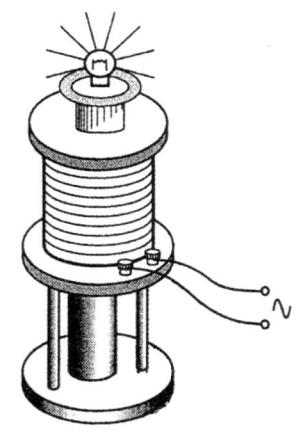

图 6-12 感生电动势

(一)感生电场的环路定理

静电场的环路定理 $\oint_L E_s \cdot dl = 0$ 表明静电场是保守场,电场力做功与路径无关。而感生电场则不同,单位正电荷在感生电场中绕闭合回路一周,感生电场力所做的功不等于零,而等于回路中的感生电动势,即

$$\mathcal{E} = \oint_L E_i \cdot dl = -\frac{d\Phi_m}{dt} \tag{6.4.1}$$

式中 Φ_m 为回路 L 所围曲面上的磁通量。上式表明感生电场的环流不等于零,这就是说感生电场是非保守力场。同时它也说明感生电场的电场线是无头无尾的闭合曲线。一簇这样的电场线很像水的漩涡,所以也常把感生电场叫作涡旋电场。

由于磁通量 $\Phi_m = \int_S B \cdot dS$,所以式(6.4.1)可以写成如下形式

$$\oint_L E_i \cdot dl = -\frac{d\Phi_m}{dt} = -\frac{d}{dt}\int_S B \cdot dS$$

式中 S 是以回路 L 为边界的曲面。当回路不变动时,可以将对时间的导数和对曲面的积分两个运算的顺序颠倒,故

$$\oint_L E_i \cdot dl = -\int_S \frac{dB}{dt} \cdot dS$$

考虑到 B 不仅是时间的函数,也是空间坐标的函数,所以有

$$\oint_L E_i \cdot dl = -\int_S \frac{\partial B}{\partial t} \cdot dS \tag{6.4.2}$$

这就是感生电场的环路定理,它给出了变化的磁场 $\partial B/\partial t$ 和它所激发的感生

电场 E_i 之间的定量关系。一般情况下，空间总电场是静电场和感生电场的叠加，即

$$E = E_s + E_i$$

而 $\oint_L E_s \cdot dl = 0$，所以总的电场强度的环路积分为

$$\oint_L E \cdot dl = -\int_S \frac{\partial B}{\partial t} \cdot dS \tag{6.4.3}$$

上式为麦克斯韦方程组中四个方程之一。

(二)感生电场的高斯定理

因为感生电场的电场线是无头无尾的闭合曲线，所以，在感生电场中，通过任意闭合曲面的电通量恒为零，即

$$\Phi_e = \oint_S E_i \cdot dS = 0 \tag{6.4.4}$$

这就是感生电场的高斯定理，它表明感生电场是无源场。

综上所述，在自然界中存在着两种不同的电场：一种是由电荷所激发的静电场，静电场的电场线不闭合，它是有源场，场强环流恒为零，它是有势场。另一种是由变化的磁场所激发的感生电场，感生电场的电场线是闭合曲线，该场为无源场，场强环流不为零，它是非势场。这两种电场的性质迥然不同，其唯一的共性是它们都能对场中的电荷施以力的作用，而且正是有了感生电场力才形成了感生电动势。

例6.4.1 长直螺线管通以随时间变化的电流，即可在半径为 R 的圆柱形空间内获得随时间变化的均匀圆柱形磁场，其横截面如图6–13所示，当磁感应强度 B 的大小以恒定时间变化率 $\partial B/\partial t$ 变化时，求感生电场的分布。

解 由于磁场是轴对称的，所以感生电场也是轴对称的，它们是以轴为圆心的一系列同心圆。以 O 为圆心、r 为半径的圆形为积分闭合回路，该回路上各点感生电场的场强大小相等，方向与回路相切。选取积分回路的正方向为顺时针方向，由式(6.4.2)有

$$\oint_L E_i \cdot dl = 2\pi r E_i = -\int_S \frac{\partial B}{\partial t} \cdot dS = -\int_S \frac{\partial B}{\partial t} \cos 0 dS = -\frac{\partial B}{\partial t} \pi r^2$$

当 $r < R$ 时，

$$2\pi r E_i = -\frac{\partial B}{\partial t} \pi r^2$$

所以

$$E_i = -\frac{1}{2} r \frac{\partial B}{\partial t}$$

式中的负号表示感生电场所产生的磁场是阻碍原磁场变化的。当 $\partial B/\partial t > 0$ 时，$E_i < 0$，感生电场线方向与所取回路的正方向相反，即沿着逆时针方向；当 $\partial B/\partial t < 0$ 时，$E_i > 0$，感生电场线方向与所取回路的正方向相同，即沿着顺时针方向。

当 $r > R$ 时，

$$2\pi r E_i = -\frac{\partial B}{\partial t}\pi R^2$$

所以

$$E_i = -\frac{R^2}{2r}\frac{\partial B}{\partial t}$$

式中负号意义与前面当 $r < R$ 时一样理解。

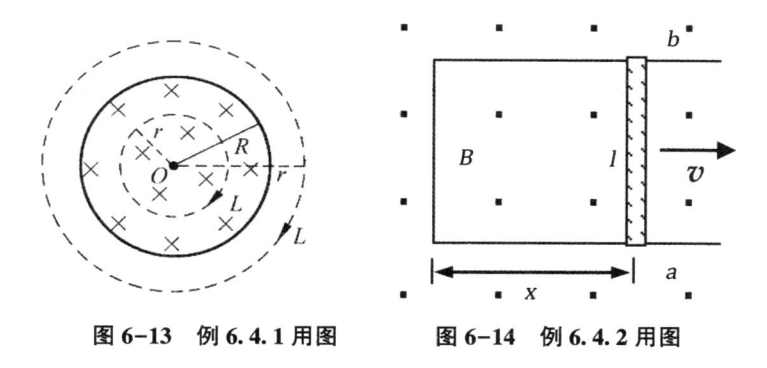

图 6-13 例 6.4.1 用图　　图 6-14 例 6.4.2 用图

例 6.4.2 如图 6-14 所示，均匀磁场与导体回路平面垂直，磁感应强度 B 的大小随时间按规律 $B = kt$ 变化，式中 k 为大于零的常数。ab 边长为 l，以速度 v 向右运动，求任意时刻回路中的感应电动势。（设 $t = 0$ 时，$x = 0$）

解 在本题的情况下，回路中既有动生电动势，也有感生电动势。沿逆时针方向选取回路绕行的正方向，则以回路为边界的曲面正法线方向 n 垂直纸面向外，所以

$$E = E_{动生} + E_{感生} = \int_L (v \times B) \cdot dl - \int_S \frac{\partial B}{\partial t} \cdot dS$$

$$= \int_0^l vB\sin\frac{\pi}{2}\cos\pi dl - \int_S \frac{\partial B}{\partial t}\cos 0 dS = -vB\int_0^l dl - k\int_S dS$$

$$= -vBl - kS = -kvlt - klx = -kvlt - klvt = -2kvlt < 0$$

E 的负号表示感应电动势的方向与所选取回路的正方向——逆时针方向相反，即 E 的方向沿顺时针方向。

本题也可以用法拉第电磁感应定律求解如下：

仍然选取逆时针方向为回路正方向,则任意时刻 t 回路平面的磁通量为

$$\Phi_m(t) = B \cdot S = BS\cos 0 = BS = kt \cdot lvt = klv\, t^2$$

所以感应电动势为

$$E = -\frac{d\Phi_m}{dt} = -\frac{d}{dt}(klv\, t^2) = -2klvt$$

结果与前面的结果一样,负号的意义也一样。

三、电子感应加速器

电子感应加速器是利用感生电场来加速电子运行的一种设备,其构造原理如图 6-15 所示。一环形真空管道放置在柱形电磁铁的两极间,该环形真空管道就作为电子的运行轨道。工作时,电磁铁中通过以高频交变电流,在两极间产生交变的磁场,因而在环形管道内产生很强的感生电场。由电子枪射入真空室中的电子被磁场中的洛伦兹力控制在真空室圆周轨道上运行。

因为磁场是交变的,因此产生的感生电场的方向也是交变的。为了保证电子在加速期间始终被加速而不脱离轨道,应考虑到磁场的方向及其变化的单调性。由于电子带负电,所以只有当磁场变化是在第一个或第四个 1/4 周期的情况下,才能产生使电子加速的感生磁场;但在第四个 1/4 周期内,电子受到的洛伦兹力是离心的。因此只有在磁场变化的第一个 1/4 周期内,电子才被加速并沿着圆形轨道运动。

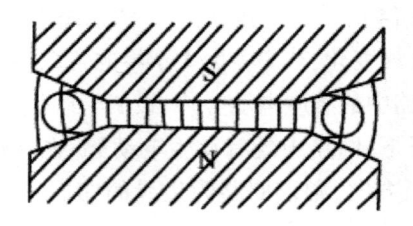

图 6-15 电子感应加速器

第五节 自感 互感

我们已经知道,充电后的电容器中储存一定的电场能量。那么,一个通有电流的电感器中是否也储存了某种形式的能量呢?让我们用图 6-16 所示的实验事实来回答这个问题。当开关 K 断开后,灯泡先是猛然一亮,然后再逐渐熄灭。这

是因为当切断电源时,线圈 L 中产生感应电动势,进而在线圈 L 和灯泡 A 组成的闭合回路中形成感应电流。在这个过程中,电源已不再向灯泡供给能量,那么这个能量是从哪里来的呢? 由于使灯泡闪亮的电流是线圈中的自感电动势产生的电流,而这个电流随着线圈中磁场的消失而逐渐消失。所以可以认为使灯泡闪亮的能量原来储存在通有电流的线圈 L 中,确切地说是储存在线圈内的磁场中,这种能量叫作磁场能量。

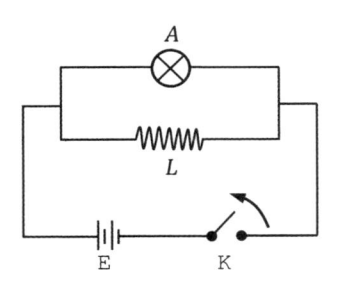

图 6-16 自感现象演示

一、自感

当导体回路中的电流随时间发生变化时,该电流所激发的磁场穿过自身回路所围面积的磁通量也会发生变化,按照法拉第电磁感应定律,在该回路中会产生感应电动势。这种由于回路中电流发生变化,从而在自身回路中产生感应电动势的现象称为自感现象,所产生的感应电动势称为自感电动势。

自感现象可以通过图 6-16 所示实验来演示。当迅速把开关 K 断开时,可以看到灯泡 A 先是猛然一亮,然后再逐渐熄灭。这是因为当切断电源时,流过线圈 L 的电流发生变化,根据 $B = \mu_0 nI$ 知,线圈内部空间的磁感应强度发生变化,进而导致穿过线圈自身的磁通量 Φ_m 发生变化,由法拉第电磁感应定律 $E = -d\Phi_m/dt$ 知在线圈自身中会产生电动势,这个自感电动势在由线圈 L 和灯泡 A 组成的闭合回路中引起感生电流。

根据毕奥-萨伐尔定律,若线圈中通过电流 I,导体线圈的大小和形状保持不变,并且在周围无铁磁质的情况下,线圈中的电流 I 与它所激发的磁感应强度 B 成正比,又由 $\Phi_m = \int_s B \cdot dS$ 和 $\Psi_m = N\Phi_m$ 可知线圈中电流 I 与通过线圈的磁链 Ψ_m 成正比,即

$$\Psi_m = LI \tag{6.5.1}$$

式中比例系数 L 称为自感系数,简称自感。它是一个表示线圈本身性质的物理量,它的大小取决于线圈的形状、大小、匝数以及周围磁介质的磁导率,而与线圈中通过的电流无关。在国际单位制中,自感的单位为亨(利),符号是 H,常用的单位还有 mH 和 μH,$1H = 10^3 mH = 10^6 \mu H$。

根据法拉第电磁感应定理,线圈中的自感电动势为

$$EL = -\frac{d\Psi_m}{dt} = -\frac{d}{dt}(LI)$$

当线圈本身参数不变(即 L 一定)时,自感系数是一个常量,所以

$$EL = -L\frac{dI}{dt} \tag{6.5.2}$$

式中负号表示自感电动势将反抗线圈中电流的改变。当电流增加时,自感电动势与原来电流的方向相反;当电流减小时,自感电动势与原来电流的方向相同。换句话说就是:任何载流线圈都具有力图保持原有电流不变的特性,这种性质被称为"电磁惯性"。由上式可知,对于相同的电流变化率 dI/dt,L 越大,自感电动势 EL 也就越大,回路中原有电流越难以改变。所以,自感系数 L 是电路电磁惯性的量度,如同电阻和电容一样,它也是电路的基本参数。自感系数的计算一般都比较复杂,常由实验来测定,只有少数几种简单的情况可以通过计算求得。

例6.5.1 有一长直螺线管,长为 l,横截面积为 S,线圈的总匝数为 N,螺线管中磁介质的相对磁导率为 μ_r,求该螺线管的自感系数。

解 设螺线管中通有电流 I,则螺线管内的磁感应强度为

$$B = \mu_r B_0 = \mu_r \mu_0 nI = \mu_0 \mu_r \frac{N}{l} I$$

通过每匝线圈的磁通量为

$$\Phi_m = BS = \mu_0 \mu_r \frac{N}{l} IS$$

通过螺线管的磁链为

$$\Psi_m = N\Phi_m = \mu_0 \mu_r \frac{N^2 IS}{l}$$

根据磁链与电流的关系式 $\Psi_m = LI$,得

$$L = \frac{\Psi_m}{I} = \mu_0 \mu_r \frac{N^2 S}{l}$$

如果记螺线管的体积 $V = Sl$,则上式可写为

$$L = \mu_0 \mu_r \frac{N^2 S}{l} = \mu_0 \mu_r \frac{N^2 Sl}{l^2} = \mu_0 \mu_r n^2 V$$

可见,自感系数只与螺线管本身的结构和周围磁介质有关,而与通过螺线管的电流无关。

自感线圈是一个重要的电路元件,在电路中它具有"通直流,阻交流;通低频,阻高频"的特性。这些特性使自感现象在电工和无线电技术中有着广泛的应用。利用自感线圈反抗电流变化的特性,可以稳定电路里的电流。日光灯线路中的镇

流器正是利用这一特性平抑照明电路里电流的波动,使点亮后的灯管里的电流不至于脉动过大,从而能够平稳发光。利用自感线圈"通低频,阻高频"的特性,可以将自感线圈与电容器组合而构成滤波电路,使某些频率的交流信号能够顺利通过,而将另外一些频率的交流信号挡住,从而达到滤波的目的。还可以利用自感线圈与电容器构成谐振电路,无线电信号接收回路就是谐振电路的典型应用。改变谐振电路中可变电容器的电容,即可改变本机的固有振荡频率,使它与外来的某一无线电信号的频率接近,产生电磁共振,实现接收该信号的目的。

然而自感现象在有些情况下又是非常有害的。例如大功率的发电机、电动机等,它们的线包都具有很大的自感系数,如果突然断电,由于电路中的电流变化很快,在电路中则会产生很大的自感电动势(有时会达到原电压的几百倍),以致击穿线包本身的绝缘保护层,或者击穿电闸断开间隙中的空气,产生强烈的电弧,引发严重事故。为此,在工业上,常用逐渐增加电阻的方法,逐步减小电流,最后断开电路。对于大电流电力系统中的开关,附加灭弧装置(例如把开关浸在绝缘油中)。

二、互感

当线圈中的电流发生变化时,不仅使线圈内产生自感电动势,还使穿过邻近线圈的磁通量也发生变化。根据电磁感应定律,邻近线圈中也会因此产生感应电动势,这种现象称为互感现象,这样的电动势称为互感电动势。由于在互感现象中,将交变信号或能量从一个回路转移到另一个回路中去,这种转移信号或能量的方式叫作感应耦合,这样的两个回路通常也叫作耦合回路。

显然,一个线圈中的互感电动势不仅与另一个线圈中的电流变化的快慢有关,并且与两个线圈的结构以及它们的相对位置有关。如图 6-17 所示,假设两个线圈的位置固定,周围介质的磁导率也不变。根据毕奥-萨伐尔定律和磁通量计算公式 $\Phi_m = \int_S \boldsymbol{B} \cdot d\boldsymbol{S}$ 和磁链 $\Psi_m = N\Phi_m$,回路 1 中的电流 I_1 所产生的穿过回路 2 中的磁链 Ψ_{21} 与 I_1 成正比,即

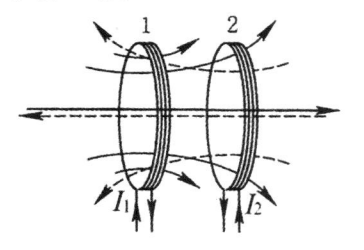

图 6-17 两线圈之间的互感

$$\Psi_{21} = M_{21} I_1 \tag{6.5.3}$$

式中的比例系数 M_{21} 称作回路 1 对回路 2 的互感系数,简称互感。根据法拉第电磁感应定律,当电流 I_1 发生变化时,在回路 2 中产生的互感电动势为

$$E21 = -\frac{d\Psi_{21}}{dt} = -M_{21}\frac{dI_1}{dt} \qquad (6.5.4)$$

同理,由回路 2 中 I_2 所产生的穿过回路 1 中的磁链 Ψ_{12} 与 I_2 成正比,即

$$\Psi_{12} = M_{12}I_2$$

上式中 M_{12} 为回路 2 对回路 1 的互感系数。当电流 I_2 发生变化时,在回路 1 中产生的互感电动势为

$$E12 = -\frac{d\Psi_{12}}{dt} = -M_{12}\frac{dI_2}{dt} \qquad (6.5.5)$$

理论和实验都证明,对于任意形状的两个回路,一般用一个统一的符号 M 来表示,即 $M_{21} = M_{12} = M$。以后讨论问题时,将不再区分哪一个线圈对哪一个线圈的互感系数。互感系数只与回路形状、相对位置以及周围磁介质的磁导率有关,它的国际单位是亨(利),与自感系数的单位相同。

式(6.5.4)和式(6.5.5)都表明,一个线圈中的互感电动势正比于另一个线圈中的电流变化率,也正比于它们的互感系数。所以当电流随时间的变化率一定时,互感电动势就取决于互感系数。互感系数越大,互感电动势也就越大。所以,互感系数是一个表示两个电路耦合程度的物理量。

互感系数一般由实验来测定,只有少数几种简单情形可用计算方法得到。电路中能产生感生电动势的元件称为电感(器),自感和互感线圈就是重要的电感。

例 6.5.2 变压器是根据互感原理制成的。如图 6-18 所示,设某一变压器的原线圈和副线圈是两个长度都为 l,横截面积都为 S 的同轴长直螺线管,它们的匝数分别是 n_1 和 n_2,螺线管中磁介质的磁导率为 μ,求该螺线管原副线圈间的互感系数。

解 设原线圈中通有电流 I_1,它在线圈内部所产生的磁感应强度

$$B = \mu\frac{n_1}{l}I_1$$

则通过副线圈的磁链为

$$\Psi_{21} = n_2\Phi_{21} = n_2BS = \mu\frac{n_1n_2S}{l}I_1$$

根据互感系数的定义 $\Psi_{21} = MI_1$,得

$$M = \frac{\Psi_{21}}{I_1} = \mu\frac{n_1n_2S}{l}$$

互感现象在无线电技术和电磁测量中有着广泛的应用。利用互感现象,可以方便地把交变电信号或者能量从一个回路转移给另一个回路,而无需将两个回路

连接起来。各种变压器都是根据互感原理制成的互感器件。

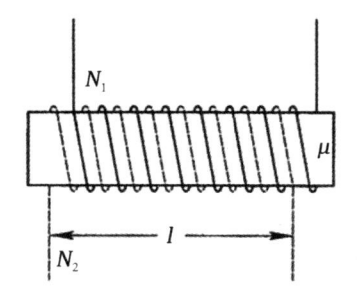

图 6-18　例 6.5.2 用图

在某些情况下,互感也是有害的。例如有线电话往往由于两路电话之间的互感而引起串音,无线电设备中也往往由于导线间或器件间的互感而妨碍正常工作。在这种情况下必须采取磁屏蔽的方法以减少互感的干扰。

一般来说,自感系数和互感系数是不容易通过计算求出的。问题的关键在于能否找到磁通量的表达式。在自感情况下,能够找出回路中电流产生的磁场,穿过自身回路的磁通量。在互感情况下,能否找出回路 1 中电流产生的磁场穿过回路 2 中的磁通量,或者找出回路 2 中的电流产生的磁场穿过回路 1 中的磁通量。然后再根据自感系数和互感系数的定义,求出自感和互感。只有对于规则形状的回路,如圆线圈、长直密绕螺线管、长直通电导线等磁场比较容易求出的模型才有可能通过定义计算出自感和互感。

第六节　磁场的能量

与电场类似,磁场中也储有能量。这一能量来源于电流建立过程中电源克服自感电动势所做的功。自感为 L 的线圈中通有电流 I 时所储存的磁场能量应该等于该电流消失过程中所做的功,此功可计算如下:以 idt 表示图 6-16 中断开开关 K 后的某一时间间隔 dt 内通过灯泡的电量,则在 dt 这段时间内电流所做的功为

$$dA = \mathrm{EL}\, idt = -L\frac{di}{dt}idt = -Lidi$$

感应电流由起始值 I 减小到零的过程中所做的总功为

$$A = \int_I^0 -Lidi = -\frac{1}{2}L\,[i^2]_I^0 = \frac{1}{2}LI^2$$

因此，自感为 L 的线圈中通有电流 I 时所储存的磁场能量为

$$W_m = \frac{1}{2}LI^2 \tag{6.6.1}$$

W_m 称为自感磁能。与电容 C 储能作用一样，自感线圈 L 也是一个储能元件。当放电时，这部分能量会全部释放出来。自感储能在实践中有很多重要的应用。例如电感储能焊接，就是将线圈中储存的能量在较短的时间内释放出来，通过耦合作用在所需焊接的工件的局部范围内，产生大量的焦耳热，达到焊接的目的。在受控热核反应中，也用到了自感储能。同样是将线圈中逐渐积累起来的能量在短时间内释放出来，用来提供一个强脉冲磁场，借以对超高温等离子体实现磁约束。

我们知道，磁场的性质是用描述磁场的物理量 B 或 H 来描述的。为简单起见，我们以长直螺线管为例来导出这个表达式。由例 6.5.1 知，长直螺线管的自感系数 $L = \mu n^2 V$，螺线管中通有电流 I 时，管内磁场的磁感应强度 $B = \mu n I$。因此，管内磁场能量为

$$W_m = \frac{1}{2}LI^2 = \frac{1}{2}\mu n^2 V \left(\frac{B}{\mu n}\right)^2 = \frac{1}{2}\frac{B^2}{\mu}V$$

因为管内磁场是均匀分布的，因此，螺线管内单位体积中的磁场能量——磁场能量密度为

$$w_m = \frac{W_m}{V} = \frac{1}{2}\frac{B^2}{\mu}$$

对于各向同性的介质，由于 $B = \mu H$，所以上式可以写成

$$w_m = \frac{1}{2}\frac{B^2}{\mu} = \frac{1}{2}\mu H^2 = \frac{1}{2}BH \tag{6.6.2}$$

这一结果虽然是从长直螺线管这一特例推出来的，但是，可以证明它具有普遍性，在任意磁场中均成立。

对于均匀磁场来说，磁场能量 W_m 就等于磁能密度 w_m 乘以磁场体积 V，即 $W_m = w_m V$。当磁场不均匀时，则可把磁场划分为许多体积微元 dV，在任一小体积内，磁场可以认为是均匀的，故体积微元内的磁场能量为

$$dW_m = w_m dV$$

则磁场所储存的总能量为

$$W_m = \int_V dW_m = \int_V w_m dV \tag{6.6.3}$$

例 6.6.1 同轴电缆由内外两个共轴圆柱面所组成，其横截面如图 6-19 所示。内外圆柱面的半径分别为 r_1 和 r_2，电流 I 沿内圆柱面垂直纸面流出，沿外圆柱

面垂直纸面流入。试求：(1)长为 l 的一段电缆中所储存的磁场能量。(2)该段电缆的自感系数。

解 （1）根据安培环路定理可以求得：内圆柱面内、外圆柱面外空间不存在磁场，而两圆柱面之间的磁感应强度大小为

$$B = \frac{\mu I}{2\pi r}(r_1 < r < r_2)$$

磁场能量密度为

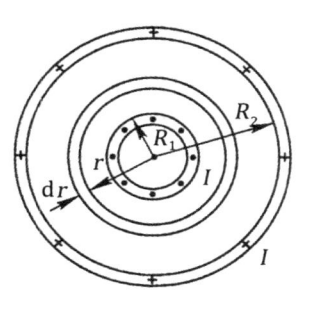

图 6-19 例 6.6.1 用图

$$w_m = \frac{1}{2}\frac{B^2}{\mu} = \frac{1}{2\mu}\left(\frac{\mu I}{2\pi r}\right)^2 = \frac{\mu I^2}{8\pi^2 r^2}$$

取长为 l，半径为 r，厚度为 dr 的薄圆筒为体积元，则 $dV = 2\pi r l dr$，

$$dW_m = w_m dV = \frac{\mu I^2}{8\pi^2 r^2} \times 2\pi r l dr = \frac{\mu I^2 l}{4\pi}\frac{dr}{r}$$

所以，长为 l 的一段电缆中所储存的磁场能量为

$$W_m = \int_V dW_m = \int_{r_1}^{r_2}\frac{\mu I^2 l}{4\pi}\frac{dr}{r} = \frac{\mu I^2 l}{4\pi}\ln\frac{r_2}{r_1}$$

（2）由 $W_m = \frac{1}{2}LI^2 = \frac{\mu I^2 l}{4\pi}\ln\frac{r_2}{r_1}$ 可得

$$L = \frac{\mu l}{2\pi}\ln\frac{r_2}{r_1}$$

这说明从自感储能公式出发，也可以求出自感元件的自感系数。

第七节* 麦克斯韦电磁场理论简介

我们知道，在稳恒条件下，磁场中的安培环路定理为 $\oint_L H \cdot dl = I$，其中 I 是穿过以闭合回路 L 为边界的任意曲面 S 的传导电流。那么在非稳恒条件下，这个定理是否仍然成立呢？

如图 6-20 所示，在电容器充电或放电的过程中，导线中的电流随时间改变，显然是一个非稳恒过程。在极板 A 的附近取一个闭合回路 L，以 L 为边界做两个曲面 S_1 和 S_2，其中 S_1 与导线相交，而 S_2 穿过极板之间。如果以曲面 S_1 作为依据，则有 $\oint_L H \cdot dl = I$；如果以曲面 S_2 作为依据，则有 $\oint_L H \cdot dl = 0$。以上两式是相互矛盾

203

的,所以在非稳恒的条件下,安培环路定理不再适用,必须以新的规律来代替它,这就是全电流安培环路定理。麦克斯韦在前人实践的基础上,经过研究提出"变化的磁场产生有旋电场"和"变化的电场产生磁场"两个假设,并用一组方程概括了全部电场和磁场的性质和规律,建立了完整的电磁场理论基础。本节简单介绍麦克斯韦理论的基本概念及其积分方程组。

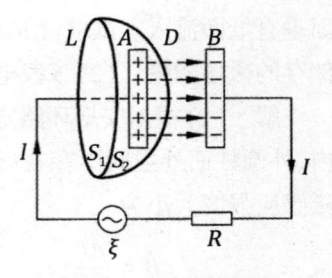

图 6-20 位移电流

一、位移电流 全电流安培环路定理

在图 6-20 中,设平行板电容器的极板面积为 S,某一时刻极板 A 上的电荷面密度为 σ,电量 $q = \sigma S$,传导电流 I_0 等于电容器极板上电量的变化率,即

$$I_0 = \frac{dq}{dt}$$

根据介质中的高斯定理,式(4.6.9) $\Phi_D = \oint_S D \cdot dS = \sum q_{0,in}$ 应用于图中平行板电容器的正极板上,得

$$\Phi_D = \oint_S D \cdot dS = \sum q_{0,in} = q$$

所以

$$I_0 = \frac{dq}{dt} = \frac{d\Phi_D}{dt}$$

式中的 I_0 为导线中的传导电流。此式表明,在两极板间虽然没有传导电流,但存在着随时间变化的电位移通量,且传导电流与电位移通量的时间变化率大小相等。麦克斯韦认为上述矛盾的出现把传导电流当作 H 环流的唯一决定因素,而传导电流在电容器两极板间却中断不连续了。为了使电流连续性在这种非稳恒条件下也能够成立,麦克斯韦把变化的电场看作电流,提出了位移电流 I_d 的概念,其定义为

$$I_d = \frac{d\Phi_D}{dt} = \frac{d}{dt}\oint_S D \cdot dS = \oint_S \frac{dD}{dt} \cdot dS \qquad (6.7.1)$$

将电流的概念扩充后,在电容器极板间中断的传导电流 I 被位移电流 I_d 接替,使电路中电流保持连续不断。麦克斯韦把传导电流 I_0 与位移电流 I_d 一起称为全电流 I_t,即

$$I_t = I_0 + I_d \tag{6.7.2}$$

在上述非闭合、电流不恒定的电路中,全电流 I_t 是保持连续的。于是,在电流非恒定的情况下安培环路定理应推广为

$$\oint_L H \cdot dl = \sum I + \frac{d\Phi_D}{dt} \tag{6.7.3}$$

这就是全电流安培环路定理,也叫作磁场的安培环路定理。它表明除了传导电流能产生有旋磁场外,位移电流也能产生有旋磁场。需要注意的是,位移电流只表示电位移通量的变化率,而不是真实的电荷在空间中运动。明显地,形成位移电流不需要导体,也不会产生热效应,即使在真空中也可以有位移电流存在。

麦克斯韦关于位移电流假设的实质是变化的电场可以激发磁场。应该注意,位移电流和传导电流仅在激发磁场方面是等效的。位移电流实质上是变化的电场,而传导电流则是电流的定向运动,而且,传导电流通过导体时会产生焦耳热,位移电流则不会形成焦耳热。

例 6.7.1 如图 6-21 所示,一个空气平行板电容器的两极板都是半径为 $R=5cm$ 的圆板。在充电过程中,两极板间电场强度的变化率为 $dE/dt = 2.0 \times 10^{12} V/(m \cdot s)$。试求:(1)极板间的位移电流 I_d;(2)极板边缘处的磁感应强度 B 的大小。

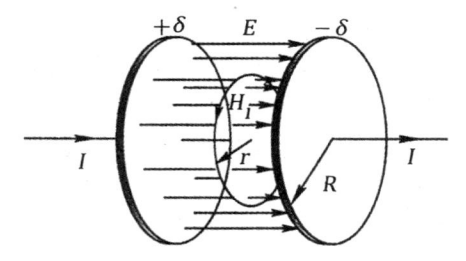

图 6-21 例 6.7.1 用图

解 (1)根据定义,位移电流

$$I_d = \frac{d\Phi_D}{dt} = \frac{d}{dt}\oint_S D \cdot dS$$

$$= \frac{d}{dt}(D \cdot \pi R^2) = \frac{d}{dt}(\varepsilon_0 E \cdot \pi R^2) = \varepsilon_0 \pi R^2 \frac{dE}{dt}$$

$$= 8.85 \times 10^{-12} \times 3.14 \times (5 \times 10^{-2})^2 \times 2.0 \times 10^{12} = 1.4 \times 10^{-1}(A)$$

(2)两极板间的电场是均匀分布的,由对称性可知,随时间变化的电场 dE/dt 所激发的磁场强度 H 具有轴对称性。磁场线是以两极板中心连线为对称轴的圆形曲线。选取如图 6-21 所示的半径为 r 的圆形为积分回路,显然,回路上各点的磁场强度 H 的大小相等,根据全电流安培环路定理

$$\oint_L H \cdot dl = \sum I + \frac{d\Phi_D}{dt} = 0 + \oint_S \frac{dD}{dt} \cdot dS$$

计算得

$$H \cdot 2\pi r = \frac{dD}{dt} \cdot \pi r^2$$

$$H = \frac{1}{2}r\frac{dD}{dt} = \frac{1}{2}r\varepsilon_0\frac{dE}{dt}$$

所以

$$B = \mu_0 H = \frac{1}{2}\mu_0\varepsilon_0\frac{dE}{dt}r \quad (r \leq R)$$

代入数值得

$$B = \frac{1}{2} \times 4 \times 3.14 \times 10^{-7} \times 8.85 \times 10^{-12} \times 2.0 \times 10^{12}r = 1.11 \times 10^{-5}r$$

当 $r = R = 0.05\text{m}$ 时，

$$B = 1.11 \times 10^{-5} \times 0.05 = 5.56 \times 10^{-7}(\text{T})$$

二、麦克斯韦方程组的积分形式

前面我们分别介绍了麦克斯韦关于感生电场和位移电流这两个假设。感生电场假设指出了变化的磁场激发感生电场，位移电流假设又指出了变化的电场激发变化的磁场，这两个假设揭示了电场和磁场之间的内在联系。存在变化电场的空间必然存在变化磁场，同样，存在变化磁场的空间也必然存在变化电场，变化的电场和变化的磁场密切联系在一起，组成一个统一的电磁场，这就是麦克斯韦关于电磁场的基本概念。

图6-22 麦克斯韦

通过前面研究的静电场和稳恒磁场所遵循的规律，我们可以得到以下结论：
（一）静电场的高斯定理

$$\oint_S D \cdot dS = \sum q_0$$

它表明静电场是有源场，电荷是电场的源。
（二）静电场的环路定理

$$\oint_L E \cdot dl = 0$$

它表明静电场是保守场，或者是无旋场。
（三）稳恒磁场的高斯定理

$$\oint_S B \cdot dS = 0$$

它表明稳恒磁场是无源场。

(四)稳恒磁场的安培环路定理

$$\oint_L H \cdot dl = \sum I$$

它表明稳恒磁场是非保守场,或者说有旋场。

对于一般电磁场,麦克斯韦在引入感生电场和位移电流两个重要概念后,总结了电场和磁场之间相互激发的规律,对描述静电场和稳恒磁场的方程进行了推广,这样就得到了在一般情况下电磁场所满足的四个基本方程:

(一)电场的高斯定理

$$\oint_S D \cdot dS = \sum q_0 \qquad (\text{I})$$

(二)电场的环路定理

$$\oint_L E \cdot dl = -\int_S \frac{\partial B}{\partial t} \cdot dS \qquad (\text{II})$$

(三)磁场的高斯定理

$$\oint_S B \cdot dS = 0 \qquad (\text{III})$$

(四)全电流的安培环路定理

$$\oint_L H \cdot dl = \sum I + \frac{d\Phi_D}{dt} \qquad (IV)$$

这四个方程就被称为麦克斯韦方程组的积分形式。

麦克斯韦方程组的物理意义简述如下:

方程(I)是电场的高斯定理(电场通量定理),它给出电场强度和电荷的关系,其中电场既包括电荷产生的,也包括变化磁场产生的,而后者电场线闭合,对电通量无影响。

方程(II)是法拉第电磁感应定律(电场环流定理),说明变化的磁场产生有旋电场。即使电荷的电场存在,由于其无旋性,所以总电场还是符合这一规律。

方程(III)是磁场的高斯定理(磁场通量定理),它说明自然界中无"磁单极",磁感应线总为闭合曲线,因而此方程也称为磁通连续原理。

方程(IV)是全电流安培环路定理(磁场环流定理),它说明电流和变化的电场都能产生磁场。

麦克斯韦电磁理论是从宏观的电磁现象总结出来的,可以应用在各种宏观电磁现象中,它全面反映了电磁场的基本性质,阐明了电场和磁场之间的联系,麦克斯韦方程组的建立是19世纪物理学发展史上一个重要的里程碑。

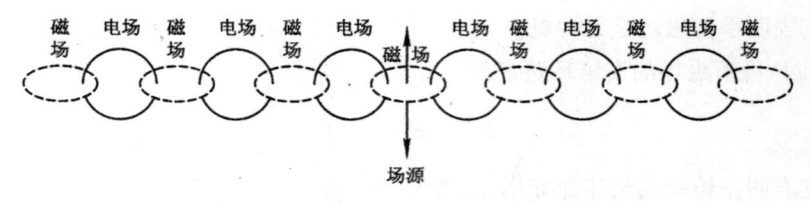

图 6-23 电磁振荡的传播机制示意图

如图 6-23 所示，电磁场的电场分量和磁场分量在方向上相互垂直，场线彼此套合。用一种场的变化来维持着另一种场，并以一定的速度向四周传播，这就形成了电磁波。显然，这种时变场是电磁场的一般形式，静态场则可以看成是统一电磁场的特殊表现形式。麦克斯韦电磁场理论最辉煌的成就莫过于预言了电磁波的存在，并认为光是一种电磁波，为光的电磁理论奠定了基础。德国物理学家赫兹于1888年通过实验证实了电磁波的存在。麦克斯韦的电磁场理论是从牛顿力学到爱因斯坦的相对论这一段时期中，物理学史上最为重要的理论成果。这里需要注意的是，在分子、原子等微观过程中的电磁现象，需要更普遍的量子电动力学来处理。麦克斯韦电磁理论可以被看作量子电动力学在某些特殊情况下的近似。

三、电磁波

19世纪下半叶，麦克斯韦通过建立完整的电磁场理论预言了电磁波的存在。他提出电磁场、电信号是以波的形式传播的，并断言光就是电磁波。现在我们在麦克斯韦方程组的基础上，对电磁波的基本性质进行讨论。

在远离波源的自由空间中传播的电磁波可近似看作平面波，为简单起见，下面介绍自由空间传播的平面波的性质。所谓自由空间是指空间既没有自由电荷，也没有传导电流，且空间无限大，即不考虑边界效应。空间可以是真空，也可以充满均匀介质。自由空间内传播的平面电磁波的性质可以归纳为以下几点：

（一）电磁波是横波。令 k 为沿电磁波传播方向的单位矢量，则 E、H 均与 k 垂直，即 $E \perp k$、$H \perp k$。

（二）电矢量 E 和磁矢量 H 相互垂直，即 $E \perp H$。这说明 E、H、k 三个矢量相互垂直。

（三）E 与 H 同相位，并在任何时间、任何地点，E、H、k 三个矢量总构成右手系，即 $E \times H$ 的方向总是沿着 k 的传播方向，如图 6-24 所示。

（四）E 与 H 的振幅成正比，用 E_0 和 H_0 分别表示 E 和 H 的振幅，可以得到

$$E_0 = \sqrt{\frac{\mu_0 \mu_r}{\varepsilon_0 \varepsilon_r}} H_0$$

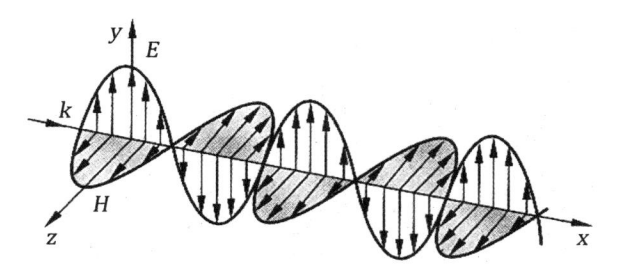

图 6-24 平面电磁波的电场和磁场

(五)电磁波在介质中的传播速度为

$$u = \frac{1}{\sqrt{\mu_0 \mu_r \varepsilon_0 \varepsilon_r}}$$

在真空中 $\mu_r = \varepsilon_r = 1$,电磁波的传播速度(光速)为

$$c = \frac{1}{\sqrt{\mu_0 \varepsilon_0}} \approx 2.9979 \times 10^8 \mathrm{m/s}$$

在光学中,介质的折射率 n 等于真空中光速 c 与光在该种介质中传播速度 u 之比,即

$$n = \frac{c}{u} = \sqrt{\mu_r \varepsilon_r}$$

(六)电磁波的传播伴随着能量的传播。定义电磁波的能流密度矢量(坡印廷矢量):单位时间内通过垂直于电磁波传播方向的单位面积的电磁波能量,其方向就是电磁波的传播方向。

$$S = E \times H$$

电磁波的强度,等于坡印廷矢量在一个周期内的平均值,即

$$I = \bar{S} = \frac{1}{2} E_0 \times H_0 \propto E_0^2 \text{ 或 } H_0^2$$

(七)电磁波的传播伴随着动量的传播。电磁波的动量密度矢量

$$g = \frac{1}{c^2} S = \frac{1}{c^2}(E \times H)$$

（八）按照波长把电磁波分成不同波段：无线电波、红外线、可见光、紫外线、X射线、γ射线等。不同波段的电磁波有不同的性质和应用。

四、电磁波能量

之前我们讨论得到的电场能量密度公式和磁场能量密度公式对电磁波也适用。因此真空中的电磁波的能量密度可以写成

$$w = w_e + w_m = \frac{1}{2}\varepsilon_0 E^2 + \frac{1}{2}\frac{B^2}{\mu_0} = \frac{1}{2}\varepsilon_0 E^2 + \frac{1}{2}\varepsilon_0(cB)^2 \quad (6.7.4)$$

可以证明，在真空中 $E = cB$，或者说 $w_e = w_m$，因此可以得到

$$w = 2w_e = 2w_m = \varepsilon_0 E^2 = \frac{B^2}{\mu_0} \quad (6.7.5)$$

利用麦克斯韦方程组还可以证明电磁波的能流密度是

$$S = \frac{1}{\mu_0}E \times B = E \times H \quad (6.7.6)$$

能流密度的大小为

$$S = \frac{1}{\mu_0}EB = c\varepsilon_0 E^2 = cw \quad (6.7.7)$$

可见电磁波以速度 c 传播时，其能量也随着电磁波以同样的速度传播。

第八节 电磁信息痕迹在刑事科学技术中的应用

随着现代通信网络技术、计算机技术等高科技的迅速发展，电磁信息痕迹被广泛运用到侦查活动之中，并成为各类刑事侦破的重要手段。对于职务犯罪而言，此类犯罪隐蔽性强，而且有多样化、复杂化的趋势，由此导致"由供到证"的侦查模式弊端日益明显。在这种背景下，检察机关充分提取、利用电磁信息痕迹，对拓展职务犯罪途径，推动职务犯罪侦查模式的转变都具有重要的实践价值。

一、电磁信息痕迹的概念和特征

电磁信息痕迹，是指借助电子信息技术，以电子设备为载体，以数字信息为特征，记录和反映犯罪活动情况及犯罪嫌疑人个人基本情况的语言、文字、图像、数字等信息痕迹。电磁信息痕迹的形成离不开技术设施，如通信工具（手机、电话

等)、计算机、互联网等。其最大的特点在于通过独具特色的数字编码,将可视世界的各种信息进行储存、处理传递和分配。

与其他情报资料相比,电磁信息痕迹具有以下几种特征:一是特异性。电磁信息痕迹与传统的、其他形态的职务犯罪痕迹有着显著的不同:其一,载体不同。其他形态的职务犯罪痕迹的载体是各种各样的普通载体,而电磁信息痕迹的载体却是通信工具、计算机等特殊载体。其二,承载侦查信息、揭露职务犯罪的机理不同。其他形态的职务犯罪痕迹以外部特征、属性及其改变特征、属性达到上述目的,而电磁信息痕迹以数字编码形式记录有关数据,通过特定的解读、转移、保存达到侦查破案的目的。二是精确性。电子数据使电磁信息痕迹所反映的信息具有高度的精确性,在多数情况下,它能如实反映职务犯罪过程、手段等情况,准确记录职务犯罪或与其有关事件发生的时间、地点等细节,直接指明案件的嫌疑对象。这也是电磁信息痕迹具有的不可比拟的优势。三是动态性。借助特定的技术设施和手段,电磁信息痕迹可以完整或部分复制和移动,这使及时保存电磁信息痕迹成为可能。同时,电磁信息痕迹又可以几乎不留痕迹地更改和删除,这也为职务犯罪分子毁灭罪证、掩饰罪行提供了可乘之机。电磁信息痕迹的动态性问题值得我们高度重视和认真研究,上述特点为职务犯罪侦破工作提供了重要的检查依据。

二、电磁信息痕迹的分类

以电磁信息痕迹记录的内容为区分标准,可以将其分为两类:一是与职务犯罪活动情况相关的电磁信息痕迹,如记录有关职务犯罪行为、声音的视听资料;为掩饰职务犯罪而更改、添加、删除计算机应用软件或有关文档资料的电磁数据记录;职务犯罪过程中通信联络的手机通话记录等。二是与职务犯罪嫌疑人基本信息相关的电磁信息痕迹,即反映职务犯罪嫌疑人家庭财产、性格特点、社会交往等方面的电磁信息;反映职务犯罪嫌疑人实施犯罪前后所表现出某些异常行为或活动状态的电磁信息;反映职务犯罪嫌疑人居住地点、活动区域、具体行踪、当前状态的电磁信息等。依据电磁信息痕迹的载体不同可将其分为以下几种:

(一)通信电磁信息痕迹。通信电磁信息痕迹,是指保存职务犯罪嫌疑人或职务犯罪有关的各类通信联络资料的电磁信息痕迹,包括固定电话、移动电话及IC卡等信息,如固定电话的号码,通话的号码、时间、次数、地点及通话时长等资料;通信工具或设备中存储的相关职务犯罪资料等。

(二)网络电磁信息痕迹。网络电磁信息痕迹,是指职务犯罪嫌疑人在计算机系统和网络上遗留的各种电磁信息痕迹,包括移动存储器(移动硬盘、U盘、各类软盘、磁盘、光盘等)、记忆卡、各类扩展存储卡存储的各种信息、网络通信工具(邮件、QQ、MSN、微博、微信等)和网络游戏存储的各种电磁信息痕迹等。

(三)智能卡类电磁信息痕迹。智能卡类电磁信息痕迹,是指职务犯罪嫌疑人存储或遗留在各类智能卡内的各类电磁信息痕迹。目前,智能卡已经广泛应用到金融服务、城市交通、网络购物、医疗保健、社会保险、公共事业、行政管理、电信通信和电子商务等领域,比较常见的主要有金融IC卡(银行卡、信用卡、电子钱包、电子存折等)、城市交通IC卡(公交卡、CET卡等)、公用事业收费卡(水电费卡、燃气费卡等)、身份识别IC卡(电子身份证、门禁卡、会员卡、优惠卡等)及社会保险医疗卡等。

(四)视听电磁信息痕迹。视听电磁信息痕迹,是指以磁带、光盘、录音录像带、微型摄像头、监控视频、可视电视等作为载体存储和记录与犯罪活动有关的各种电磁信息痕迹。例如,闭路电视监控录像、数码相机、数码摄像机、手机、电子监控探头、计算机摄像头、录音笔等存储或者记录的各类电磁信息痕迹。

(五)其他电磁信息痕迹。其他电磁信息痕迹,是指保存在其他电子设备上的职务犯罪嫌疑人的或者与职务犯罪有关的各种电磁信息痕迹,包括ATM机、POS机、打印机、扫描仪、复印机、读卡器、传真机及全球定位仪等电子设备存储的各类电磁信息痕迹。

三、电磁信息痕迹的具体应用

(一)在案件初查中的运用

电磁信息痕迹的查询是职务犯罪案件初查工作的基础。首先,利用通信电磁信息痕迹,即通过对固定电话、手机移动通信工具、IC卡公用电话及手机SIM卡中存储的电子数据、电磁数据进行挖掘,可以发现和提取通信痕迹。在获取调查对象使用的手机号码后,依托电信部门的客户资料库,查找调查对象的身份信息,从而为延伸查询其家庭成员户籍资料提供依据。在调查对象的手机话单分析中,筛选出调查对象近期经常联络的电话号码,通过对方号码排序能甄别出哪些人员是家庭成员,哪些人员是其工作中的同事,哪些是重要的涉案人员。此外,利用调查对象通话的基站代码,分析手机通话的地域范围,从而分析、判断职务犯罪嫌疑人的居住地、活动范围和位置。例如,X市检察院反贪局在对X文化影视集团总经理王X涉嫌经济犯罪案件线索进行初查时,就是通过手机话单分析发现王X的话单排序中,与周X的通话频率最高,甚至超过王X的家人,而周X只是该集团的一名中层副职,从工作关系上讲,二者之间并非直接领导、管理关系。同时,周 X 在手机漫游到 X 市时与王 X 联系更为频繁。于是,侦查人员针对上述疑点顺藤摸瓜,通过相关查询,很快发现王 X 与周 X 共同挪用公款 200 余万在该市经商的犯罪事实。

其次,利用网络电磁信息痕迹。随着计算机在人们生活、工作、娱乐中的普及,许多有价值的信息都可能存储其中,如通过对调查对象计算机内存储的信息和日常浏览的网页、访问的地址进行分析,有助于侦查人员深入了解并判断调查对象的性格、特点、兴趣、爱好等情况,使初查工作更具有针对性。

此外,还可以利用智能卡类电磁信息痕迹,获取调查对象的财产状况、出行情况及看病就医等信息,如通过查询调查对象的银行卡了解其银行账户内的资金流动情况,并结合案件掌握的情况,特别要留意特定时间点前后资金进出的情况,如人事任免、监督检查、项目投标前后的资金流动情况等。

(二)在案件审讯中的运用

职务犯罪嫌疑人在羁押期间,进行审讯的最大优势就在于双方掌握的信息不对称。这时审讯人员适时、适度地向嫌疑人释放出通过手机电话簿、手机通话话单、手机短信息、网络聊天记录、视频监控录像获取到的相关资料,很容易使对方产生无限遐想,并最终达到不战而屈人之兵的效果。例如,X 市检察院反贪局在办理 X 客运专线有限公司总经理陈 X 涉嫌受贿案件时,陈 X 被立案后一度不予配合,并在讯问中向审问人员进行摸底试探。由于初查期间掌握的线索较少,预审人员利用一天的时间,依据扣押了陈 X 的手机电话号码簿中的人员名单进行了网上搜索,在了解到大量施工单位负责人姓名、特征以及承建的客运专线施工标段信息后,有的放矢地对陈 X 进行了预审,当预审人员向陈 X 抛出以上信息后,陈 X 突然意识到检察机关前期做了充分的调查取证工作,自己已丧失抵抗的资本,经过几番挣扎后彻底崩溃,如实交代了检察机关尚未掌握的大量涉嫌受贿的犯罪问题。

(三)在挖掘案件线索中的运用

在案件办理中,无论是排查职务犯罪嫌疑人话单还是重要涉案人员的话单,都要把对方号码的身份、职业以及在某一通话时间段所发生的具体业务综合起来进行分析评估。例如,某市检察院反贪局在办理 X 国有建筑企业总经理赵 X 和副总经理汪 X 共同受贿案件中,通过话单碰撞,发现赵 X 和汪 X 在 X 高速公路招标期间均和招标一方负责人邓 X 进行过联系。于是侦查员又将赵 X、汪 X 和邓 X 的话单进行碰撞,准确显示出汪 X 和邓 X 在 2010 年下半年工程招标前有两次见面接触,而在财产查询中,又清楚地了解到汪 X 和邓 X 在其中一次见面后半小时,邓

X 向其妻子的银行账户存入 40 万元。于是,侦查人员有的放矢地对汪 X 进行了预审,很快就突破了全案。

(四)在案件追逃中的运用

在案件追逃中,电磁信息痕迹特别是通信电磁信息痕迹发挥着巨大作用,主要体现在以下三个方面:一是能够准确地对职务犯罪嫌疑人的号码进行跟踪、定位。二是职务犯罪嫌疑人潜逃后更换了手机 SIM 卡,但是仍然可以通过手机 IMEI 资料反查出嫌疑人现在使用的 SIM 卡新号码,从而判断位置,确定侦查方向。三是围绕职务犯罪嫌疑人前期联系频繁的目标人群号码,进行跟踪锁定。例如,X 市检察院反贪局在办理 X 市财政局局长涉嫌受贿案件时,一个重要涉案人员董 X 在得知自己因行贿被立案调查后畏罪潜逃。董 X 过去从事过公安工作,因此反侦查能力很强。在潜逃期间从不使用手机,住宿也多选择洗浴中心和旅店(不需要出示身份证)。侦查人员在音信全无的情况下,及时调整了目标方向,对董 X 潜逃前期联系较多的 3 位朋友号码进行了跟踪,结果在 28 天后发现有 2 人一同登上去往另一个城市的列车。最后,在该市某商店附近,两人给董 X 送钱时,侦查人员将董 X 成功抓获。

思 考 题

1. 将一磁铁水平插入一个由导线组成的闭合回路线圈中,一次迅速地插入,另一次缓慢地插入。试问:

(1)两次插入过程中在线圈中的感生电荷量是否相同?

(2)两次手推磁铁的力所做的功是否相同?

(3)若将磁铁插入一个不闭合的金属环中,在环中将发生什么变化?

2. 让一块很小的磁铁在一根很长的竖直铜管内下落,若不计空气阻力,试定性说明磁铁进入铜管上部、中部和下部的运动情况,并说明理由。

3. 感生电场与静电场有哪些区别?

4. 有两个半径相接近的线圈,问如何放置方可使其互感最小? 如何放置方可使其互感最大?

5. 变压器的铁芯总是做成片状,而且涂上绝缘漆互相隔开,为什么?

6. 磁场能量的两种表达式 $W_m = \frac{1}{2}LI^2$ 和 $W_m = \frac{1}{2}\frac{B^2}{\mu}V$ 的物理意义有何不同?

式中 V 是均匀磁场所占的体积。

7. 举出一些例子来说明磁场具有能量。

8. 什么叫作位移电流？什么叫作传导电流？什么叫作全电流？

9. 什么条件下传导电流是连续的？全电流总是连续的吗？

10. 试分析麦克斯韦方程组中 $\oint_S D \cdot dS = \sum q_0$ 和 $\oint_S B \cdot dS = 0$ 的不对称性，并说明这种不对称性的物理意义。

第三篇 03
波动与波动光学

　　光（这里主要指可见光）是人类以及各种生物生活不可或缺的最普通的要素。现在我们知道光是一种电磁波，但对它的这种认识经历了漫长的过程。最早也是最容易观察到的规律是光的直线传播。在机械观的基础上，人们认为光是由一些微粒组成的，光线就是这些"光微粒"的运动路径。牛顿(Isaac Newton)被尊为光的微粒说的创始人和坚持者，但并没有确凿的证据。实际上牛顿已经觉察到许多光现象可能需要用波动来解释，牛顿环就是一例。不过他当时未能做出这种解释。他的同代人惠更斯(Christiaan Huygens)倒是明确提出了光是一种波动，但是没有建立起系统的有说服力的理论。直到进入19世纪，才由托马斯·杨(Thomas Young)和菲涅耳(Augustin-Jean Fresnel)从实验和理论上建立起一套比较完整的光的波动理论，使人们正确认识到光就是一种波动，而光沿直线前进只是光的传播过程的一种表观的近似描述。托马斯·杨和菲涅耳对光波的理解还持有机械波的观点，即光是一种在介质中传播的波。关于传播光的介质是什么的问题，虽然对光波的传播规律的描述甚至实验观测并无直接的影响，但终究是波动理论的一个"要害"问题。19世纪中叶，光的电磁理论的建立使人们对光波的认识更深入了一步，但关于"介质"的问题还是矛盾重重，有待解决。最终解决这个问题的是19世纪末迈克尔逊(Michelson, Albert Abraham)的实验以及随后爱因斯坦(Albert Einstein)建立的相对论理论。他们的结论是电磁波(包括光波)是一种可独立存在的物质，它的传播不需要任何介质。

　　本书波动和波动光学篇的内容包括两章：振动和波动；波动光学。

　　周而复始循环往复式的运动统称为振动。振动是自然界和科学技术中极为常见的现象,比如心脏的跳动,机器的振动,大风冲击下桥梁的振动,打击乐器中膜板的振动,大的如地震,小的如物质内部的分子和原子的振动。可见,振动是一种十分普遍的运动形态。除了类似上述的机械振动外,还有电磁振荡。这是机理不同的两类振动,但它们所遵循的基本规律却是相同的。振动在空间的传播便形成了波。如声波、水波、地震波、电磁波和光波等都是波,各种各样的信息几乎都是借助于波来传播的,可以说,人类就生活在振动和波场的环境中。虽然各类波有其各自的特性,但它们都具有波动的共同特征,遵守的规律也有许多相似之处。各类波大都具有类似的波动方程;在两种不同介质的分界面处,它们都能产生反射、折射和散射等现象;在遇到障碍物时,都有可能发生衍射现象;两列波在空间相遇时一般都服从叠加原理并可能形成干涉。

波动过程存在于许多科学和技术领域之中,也与人类生活密切相关。学习和掌握波动的基础知识,对进一步学习后续课程,以及在今后工作中学习新知识、新技术,进行科研工作等都非常重要。由于机械波比较直观,所以本篇在机械振动之后,优先介绍机械波,然后再介绍光波的干涉和衍射。

第七章

振动和波动

物体在一定位置附近所做的往复的运动叫作机械振动,简称振动。振动并不限于机械振动,广义地说,描述系统状态的物理量随时间的周期性变化均可称之为振动。电量、电压、电流、电场强度和磁感应强度等物理量都可能在某一量值附近呈现周期性变化,叫作电磁振动或电磁振荡。虽然这些振动的物理机制各不相同,但它们所遵从的基本规律却是相同的。

波动或波,是振动或扰动在空间内的传播。机械波是机械振动在介质中的传播,如声波、水波等。电磁波是电磁振动在空间内的传播,光就是一种电磁波。波动的基本特性是可以相叠加,发生干涉和衍射。波动不仅存在于宏观世界,也存在于微观世界。

本章介绍机械振动和机械波,但其基本概念和基本规律对各种振动和波都适用。本章从比较直观的机械振动入手,来探讨振动的基本规律。由于简谐振动是最简单最基本的振动形态,任何复杂的振动都可以看成是简谐振动的叠加,所以简谐振动及其合成是本章的第一个重点。然后以机械波为例,探讨波动过程的干涉、衍射等现象和规律。主要内容有:简谐振动、机械波产生的机制和描述简谐波的物理量、简谐波的波函数、波的干涉、驻波、机械波的多普勒效应等。

第一节 简谐振动

如图 7-1 表示一个弹簧振子。在光滑水平面上,轻质弹簧的一端固定,另一端系一个质量为 m 的物体,物体沿弹簧长度方向运动。把物体看成质点,沿弹簧方向建立 x 轴,弹簧处于自然长度时质点处于平衡位置,把这一位置取为坐标原点 O。当质点离开 O 点的位移为 x 时,质点所受弹簧的弹力为

$$f = -kx$$

式中负号表示弹力的方向总是指向平衡位置,k 为弹簧的劲度系数。

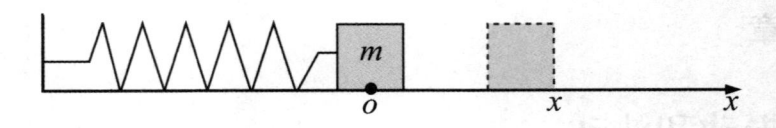

图 7-1 水平弹簧振子

对质点应用牛顿第二定律得

$$f = ma = m\frac{d^2x}{dt^2}$$

所以质点的运动方程为

$$m\frac{d^2x}{dt^2} + kx = 0$$

设

$$\omega = \sqrt{k/m}$$

则运动方程可写成

$$\frac{d^2x}{dt^2} + \omega^2 x = 0 \tag{7.1.1}$$

式中 ω 只由弹簧振子自身的性质决定。

质点运动方程 7.1.1 式的解为

$$x = A\cos(\omega t + \varphi) \tag{7.1.2}$$

其中 A 和 φ 为积分常量。这种相对平衡位置的位移 x 随时间 t 按余弦函数（或正弦函数）规律变化的运动，称为简谐振动。上式就是简谐振动的振动方程，简称谐振方程。简谐振动是最基本的振动形式，一般的振动可以看成是由若干个简谐振动合成的结果。

一、简谐振动的描述

在质点谐振方程 7.1.2 式中，A 称为振幅，它代表质点能够离开平衡位置的最大距离；ω 称为角频率或圆频率（注意：不能称为频率），它取决于振动系统自身的性质；角度 $(\omega t + \varphi)$ 称为相位，它反映 t 时刻质点的振动状态。φ 代表 $t=0$ 时刻的相位，称为初相。

对于一个简谐振动，如果知道了 A、ω 和 φ，就能写出它的表达式，也就给定了这一简谐振动，因此，A、ω、φ 这三个量称为描述简谐振动的三个特征量。

振动往复一次所需要的时间称为周期，用 T 表示，周期 T 和角频率 ω 之间的关系是

$$T = \frac{2\pi}{\omega}$$

单位时间内振动的次数称为频率,用 ν 表示,它等于周期的倒数

$$\nu = \frac{1}{T} = \frac{\omega}{2\pi}$$

ω、T、ν 都可以表示简谐振动的时间周期性。在 SI 单位制中周期 T 的单位是秒,符号是 s,频率的单位是赫兹,符号是 Hz,角频率的单位是弧度/秒,符号是 rad/s。

由谐振方程(7.1.2)式对时间求导,可求出振动质点在任意时刻的速度

$$\text{v} = \frac{dx}{dt} = -\omega A \sin(\omega t + \varphi) \tag{7.1.3}$$

(7.1.3)式再对时间求导,振动质点在任意时刻的加速度

$$a = \frac{d^2 x}{d t^2} = \frac{d\text{v}}{dt} = -\omega^2 A\cos(\omega t + \varphi) = -\omega^2 x \tag{7.1.4}$$

可见简谐振动的加速度与位移成正比而方向相反。

初始时刻($t=0$)质点的位移 x_0 和速度 v_0 称为初始条件。把 $t=0$ 代入 (7.1.2)、(7.1.3)两式,得

$$x_0 = A\cos\varphi, \text{v}_0 = -\omega A \sin\varphi$$

联立可以解得

$$A = \sqrt{x_0^2 + \frac{\text{v}_0^2}{\omega^2}}$$

$$\tan\varphi = -\frac{\text{v}_0}{\omega x_0}$$

例 7.1.1 一个质点沿 x 轴做简谐振动,振幅 $A = 0.2$m,周期 $T = 2$s,当 $t = 0$ 时质点相对平衡位置的位移 $x_0 = 0.1$m,并沿 x 轴向正方向运动。求:(1)振动质点的谐振方程;(2)在 $t = 0.5$s 时质点的位移、速度和加速度。

解 (1)设质点的谐振方程为

$$x = A\cos(\omega t + \varphi)$$

角频率

$$\omega = \frac{2\pi}{T} = \pi rad/s$$

利用初始条件 $x_0 = A\cos\varphi$,即 $0.1 = 0.2\cos\varphi$,得 $\cos\varphi = 1/2$;

再利用初始条件 $\text{v}_0 = -\omega A\sin\varphi$,质点沿 x 轴向正方向运动,即 $\text{v}_0 > 0$,得

$\sin\varphi < 0$；

联立上面两个条件的结果，得 $\varphi = -\pi/3$，所以质点的谐振方程为

$$x = A\cos(\omega t + \varphi) = 0.2\cos\left(\pi t - \frac{\pi}{3}\right) (\text{m})$$

（2）对谐振方程求导，得质点的速度和加速度为

$$v = \frac{dx}{dt} = -0.2\pi\sin\left(\pi t - \frac{\pi}{3}\right)$$

$$a = \frac{dv}{dt} = -0.2\pi^2\cos\left(\pi t - \frac{\pi}{3}\right)$$

把 $t = 0.5s$ 分别代入上面三个式子，得

$$x = 0.2\cos\left(0.5\pi - \frac{\pi}{3}\right) = 0.174(\text{m})$$

$$v = -0.2\pi\sin\left(0.5\pi - \frac{\pi}{3}\right) = -0.32(\text{m/s})$$

$$a = -0.2\pi^2\cos\left(0.5\pi - \frac{\pi}{3}\right) = -1.7(\text{m/s}^2)$$

简谐振动位移 x 随时间 t 变化的函数关系曲线，即 $x - t$ 曲线叫作简谐振动图线。简谐振动图线是运用几何语言描述振动的方法，通过几何图形形象而直观地反映出振动质点的运动规律。如图 7-2 所示。

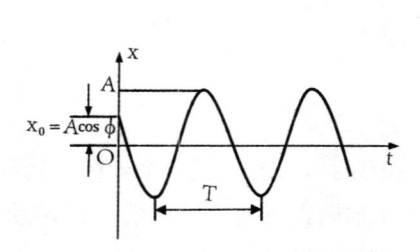

图 7-2　简谐振动图线

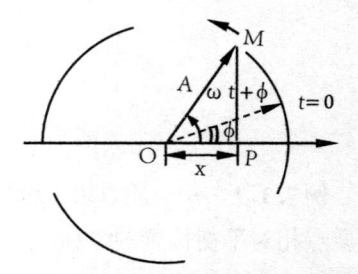

图 7-3　简谐振动的旋转矢量描述

二、旋转矢量描述

简谐振动除了用振动方程和简谐振动图线来描述以外，还可以用旋转矢量（也叫作振幅矢量）来描述。

对特征量为 (A, ω, φ) 的简谐振动，引入一个如图 7-3 所示的矢量 A，其大小等于简谐振动的振幅，即 $|A| = A$。且该矢量绕坐标原点 O 以角速度 ω（简谐振动

的角频率)沿逆时针方向匀速转动。在矢量 A 与 x 轴正向的夹角恰好等于 φ 时开始计时,则任意时刻 t,A 与 x 轴正向的夹角为 $(\omega t + \varphi)$。显然,以角速度 ω 沿逆时针方向匀速转动的矢量 A 在 x 轴上的投影即为谐振方程 $x = A\cos(\omega t + \varphi)$。

利用旋转矢量来描述简谐振动,其具有以下几个优点:

(一)相位概念直观。利用旋转矢量确定初相很方便。

(二)角频率的概念清楚。就是匀速圆周运动的角速度。

(三)便于研究简谐振动的合成。振动叠加涉及复杂的三角运算,旋转矢量是解决振动合成问题的有力工具,运用旋转矢量合成法,可以简便地处理简谐振动的合成问题。

三、简谐振动的能量

下面以水平振动的弹簧振子为例来讨论简谐振动的能量特征,所得到的结论也适用于其他类型的简谐振动。在任意时刻 t,弹簧振子的动能为

$$E_k = \frac{1}{2}m v^2 = \frac{1}{2}m \omega^2 A^2 \sin^2(\omega t + \varphi) = \frac{1}{2}k A^2 \sin^2(\omega t + \varphi)$$

此时弹簧振子的势能为

$$E_p = \frac{1}{2}k x^2 = \frac{1}{2}k A^2 \cos^2(\omega t + \varphi)$$

所以弹簧振子的总机械能为

$$E = E_k + E_p = \frac{1}{2}k A^2 \qquad (7.1.5)$$

可以看出,弹簧振子的动能和势能都随时间做周期性变化,但总能量是一个与振幅的平方成正比的恒量。总能量与振幅的平方成正比是简谐振动的一个基本特征。振幅不仅代表振动的幅度,而且反映振动总能量的大小,或者说反映振动的强度。

例 7.1.2 质量为 $m = 0.2\text{kg}$ 的物体做简谐振动,振幅 $A = 1.0 \times 10^{-2}\text{m}$,物体的最大加速度为 $a_{\max} = 4.0\text{m/s}^2$。求:(1)振动周期;(2)物体通过平衡位置时的动能;(3)弹簧振子的总机械能;(4)物体在何处的动能和势能相等。

解 (1)根据 $a = -\omega^2 A\cos(\omega t + \varphi)$ 知 $a_{\max} = \omega^2 A$,所以

$$\omega = \sqrt{\frac{a_{\max}}{A}} = \sqrt{\frac{4}{1.0 \times 10^{-2}}} = 20(\text{rad/s})$$

$$T = \frac{2\pi}{\omega} = \frac{2\pi}{20} = 0.314(\text{s})$$

(2)根据 $v = -\omega A \sin(\omega t + \varphi)$ 知 $v_{max} = \omega A$,并且物体通过平衡位置时速度最大,为 v_{max},所以通过平衡位置的动能为最大动能

$$E_{k,max} = \frac{1}{2}m v_{max}^2 = \frac{1}{2}m(\omega A)^2$$

$$= \frac{1}{2} \times 0.2 \times (20 \times 1.0 \times 10^{-2})^2 = 4 \times 10^{-3}(J)$$

(3)当弹簧振子的动能最大时,势能为零;又根据弹簧振子的总机械能

$$E = E_k + E_p = \frac{1}{2}k A^2$$

不随时间变化,所以

$$E = E_{k,max} + 0 = 4 \times 10^{-3}(J)$$

(4)动能和势能相等时,$E_p = \frac{1}{2}E = 2.0 \times 10^{-3}J$。又

$$E_p = \frac{1}{2}k x^2 = \frac{1}{2}m \omega^2 x^2$$

即

$$\frac{1}{2}m \omega^2 x^2 = \frac{1}{2}E$$

所以

$$x = \pm\sqrt{\frac{E}{m\omega^2}} = \pm\sqrt{\frac{4 \times 10^{-3}}{0.2 \times 20^2}} = \pm 7.07 \times 10^{-3}(m)$$

第二节 * 阻尼振动 受迫振动 共振

一只单摆放在空气中,由于空气阻力的作用,运动一段时间后便会静止下来。当一个物体振动的振幅随时间减小时,那么这个物体所做的振动就是阻尼振动。

假设物体所受的阻尼力与速度成正比,$F_d = \gamma v$,对于弹簧振子有

$$-\gamma v - kx = ma$$

将 $v = \frac{dx}{dt}$ 和 $a = \frac{d^2x}{dt^2}$ 代入上式,整理得

$$m\frac{d^2x}{dt^2} + \gamma\frac{dx}{dt} + kx = 0$$

令

$$\omega_0^2 = \frac{k}{m}, 2\beta = \frac{\gamma}{m}$$

其中 ω_0 为振动系统的固有频率,β 称为阻尼系数,则上式化简为

$$\frac{d^2x}{dt^2} + 2\beta\frac{dx}{dt} + \omega_0^2 x = 0 \tag{7.2.1}$$

这就是阻尼振动满足的微分方程。下面我们分三种情况来求解该微分方程

(1) $\beta < \omega_0$,这类情况叫作小阻尼情况,方程 (7.2.1) 的解为

$$x = A e^{-\beta t}\cos(\omega t + \varphi) \tag{7.2.2}$$

式中 $\omega = \sqrt{\omega_0^2 - \beta^2}$,式 (7.2.2) 被称为阻尼振动方程。在阻尼振动方程中我们可以把 $A e^{-\beta t}$ 看成是另一种形式的振幅,其随时间按指数规律衰减,阻尼越大衰减越快,阻尼振动不是严格的周期振动,如图 7-4 中曲线 a 所示。

(2) $\beta > \omega_0$,这类情况叫作大阻尼情况,此时方程 (7.2.1) 的解为

$$x = A e^{-(\beta-\omega)t} + B e^{-(\beta+\omega)t} \tag{7.2.3}$$

可见在大阻尼情况下,物体以非周期的方式慢慢地回到平衡位置,如图 7-4 中曲线 b 所示。

(3) $\beta = \omega_0$,临界阻尼情况,此时方程 (7.2.1) 的解为

$$x = e^{-\beta t}(At + B) \tag{7.2.4}$$

与大阻尼情况不同,临界阻尼使物体在不产生振动的情况下,很快地回到平衡位置,如图 7-4 中曲线 c 所示。

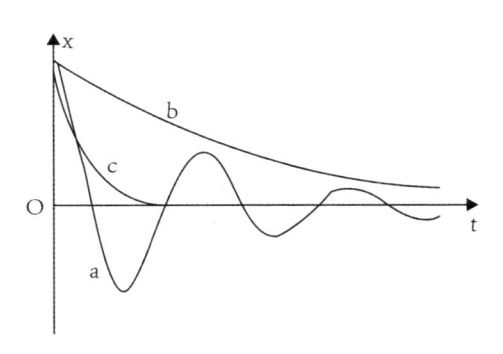

图 7-4 三种阻尼的比较

由于各种阻尼是客观存在的,只能设法减小而无法完全消除,因此要维持振动系统做等幅振动,就必须由外界向其补充能量,对系统施加一个周期性的驱动力,这种振动就称为受迫振动。机械钟摆所做的摆动就是受迫振动。

为了简化问题的处理,设驱动力是随时间按余弦函数规律变化的简谐力,即

$F = F_0\cos\omega t$。此外，物体还受到弹力和阻尼的作用，因此得到物体做受迫振动的动力学方程为

$$-kx - \gamma\frac{dx}{dt} + F_0\cos\omega t = m\frac{d^2x}{dt^2}$$

令

$$\omega_0^2 = \frac{k}{m}, 2\beta = \frac{\gamma}{m}, f_0 = \frac{F_0}{m}$$

上式化简为

$$\frac{d^2x}{dt^2} + 2\beta\frac{dx}{dt} + \omega_0^2 x = f_0\cos\omega t \tag{7.2.5}$$

受迫振动方程 (7.2.5) 的特解为

$$x = A\cos(\omega t + \varphi)$$

代入式 (7.2.5) 并进行三角函数化简后可以得到如下结果

$$A\sqrt{(\omega_0^2 - \omega^2)^2 + (2\beta\omega)^2}\cos(\omega t + \varphi + \psi) = f_0\cos\omega t \tag{7.2.6}$$

其中 $\psi = \arctan\dfrac{2\beta\omega}{(\omega_0^2 - \omega^2)}$。由于上式为恒等式，因此

$$A = \frac{f_0}{\sqrt{(\omega_0^2 - \omega^2)^2 + (2\beta\omega)^2}}, \varphi = -\psi = -\arctan\frac{2\beta\omega}{(\omega_0^2 - \omega^2)} \tag{7.2.7}$$

由此可得式 (7.2.5) 的通解为

$$x = A\cos(\omega t + \varphi) + x'(t) \tag{7.2.8}$$

其中 $x'(t)$ 是阻尼振动方程的通解，在任何情况下，$x'(t)$ 都是随着时间增长而衰减到零的。因此

$$x = A\cos(\omega t + \varphi)$$

就是受迫振动的稳态解。由此可见受迫振动的物体，经过一段时间之后，就稳定地做简谐振动，振动的振幅和初相位由式 (7.2.7) 决定。

一般说来，受迫振动刚开始时，由于阻尼和周期性驱动力的共同作用，它是一个比较复杂的振动过程，这个过程称为暂态过程。过一段时间后，周期性驱动力提供的能量使阻尼的影响趋于零，振动系统的受迫振动状态完全由周期性驱动力来控制，从而使受迫振动达到稳定状态，此后的过程称为稳定过程。显然，在稳定过程中，受迫振动是以驱动力的频率 ω 做振幅不变的等振幅运动，而与振动系统的固有频率 ω_0 无关。

当 $\omega = \omega_0$，即驱动力的频率与振动系统的固有频率相等时，这时驱动力在整个共振过程中，对振动系统做正功，使其能量不断加大，振幅也随之不断加大，以

至于使振动系统的振幅达到最大值,这种现象称为共振。

共振现象有很广泛的应用,例如乐器利用共振提高音响效果,无线电中的调谐等就是利用了共振原理。然而共振有时也会造成不好的影响,1904 年,俄国一队骑兵以整齐的步伐通过一座桥时,引起桥身共振而桥毁人亡,所以在某些情况下我们也要抑制共振的产生。

第三节 简谐振动的合成

在实际问题中,经常会遇到一个质点同时参与几个振动的情况。例如,当两列声波在空间某点相遇时,该点处的空气分子就同时参与两个振动,这时空气分子的运动就是两个振动的合成。下面我们讨论两种最基本情况下的振动合成问题。

一、同方向同频率简谐振动的合成

如果一个质点同时参与两个同方向、同频率的简谐振动。谐振方程分别为

$$x_1 = A_1\cos(\omega t + \varphi_1), \quad x_2 = A_2\cos(\omega t + \varphi_2)$$

则合振动的位移等于分振动位移的和,即

$$x = x_1 + x_2$$

直接用三角函数公式来计算合振动比较麻烦,下面用旋转矢量图来计算。

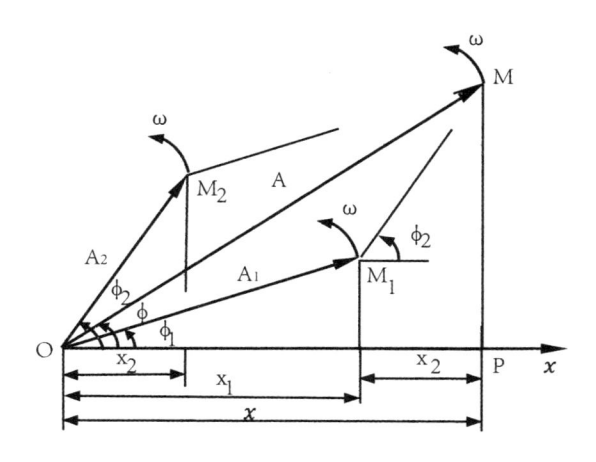

图 7-5 同方向同频率简谐振动的旋转矢量合成

在图 7-5 中，A_1 和 A_2 分别代表两个分振动 x_1 和 x_2 的旋转矢量，A 是它们的合矢量，即 $A = A_1 + A_2$。容易看出，A 在 x 轴上的投影 $x = x_1 + x_2$，所以 A 就是合振动的旋转矢量。而且 A_1 和 A_2 以相同的角速度 ω 匀速转动，所以在旋转过程中平行四边形的形状保持不变，因而 A 的大小保持不变，并以同一角速度 ω 匀速转动。这说明，两个同方向、同频率的简谐振动的合振动仍是一个角频率为 ω 的简谐振动，其谐振方程为

$$x = A\cos(\omega t + \varphi)$$

式中 A 和 φ 分别为合振动的振幅和初相。在图 7-5 中，按余弦定理可以求出合振幅

$$A = \sqrt{A_1^2 + A_2^2 + 2A_1 A_2 \cos(\varphi_2 - \varphi_1)} \tag{7.3.1}$$

在图 7-5 中，由几何关系可得

$$\tan\varphi = \frac{A_1 \sin\varphi_1 + A_2 \sin\varphi_2}{A_1 \cos\varphi_1 + A_2 \cos\varphi_2} \tag{7.3.2}$$

下面对合振动的振幅进行讨论，设两个分振动的相位差为 $\Delta\varphi$，则

$$\Delta\varphi = (\omega t + \varphi_2) - (\omega t + \varphi_1) = \varphi_2 - \varphi_1$$

(1) 当 $\Delta\varphi = 2k\pi (k = 0, \pm 1, \pm 2, \pm 3, \cdots)$ 时，$\cos\Delta\varphi = 1$，代入式 (7.3.1) 得

$$A = A_1 + A_2$$

即当两个分振动同向时，合振幅等于两个分振幅之和。此时合振动的振幅最大。

(2) 当 $\Delta\varphi = (2k+1)\pi (k = 0, \pm 1, \pm 2, \pm 3, \cdots)$ 时，$\cos\Delta\varphi = -1$，代入式 (7.3.1) 得

$$A = |A_1 - A_2|$$

即当两个分振动反向时，合振幅等于两个分振幅之差的绝对值。此时合振幅最小。特别是当 $A_1 = A_2$ 时，$A = 0$，即两个等幅反向的振动互相抵消。

(3) 当 $\Delta\varphi$ 为其他值时，即一般情况下，合振幅 A 介于 $|A_1 - A_2|$ 和 $A_1 + A_2$ 之间，即

$$|A_1 - A_2| < A < A_1 + A_2$$

二、互相垂直的同频率简谐振动的合成

如果一个质点同时参与两个互相垂直的同频率的简谐振动，设两个谐振方程分别为

$$x = A_x \cos(\omega t + \varphi_x)$$

$$y = A_y\cos(\omega t + \varphi_y)$$

该质点同时参与了 x,y 两个方向的运动,即质点既有 x 方向的位移,又有 y 方向的位移。显然,合成运动是在 xOy 平面内的曲线运动。具体如何运动,可以根据其轨道方程做出分析。

从上面两个谐振方程中消去时间参数,即可得到合振动的轨道方程为

$$\frac{x^2}{A_x^2} + \frac{y^2}{A_y^2} - \frac{2xy}{A_x A_y}\cos(\varphi_y - \varphi_x) = \sin^2(\varphi_y - \varphi_x) \quad (7.3.3)$$

一般地说,这是一个椭圆方程,椭圆的具体形状由相位差

$$\Delta\varphi = (\omega t + \varphi_y) - (\omega t + \varphi_x) = \varphi_y - \varphi_x$$

决定,下面选择几个特殊的相位差值进行讨论。

(1) 当 $\Delta\varphi = 0$ 时,由式(7.3.3)得

$$\frac{x}{A_x} - \frac{y}{A_y} = 0, \text{即 } y = \frac{A_y}{A_x}x$$

说明质点过原点在一、三象限做直线运动,如图 7-6(a) 所示。在任何时刻,质点离开平衡位置的位移是(记 $\varphi = \varphi_y = \varphi_x$)

$$r = \sqrt{x^2 + y^2} = \sqrt{[A_x\cos(\omega t + \varphi)]^2 + [A_y\cos(\omega t + \varphi)]^2}$$

即

$$r = \sqrt{A_x^2 + A_y^2}\cos(\omega t + \varphi)$$

表明,两个同频率、同相位的垂直简谐振动的合运动是一个与分振动同频率的简谐振动。反过来,任何一个简谐振动都可以分解为两个同频率的垂直简谐振动。

(2) 当 $\Delta\varphi = \pi/2$ 时,由式(7.3.3)得

$$\frac{x^2}{A_x^2} + \frac{y^2}{A_y^2} = 1$$

表明,当 y 方向的振动相位比 x 方向的振动相位超前 $\pi/2$ 时,两个同频率垂直振动的合运动是一个正椭圆运动。设 $\varphi_x = 0$,则 $\varphi_y = \pi/2$,这时两分振动方程为

$$x = A_x\cos\omega t, y = A_y\cos\left(\omega t + \frac{\pi}{2}\right)$$

当 $t = 0$ 时,质点的坐标为 $(A_x, 0)$;当 $t = \pi/2\omega$ 时,质点的坐标为 $(0, -A_y)$。这就是说,振动质点在椭圆形轨道上沿顺时针方向运动,如图 7-6(b) 所示。质点的合运动不是简谐振动。

(a) $\Delta\phi = 0$

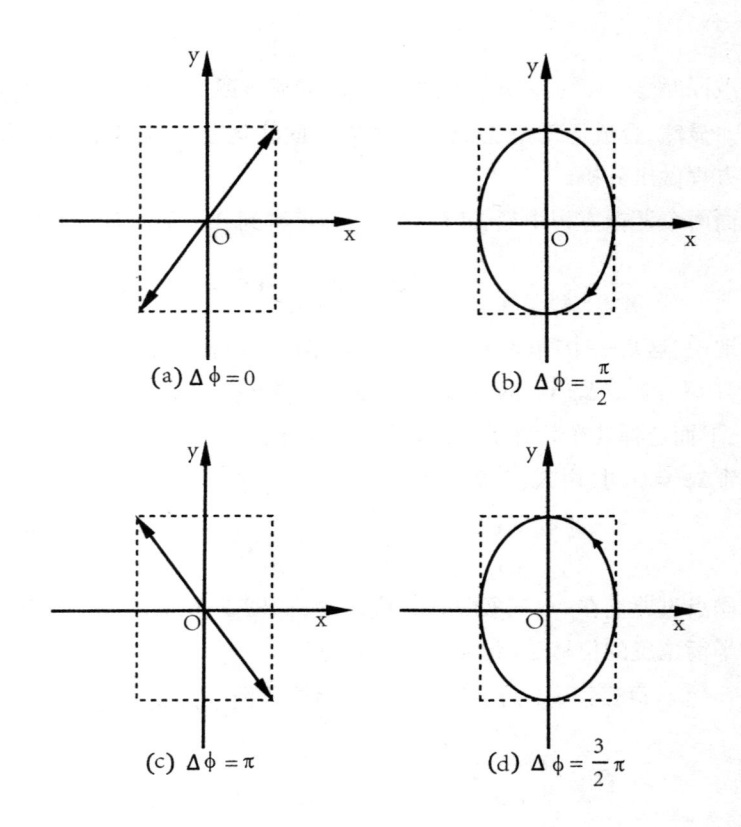

(b) $\Delta\phi = \dfrac{\pi}{2}$

(c) $\Delta\phi = \pi$

(d) $\Delta\phi = \dfrac{3}{2}\pi$

图 7-6　两个互相垂直的同频率的简谐振动的合成

(3) 当 $\Delta\varphi = \pi$ 时，由式(7.3.3)得

$$\frac{x}{A_x} + \frac{y}{A_y} = 0, \text{即 } y = -\frac{A_y}{A_x}x$$

表明质点过原点在二、四象限做直线运动，其运动仍然为简谐振动，如图 7-6(c)所示。这就是说，两个同频率、反相位的垂直简谐振动的合运动也是一个与分振动同频率的简谐振动。

(4) 当 $\Delta\varphi = 3\pi/2$ 时，式(7.3.3)得

$$\frac{x^2}{A_x^2} + \frac{y^2}{A_y^2} = 1$$

表明，当 y 方向的振动相位比 x 方向的振动相位超前 $3\pi/2$ 时，两个同频率垂直振动的合运动是一个正椭圆运动。设 $\varphi_x = 0$，则 $\varphi_y = 3\pi/2$，这时两分振动方程为

$$x = A_x\cos\omega t,\ y = A_y\cos\left(\omega t + \frac{3\pi}{2}\right)$$

当 $t=0$ 时,质点的坐标为 $(A_x,0)$;当 $t=\pi/2\omega$ 时,质点的坐标为 $(0,A_y)$ 。这就是说,振动质点在椭圆形轨道上沿逆时针方向运动,如图 7-6(d) 所示。质点的合运动不是简谐振动。

在一般情况下,相位差不是上述特殊值时,质点的轨迹是斜椭圆,它们的长、短轴与原来两个振动方向不重合,它们的方位及质点的运动方向完全取决于相位差的数值。

如果两个频率不同的互相垂直的简谐振动的合成比较复杂。此时,只能根据质点运动轨道的参数方程去求解质点的运动情况。

最后,应该指出,与合成相反,一个圆运动或椭圆运动可分解为相互垂直的两个简谐振动。这种运动的分解方法在研究光的偏振时常常用到。

第四节　波动的基本概念

振动向周围空间的传播称为波动,简称波。机械振动在弹性介质中的传播称为机械波。传播机械振动的媒介物叫介质,如空气、水、弦线等。介质可以看成由大量质元组成,各质元之间有相互作用的弹力。如果介质中有一个质元因为受到外力作用而离开平衡位置,邻近质元会对它有一个弹性回复力,使它在平衡位置振动起来。同时,当质元离开平衡位置时,它也给邻近质元一个弹性力的作用,使邻近质元也在自己的平衡位置振动起来。这样一来,弹性介质中一个质元的振动会引起与它邻近质元的振动,而邻近质元的振动又会引起它邻近质元的振动,这样依次带动,就使振动以一定的速度由近及远地传播出去,从而形成机械波。例如,向水中投一粒石子,与石子撞击的那部分水质元先振动起来,称为波源,带动邻近的水质元由近及远地相继振动起来,形成水波。由此可见,要形成机械波,首先要有做机械振动的物体,即波源;其次要有能够传播机械振动的弹性介质。波源和弹性介质是产生机械波的两个必备条件。由于机械波直观具体,易于理解,故本节以机械波为例研究波动的基本规律。

一、横波与纵波

波动按照质元的振动方向与传播方向之间的关系,分为纵波和横波。

质元振动方向与传播方向平行的波叫作纵波,如图 7-7 所示。在纵波传播时,介质质元在传播方向振动,使介质疏密相间,所以纵波又称疏密波。气体和液体中的声波就是纵波。

质元振动方向与传播方向垂直的波叫横波,如图 7-8 所示。弦线上的波和电磁波都是横波。

横波与纵波形成过程中质元振动随时间的变化,如图 7-9(a)和(b)所示。

自然界中的地震波既有横波成分,又有纵波成分,还有使地面扭曲的表面波成分。水面波看似横波,实际上它是水中质元纵、横振动合成为椭圆运动的混合波。

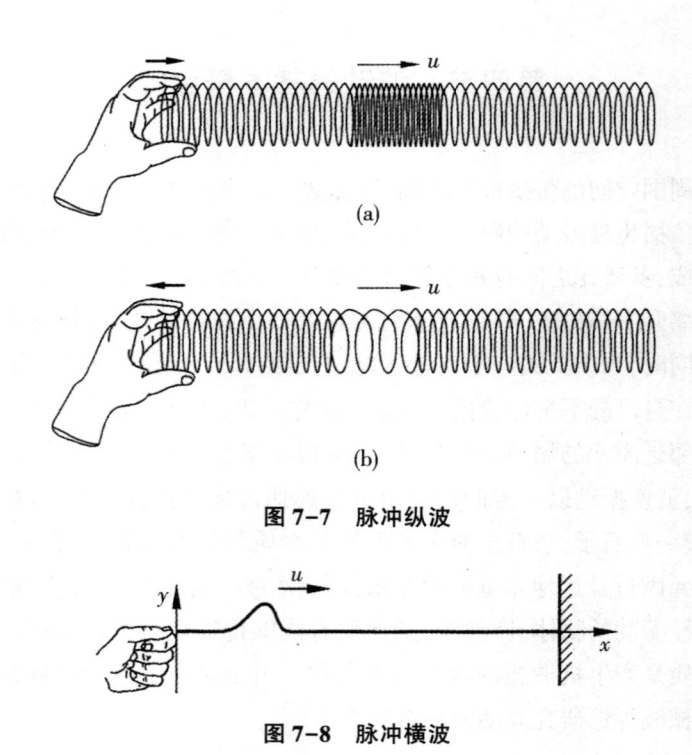

图 7-7 脉冲纵波

图 7-8 脉冲横波

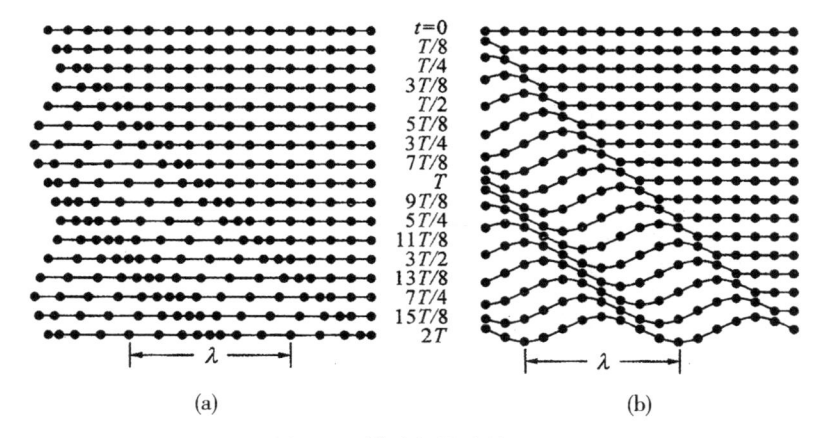

图 7-9 横波与纵波的形成

波动只是振动状态(相位)的传播,介质中各质元并不随波前进,各质元只在各自的平衡位置附近振动,振动传播的速度称为波速,波速的大小由质元的特性决定,它不是质元的振动速度。相位概念在波动研究中具有特别重要的意义,在今后的学习中应注意掌握。

二、波面和波线

在静电场中我们常用等势面和电场线来形象地描述电场。类似地,我们用波面和波线来形象地描述波场。在波的传播过程中,任一时刻介质中各振动相位相同的点连接成的面叫作波面(或同相面、波阵面)。波传播到达的最前面的波面叫作波前。

波面为球面的波叫作球面波,波面为平面的波叫作平面波,波面为柱面的波则称为柱面波。点波源在各向同性均匀介质中向各个方向发出的波就是球面波,其波面是以点波源为球心的球面,在离点波源很远的小区域内,球面波可以近似看成平面波。直线波源在各向同性均匀介质中将产生柱面波。

沿波的传播方向做一些带箭头的线,称为波线(或波射线)。波线的指向表示波的传播方向。在各向同性均匀介质中,波线始终与波面垂直。平面波的波线是垂直于波面的平行直线。球面波和柱面波的波线是沿半径方向的直线。平面波和球面波的波面和波线,如图 7-10 所示。

（a）平面波　　　　　　　　　（b）球面波

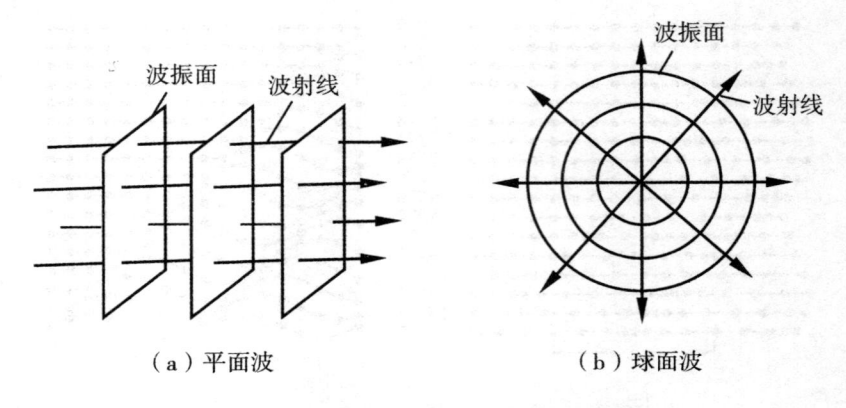

图 7-10　平面波和球面波的波面和波线

三、波的频率、波长和波速

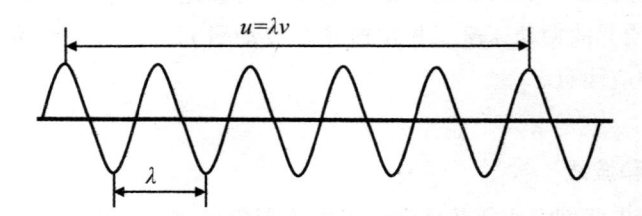

图 7-11　波长、波速和频率的关系

波的传播实际上是介质中质元振动状态的传播。单位时间内一定振动状态所传播的距离就是波速（u）。波速与许多因素有关，但其大小主要取决于介质的性质。

同一波线上两个相邻的振动状态相同（相位差为 2π）的质元之间的距离称为波长（λ），波长反映了波的空间周期性。波传播也具有时间周期性，波前进一个波长的距离所需要的时间叫作波的周期（T）。在单位时间内，波前进距离中完整波的数目，叫作波的频率（ν）。波长、波速和频率的关系如图 7-11 所示。由上述定义得出

$$u = \frac{\lambda}{T} \tag{7.4.1}$$

其中，频率 $\nu = 1/T$，所以

$$u = \lambda\nu \tag{7.4.2}$$

因为振源完成一个全振动，相位就向前传播一个波长，所以波的周期在数值上等于质元的振动周期。显然，波的周期和频率与它所传播的振动的周期和频率

相同。因此，具有一定振动周期和频率的波源，在不同介质中激起的波的周期和频率是相同的，与介质的性质无关。

第五节 平面简谐波

简谐振动在空间的传播称为简谐波。波面是平面的简谐波称为平面简谐波。那么平面简谐波在传播过程中，任意时刻波上任意质元做简谐振动的位移该如何表示呢？下面我们就来研究这个问题——平面简谐波的波动方程。

一、平面简谐波的波动方程

如图 7-12 所示，设有一平面简谐波，在均匀介质中沿 x 轴正向传播，波速为 u，介质中各质元的振动方向沿 y 轴方向（对纵波来说，质元的振动方向沿 x 轴方向）。坐标原点 O 处质元的谐振方程可设为

$$y_0 = A\cos(\omega t + \varphi_0)$$

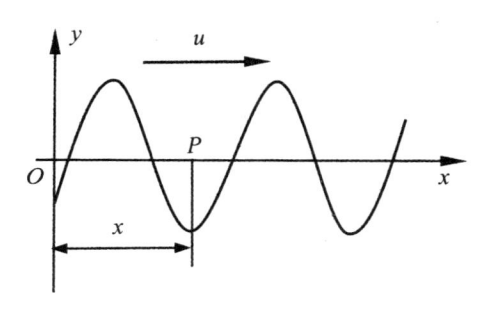

图 7-12 波动方程的推导

y_0 是原点处的质元在时刻 t 离开平衡位置的位移。现在考虑 P（坐标 x）点处质元的振动情况。当振动从 O 点传到 P 点时，P 点将做与 O 点同样的简谐振动，但在相位上要落后一些。因为振动从 O 点传到 P 点所需要的时间为 x/u，所以在时刻 t，P 点的相位应该等于在 $(t-x/u)$ 时刻 O 点的相位。也就是说，P 点在时刻 t 的振动状态与 O 点在时刻 $(t-x/u)$ 的振动状态相同。所以 P 点处质元的振动方程为

$$y = A\cos\left[\omega\left(t - \frac{x}{u}\right) + \varphi_0\right] \qquad (7.5.1a)$$

若平面简谐波是向 x 轴负向传播的，则 P 点的相位超前于 O 点，所以 P 点处

质元的振动方程为

$$y = A\cos\left[\left(\omega\left(t + \frac{x}{u}\right) + \varphi_0\right)\right] \qquad (7.5.1b)$$

式(7.5.1b)给出了波在传播过程中,任意时刻 t 波线上任意点 x 处质元做简谐振动的位移,称为平面简谐波的波动方程(或平面简谐波的波函数)。

因为 $\omega = 2\pi/T = 2\pi\nu$,又 $\lambda = uT$,所以式(7.5.1b)也可写成

$$y = A\cos\left[\left(2\pi\left(\frac{t}{T} \mp \frac{x}{\lambda}\right) + \varphi_0\right)\right] \qquad (7.5.1c)$$

$$y = A\cos\left[\left(2\pi\left(\nu t \mp \frac{x}{\lambda}\right) + \varphi_0\right)\right] \qquad (7.5.1d)$$

如果通过选取适当的计时起点,使 $\varphi_0 = 0$,则式(7.5.1d)可简化为

$$y = A\cos\omega\left(t \mp \frac{x}{u}\right) \qquad (7.5.2a)$$

$$y = A\cos 2\pi\left(\frac{t}{T} \mp \frac{x}{\lambda}\right) \qquad (7.5.2b)$$

$$y = A\cos 2\pi\left(\nu t \mp \frac{x}{\lambda}\right) \qquad (7.5.2c)$$

平面简谐波的波函数为时空坐标的二元函数,质元的位移 y 既是时间 t 的函数,又是空间坐标 x 的函数,即 $y = y(x,t)$。为了探讨波函数的物理意义,我们就自变量 x,t 的不同情况做如下分析:

(一)若令 x 等于某一给定值,则 y 仅为时间 t 的函数。这就表示我们盯住波场中的某一点,考查该处质元的振动情况。这时,波函数即为该点处质元的振动方程。

(二)若令 t 等于某一给定值,则 y 仅为空间坐标 x 的函数。这就表示统观波线上的各个质元,考查它们在给定时刻位移的空间分布。这时,波函数即为给定时刻的波形曲线方程。某一时刻的波形曲线是波动在该时刻的"照片"。平面谐波的波形曲线如图7-13中的实线所示。

(三)若 x,t 同时变化,则波函数给出了波场中任意质元在任意时刻的振动情况。波函数包含了不同时刻的波形,前后各个时刻的波形曲线是波动的"电影",动态地反映了波形的传播。在图7-13中,t 时刻的波形如实线所示,$t + \Delta t$ 时刻的波形如图中虚线所示,后一时刻的波形是前一时刻波形在空间平移的结果。波传播时任一给定的相都以速度 u 向前平移,所以波的传播在空间上就表现为整个波形曲线以速度 u 向前平移。人们形象地将在空间传播的波称为行波。

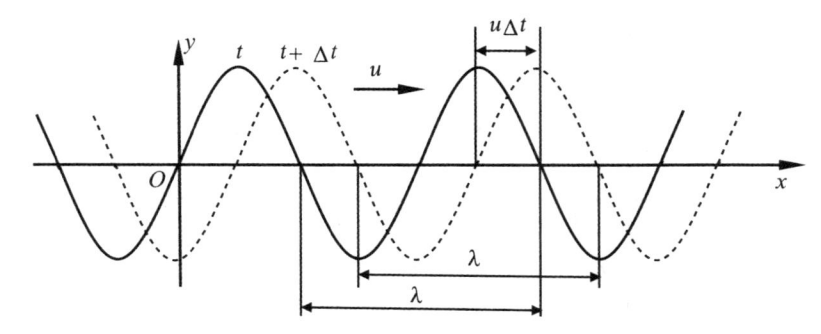

图 7-13 简谐波的波形曲线及其随时间的平移

例 7.5.1 一平面简谐波沿 x 轴正向传播,其波函数为 $y = 0.05\cos\pi(25t - 0.10x)$ m。求:(1)波的振幅、波长、周期和传播速率;(2)质元振动的最大速率;(3)画出 $t = 1s$ 时的波形图。

解 (1)参考波函数的标准形式

$$y = A\cos 2\pi\left(\frac{t}{T} - \frac{x}{\lambda}\right)$$

将所给波函数 $y = 0.05\cos\pi(25t - 0.10x)$ m 写为

$$y = 0.05\cos 2\pi\left(\frac{t}{2/25} - \frac{x}{2/0.10}\right) m$$

比较可得

$$A = 0.05\text{m}, \lambda = \frac{2}{0.10} = 20\text{m}, T = \frac{2}{25} = 0.08s, u = \frac{\lambda}{T} = \frac{20}{0.08} = 250\text{m/s}$$

(2)质元的振动速度为

$$v = \frac{\partial y}{\partial t} = -0.02 \times 25\pi\sin\pi(25t - 0.10x) = -0.5\pi\sin\pi(25t - 0.10x)$$

所以振动的最大速率为

$$v_{max} = 0.5\pi = 1.57 (\text{m/s})$$

(3)将 $t = 1s$ 代入波函数,得

$$y = 0.05\cos\pi(25 - 0.10x) = 0.05\cos(0.10\pi x - \pi) = -0.05\cos 0.10\pi x (\text{m})$$

根据上式画出的波形图如图 7-14 所示,图中 x, y 的单位是 m。

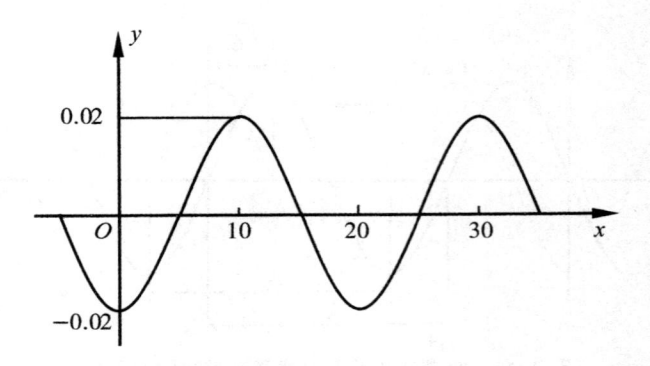

图 7-14 例 7.5.1 波形图

例 7.5.2 有一平面简谐波,其波函数为 $y = 0.02\cos(10t + 6x)$ m。求:(1)波的频率、周期、波长与波速;(2)波谷经过原点的时刻;(3) $t = 6$s 时各波峰的位置。

解 (1)先分析波函数的形式,可知此列波的传播方向是沿 x 轴向负向传播,其波函数可改写为标准形式

$$y = 0.02\cos2\pi\left(\frac{t}{\pi/5} + \frac{x}{\pi/3}\right)$$

由此可得,振幅 $A = 0.02$m,周期 $T = \dfrac{\pi}{5} = 0.63$s,频率 $\nu = \dfrac{1}{T} = 1.6Hz$,波长 $\lambda = \dfrac{\pi}{3} = 1.05m$,波速 $u = \dfrac{\lambda}{T} = 1.67$m/s。

(2)原点 O 处($x = 0$)质点的振动方程可以表示为

$$y = 0.02\cos10t$$

当波谷经过原点时,质点 O 位移最小,即 $y = -0.02$m,此刻质点 O 的相位为 $10t = (2k + 1)\pi$,($k = 0,1,2,\cdots$)

因此,可以得到波谷经过 O 点的时刻为 $t = \dfrac{2k + 1}{10}\pi(s)$,($k = 0,1,2,\cdots$)

(3) $t = 6s$ 时,各质点离开平衡位置的位移随坐标 x 的分布为

$$y = 0.02\cos(60 + 6x)$$

波峰位置应满足条件 $60 + 6x = 2k\pi$,因此,得到 $x = \dfrac{k\pi}{3} - 10$,($k = 0, \pm 1, \pm 2, \cdots$)

平面简谐波的问题一般可以分为两种类型:一类是一直波动的函数求波动有关的其他特征量,如振幅、周期、波长、波速等;另一类是一直波动的相关特征量求

解波函数。处理第一类问题时只需要将给定波函数与平面简谐波的标准函数进行比较,经过特征量之间的关系进行计算后即可得到结果。处理第二类问题时相对复杂一点,需要根据已知条件先求出波源的振动方程,然后根据波的传播方向及其他特征量,写出波函数的一般表达式。

二、波的能量　能流密度　波的吸收

在波的传播过程中,介质中质元都在各自的平衡位置附近振动,因而具有动能。同时弹性介质要产生形变,因而具有势能。所以,随着波的传播就有能量的传播。这是波动过程的一个非常重要的特征。

假设平面简谐波在密度为 ρ 的均匀弹性介质中传播,其波动方程为

$$y = A\cos\omega\left(t - \frac{x}{u}\right)$$

在 x 处取一体积为 dV 的体积元,该体积元在任意时刻的振动速度为

$$v = -\omega A\sin\omega\left(t - \frac{x}{u}\right)$$

体积元的质量为 $dm = \rho dV$,则它所具有的动能为

$$dE_k = \frac{1}{2}dm \cdot v^2 = \frac{1}{2}\rho dV \omega^2 A^2 \sin^2\omega\left(t - \frac{x}{u}\right)$$

可以证明,该体积元由于形变而具有的势能等于动能,即

$$dE_p = dE_k$$

所以体积元的总能量为

$$dE = dE_k + dE_p = \rho dV \omega^2 A^2 \sin^2\omega\left(t - \frac{x}{u}\right) \tag{7.5.3}$$

在波动过程中,每个体积元都在做简谐振动,但波动的能量和简谐振动的能量明显不同:在简谐振动系统中,动能和势能有相位差,动能达到最大时势能为零,势能达到最大时动能为零,两者相互转化,使系统的总机械能保持守恒;在波动过程中,动能和势能的变化是同相位的,它们同时到达最大,又同时到达最小。因此对任意体积元来说,它的机械能不守恒,沿着波动的传播方向,该体积元不断地从后面的体积元获得能量,又不断地把能量传递给前面的体积元。这样一来,能量就随着波的行进,从介质的一部分传到另一部分,波动是能量传递的一种方式。

为了精确地描述波的能量分布情况,需要引入波的能量密度这一概念。介质中单位体积内的能量称为能量密度,用 w 表示,则

239

$$w = \frac{dE}{dV}$$

把式 7.5.3 代入上式,即可得平面简谐波的能量密度

$$w = \frac{dE}{dV} = \rho\,\omega^2\,A^2\,\sin^2\omega\left(t - \frac{x}{u}\right)$$

能量密度在一个周期内的平均值,称为平均能量密度,用 $\overline{w}$ 表示,则

$$\overline{w} = \frac{1}{T}\int_0^T \rho\,\omega^2\,A^2\,\sin^2\omega\left(t - \frac{x}{u}\right)dt = \frac{1}{2}\rho\,\omega^2\,A^2$$

由以上讨论可以看出,波的能量与振幅的平方、频率的平方和介质的密度成正比。

为了描述波动过程中能量的传递情况,引入平均能流密度这个物理量。在单位时间内,通过垂直于波动传播方向上单位面积的平均能量,叫作波的平均能流密度,也称为波的强度。用符号 I 表示。设在均匀介质中,垂直于波的传播方向取一面积为 S 的截面,如图 7-15 所示,已知介质中的平均能量密度为 $\overline{w}$,则在面积 S 左侧的体积 uTS 内的能量恰好在一个周期 T 内通过截面 S,因而平均能流密度 I 为

$$I = \frac{\overline{w}uTS}{TS} = \overline{w}u = \frac{1}{2}\rho\,\omega^2\,A^2 u \tag{7.5.4}$$

由式(7.5.4)可以看出,波的强度与波的振幅的平方成正比。这一结论不仅对简谐波适用,还具有普遍意义。

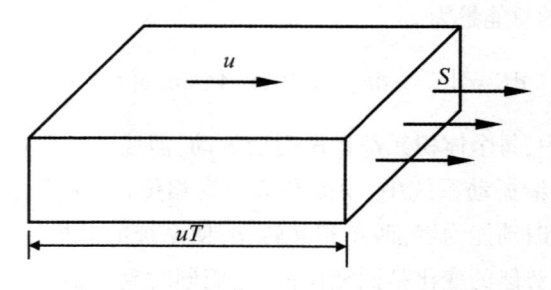

图 7-15 能流密度

波在介质中传播时,介质要吸收一部分波的能量,因而波的强度将逐渐减小,这种现象称为波的吸收。波的吸收机制非常复杂,我们只做简要的介绍。

实验指出,当波通过厚度为 dx 的一薄层介质时,如图 7-16(a)所示,若波的强度增量为 $dI(dI < 0)$,则 dI 正比于入射波的强度 I,也正比于介质层的厚度 dx,即

$$dI = -\alpha I dx$$

α 为比例系数,整理得

$$\frac{dI}{I} = -\alpha dx$$

两边取积分

$$\int_{I_0}^{I} \frac{dI}{I} = -\alpha \int_{0}^{x} dx$$

计算积分得

$$[\ln I]_{I_0}^{I} = -\alpha x$$

整理得

$$\ln \frac{I}{I_0} = -\alpha x,\ 即\ \frac{I}{I_0} = e^{-\alpha x}$$

所以

$$I = I_0 e^{-\alpha x} \tag{7.5.5}$$

式中 I_0 和 I 分别为 $x = 0$ 和 x 处的波的强度。式(7.5.5)表明,由于介质对波的吸收,波的强度随波在介质中通过的距离按指数规律衰减,如图 7-16(b)所示。

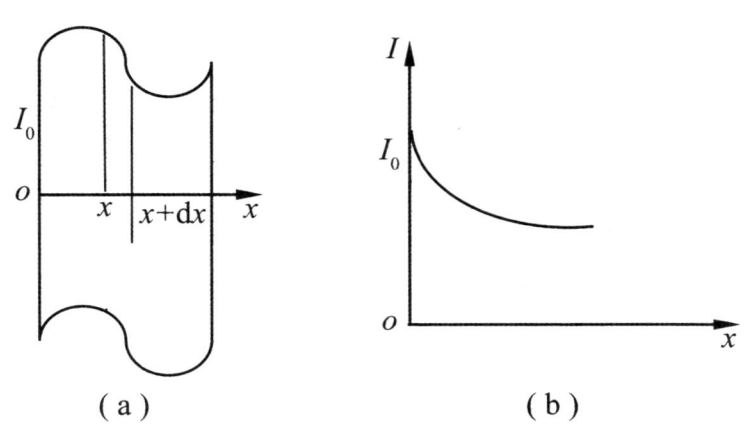

图 7-16 波的吸收

第六节 波的衍射和干涉

水面形成的水波在传播时,如果没有遇到障碍物,波前的性质保持不变。但是如果用一块带有小孔的挡板挡在水波前面,不论原来的波面是什么形状,只要小孔的线度小于波长,通过小孔后的波面都将变成以小孔为中心的圆弧,好像小孔是波源一样。

一、惠更斯原理

波前究竟是如何向前推进的?对这一问题,荷兰物理学家惠更斯观察和研究了大量类似水波传播的例子,注意到机械波是靠介质中相邻质元之间的弹性作用力而传播的。任一质元的振动只能影响相邻质元的运动,波源并不能跨越一段距离直接带动远处的质元。终于在1690年总结出一条重要的有关波传播特性的原理,称为惠更斯原理。

惠更斯原理的具体内容是这样描述的:波前上的每一点都可以看作是发射次级球面子波的波源,新的波前是这些次级球面子波波前的包络面。根据这一原理,只要知道了某一时刻的波前和波前上各点的波速,就可以用作图的方法,确定下一时刻新的波前,从而也确定了波的传播方向(因为波线与波面正交),这就定性地解决了波的传播问题。

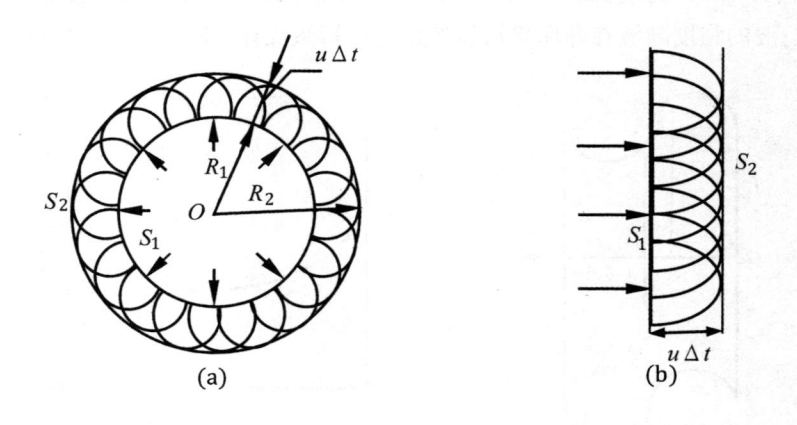

图7-17 用惠更斯原理画波前

下面举例来说明用惠更斯原理确定新的波前的方法。如图7-17(a)所示,设 O 为点波源,由它发出的波以速度 u 向四周传播,已知 t 时刻的波前是半径为 r_1 的球面 S_1。我们用惠更斯原理求出下一时刻 $(t+\Delta t)$ 时的波前。为此在 S_1 上取一些点作为次级子波的波源,以所取点为中心,以 $r=u\Delta t$ 为半径,画出这些球面子波的波前(半球面形),再作这些子波波前的包络面 S_2,它就是 $(t+\Delta t)$ 时刻的新波前。可以看出,S_2 实际上就是以 O 为中心,以 $r_2=r_1+u\Delta t$ 为半径的球面。

用类似的方法,也可以画出平面波的新波前,如图7-17(b)所示。

应该指出,惠更斯原理对各种波在任何介质中传播都适用。当波在各向同性介质中传播时,波面及波前的形状不变,波线也保持为直线,不会中途改变波的传播方向。当波从一种介质传到另一种介质时,波面的形状将发生改变,波的传播方向(波线方向)也将发生改变。

二、波的衍射

波在前进中遇到障碍物时,它将偏离直线传播路径而进入障碍物背后的区域,这种现象称为波的衍射,也叫作波的绕射。衍射现象是波的重要特性之一。

如图 7-18 所示,当一平面波到达障碍物 AB 上的一条狭缝时,根据惠更斯原理,缝上各点都可以看作是发射次级球面子波的波源,做这些子波的包络面,就得到新的波前。此时的波面不再是原来那样的平面了,在靠近障碍物的边缘处,波面发生了弯曲,也就是波的传播方向发生了改变,波绕过障碍物向前传播。

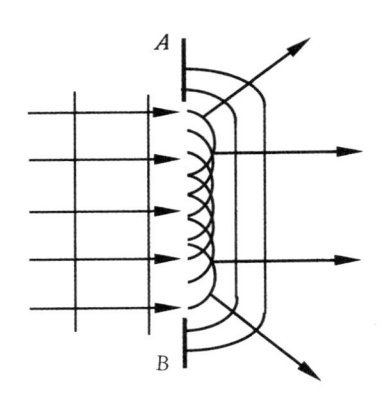

图 7-18 波的衍射

三、波的叠加原理

前面我们讨论的问题都是一个振源在介质中激起的波,当介质中存在两个或两个以上的振源时,情况是怎么样的呢?理论和实验都表明:几列波同时通过介质时彼此互不影响,各自保持自己的波长、频率、振幅和振动方向等特点不变,这称为波传播的独立性。在管弦乐队合奏时,我们能辨别出各种乐器的声音;天线上有各种无线电信号和电视信号,我们仍能接收到任一频率的信号,这些都是波传播的独立性的例子。

由于波的传播具有独立性,所以在几列波相互交叠的区域,各点的振动是各个波单独存在时在该点激起振动的矢量和,这就是波的叠加原理。应该指出的是,波的叠加原理并不是一个普适原理,实践证明,在波的强度不是很大时,描述波动过程的微分方程是线性的,此时叠加原理成立。如果描述波动过程的微分方程是非线性的,此时叠加原理不成立。我们在本书中只讨论叠加原理成立的情况。

四、波的干涉

一般来说,波的叠加问题很复杂,我们先讨论一种最简单也是最重要的波的叠加情况——波的干涉。两列波在介质中相遇合成后,在某些地方的振动始终加强,某些地方的振动始终减弱的现象,称为波的干涉。两列波叠加时发生干涉的条件是:这两列波的振动方向相同、频率相同、相位差恒定。能够发生干涉的波称为相干波,相应的波源称为相干波源。我们把两列相干波的叠加,称为相干叠加;而两列非相干波的叠加,称为非相干叠加。波动的基本特征是可以相干叠加,发生干涉和衍射。

设有两个相干波源 S_1 和 S_2,如图 7-19 所示,它们的振动方程分别为

$$y_{10} = A_1\cos(\omega t + \varphi_1)$$
$$y_{20} = A_2\cos(\omega t + \varphi_2)$$

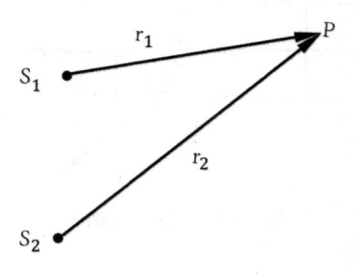

图 7-19 波的干涉

这两个波源发出的波满足相干条件,即频率相同、振动方向相同、相位差恒定。它们在同一介质中传播而相遇时,就会产生干涉。设两列波在 P 点相遇,r_1 和 r_2 是 S_1 和 S_2 到 P 点的距离,则 S_1 和 S_2 在 P 点激起的振动方程分别为

$$y_1 = A_1\cos\left[\omega\left(t - \frac{r_1}{u}\right) + \varphi_1\right] = A_1\cos\left(\omega t + \varphi_1 - \omega\frac{r_1}{u}\right) = A_1\cos\left(\omega t + \varphi_1 - 2\pi\frac{r_1}{\lambda}\right)$$

$$y_2 = A_2\cos\left[\omega\left(t - \frac{r_2}{u}\right) + \varphi_2\right] = A_2\cos\left(\omega t + \varphi_2 - \omega\frac{r_2}{u}\right) = A_2\cos\left(\omega t + \varphi_2 - 2\pi\frac{r_2}{\lambda}\right)$$

P 点的振动为两个同方向、同频率的简谐振动的合振动。由式(7.3.1)得合振幅为

$$A = \sqrt{A_1^2 + A_2^2 + 2A_1 A_2 \cos \Delta\varphi} \tag{7.6.1}$$

式(7.6.1)中 $\Delta\varphi$ 为两个分振动在 P 点的相位差,其值为

$$\Delta\varphi = \left(\omega t + \varphi_2 - 2\pi \frac{r_2}{\lambda}\right) - \left(\omega t + \varphi_1 - 2\pi \frac{r_1}{\lambda}\right)$$

$$\Delta\varphi = \varphi_2 - \varphi_1 - 2\pi \frac{r_2 - r_1}{\lambda} \tag{7.6.2}$$

式(7.6.2)中,$\varphi_2 - \varphi_1$ 为两相干波源之间的初相位差,$r_2 - r_1$ 为两波源到 P 点的波程差,用 δ 表示,即 $\delta = r_2 - r_1$,$-2\pi\delta/\lambda$ 为波程差引起的相位差。对于空间给定的点 P,波程差 $\delta = r_2 - r_1$ 是恒定的,两相干波源之间的初相位差 $\varphi_2 - \varphi_1$ 也是恒定的。因而两列波在 P 点的相位差也将保持恒定。当然,对于空间不同的点将有不同的恒定的相位差 $\Delta\varphi$,根据式(7.6.1),对于空间不同的点将有不同的恒定的振幅。由以上讨论可知,两列相干波在空间相遇,其合振幅在空间形成一种稳定的、不随时间变化的分布,即稳定的干涉图样。根据式(7.6.1)和(7.6.2),可以得到几个特殊的相位差和合振幅:

当 $\Delta\varphi = 2k\pi$,$(k = 0, \pm 1, \pm 2, \pm 3, \cdots)$ 时,$A = A_1 + A_2$ 干涉相长

$$\tag{7.6.3a}$$

当 $\Delta\varphi = (2k+1)\pi$,$(k = 0, \pm 1, \pm 2, \cdots)$ 时,$A = |A_1 - A_2|$ 干涉相消

$$\tag{7.6.3b}$$

如果两波源的初相位相同,即 $\varphi_2 = \varphi_1$,则 $\Delta\varphi = -2\pi\delta/\lambda$,则上式可简化为

当 $\delta = k\lambda$,$(k = 0, \pm 1, \pm 2, \pm 3, \cdots)$ 时,$A = A_1 + A_2$ 干涉相长

$$\tag{7.6.4a}$$

当 $\delta = (2k+1)\lambda/2$,$(k = 0, \pm 1, \pm 2, \cdots)$ 时,$A = |A_1 - A_2|$ 干涉相消

$$\tag{7.6.4b}$$

式(7.6.3)和(7.6.4)分别是用相位差和波程差表示的两列波干涉相长和干涉相消的条件,在具体问题中可选择一种方便的来使用。

波的相干条件是非常重要的内容,求解相干波的干涉问题比较简单,判断相干波在空间中某处相遇是增强还是减弱,可通过二者的相位差或波程差进行分析。当相位差为 0 或 2π 的整数倍、或波源初相相同且波程差为零或波长的整数倍时,干涉相长;当相位差为 π 奇数倍,或波源初相相同且波程差为半波长的奇数倍时,干涉相消。反之,若已知干涉相长或干涉相消,也可由相位公式确定两列波

叠加时的相位差或波程差。

五、驻波

这一节我们讨论一种特殊的波的干涉现象——驻波。驻波是由振动方向、频率、振幅都相同,而传播方向相反的两列简谐波相干叠加形成。乐器中管、弦、膜、板的振动都属于驻波。下面通过一个实验使大家对驻波有一个直观的认识。如图 7-20(a)所示,在电动音叉一臂的末端 A 处系一条水平弦线,弦线的另一端跨过滑轮系一个砝码,使弦线中具有一定的张力。B 处是一个支点,使弦线在 B 处不能振动。当音叉振动时,弦上便产生了向右传播的入射波。到达 B 点时,将形成向左传播的反射波。入射波和反射波的频率、振幅和振动方向都相同,只是传播方向相反。两列波叠加后,看不到波的传播,行波的特性消失了,出现了崭新的波场,只能看到弦线在分段振动,每段两端处的质元固定不动,而每段中间的质元振幅最大,如图 7-20(b)所示。这种连续介质中各质元在原地振动而不向前传播的运动状态称为驻波,以对比于以前的行波。波场中始终静止不动的点称为驻波的波节,而将振幅最大的各点称为驻波的波腹。同一分段上的各点,或者同时向上运动,或者同时向下运动,它们具有相同的振动相位。

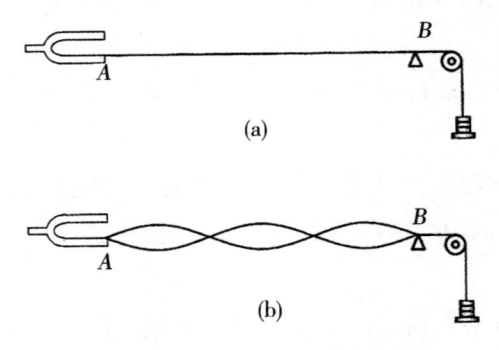

图 7-20 驻波的实验观察

下面我们通过波的叠加原理对驻波的行程进行定量分析。设一列波沿 x 轴正方向传播,另一列波沿 x 轴负方向传播。为了简便,设它们的波函数分别为

$$y_1 = A\cos\omega\left(t - \frac{x}{u}\right), y_2 = A\cos\omega\left(t + \frac{x}{u}\right)$$

则两波相遇处各质元的合位移

$$y = y_1 + y_2 = A\cos\omega\left(t - \frac{x}{u}\right) + A\cos\omega\left(t + \frac{x}{u}\right)$$

利用三角函数的和差化积公式,可得

$$y = 2A\cos\frac{\omega x}{u}\cos\omega t$$

即

$$y = 2A\cos 2\pi \frac{x}{\lambda}\cos\omega t \tag{7.6.5}$$

式(7.6.5)即为驻波的波函数,它不是 $(t - x/u)$ 的函数,因此驻波的相位和能量都不能传输,这也正是"驻"的含义。上式由两个因子组成,其中 $\cos\omega t$ 只与时间有关,代表简谐振动;而 $A_{合} = \left| 2A\cos 2\pi \frac{x}{\lambda} \right|$ 只与位置有关,代表 x 处质元振动的振幅。可见驻波的振幅取决于介质中质元的位置,任一质元都有自己确定的振幅,振幅在空间的分布随坐标 x 进行周期性变化 $(0 \leqslant A_{合} \leqslant 2A)$,但不随时间 t 变化。

当 $2\pi \frac{x}{\lambda} = k\pi$ 时,$A_{合} = 2A$,这些点合成振幅最大,即为波腹。由此可得,波腹坐标为

$$x_{腹} = k\frac{\lambda}{2}(k = 0, \pm 1, \pm 2, \cdots)$$

当 $2\pi \frac{x}{\lambda} = (2k + 1)\frac{\pi}{2}$ 时,$A_{合} = 0$,这些点始终静止不动,即为波节。由此可得波节坐标为

$$x_{节} = (2k + 1)\frac{\lambda}{4}(k = 0, \pm 1, \pm 2, \cdots)$$

由此可得两相邻波节或两相邻波腹间的距离为

$$\Delta x = x_{k+1} - x_k = \frac{\lambda}{2}$$

这表明两相邻波节或波腹间的距离均为半个波长。

下面讨论驻波各点的相位。初看式(7.6.5)似乎各点的振动相位是相同的,都是 ωt ,其实不然,因为 $2A\cos 2\pi \frac{x}{\lambda}$ 随 x 的变化有正有负,在相邻两波节之间的所有各点,$2A\cos 2\pi \frac{x}{\lambda}$ 具有同样的符号,因此它们具有相同的相位;但在波节两侧,$2A\cos 2\pi \frac{x}{\lambda}$ 的符号相反,因而波节两侧的点的振动相位相反。即

$$+ \cos\omega t = \cos\omega t;\quad -\cos\omega t = \cos(\omega t \pm \pi)$$

由此可见,驻波被波节分成长度为半波长的许多段,每段中各点在振动中同时到达最大,同时通过平衡位置,又同时到达负的最大(但各点振幅不同)。而波节两侧各点同时沿相反方向到达振动位移的正负最大值,又沿相反方向同时通过平衡位置。通过以上分析看到,在波叠加区域内并没有振动状态(或相位)的传播,只有段与段之间的相位突变。

在前面图 7-20 的驻波实验中,反射点 B 是固定不动的,在该处只能形成驻波的一个波节。从振动叠加的角度看,这就意味着反射波与入射波在固定点 B 处的相位相反,或者说入射波在反射时有 π 的相位跃变。由相位差与波程差的关系 $\Delta\varphi = -2\pi\dfrac{\delta}{\lambda}$ 可知,相位跃变 π 相当于有半个波长的波程差,故习惯上将这种入射波在反射时的相位跳变 π 叫作半波损失。

半波损失是一个较为复杂的问题,但是在研究波动问题时又非常重要。半波损失不仅在机械波反射时可能出现,在电磁波包括光波反射时也可能出现。一般来说,入射波在两种不同介质的界面处发生反射时是否有半波损失,与两种介质的性质有关。当波从波疏介质(折射率小)入射到波密介质(折射率大)界面反射时,有半波损失;反之,当波从波密介质入射到波疏介质界面反射时,无半波损失。对电磁波包括光波来说,上述规律同样适用。

例 7.6.1 一沿 x 轴正方向传播的入射波的波函数为 $y_1 = A\cos 2\pi\left(\dfrac{t}{T} - \dfrac{x}{\lambda}\right)$,在 $x = 0$ 处发生反射,反射点为一节点。求:

(1)反射波的波函数;

(2)合成的驻波的波函数。

解 (1)由已知条件可得,反射点为波节,说明反射时发生了半波损失,因此反射波的波函数为

$$y_2 = A\cos\left[2\pi\left(\dfrac{t}{T} + \dfrac{x}{\lambda}\right) + \pi\right]$$

(2)因两列波是沿相反方向传播的相干波,根据波的叠加原理,合成的驻波的波函数为

$$y = y_1 + y_2 = A\cos 2\pi\left(\dfrac{t}{T} - \dfrac{x}{\lambda}\right) + A\cos\left[2\pi\left(\dfrac{t}{T} + \dfrac{x}{\lambda}\right) + \pi\right]$$

$$= 2A\cos\left(2\pi\dfrac{x}{\lambda} + \dfrac{\pi}{2}\right)\cdot\cos\left(2\pi\dfrac{t}{T} + \dfrac{\pi}{2}\right)$$

$$= 2A\sin 2\pi \frac{x}{\lambda} \cdot \sin 2\pi \frac{t}{T}$$

六、多普勒效应

在前面的讨论中,我们都假定波源和观测者相对于介质是静止的,在此情况下,观测者接收到的波的频率与波源发出的频率是相同的。如果波源或观察者,或二者都相对于介质发生运动,这时这个结论就不成立了。1842 年,奥地利物理学家多普勒(Christian Andreas Doppler)发现:当波源或观测者相对于介质运动时,观测者接收到的频率与波源的振动频率不同。这种现象称为多普勒效应。例如,火车进站时,站台上的观测者听到火车汽笛声的音调变高;火车出站时,站台上的观测者听到火车汽笛声的音调变低,这就是声波的多普勒效应表现。

现在以声波为例,讨论机械波的多普勒效应。用 u 表示机械波在介质中的波速,它与波源及观测者的运动无关。设波源或观测者沿二者连线方向运动,波源和观测者相对介质的速度分别用 v_S 和 v_R 表示,其符号规定为:当波源趋近观测者时 $v_S > 0$,反之 $v_S < 0$;当观测者趋近波源时 $v_R > 0$,反之 $v_R < 0$。波源振动的频率用 ν_S 表示,观测者接收到的频率用 ν_R 表示, ν_R 是指单位时间内观测者接收到的振动的次数,或接收到的完整波的个数。下面我们分三种情况进行讨论。

(一)波源静止,观测者运动

设波源静止,观测者相对介质以速度 v_R 趋近波源 ($v_R > 0$)。如图 7-21 所示,静止的点波源发出的球面波的波面是同心的球面,波长 λ 等于两个相邻的同相球面之间的距离。由于观测者趋近波源,所以波面以速度 $u + v_R$ 通过观测者,单位时间内观测者接收到的完整波的个数,即观测者接收到的频率 $\nu_R = (u + v_R)/\lambda$。由于波源静止,所以波的频率就是波源振动的频率 ν_S,而波长 $\lambda = u/\nu_S$,代入得

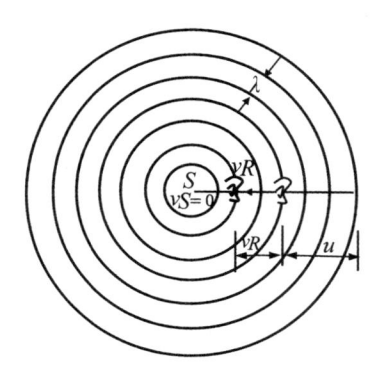

图 7-21 观测者运动时的多普勒效应

$$\nu_R = \frac{u + v_R}{u}\nu_S \qquad (7.6.6)$$

这表明,当观测者趋近波源运动时($v_R > 0$),观测者接收频率高于波源频率;反之,当观测者远离波源运动时($v_R < 0$),接收频率低于波源频率。

(二)观测者静止,波源运动

设观测者静止,波源相对介质以速度 v_S 趋近观测者($v_S > 0$),这时波源发出的球面波的波面不再同心。如图 7-22 所示,在观测者处,两个相邻的同相球面之间的距离减小为 $\lambda_0 - v_S T$,因此,对观测者来说,波长压缩为 $\lambda = \lambda_0 - v_S T = (u - v_S)T$。由于波速 u 与波源的运动无关,所以观测者接收到的频率

$$\nu_R = \frac{u}{\lambda} = \frac{u}{u - v_S}\frac{1}{T}$$

因为波源频率 $\nu_S = 1/T$,所以

$$\nu_R = \frac{u}{u - v_S}\nu_S \qquad (7.6.7)$$

这说明,当波源趋近观测者运动($v_S > 0$)时,观测者接收到的频率高于波源频率;反之,当波源远离观测者运动($v_S < 0$)时,接收频率低于波源频率。

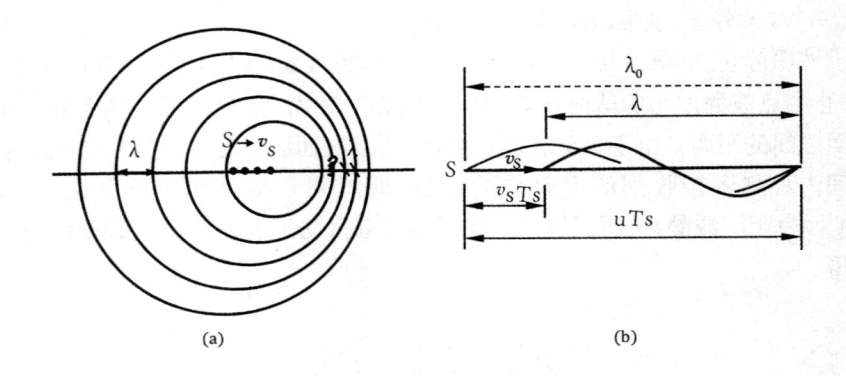

图 7-22 波源运动时的多普勒效应

(三)波源和观测者相对介质同时运动

这时波长变为 $\lambda = \lambda_0 - v_S T = (u - v_S)T$,波面以速度 $u + v_R$ 通过观测者,因此观测者接收到的频率

$$\nu_R = \frac{u + v_R}{\lambda} = \frac{u + v_R}{u - v_S}\frac{1}{T}$$

即

$$\nu_R = \frac{u + v_R}{u - v_S}\nu_S \qquad (7.6.8)$$

式(7.6.8)表示波源和观测者同时运动时机械波的多普勒效应。应用时要注意 v_S 和 v_R 的符号的规定。

应该指出,如果波源和观测者沿着它们连线的垂直方向运动,就没有多普勒效应发生(在经典的多普勒效应中,只有纵向效应,没有横向效应,在相对论中,除了纵向效应外,还有横向多普勒效应)。如果波源和观测者的运动方向是任意的,那么只要把速度在连线方向上的分量代入上式即可。当然,由于运动方向任意,所以观测者观测到的频率将会随时间变化。需要说明的是,无线电波或光波同样存在多普勒效应,但由于电磁波的速率恒定为 c,与波源和观察者是否运动无关,电磁波的传播不需要介质,也就不存在波源或观察者相对于介质运动的速度问题,只有波源和观察者的相对速度才是需要考虑的问题。

多普勒效应在科学技术上有着广泛的应用。在工业上利用声波、反射波的多普勒效应可以测量物体运动的速度,在医学上可以检测心脏的跳动和血管中血液的流速。除此以外,利用多普勒效应还可以测量人造卫星的运行速度,在光谱学、天体物理学等学科中都有广泛的应用。尤其需要强调的是,"宇宙是膨胀"的这一结论就是通过多普勒效应实验验证的。

例 7.6.2 已知空气中的声速是 340m/s,一声源的振动频率是 1200Hz。求:

(1)当声源以 50m/s 的速率向静止的观测者运动时,此观测者接收到的声波的频率是多少?

(2)如果声源静止不动,而观测者以 50m/s 的速率向声源运动,此观测者接收到的声波的频率是多少?

(3)当声源相对于地面以 50m/s 的速率向观测者方向运动,而同时观测者相对于地面以 50m/s 的速率向声源方向运动时,此观测者接收到的声波的频率又是多少?

解 (1)观测者静止,声源运动,所以由式(7.6.7)可得,观测者接收到的频率为

$$\nu_R = \frac{u}{u - v_S}\nu_S = \frac{340}{340 - 50} \times 1200 = 1407(\text{Hz})$$

(2)声源静止,观测者运动,所以由式(7.6.6)可得,观测者接收到的频率为

$$\nu_R = \frac{u + v_R}{u}\nu_S = \frac{340 + 50}{340} \times 1200 = 1376(\text{Hz})$$

(3)声源和观测者相对于地面都在运动,所以由式(7.6.8)可得,观测者接收

到的频率为

$$\nu_R = \frac{u + v_R}{u - v_S}\nu_S = \frac{340 + 50}{340 - 50} \times 1200 = 1614(\mathrm{Hz})$$

第七节 声纹在鉴定技术中的应用介绍

20世纪90年代的中国刑事技术出现了一项新的鉴定技术——声纹鉴定。它是处理利用电话进行诈骗、绑架、恐吓这类案件的克星。

我国的声纹鉴定技术起步较晚，是我国物证鉴定技术工作中的一项新技术。20世纪80年代末，中国刑警学院和公安部第二研究所分别引进美国KEY公司的7800和DSP5500声谱仪开展声纹鉴定的科研和检案实践。天津市人民检察院、南京市公安科研所和上海市公安局技术处分别开展了计算机声谱仪和话者计算机识别系统的研发。自1992年以来，司法部司法鉴定研究所、最高人民检察院技术局先后引进DSP5500声谱仪，开展声纹鉴定的科研和检案实践。1997年，深圳市检察院、广州市公安局也引进了DSP5500声谱仪，开展声纹鉴定技术工作。除政法系统外，北京大学、清华大学、中国科学院声学研究所、海军装备中心、国家安全部十三局、空军第一研究所等科研院所和高校也展开了有关科研和计算机语图仪的开发工作。

声纹鉴定，是利用声学语言学的原理，借助声谱仪(语图仪)，通过对磁介质所记载的有声言语的频谱分析，对嫌疑人是否被录音的言语人进行鉴定和判断的一项专门技术。声纹在语言学界被称为语图，它是借助声谱仪描绘出来的人的声音的图像，即语言的频谱图。在刑事技术和法庭科学鉴定领域中，人们比照指纹形象地把它称为声纹。

声谱仪是进行声纹鉴定的重要仪器。世界上最早的声谱仪是由美国贝尔实验室的波塔博士研制成功的，主要用于军事通信。此后经过不断完善，声谱仪由庞大、笨重、准确率低，逐渐发展为小巧、灵活、准确率达到95%以上的精密仪器。

思考题

1. 试说明下列物体的运动是不是简谐振动。
(1)小球在地面上做完全弹性的上下跳动。

（2）曲线连杆机构使活塞做往复运动。

（3）小磁针在地磁的南北方向附近摆动。

2. 试举出生活中按简谐振动规律变化的几个物理量。

3. 做简谐振动物体的位置物理量 x 满足微分方程 $\dfrac{dx^2}{dt^2}+\omega^2 x=0$，从此方程判断做简谐振动物体的加速度和位移的关系。

4. 三个完全相同的单摆，一个放在教室里，一个放在匀速运动的火车上，另一个放在匀加速上升的电梯中，试问它们的周期是否相同？大小如何？

5. 5G 基站的覆盖面积为什么比 4G 基站的覆盖面积小？

6. 驻波形成以后，介质中各质点的振动相位有什么关系？为什么说驻波中的相位没有传播？

第八章

波动光学

光学是物理学中发展较早的一个分支,是物理学的一个重要组成部分。几何光学利用光线、光束、物点和像点等概念研究光的一些现象、性质和应用,不涉及光的内在属性,所得的结果对光的客观规律来说,具有近似的意义。从 19 世纪末认识到光是一种电磁波,到 20 世纪初发现了光的粒子性,人们对光本性的认识向前迈了一大步。在光学研究领域中,基于光的波动性研究光在传播过程中发生的现象及规律的学科称为波动光学,基于光的粒子性研究光与物质相互作用的微观机制及遵从规律的学科称为量子光学,二者统称为物理光学。物理光学研究光的波动性和粒子性,认识光的各种现象的实质。洞悉光的属性以及有效地利用它。

波动光学主要介绍光的干涉、衍射和偏振。本章学习光的干涉,主要讨论双缝干涉、薄膜干涉和光栅衍射,简要介绍常用的物证检验照相方法及激光的工作原理和其在形式照相中的应用。

第一节 光波的相干叠加

光是一种电磁波,电磁波就是电磁振动在空间的传播过程。实验表明,在可见光的电磁振动中,能够引起视觉效应(生理作用)和感光效应(化学作用)的主要是电场,所以人们把光波中的电场强度 E 称为光矢量,把 E 矢量的周期性变化称为光振动。当两列或多列光波同时存在时,在它们的交叠区域内每一点的光振动,是各列光波单独在该点所产生的光振动的矢量和,即

$$E(r,t) = E(r_1,t) + E(r_2,t) + \cdots$$

这就是光的叠加原理。在波动光学中的干涉、衍射等,都是以光的叠加原理为基本依据的。

一、光波的叠加

如图 8-1 所示,设有两列波分别从点光源 S_1 和 S_2 发出,经过 r_1 和 r_2 的距离在空间 P 点相遇,这两列波在相遇点的振动方程分别为

$$E_1 = E_{10}\cos\left(\omega_1 t + \varphi_1 - 2\pi\frac{r_1}{\lambda}\right)$$

$$E_2 = E_{20}\cos\left(\omega_2 t + \varphi_2 - 2\pi\frac{r_2}{\lambda}\right)$$

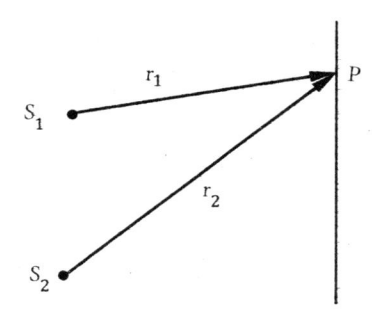

图 8-1 两列光波的叠加

为简单起见,设两光矢量的振动方向彼此平行,即

$$E_1 = E_{10}\cos\left(\omega_1 t + \varphi_1 - 2\pi\frac{r_1}{\lambda}\right)$$

$$E_2 = E_{20}\cos\left(\omega_2 t + \varphi_2 - 2\pi\frac{r_2}{\lambda}\right)$$

设在相遇处点处的合振幅为 E_0 ,则根据式(7.3.1)可得

$$E_0^2 = E_{10}^2 + E_{20}^2 + 2E_{10}E_{20}\cos\Delta\varphi \tag{8.1.1}$$

式中, $\Delta\varphi$ 为两列波在 P 点的相位差,即

$$\Delta\varphi = (\omega_2 - \omega_1)t + 2\pi\frac{r_1 - r_2}{\lambda} + (\varphi_2 - \varphi_1) \tag{8.1.2}$$

在波场中,波的强度正比于振幅的平方。因为我们关注的是叠加场中光强的相对分布,所以把振幅的平方定义为相对光强,则两个分光强及合光强分别为

$$I = E_0^2, I_1 = E_{10}^2, I_2 = E_{20}^2$$

代入式(8.1.1)得

$$I = I_1 + I_2 + 2\sqrt{I_1 I_2}\cos\Delta\varphi \tag{8.1.3}$$

由此可见,叠加场中光强的分布取决于两列波在相遇点所引起的光振动的相位差 $\Delta\varphi$。这一相位差中,第一项 $(\omega_2 - \omega_1)t$ 是时间的函数;第二项 $2\pi(r_1 - r_2)/\lambda$ 是空间位置的函数,与时间无关;第三项 $(\varphi_2 - \varphi_1)$ 与光源有关,对两个普通光源来说,$(\varphi_2 - \varphi_1)$ 随时间做无规则变化(原因本节稍后给出)。

人们实际观察到的光强总是在一个较长时间内的平均光强。由于参与叠加的两个分光强 I_1 和 I_2 是不随时间变化的,所以合光强 I 在一个周期 τ 内的平均值为

$$\bar{I} = I_1 + I_2 + 2\sqrt{I_1 I_2}\left[\frac{1}{\tau}\int_0^\tau (\cos\Delta\varphi)\,dt\right]$$

由于余弦函数在一个周期内的平均值为零,即

$$\frac{1}{\tau}\int_0^\tau (\cos\Delta\varphi)\,dt = 0$$

所以,对两个不同频率 $(\omega_1 \neq \omega_2)$ 的普通光源来说,P 点的合光强等于两个分光强之和,即

$$I = I_1 + I_2$$

光波的这种叠加是光强的直接相加,不会因叠加而引起光强在空间的重新分布,所以这种叠加是非相干叠加。例如,两盏射灯同时照射在建筑物的某一立面上,立面上各处的光强都加强了,其强度等于两盏灯各自光强之和,即 $I = I_1 + I_2$,立面上没有一处发生强度减弱的现象,观察不到明暗相间的条纹,这是光的非相干叠加。如果两列波在叠加区域内任一点 P 的相位差 $\Delta\varphi$ 不随时间变化,它只是空间位置的函数,这样叠加区域内的光强也就随空间位置而变化,某些地方 $\bar{I} > I_1 + I_2$,另一些地方 $\bar{I} < I_1 + I_2$,即光强在空间重新分布,就是相干叠加。

二、光波的相干条件

要产生相干叠加,就必须保证在交叠区域内任一点 P 相位差 $\Delta\varphi$ 不随时间变化。由式(8.1.2)可知,只有当两列光波的频率相同 $(\omega_1 = \omega_2)$,初相差 $(\varphi_2 - \varphi_1)$ 恒定不变时,相位差 $\Delta\varphi$ 才与时间无关。又考虑到上述讨论是在两光矢量的振动方向彼此平行的条件下才会产生相干叠加,故相干光条件可以概括如下:一是频率相同;二是存在相互平行的振动分量;三是具有恒定的初相差。

两相干光波的相位差为

$$\Delta\varphi = 2\pi\frac{r_1 - r_2}{\lambda} + (\varphi_2 - \varphi_1)$$

以相位差表示光波的干涉相长、相消的条件为

$$\Delta\varphi = \begin{cases} 2k\pi & \text{干涉相长} \\ (2k+1)\pi & \text{干涉相消} \end{cases} (k = 0, \pm 1, \pm 2, \cdots) \quad (8.1.4)$$

三、光程与光程差

(一)光程的基本概念

相位差的计算在分析光的叠加问题中是很关键的一步,而相位差与光波波长有关,当光在不同介质中传播时,相位差的计算就要涉及光路中各种介质中的光波波长。为了更方便地计算光在不同介质中传播时的相位差,人们引入了光程的概念。

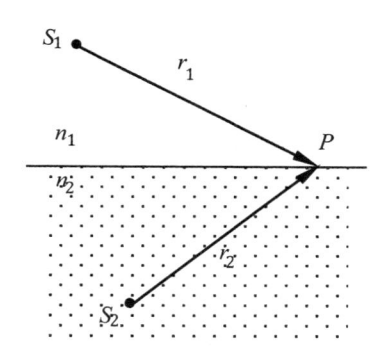

图 8-2 用光程差计算相位差

如图 8-2 所示,两列初相相同 ($\varphi_2 = \varphi_1$) 的相干波分别从 S_1 和 S_2 发出,分别在两种不同介质中传播并汇聚于 P 点。在 P 点,两光波的相位差为

$$\Delta\varphi = 2\pi \frac{r_2}{\lambda_2} - 2\pi \frac{r_1}{\lambda_1} \quad (8.1.5)$$

式(8.1.5)中,λ_1、λ_2 为光在两种介质中的波长。因为频率为 ν 的单色光在不同介质中传播时,其频率 ν 不变,而介质中光速为 $v = c/n$,n 为传光介质的折射率。则光在介质中的波长为

$$\lambda_n = \frac{v}{\nu} = \frac{c}{n\nu} = \frac{\lambda}{n}$$

式中,λ 是光在真空中的波长,由此可知

$$\lambda_1 = \frac{\lambda}{n_1}, \lambda_2 = \frac{\lambda}{n_2}$$

代入式(8.1.5)可得

$$\Delta\varphi = 2\pi \frac{n_2 r_2 - n_1 r_1}{\lambda} \tag{8.1.6}$$

我们定义:光在介质中所走过的几何路程 r 与介质折射率 n 的乘积 nr 为光程。以 L 表示,则光程为

$$L = nr$$

显然,式(8.1.6)中的"$n_2 r_2 - n_1 r_1$"为两束光的光程之差,称为光程差,以 δ 表示,则

$$\delta = L_2 - L_1 = n_2 r_2 - n_1 r_1 \tag{8.1.7}$$

代入式(8.1.6),得光程差与相位差之间的关系为

$$\Delta\varphi = 2\pi \frac{\delta}{\lambda} \tag{8.1.8}$$

式(8.1.8)中,λ 为光在真空中的波长。由此可见,引入光程的概念,就可以把光在不同介质中传播的复杂情形,折合成光在真空中传播的等效情形,不论什么介质,都可以用光在真空中的波长来计算两束光在传播过程中的相位差。

(二)薄透镜的等光程性

在干涉和衍射装置中,经常要用到透镜。透镜的插入,对光路中的光程会产生什么影响呢?理论计算和实验事实证明,薄透镜具有等光程性。如图 8-3(a)、(b)所示,平行光通过透镜后,各条光线汇聚到焦平面上的一点,并且汇聚点总是亮的。这一事实表明,各条光线在汇聚点是同相叠加。由于平行光的同相面与光线垂直,所以从垂直入射光线的任一平面[如图 8-3(a)、(b)中的平面]算起,到汇聚点的每一条光线都具有相同的光程。对于非平行光束,薄透镜同样具有等光程性。如图 8-3(c)所示,物体通过透镜成像,但不改变物体的明暗分布。这一事实表明,由物点发出的沿不同方向到达像点的各条光线,都具有相同的光程。透镜只改变各条光线的传播方向,但不产生附加的光程差。因此,用透镜来观测干涉条纹时,不会改变条纹的本来面目。这一特性叫作薄透镜的等光程性。

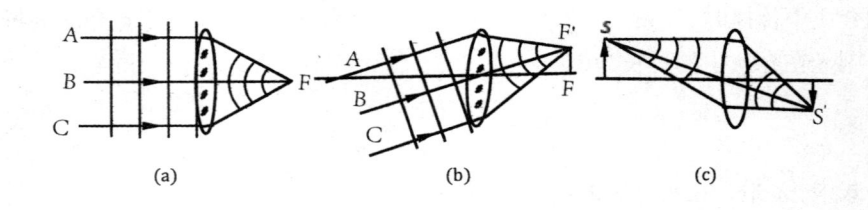

图 8-3 薄透镜的等光程性

薄透镜的等光程性可做如下的定性解释:从物点 S 到像点 S' 的各条光线,具有不同的几何路程,但它们在透镜中传播的路程也不同。由图可以看出,在空气中几何路程较长的光线在玻璃中传播的几何路程较短,而玻璃的折射率都大于空气的折射率,折算成光程以后,各条光线都具有相同的光程。

(三)用光程差表示干涉相长与相消条件

由光程差与相位差之间的关系式(8.1.8)可知,以光程差 δ 表示的光的干涉相长与相消的条件为

$$\delta = \begin{cases} k\lambda & \text{干涉相长} \\ (2k+1)\dfrac{\lambda}{2} & \text{干涉相消} \end{cases} \quad (k = 0, \pm 1, \pm 2, \cdots) \qquad (8.1.9)$$

式(8.1.9)中,λ 为光在真空中的波长,k 为干涉条纹级次。

式(8.1.9)是处理光的干涉问题的基本公式。分析光的干涉问题就是要探讨干涉条纹的静态分布(形状、位置、间距等),条纹的动态变化(位置的移动、形状及间距的变化等)及其应用。干涉条纹的静态分布和动态分布都与相干光束的光程差息息相关。由光程差出发分析干涉条纹的分布及变化规律是处理光的干涉问题的基本方法。

四、相干光的获得

(一)普通光源发光微观机制

发光物体叫作光源,光源有普通光源与激光光源之分。我们在波动光学中的讨论仅限于普通光源发出的普通光。在外界条件的激励下,普通光源中的原子、分子吸收能量而处于一种不稳定的激发态。在没有任何外界作用的情况下,它能自发地跃迁回低激发态或基态,并辐射出一定频率的电磁波。这一跃迁过程所经历的时间约为 $10^{-8}s$,这也是一个原子次发光所持续的时间。显然,一个原子每次只能辐射出具有确定频率的一段有限长度的波列。当然,一个原子经过一次发光跃迁之后,还可以再次被激发到高能级,从而再次发光。这就是说,单一原子或分子的发光是间歇性的,所以它所发出的光是一系列不连续的波列。光源中有大量原子在发光,每个原子或分子先后发射的不同波列,以及不同原子或分子发射的各个波列,彼此之间在振动方向上和相位上没有什么联系,完全是随机的。正是由于普通光源中原子、分子发光的间断性和随机性,我们所得到的一束普通光是由频率不一定相同、振动方向各异、无确定相位关系的一系列各自独立的波列组成。

(二)获得相干光的方法

由普通光源的发光微观机制可知,任何两个独立的普通光源都不能构成相干光源,不仅如此,即使是同一光源上不同部分发出的光,也不能产生干涉。只有来自同一波列的光才是相干光。这就是说,获得相干光的方法只能是用人为的方法,把同一波列的光分成两列光波,让它们沿不同的几何路径传播,再在空间相遇而叠加。这样分割出来的两列光波,具有相同的频率和振动方向,相位差恒定,是相干光。虽然波列是不连续的,不同波列之间无固定的相位关系,但任何相位的改变总是同时发生在两个分光束中,如果一个分光束的相位发生突变,则另一个分光束也发生同样的相位突变,即两分光束在相遇点的相位差始终保持不变。

分割光波列以获得相干光的常用方法有以下两类:

分波面法:将光源发出的波面分成两部分(或多部分),让它们各自经历不同路径后再相遇,在交叠区域产生干涉,这种干涉称为分波面干涉,如图8-4(a)所示。

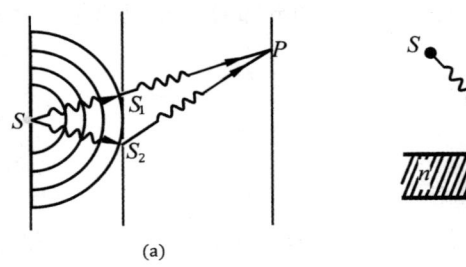

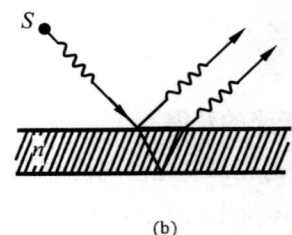

图 8-4 获得相干光的方法

分振幅法:当一束光入射到透明介质的分界面上时,它所携带能量的一部分反射回来,另一部分透射过去。因为能流密度正比于光波振幅的平方,所以光束的这种分割方法称为分振幅法。一束光由部分反射法分成两束(或多束),经历不同路径后再相遇发生干涉,这种干涉称为分振幅干涉,如图8-4(b)所示。

第二节 杨氏双缝干涉

1801年,英国医生兼物理学家托马斯·杨首先通过双缝干涉实验观察到光的干涉现象,为光的波动说奠定了坚实的实验基础。

杨氏双缝干涉的实验装置如图 8-5 所示。其中，S_0 为单色点光源，它所发出的光经透镜 L 后变为单色平行光束，平行光束照射下的狭缝 S 相当于一个线光源，向外发射柱面光波。双缝 S_1 和 S_2 与狭缝 S 平行，且与 S 距离相等，所以它们正好处于由 S 发出的柱面波的同一波面上，具有相同的相位，是一对同相的相干光源，在双缝屏后形成相干光场，在观察屏上出现干涉条纹。显然，杨氏双缝干涉属于分波面干涉。杨氏双缝干涉实验装置中的有关参数的取值范围大体如下：①双缝间距：$d(0.1\sim1\text{mm})$；②双缝到观察屏的距离：$D(1\sim10\text{m})$；③观测屏上横向观测范围：$\rho(1\sim10\text{cm})$。

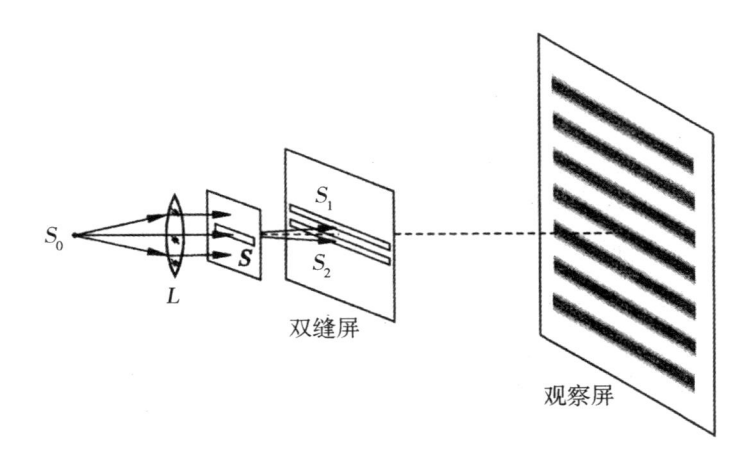

图 8-5 杨氏双缝干涉的实验装置

一、杨氏双缝干涉

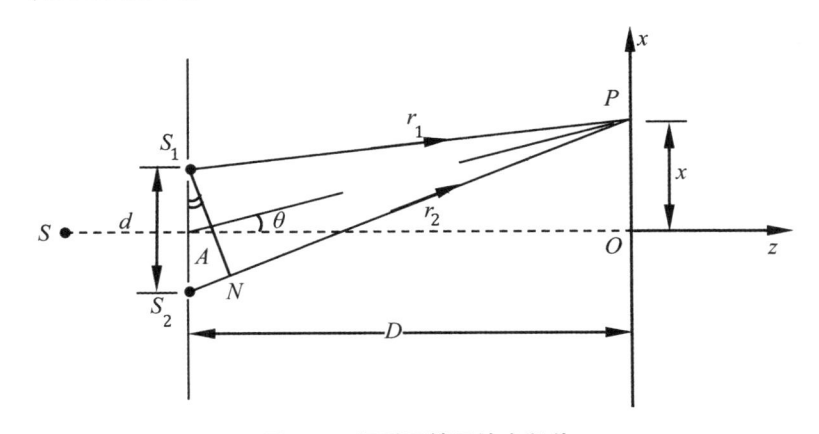

图 8-6 杨氏双缝干涉光程差

如图 8-6 所示，设双缝的中垂线与观察屏相交于 O 点，取坐标系如图所示。由 S_1 和 S_2 发出的相干光在观察屏上交汇于 P 点，P 点的坐标为 x，到双缝的距离分别为 r_1 和 r_2。在 PS_2 上截取 $PN = PS_1$，由于 $d \ll D$，且屏上任意点 P 到 O 点的距离满足 $x \ll D$ 的条件。由图中几何关系可知，$\angle S_2 S_1 N \approx \angle PAO = \theta$，且 θ 角很小，故由 S_1、S_2 发出的光在空气中 ($n \approx 1$) 到达 P 点的光程差为

$$\delta = r_2 - r_1 = S_2 N \approx d\sin\theta \approx d\tan\theta = d\frac{x}{D} \qquad (8.2.1)$$

由式 (8.1.9) 和 (8.2.1) 得杨氏双缝干涉的明、暗纹中心的条件为

$$\delta = d\frac{x}{D} = \begin{cases} k\lambda & \text{干涉相长} \\ (2k+1)\dfrac{\lambda}{2} & \text{干涉相消} \end{cases} \quad (k = 0, \pm 1, \pm 2, \cdots) \qquad (8.2.2)$$

由式 (8.2.2) 可得杨氏双缝干涉明、暗纹中心位置坐标为

$$\begin{cases} x = k\dfrac{D\lambda}{d} & \text{明纹中心} \\ x = (2k+1)\dfrac{D\lambda}{2d} & \text{暗纹中心} \end{cases} \quad (k = 0, \pm 1, \pm 2, \cdots) \qquad (8.2.3)$$

k 为条纹级次，对明纹来说，$k = 0$ 时 $x = 0$，相应的明纹为中央明纹，$k = \pm 1$ 相应的明纹为中央明纹两侧对称位置上的正、负一级明纹，其余以此类推。对暗纹来说，没有中央暗纹，$k = 0$ 相应的条纹为正一级暗纹，$k = -1$ 相应的条纹为负一级暗纹，其余以此类推。杨氏双缝干涉条纹的级次顺序整理如下：……正二级明纹，正二级暗纹，正一级明纹，正一级暗纹，中央明纹（零级明纹），负一级暗纹，负一级明纹，负二级暗纹，负二级明纹，……

由式 (8.2.3) 所给出的条纹中心坐标可得任意两相邻明（暗）纹中心之间的距离为

$$\Delta x = x_{k+1} - x_k = \frac{D\lambda}{d} \qquad (8.2.4)$$

条纹在观察屏上呈等间距分布。

例 8.2.1 单色光垂直入射到相距 0.4mm 的双缝上，双缝与光屏相距 2.0m。(1) 若测得第一级明纹中心到同侧第四级明纹中心的距离为 7.5×10^{-3}m，求入射光的波长；(2) 若用波长为 400nm 的光入射，求相邻明纹中心间距（1nm $= 10^{-9}$m）。

解 (1) 设相邻明纹中心距离为 Δx，则第一级明纹中心到同侧第四级明纹中心的距离为 $3\Delta x$，即 $3\Delta x = 7.5 \times 10^{-3}$m，所以 $\Delta x = 2.5 \times 10^{-3}$m。

由两相邻明（暗）纹中心之间的距离公式 $\Delta x = D\lambda/d$，得

$$\lambda = \frac{d\Delta x}{D} = \frac{0.4 \times 10^{-3} \times 2.5 \times 10^{-3}}{2} = 5.0 \times 10^{-7} (\text{m})$$

（2）波长为 400nm 的光入射时，相邻明纹中心间距

$$\Delta x = \frac{D\lambda}{d} = \frac{2 \times 400 \times 10^{-9}}{0.4 \times 10^{-3}} = 2.0 \times 10^{-3} (\text{m})$$

二、劳埃德镜干涉

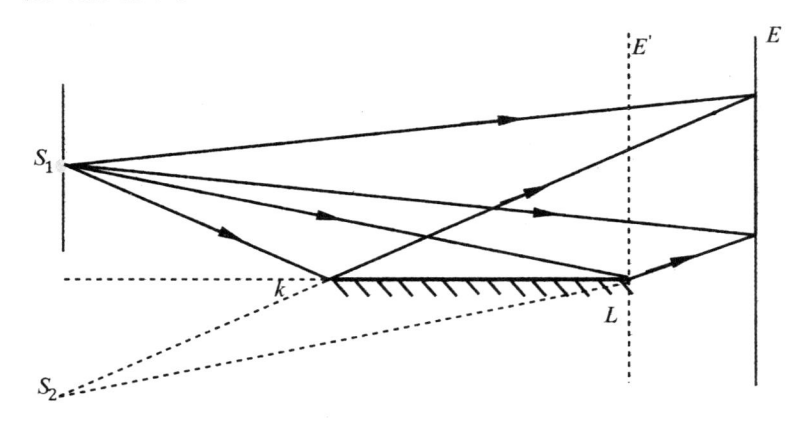

图 8-7 劳埃德镜干涉

劳埃德镜干涉是另一种分波面干涉，如图 8-7 所示，kL 为一块平面反射镜，从狭缝 S_1 发出的光波中，一部分直接投射到屏幕 E 上，另一部分先入射到平面镜，然后被反射到屏幕 E 上。于是这两束相干光在交叠区域里发生干涉，屏幕上出现干涉条纹，如同是由 S_1 与其在 kL 上的虚像 S_2 所产生的双缝干涉一样。所以劳埃德镜干涉的分析方法与杨氏双缝干涉的分析方法基本相同，最重要的区别是在计算反射光的光程时必须要加上（或减去）$\lambda/2$，这是因为当光从空气（光疏介质）射向玻璃（光密介质）而被反射时，有半波损失。当把光屏 E 移动到与镜子右端 L 相接触的 E' 位置时，$S_1L = S_2L$，考虑到有半波损失，所以镜面与屏面的交线应是暗纹，实验结果的确如此。因此，从另一角度来讲，劳埃德镜干涉是半波损失的实验验证。

最后，把劳埃德镜干涉条纹的级次顺序整理如下：中央暗纹（零级暗纹），一级明纹，一级暗纹，二级明纹，二级暗纹……显然劳埃德镜干涉没有负级次条纹。

例 8.2.2 在劳埃德镜干涉实验中，单色狭缝光源 S_1 到平面镜 kL 所在平面的垂直距离为 $h = 2.0 \times 10^{-3}$m，到观察屏 E 的距离 $D = 2.0$m，从 S_1 发出波长 $\lambda =$

720nm 的光，观察屏与平面镜右端 L 相接触。求观察屏上离接触点 L 最近的一条明纹中心到接触点 L 的距离。

解 劳埃德镜干涉中光源 S_1 到平面镜 kL 的垂直距离 h，相当于杨氏双缝干涉中双缝间距 d 的一半，即 $d = 2h$，因此，两相邻明(暗)纹中心间距

$$\Delta x = \frac{D\lambda}{d} = \frac{D\lambda}{2h}$$

接触点是中央暗纹中心，它到一级明纹中心的距离是到一级暗纹中心距离 Δx 的一半，即 $\Delta x/2$，则

$$\frac{\Delta x}{2} = \frac{D\lambda}{4h}$$

代入数值得

$$\frac{\Delta x}{2} = \frac{D\lambda}{4h} = \frac{2.0 \times 720 \times 10^{-9}}{4 \times 2.0 \times 10^{-3}} = 1.8 \times 10^{-4}(\text{m})$$

第三节 薄膜干涉

上一节我们讨论了用分波面法所产生的干涉，本节我们研究由分振幅法所产生的干涉。薄膜干涉是最常见的分振幅干涉。所谓薄膜，就是一层厚度很小的透明介质，如肥皂液膜、浮在水面上的油膜、昆虫的翅膀、近代光学仪器中透镜表面所镀的膜层。当光照射在透明薄膜上时，经薄膜两个表面产生的反射光(或透射光)相互叠加而出现的干涉叫作薄膜干涉。阳光照射下的肥皂泡、水面油膜、昆虫翅膀上所呈现的彩色花纹都是薄膜干涉的结果。

一、劈尖薄膜的等厚干涉

若薄膜两个表面是互不平行的平面，二者之间有一微小夹角 $\theta(\theta < 1°)$，这样的薄膜称为劈尖薄膜。如图 8-8 所示，薄膜的折射率为 n，其上、下两方介质的折射率分别为 n_1 和 n_2。当单色平行光垂直入射时，薄膜上下表面的反射光束便构成了一对相干光。图中入射于 A 点的光线，在薄膜上表面反射形成光束 1，进入薄膜内部的光经其下表面反射形成反射光束 2，这两束光在薄膜上表面 A 点相遇(由于 θ 角极小，薄膜上下两表面近似平行，故入射光、透射光、反射光几乎是重叠在一起的。只是为了使读者看清光路，才故意夸大将它们分开来画)。由图可知，两反射光束 1 和 2 之间的光程差为

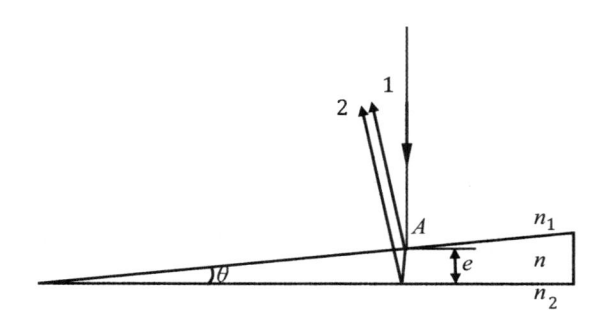

图 8-8 劈尖薄膜的等厚干涉

$$\delta = 2ne \text{ 或 } \delta = 2ne + \frac{\lambda}{2} \tag{8.3.1}$$

式(8.3.1)中，e 为 A 处薄膜厚度。注意：当薄膜上下表面的两反射光都不存在或者都存在半波损失时，光程差中不计入 $\lambda/2$ 的附加光程差；若两反射光中仅有一个存在半波损失，则光程差中必须计入 $\lambda/2$ 的附加光程差。要具体分析有无半波损失。劈尖干涉相长、相消的条件为

$$\delta = \begin{cases} k\lambda \ (k = 0, 1, 2, \cdots) \text{ 干涉相长} \\ (2k - 1)\dfrac{\lambda}{2} (k = 1, 2, 3, \cdots) \text{ 干涉相消} \end{cases} \tag{8.3.2}$$

显然，凡是薄膜厚度 e 相同的地方，光程差都相同，所以这些点上光强度也相等。这就是说干涉条纹与薄膜的等厚线一致，同一级干涉条纹下的薄膜具有相同的厚度。这样的干涉条纹叫作等厚条纹，这样的干涉叫作等厚干涉。若劈尖表面是平整的几何表面，则劈尖薄膜的等厚线是平行于两面交棱的直线，这时，劈尖干涉条纹是平行于棱边的直条纹，如图 8-9 所示。

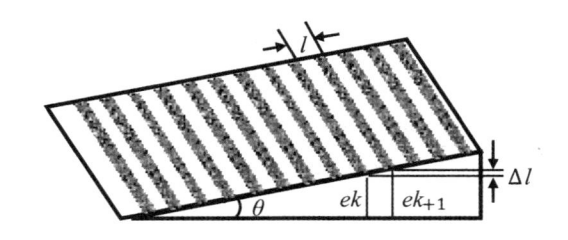

图 8-9 劈尖干涉条纹

由式(8.3.1)、式(8.3.2)和图 8-9 可知，两相邻明纹中心对应的薄膜厚度分别为

$$e_{k+1} = \frac{(k+1)\lambda}{2n} \quad e_k = \frac{k\lambda}{2n}$$

两相邻暗纹中心对应的薄膜厚度分别为

$$e_{k+1} = (2k+1)\frac{\lambda}{4n} \quad e_k = (2k-1)\frac{\lambda}{4n}$$

所以任意两相邻的明纹(或暗纹)中心所对应的薄膜厚度差均为

$$\Delta e = e_{k+1} - e_k = \frac{\lambda}{2n} \tag{8.3.3}$$

两相邻的明纹(或暗纹)中心的间距为

$$l = \frac{\Delta e}{\sin\theta} = \frac{\lambda}{2n\sin\theta}$$

因为 θ 很小,所以 $\sin\theta \approx \theta$,则上式可改写为

$$l = \frac{\lambda}{2n\theta} \tag{8.3.4}$$

上式表明,在入射光波长一定的条件下,条纹间距 l 与角 θ 成反比,角 θ 增大时,l 减小,即干涉条纹变密,角 θ 过大时,则条纹密不可分辨,所以劈尖干涉中,角 θ 要有一定的限度。

例 8.3.1 用波长为 $\lambda = 589.3\text{nm}$ 的钠黄光照射肥皂液劈尖,已知肥皂液的折射率 $n = 1.33$,人眼可分辨的最小距离 $l_0 = 0.065\text{mm}$,求肥皂液劈尖角 θ 的上限值。

解 由劈尖干涉条纹间距公式(8.3.4)

$$l = \frac{\lambda}{2n\theta}$$

可得劈尖角

$$\theta = \frac{\lambda}{2nl}$$

当条纹间距最小时,对应劈尖角 θ 的上限值

$$\theta_{上限} = \frac{\lambda}{2n\,l_0} = \frac{589.3 \times 10^{-9}}{2 \times 1.33 \times 0.065 \times 10^{-3}} = 3.4 \times 10^{-3}\,(\text{rad}) = 11'42''$$

可见,在劈尖干涉中,劈尖角 θ 是很小的。

二、牛顿环仪的等厚干涉

如图 8-10 所示,在一块平板玻璃上放置一个曲率半径很大的平凸透镜,二者之间便形成了一个厚度由零逐渐增大的类似于劈尖的空气薄膜。薄膜上下表面

的反射光叠加可以形成等厚干涉条纹。由于薄膜的等厚线是以接触点 O 为中心的同心圆环,所以沿等厚线分布的干涉条纹也就是以 O 为圆心的同心环状条纹。这种干涉条纹是牛顿首先观察到的,故称之为牛顿环,相应的干涉装置便叫作牛顿环仪。由单色点光源 S 发出的光经透镜 L 变成平行光束,再经过倾角为 $\pi/4$ 的平面半反射镜 M 的反射,垂直入射到平凸透镜上,入射光在空气层的上、下表面反射后,所形成的两反射光束穿过平面镜 M,进入显微镜 T,在显微镜中即可观察到牛顿环,如图 8-11 所示。

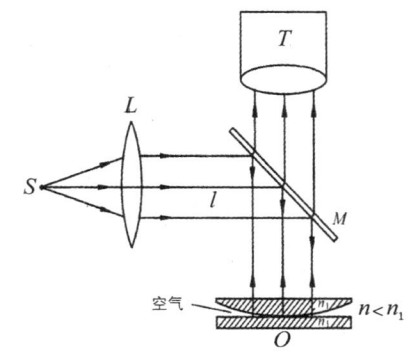

图 8-10 牛顿环仪

图 8-11 牛顿环照片

入射光经空气薄膜上、下表面反射后形成的两反射光束之间的光程差为

$$\delta = 2ne + \frac{\lambda}{2}$$

式中,e 为薄膜厚度,$n = 1$ 为薄膜折射率,在 $n < n_1$ 的条件下,计入了半波损失 $\lambda/2$。

牛顿环干涉相长、相消的条件为

$$\delta = 2e + \frac{\lambda}{2} = \begin{cases} k\lambda \, (k = 1, 2, 3, \cdots) \text{ 干涉相长} \\ (2k + 1) \frac{\lambda}{2} (k = 0, 1, 2, \cdots) \text{ 干涉相消} \end{cases} \quad (8.3.5)$$

在接触点 O 处,因为 $e = 0, \delta = \lambda/2$,所以应该是暗点。实际上我们看到的牛顿环的中心是一个暗圆斑,如图 8-11 所示,这是因为平凸透镜和平板玻璃接触后,在正压力的作用下,O 点处发生了形变。

由图 8-12 所示的几何关系可知,薄膜厚度 e、牛顿环半径 r、平凸透镜的曲率半径 R 之间的关系为

$$R^2 = r^2 + (R - e)^2$$

化简得
$$r^2 = 2Re - e^2$$
由于 $R \gg e$，所以 e^2 项可以忽略不计，则有
$$r^2 = 2Re$$
由此得
$$e = \frac{r^2}{2R}$$
将这一结果代入式(8.3.5)得

$$r = \begin{cases} \sqrt{\dfrac{(2k-1)R\lambda}{2}} & \text{明纹中心} \\ \sqrt{kR\lambda} & \text{暗纹中心} \end{cases} \quad (8.3.6)$$

若用测距显微镜测出牛顿环半径 r，则由上式可求得透镜的曲率半径 R。

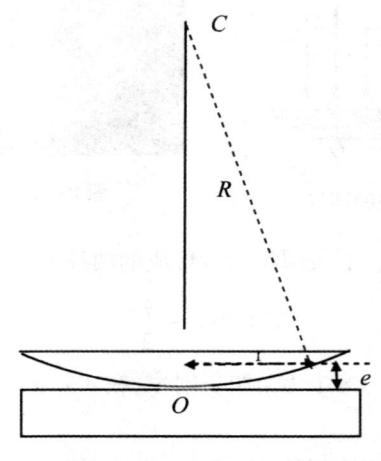

图 8-12　牛顿环半径的计算

由式(8.3.6)可以看出，随着条纹级次的增大，条纹间距变小。这就是说，牛顿环的分布为内疏外密，如图 8-12 所示，这与劈尖干涉条纹的等间距分布截然不同。

例 8.3.2　氦氖激光器发出激光的波长为 $0.633\mu m$，以它为光源做牛顿环实验，得到下列的测量结果：第 k 条暗环半径为 1.5mm，第 $k+5$ 条暗纹半径为 2.3mm，求平凸透镜的曲率半径 R。

解　应用式(8.3.6)有
$$r_k = \sqrt{kR\lambda}, \quad r_{k+5} = \sqrt{(k+5)R\lambda}$$

268

两式平方后相减得 $5R\lambda = r_{k+5}^2 - r_k^2$,所以

$$R = \frac{r_{k+5}^2 - r_k^2}{5\lambda} = \frac{(2.3^2 - 1.5^2) \times 10^{-6}}{5 \times 0.633 \times 10^{-6}} = 1.0(\text{m})$$

三、平行平面薄膜的等倾干涉

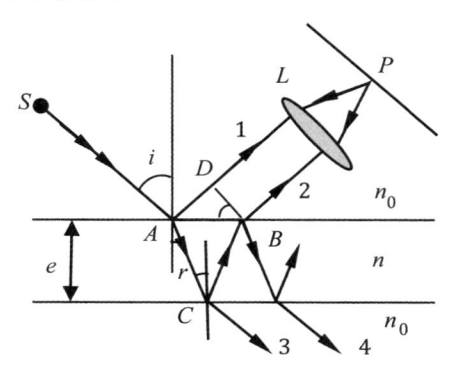

图 8-13　等倾干涉的光程差

如图 8-13 所示,厚度为 e、折射率为 n 的平行平面薄膜放置在折射率为 $n_0(n < n_0)$ 的环境中。单色点光源 S 向各个方向发出光线,照射到薄膜上。我们先考察入射角为 i 的一条光线所产生的干涉。入射光线在薄膜上下表面反射形成的两条反射光线 1 和 2 为相干光。由图中的几何关系可知,这两条反射光彼此平行,经薄透镜 L 汇聚于 P 点。由于薄透镜的等光程性,所以两反射光线 1 和 2 到达 P 点的光程差为

$$\delta = n(\overline{AC} + \overline{CB}) - n_0 \overline{AD} + \frac{\lambda}{2} \tag{8.3.7}$$

式(8.3.7)中,$\lambda/2$ 是由于半波损失所产生的附加光程差。由图中的几何关系可知

$$\overline{AC} = \overline{CB} = \frac{e}{\cos r}, \overline{AD} = \overline{AB}\sin i = (2e\tan r)\sin i$$

代入式(8.3.7),得

$$\delta = \frac{2ne}{\cos r} - 2n_0 e\tan r \cdot \sin i + \frac{\lambda}{2} = \frac{2ne}{\cos r} - 2(n_0\sin i)e\tan r + \frac{\lambda}{2}$$

由折射定律

$$n_0\sin i = n\sin r$$

所以
$$\delta = \frac{2ne}{\cos r} - 2n\sin r \cdot e\tan r + \frac{\lambda}{2} = \frac{2ne}{\cos r}(1 - \sin^2 r) + \frac{\lambda}{2}$$

化简得
$$\delta = 2ne\cos r + \frac{\lambda}{2}$$

利用三角恒等式可得
$$\delta = 2e\sqrt{n^2\cos^2 r} + \frac{\lambda}{2} = 2e\sqrt{n^2 - n^2\sin^2 r} + \frac{\lambda}{2}$$

再利用折射定律可得以入射角来表示的光程差为
$$\delta = 2e\sqrt{n^2 - n_0^2\sin^2 i} + \frac{\lambda}{2} \quad (8.3.8)$$

由此可知，平行平面薄膜反射光干涉相长、相消的条件为

$$\delta = 2e\sqrt{n^2 - n_0^2\sin^2 i} + \frac{\lambda}{2} = \begin{cases} k\lambda & \text{干涉相长} \\ (2k-1)\frac{\lambda}{2} & \text{干涉相消} \end{cases} \quad (k = 1,2,3,\cdots)$$

(8.3.9)

在薄膜干涉中，不仅反射光束可以产生干涉，透射光束也可以产生干涉。如图 8-13 所示，透射光束 3 和 4 为平行的相干光束，经透镜汇聚即可产生干涉，可以证明它们到汇聚点的光程差为

$$\delta = 2e\sqrt{n^2 - n_0^2\sin^2 i}$$

故平行平面薄膜透射光干涉相长、相消的条件为

$$\delta = 2e\sqrt{n^2 - n_0^2\sin^2 i} = \begin{cases} k\lambda & \text{干涉相长} \\ (2k-1)\frac{\lambda}{2} & \text{干涉相消} \end{cases} \quad (k = 1,2,3,\cdots)$$

(8.3.10)

和式(8.3.9)比较，两光程差相差 $\lambda/2$，由此可知：薄膜对反射光干涉加强时，对透射光恰好干涉减弱；当反射光干涉减弱时，透射光干涉加强。这就是说，反射光的干涉条纹与透射光的干涉条纹明暗互补。从能量角度看，干涉减弱并不意味着能量的消失，干涉加强也不意味着能量的增生，都只是能量在空间的重新分布而已，干涉过程同样服从能量守恒定律。

当用单色点光源照射平行平面薄膜时，入射光波长 λ、薄膜厚度 e 及折射率 n 都是固定不变的，只有入射角 i 可以有各种不同的取值。由式(8.3.9)知，凡是具

有相同入射角 i 的各条光线,经薄膜上下表面反射所形成的各对反射光都具有相同的光程差 δ,它们在屏幕上形成同一级干涉条纹。我们把这种由相同倾角的入射光所产生的干涉条纹叫作等倾干涉条纹,相应的干涉叫作等倾干涉。

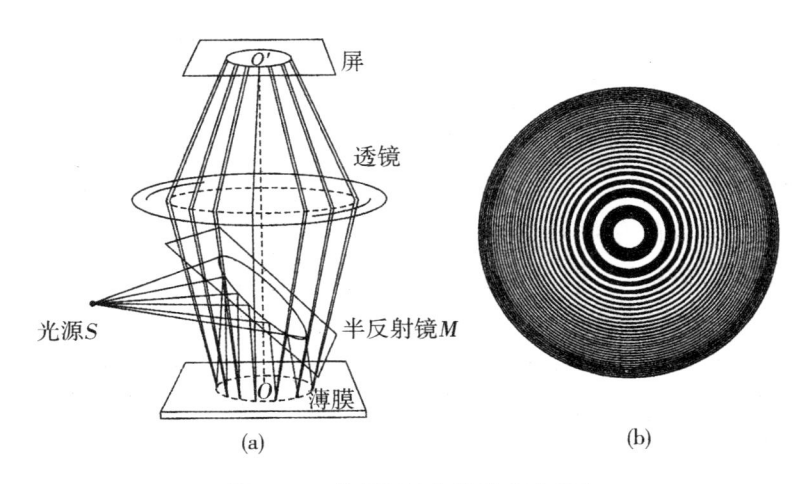

图 8-14 等倾干涉条纹的实验观察

观察等倾干涉条纹的实验装置如图 8-14(a)所示。图中 M 是与薄膜表面呈 45° 角放置的半反射镜,由点光源 S 发出的光经 M 反射后入射到薄膜上。由薄膜上、下表面所形成的两反射光经透镜汇聚,在其焦平面处的屏幕上形成干涉。由点光源 S 发出的位于同一圆锥面上的光经 M 反射后以相同的入射角 i 入射到薄膜上,经薄膜上、下表面反射后所形成的各对相干光到屏幕上相应汇聚点的光程差都相同,各汇聚点分布在以 O'(透镜的像方焦点)为中心的同一圆周上,形成同一级圆形干涉条纹。不同倾角入射的光形成半径不同的同心圆形干涉条纹。所以平行平面薄膜的等倾干涉条纹是以 O' 为中心的圆形条纹。入射角 i 越小的光所形成的条纹半径越小,干涉级次 k 越高[这由式(8.3.9)可以得知],而离圆心越远的条纹,干涉级次 k 越低。这与牛顿环的情况正好相反。实验结果与理论计算均表明,等倾干涉条纹的空间分布,呈现出中间疏、边缘密的特点。

利用薄膜干涉原理,可以制成增透膜、高反膜和干涉滤光片等。任何成像系统中总有一些不同介质的分界面,由于光在分界面上的反射,不仅因能量损失造成像面光强度减弱,而且这些界面上的反射光不按照设计好的光路到达像面,从而构成杂散的背景光,使像面变得模糊不清。为了提高成像质量,就要设法减少多片式镜头上的反射光。常用的方法:在透镜表面利用真空蒸镀技术镀上一层透明薄膜。只要薄膜厚度及折射率适当,就可使反射光干涉相消,而透射光干涉加强。这种使透射光增强的薄膜叫作增透膜。显然,每一增透膜不能使所有波长的反射光都干涉相消,它只对某一特定波长的光起增透作用。对于助视光学仪器和照相机,一般选择对人眼和照相底片最敏感的黄绿光($\lambda = 550$nm)进行消反增透。

第四节　单缝衍射

波的衍射是波在传播路径上如果遇到障碍物,它能绕过障碍物的边缘而进入几何阴影内传播的现象。作为电磁波,光也能产生衍射现象。在日常生活中,人们对机械波的衍射比较熟悉,但光的衍射现象却不易被察觉,所看到的多是光的直线传播。究其原因,是因为波的衍射现象的发生是有条件的,只有当障碍物的线度和波长在数量级上相近时,才能看到明显的衍射现象。光波的波长很短,一般障碍物的线度远大于此,所以我们看到的多是光的直线传播。我们平时说话声音的波长是几米,因此声波可以绕过高墙。

一、光的衍射现象与惠更斯—菲涅耳原理

如图 8-15(a)所示,当点光源 S 发出的光通过较宽的狭缝 K 时,在屏幕 E 上出现的是平行于缝的光斑 ab,它是缝在屏幕上的几何投影,这反映了光的直线传播特性。在 S、K、E 三者的相对位置固定的情况下,光斑 ab 的宽度取决于狭缝 K 的宽度。如果缩小狭缝 K 的宽度,则穿过它的光束变得更窄,屏上的光斑 ab 亦随之缩小。但是当狭缝 K 的宽度缩小到一定程度(约 10^{-4}m)时,如果继续缩小,平面上的光斑不但不缩小,反而逐渐增大,如图 8-15(b)中的 $a'b'$ 所示,并且光斑的亮度也发生了变化,由原来的均匀分布变成了明暗相间的条纹。类似这样的现象就是所谓光的衍射现象。

实验事实和理论研究都表明,衍射现象具有以下普遍规律:光束在何方向受到限制,它就在该方向上扩展;限制越厉害,扩展越显著,光孔的线度与衍射图样的扩展之间存在反比关系。这一结论称为衍射反比定律。

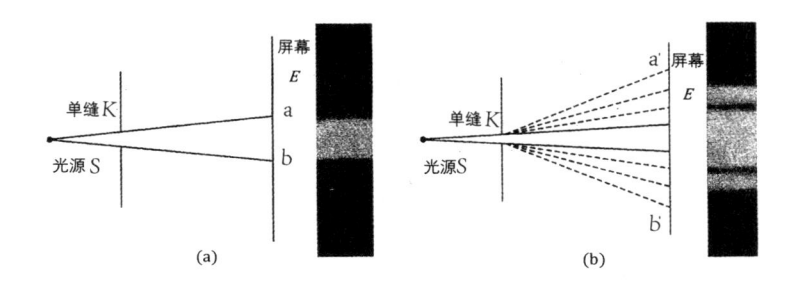

图 8-15 光的衍射现象的实验观察

衍射系统由光源、衍射屏和接收屏组成。光源和接收屏(或两者之一)到衍射屏的距离为有限远时的衍射,叫作菲涅耳衍射;光源和接收屏到衍射屏的距离均为无限远时的衍射,叫作夫琅禾费衍射。我们的讨论仅限于夫琅禾费衍射。

利用惠更斯原理,可以解释在障碍物边缘光的传播方向偏离直线路径的现象,但无法解释衍射场中为什么会出现明暗相间的条纹。为了说明衍射图样中的强度分布,菲涅耳汲取了惠更斯所提出的子波的概念,用"子波相干叠加"的思想,充实与发展了惠更斯原理,形成了惠更斯—菲涅耳原理,其内容如下:波面上的每一点都可以看成是发射球面子波的新波源,空间任意点的光振动就是传播到该点的所有子波相干叠加的结果。

二、单缝的夫琅禾费衍射

长度远远大于宽度的矩形单一开口叫作单缝,单缝的夫琅禾费衍射装置如图8-16(a)所示。图中 G 为衍射屏,H 为接收屏,L、L' 为薄凸透镜,位于 L' 焦点处的单色线光源 S 发出的光经 L' 后变成平行光束,垂直入射到单缝上,显然单缝位于入射平行光束的同一波面上。该波面上各子波源向各个方向发射的光为衍射光。如图8-16(b)所示,衍射图样的中心是一条平行于狭缝,且比狭缝宽得多的高亮直条纹,两侧对称地分布着一系列亮度较弱的平行直条纹。图8-16(c)是这一实验的光路图,为了便于观察和解释光路,此图中扩大了缝的宽度 a(缝的长度方向垂直于纸面)。衍射光线与衍射屏法线的夹角称为衍射角,以 θ 表示。衍射角相同的各条衍射光线经 L 后汇聚于像方焦平面处的接收屏 H 上,衍射角不同的各平行衍射光束在接收屏上便形成如图8-16(b)所示衍射图样。根据惠更斯—菲涅耳原理,单缝衍射条纹是由单缝处波面上的各个子波源发出的无限多个子波相干叠加形成的。在聚焦点处,相干叠加的结果是明纹还是暗纹,取决于相应平行光束中各条光线间的光程差。分析无穷多条光线的光程差,实际上是极其困难的。菲涅耳用半波带法巧妙地解决了这一难题。

下面我们来介绍菲涅耳半波带法。如图8-17所示,单色平行光垂直入射到宽度为 a 的单缝上,我们首先考察沿原入射方向的平行光束(相应的衍射角 $\theta = 0$),该光束经过透镜 L 聚焦于屏幕上的 O 点(L 的像方焦点)。由于单缝处为入射光的同一波面,薄透镜又具有等光程性,所以,由波面 AB 上发出而汇聚于 O 点的各条光线是等光程的,也就是说,这一平行光束中的各条光线到达 O 点的光程差为零,故 O 点的干涉效应是干涉相长,在该位置出现中央明纹。

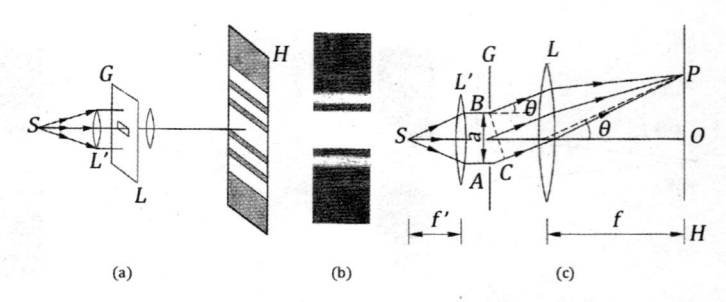

图8-16 单缝衍射的实验装置、图样和光路图

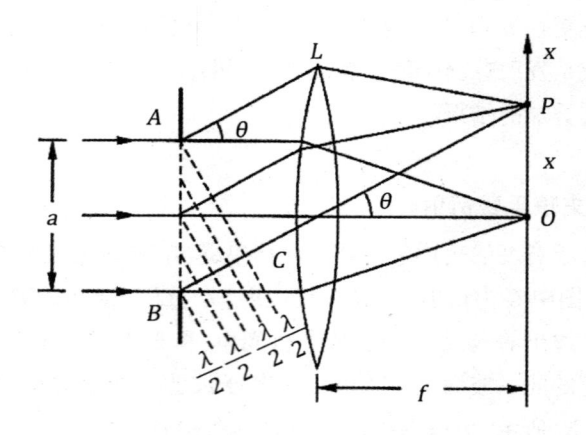

图8-17 菲涅耳半波带

对于衍射角为 θ 的任一平行光束,如图8-17所示,经过透镜 L 汇聚于屏幕上的 P 点。从垂直于该光束的平面 AC(波面)上的各点所发出的、并汇聚于 P 点的各条光线是等光程的。显然,从波面 AB 上各点发出的这一平行光束的各条光线之间的光程差,就只局限在由 AB 面转到 AC 面之间的路程上。该光束的各条光线的光程是自上而下递增的。

该光束的两条边缘光线 AP 与 BP 之间的光程差 $BC = a\sin\theta$ 最大,其他任意两条光线的光程差均小于此。菲涅耳半波带法是用相距半个波长 $\lambda/2$(λ 为入射光波长)的平行于 AC 的一系列平行平面,把 BC 分成几个相等的部分,同时,这些平行平面也将单缝处的波面分成面积相等的几个波带,称之为菲涅耳半波带。菲涅耳半波带的特点:一是每个波带的面积相等,故各波带上子波波源的数目相等;二是任意两相邻波带上的两对应点发出的对应光线的光程差均为半个波长,亦即相位差为 π,所以任何两个相邻波带所发出的对应光线在 P 点将干涉相消。由于 $BC = a\sin\theta$,所以在单缝宽度 a 给定以后,BC 的大小就取决于衍射角 θ 的大小。再在入射光波长 λ 给定以后,对于某一衍射角 θ,若 BC 是半波长的偶数倍,则单缝处的波面 AB 就将分成偶数个半波带,所有波带的作用成对干涉相消,相应的 P 点就是暗纹中心;若 BC 是半波长的奇数倍,则单缝处的波面 AB 就将分成奇数个半波带,所有波带的作用成对干涉相消后,还剩余一个波带,这时的 P 点是明纹中心。如果缝 AB 不能分成整数个波带,则 P 点介于亮暗之间。当衍射角 θ 由小变大时,缝 AB 可分成的波带数由少到多,不断经历奇偶的变化过程,轴上各点的光强由原点向外不断出现亮暗的变化,因而光屏上由轴中央到两侧就呈现明暗条纹的相间分布。将以上分析结果概括起来得出,单缝衍射的干涉相长、相消条件为

$$a\sin\theta = \begin{cases} \pm k\lambda \ (k=1,2,3,\cdots) & \text{干涉相消} \\ \pm (2k+1)\dfrac{\lambda}{2} \ (k=1,2,3,\cdots) & \text{干涉相长} \\ 0 & \text{中央干涉相长} \end{cases} \quad (8.4.1)$$

式(8.4.1)中,k 为条纹的衍射级次,它的取值受 $\sin\theta \leq 1$ 的限制。公式中的正负号表示衍射条纹对称地分布于中央明纹的两侧,一侧取正号(相应的 θ 角为正值),另一侧取负号(相应的 θ 角为负值)。

从图 8-17 容易看出,衍射条纹的位置坐标 x 与透镜焦距 f 之间的关系为

$$\tan\theta = \frac{x}{f}$$

因为衍射角 θ 实际上很小,所以

$$\sin\theta \approx \tan\theta = \frac{x}{f}$$

将此结果代入式(8.4.1),即可得单缝衍射条纹中心的位置坐标

$$x = \begin{cases} \pm k\dfrac{f\lambda}{a} & \text{暗纹中心} \\ \pm (2k+1)\dfrac{f\lambda}{2a} & \text{明纹中心} \end{cases} \quad (k=1,2,3,\cdots) \quad (8.4.2)$$

由于衍射条纹与衍射角 θ 是一一对应的,不同的条纹,对应不同的衍射角。

所以单缝衍射条纹的位置也可以用衍射角来描述。利用式(8.4.1)可得

$$\theta = \begin{cases} \pm arc\sin k\dfrac{\lambda}{a} \approx \pm k\dfrac{\lambda}{a} & \text{暗纹中心} \\ \pm arc\sin(2k+1)\dfrac{\lambda}{2a} \approx \pm(2k+1)\dfrac{\lambda}{2a} & \text{明纹中心} \end{cases} \quad (k=1,2,3,\cdots)$$

(8.4.3)

由于单缝衍射的暗条纹实际上很窄,明纹要比暗纹宽得多,所以通常将两相邻暗纹中心之间的距离叫作明条纹的宽度。中央明纹的宽度 Δx_0 就是正一级和负一级暗纹中心之间的距离,由式(8.4.2)可得

中央明纹宽度： $\qquad\qquad\qquad \Delta x_0 = 2\dfrac{f\lambda}{a}$ (8.4.4)

其余明纹宽度： $\qquad\qquad\qquad \Delta x = \dfrac{f\lambda}{a}$ (8.4.5)

可见,在单缝衍射条纹中,除中央明纹外,其余各级明纹均有相同的宽度,而中央明纹的宽度是其他各级明纹宽度的 2 倍。衍射条纹的宽度也可以用角宽度来描述。条纹对透镜中心所成的角度称为条纹的角宽度,条纹角宽度的一半称为半角宽度。中央明纹的半角宽度为

$$\Delta\theta_0 = arc\sin\dfrac{\lambda}{a} \approx \dfrac{\lambda}{a} \qquad (8.4.6)$$

这表明,中央明纹的宽度正比于波长 λ ,反比于缝宽 a 。这就是衍射反比定律的数学表示。缝越窄,衍射越显著;缝越宽,衍射越不明显。当缝宽 $a \gg \lambda$ 时,各级衍射条纹向中央靠拢,密集得无法分辨,只显示出单一的明条纹。实际上,这条明亮带就是线光源 S 通过透镜所成的几何光学的像,这个像相应于从单缝射出的光是直线传播的平行光束。由此看出,光的直线传播现象,是光的波长较透光孔或缝(或障碍物)的线度小很多时,衍射现象不显著的情形。由于几何光学是以光的直线传播为基础的理论,所以几何光学是波动光学在 $\lambda/a \to 0$ 时的极限情形。对透镜成像来讲,仅当衍射不显著时,才能形成物的几何像,如果衍射不能忽略,则透镜所成的像将不是物的几何像,而是一个衍射图样。

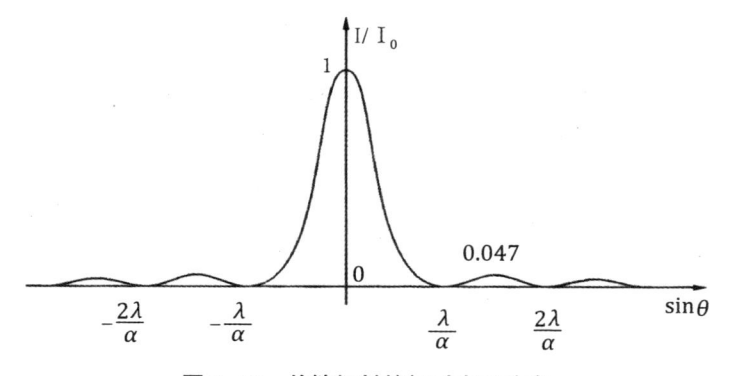

图 8-18　单缝衍射的相对光强分布

在单缝衍射图样中,亮度分布不是均匀分布的,单缝衍射的相对光强度分布如图 8-18 所示,中央明纹光强最大,其他明纹光强迅速下降,一级明纹中心光强还不到中央明纹中心光强的 5%。各级明纹亮度随级次的增大而减小,这主要是由于衍射角越大,分成的波带数越多,未被抵消的一个波带的面积占单缝总面积的比例越小,能量越低,亮度越小。

这里我们再对干涉和衍射的概念做一个说明,前面讨论双缝干涉时,利用了波的叠加的规律,本节分析单缝的衍射时,也用到了波的叠加的规律。可见干涉和衍射都是相干光波叠加的表现。那么,干涉和衍射有什么区别呢?从本质上讲,没有区别。只是习惯上说,干涉总是指那些分立的有限多的光束的相干叠加,而衍射总是指波面上连续分布的无限多子波波源发出的光波的相干叠加。这样区别之后,二者经常出现在同一现象中,例如双缝干涉的图样实际上是两个缝发出的光束的干涉和每个缝自身发出的光的衍射的综合效果。下一节要讨论的光栅衍射实际上是多光束干涉和单缝衍射的综合效果。

例 8.4.1　如果夫琅禾费单缝衍射的第一级暗纹中心出现在衍射角 $\theta = 30°$ 方位上,入射光的波长 $\lambda = 500nm$,求单缝的宽度。

解　由式(8.4.1)干涉相消的条件 $a\sin\theta = k\lambda$,得

$$a = \frac{k\lambda}{\sin\theta} = \frac{1 \times 500 \times 10^{-9}}{\sin 30°} = 1.0 \times 10^{-6}(\text{m})$$

例 8.4.2　在夫琅禾费单缝衍射实验中,如果光源发出的光有两种波长 λ_1 和 λ_2,且 λ_1 的第一级暗纹中心和 λ_2 的第二级暗纹中心刚好重合,试求:(1) λ_1 和 λ_2 之间的关系;(2)在这两种波长的光所形成的衍射图样中,是否还有其他暗条纹重合?

解　(1) λ_1 的第一级暗纹中心和 λ_2 的第二级暗纹中心刚好重合,即位置坐

标 x 相同,当然衍射角 θ 也相同。再由式(8.4.1)干涉相消的条件 $a\sin\theta = k\lambda$,得

$$a\sin\theta = 1\lambda_1 = 2\lambda_2$$

即

$$\lambda_1 = 2\lambda_2$$

(2)其他的重合暗条纹,衍射角也相同,所以

$$a\sin\theta = k_1\lambda_1 = k_2\lambda_2$$

再代入 $\lambda_1 = 2\lambda_2$ 得

$$k_1(2\lambda_2) = k_2\lambda_2$$

所以 $k_2 = 2k_1$,即 λ_1 的 1,2,3,⋯级暗纹中心分别和 λ_2 的 2,4,6,⋯级暗纹中心重合。

第五节　光栅衍射

利用单缝衍射实验和式(8.4.2)可以通过测量求得单色光的波长,为了提高测量精度,必然要求单缝衍射条纹既有一定的亮度又彼此分得很开。对单缝衍射来说,这两个要求是不可能同时得到满足的。为了使各级衍射条纹分得很开,单缝的宽度 a 就要很小,但是 a 越小,通过它的光能量也就越少,各级衍射条纹的光强度太小以致微弱得看不清。反之,若缝宽 a 大些,虽然能保证衍射条纹有足够的亮度,但各级衍射条纹又挤在一起密不可辨。正是为了克服上述矛盾,人们设计了光栅。

一、光栅的夫琅禾费衍射

由大量等宽等间距的平行狭缝所构成的光学元件叫作光栅。在一块平板玻璃上用金刚石刀或电子束刻画出一系列等宽等间距的平行刻痕,刻痕处因为漫反射而不透光,而未刻画的部分相当于透光的狭缝,这样就做成了透射光栅,如图8-19(a)所示。在光洁度很高的金属(铝)表面刻出一系列等间距的平行细槽,就做成了反射光栅,如图8-19(b)所示。在光栅上,透光狭缝的宽度为 a ,两相邻狭缝间不透光部分的宽度为 b ,把 a 与 b 之和称为光栅常数,用 d 表示,即 $d = a + b$ 。光栅常数反映了光栅结构上的空间周期性,在近代信息光学中,称它为光栅的空间周期。实用光栅 d 的数量级可达 $10^{-5} \sim 10^{-6}$ m,这就是说光栅上每毫米内刻有成百上千条刻痕。在一块 100mm×100mm 的光栅上可能刻有 6 万到 12 万条刻痕,这样的原刻光栅是很贵重的。透光缝的总数用 N 表示。光栅常数 d 和光栅缝数 N

是光栅的两个重要的特性参数,光栅衍射条纹的特征与 d 和 N 密切相关。

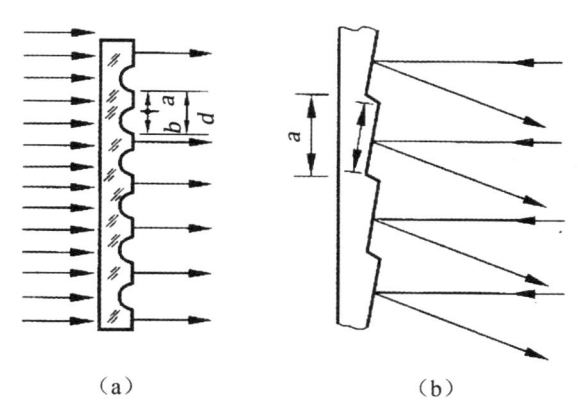

（a）

（b）

图 8-19　光栅的结构

光栅的多光束干涉光路图如图 8-20(a) 所示。以单色平行光垂直入射于光栅,光栅 G 后面的衍射光束经透镜 L 汇聚于透镜焦平面处的接收屏 H 上,呈现出光栅的衍射图样,如图 8-20(b) 所示。可见,光栅的夫琅禾费衍射图样是在大片暗区的背景上分布着一些分立的亮线。它与单缝衍射条纹有明显的区别,其显著特征：明纹细、亮度大、分得开。

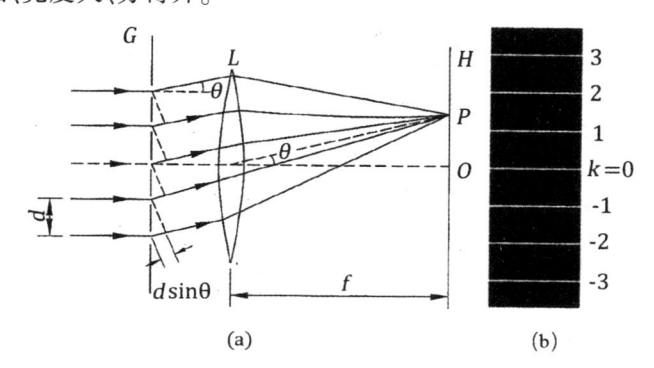

(a)

(b)

图 8-20　光栅衍射的光路图(a)及图样(b)

如何分析光通过光栅后的强度分布呢？我们前面讲过双缝干涉的规律,光栅有许多缝,可以想到各个缝发出的光将发生干涉。上一节我们讲了单缝衍射的规律,可以想到每个缝发出的光本身会产生衍射,正是各缝之间的干涉和每条缝自身的衍射决定了光通过光栅后的光强分布。下面我们就根据这一思路进行分析。在图 8-20(a) 中,光栅缝数为 N,设平面单色光波垂直入射到光栅表面上,先考虑

279

多缝干涉的影响,这时可以认为各缝共形成 N 个间距都是 d 的同相的子波波源,它们沿每一方向都发出频率相同、振幅相同的光波。这些光波的叠加就成了多光束的干涉。在衍射角为 θ 时,光栅上从上到下,相邻两缝发出的光到达屏 H 上 P 点时的光程差都是相等的,光程差 $\delta = d\sin\theta$。由振动的叠加规律可知,当衍射角 θ 满足

$$d\sin\theta = \pm k\lambda \quad (k = 0, 1, 2, 3, \cdots) \tag{8.5.1}$$

所有的缝发出的光到达 P 点时都将是同相的。它们将发生相长干涉,从而在 θ 方向形成明条纹中心。值得注意的是,这时在 P 点的合振幅应是来自一条缝的光的振幅的 N 倍,而合光强将是来自一条缝的光强的 N^2 倍。这就是说,光栅的多光束干涉所形成的明纹中心的亮度要比一条缝发出的光的亮度大多了,而且 N 越大,条纹越亮。和这些明条纹相应的光强的极大值叫作主极大,决定主极大位置的式(8.5.1)叫作光栅方程。

很多光栅的缝还有一个明显的效果:使主极大明条纹变得很窄。以中央明条纹为例,它出现在 $\theta = 0$ 处。在稍稍偏过一点的 $\Delta\theta$ 方向,如果光栅的最上一条缝和最下一条缝发出的光的光程差等于波长 λ,即

$$Nd\sin\Delta\theta = \lambda$$

则光栅上、下两个半宽度内相应的缝发出的光到达屏 H 上将都是反相的(根据单缝衍射的半波带法),它们都将相消干涉以致总光强为零。由于 N 一般很大,所以 $\sin\Delta\theta = \lambda/Nd$ 可以很小,因此可得 $\Delta\theta = \sin\Delta\theta = \lambda/Nd$,由它所限制的中央明条纹的角宽度 $2\Delta\theta = 2\lambda/Nd$。而由光栅方程式(8.5.1)求得的中央明条纹中心到第 1 级明条纹中心的角距离为 $\theta_1 > \sin\theta_1 = \lambda/d$,显然 $\theta_1 > \lambda/d \gg 2\Delta\theta = 2\lambda/Nd$,即由于 N 很大,所以中央明条纹的角宽度 $2\Delta\theta$ 远小于由光栅方程得出的中央明纹中心到第 1 级明纹中心的角距离。对其他级明条纹的分析结果也一样:明条纹的宽度比它们的间距小得多。在两个主极大之间也还有总光强为零的位置[如使最上面的缝和最下面的缝发的光的光程差为 $2\lambda, 3\lambda, \cdots, (N-1)\lambda$ 的方向]。在这些位置之间光强不为零,但由于在这些区域中,从各缝发来的光叠加时总有许多缝的光干涉相消,所以其总光强比主极大要小得多。这样一来,多光束干涉的结果就是:在几乎黑暗的背景上出现了一系列又细又亮的明条纹,而且光栅总缝数 N 越大,所形成的明条纹也越细越亮。这样的明条纹叫作光谱线。这一结果的光强分布曲线,如图 8-21(a)所示。

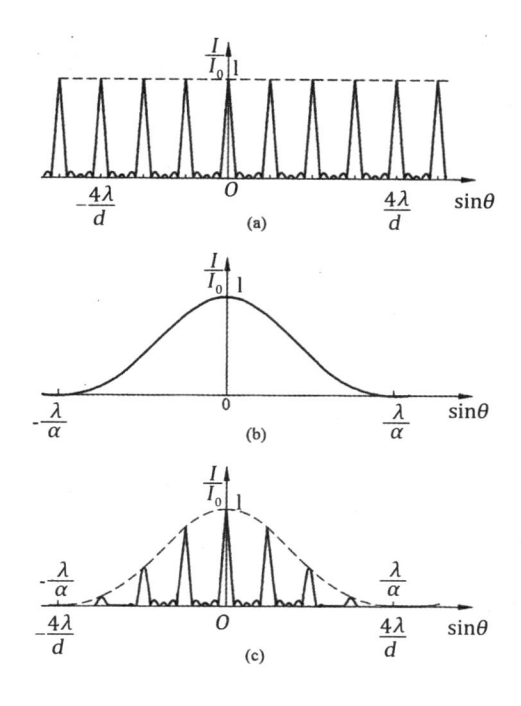

图 8-21 光栅衍射的光强分布

图 8-21(a)中的光强分布曲线是假设各缝在各方向的衍射光的强度都一样而得出的,实际上,每条缝发出的光,由于衍射,在不同 θ 方向的强度是不同的,其强度分布如图 8-21(b)所示(它就是单缝衍射光强分布的中央亮纹)。不同 θ 方向的衍射光相干叠加形成的主极大也就要受衍射光强的影响,或者说,各主极大要受单缝衍射的调制:衍射光强大的方向的主极大的光强也大,衍射光强小的方向的主极大光强也小。多光束干涉和单缝衍射共同决定的光栅衍射的总光强分布如图 8-21(c)中实线所示。图 8-22 是两张光栅衍射图样的照片。虽然所用光栅的缝数还相当少,但其明条纹的特征已经显示得相当明显了。

(a)N=5　　　　　　(b)N=20

图 8-22 光栅衍射图样照片对比

还应指出的是，由于单缝衍射的光强分布在某些 θ 值时可能为零，所以，如果对应于这些 θ 值按多光束干涉出现某些级的主极大时，这些主极大将消失。这些衍射调制的特殊结果叫作缺级现象，所缺的级次由光栅常数 d 和缝宽 a 的比值决定。因为主极大满足光栅方程式(8.5.1)

$$d\sin\theta = \pm k\lambda \quad (k = 0,1,2,3,\cdots)$$

而单缝衍射极小(为零)需满足式(8.4.1)

$$a\sin\theta = \pm k'\lambda \quad (k' = 1,2,3,\cdots)$$

如果某一 θ 角同时满足这两个方程，则 k 级主极大因光强为零而消失，即缺级。由上面两式相除，可得

$$k = \pm \frac{d}{a} k' \quad (k' = 1,2,3,\cdots) \tag{8.5.2}$$

例如，当 $d/a = 4$ 时，则缺 $k = \pm 4, 8, \cdots$ 诸主极大。图 8-21(c)所画的就是这种情况。

例 8.5.1 使单色平行光垂直入射到一个双缝上（把双缝看成是只有两个缝的光栅），其夫琅禾费衍射包线的中央主极大宽度内恰好有 13 条干涉明条纹，试问两缝中心的间隔 d 与缝宽 a 应有何数值关系。

解 双缝衍射包线的中央极大应是单缝衍射的中央极大，此中央极大的宽度按式(8.4.4)，有

$$\Delta x_0 = 2\frac{f\lambda}{a}$$

式中的 f 为双缝后面所用的透镜的焦距，λ 是入射光波长。而 13 条干涉明条纹是两个缝发出的光相互干涉的结果。根据式(8.2.4)，相邻两明纹中心的间距为

$$\Delta x = \frac{D\lambda}{d} = \frac{f\lambda}{d}$$

由于在观察到的 13 条明纹里面，有一条是中央明纹，中央明纹的宽度是其他明纹宽度的 2 倍，即 $2\Delta x$，所以中央主极大的宽度应该等于两明纹中心间距的 14 倍，即

$$\frac{\Delta x_0}{\Delta x} = 12 + 1 \times 2 = 14$$

将上面的 Δx_0 和 Δx 的值代入可得

$$2\frac{f\lambda}{a} = 14\frac{f\lambda}{d}$$

所以
$$d = 7a$$
本题如果用明纹第 7 级缺级的条件,代入式(8.5.2)更容易求得。

二、光栅光谱

以上讲了单色光垂直入射到光栅上时形成谱线的规律,根据光栅方程
$$d\sin\theta = \pm k\lambda$$
可知,如果是复色光入射,则由于各成分光的波长 λ 不同,除中央零级条纹外,各成分光的其他同级明条纹将在不同的衍射角中出现。同级的不同颜色的明条纹将按波长顺序排列成光栅光谱,这就是光栅的分光作用。如果入射复色光中只包含若干个波长成分,则光栅光谱由若干条不同颜色的细亮谱线组成。图 8-22 是氢原子的可见光光栅光谱的第 1、2、4 级谱线(第 3 级缺级),H_α(红)、H_β、H_γ、H_δ(紫)的波长分别是 656.3nm、486.1nm、434.1nm、410.2nm。中央主极大处各色都有,应是氢原子发出的复合光,为淡粉色。

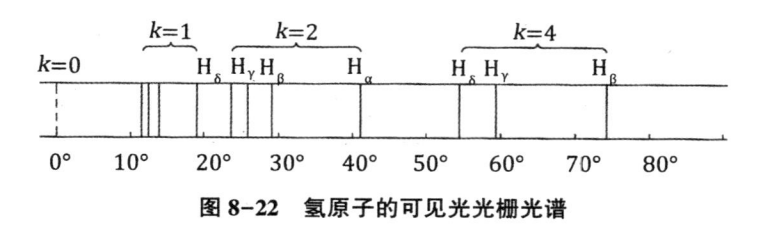

图 8-22 氢原子的可见光光栅光谱

物质的光谱可用于研究物质结构,原子、分子的光谱则是了解原子、分子结构及其运动规律的重要依据。光谱分析是近代物理学研究的重要手段,在工程技术中,也广泛地应用于分析、鉴定方面。

第六节 常用的物证检验照相方法

物证检验照相是刑事照相技术中内容最丰富的部分。它的主要技术内容为近距离照相、直接扩大照相、翻拍、脱影照相、加强反差照相、分色照相、偏光照相、显微照相、紫外照相、红外照相、分光照相、低温照相、激光照相机 X 光照相等。它的作用是记录痕迹、物证的形态,显现人眼看不见或看不清的细节特征、揭露伪造。通常在物证检验照相中就要同时使用集中照相技术。例如,拍摄一枚玻璃上的汗液指纹,就要用到近距离照相技术、加强反差照相技术和紫外照相技术。一

般称常规照相以外的照相技术为特种照相技术。

一、红外照相技术

红外照相技术分为红外反射照相技术和红外发光照相技术。红外反射照相技术是采用含有红外线的光源照射被拍物体,它利用红外胶片记录被拍物体对于红外线的反射强度分布,主要应用于拍摄模糊不清的字迹,显现被涂抹掩盖的字迹,区分墨水,鉴别伪造文件和伪造票证,检验射击残留物,检验纤维和夜间监视照相等。

红外发光照相技术是利用高强度的蓝绿色光线照射被照物体,并且将被拍照的物体置于液态氮(-196℃)之中,使被拍物体的温度降低到-196℃,此时,被拍物体的发光强度明显增加。这种方法在文件检验中被广泛应用。主要用于显示模糊字迹、模糊印章、涂改字迹特别是被墨汁涂抹掩盖的字迹的拍照。

近年来,除常规相机外,高分辨CCD数字相机成为红外照相的理想器材,它的灵敏范围达到1100nm。与采用红外胶片的传统照相技术相比,数码相机的优点是可以与计算机连用,即时观察拍照效果。与不同波长的红外滤色镜结合,可以很方便地找到物体的发光波段或最佳的接受效果;与多波段强光源配合使用,可以找到最佳的激发波段,这样使红外照相的成功率有了很大的提高。

二、紫外照相技术

紫外照相技术也可以分为紫外反射照相技术和紫外荧光照相技术,紫外反射照相技术可以应用于发现、提取密写字迹和漂白字迹,检验鉴别伪造票证,拍照显现人体皮肤上已经愈合的伤痕。应该特别指出的是,我国刑事照相界在利用短波紫外反射照相技术提取显现潜在痕迹方面做出了突出贡献,走在了世界的前列。在我国已有大量采用短波紫外反射照相技术提取疑难客体上无色汗液、指印或灰尘指印的报道。这些客体有玻璃、陶瓷、搪瓷、部分塑料表面、部分油漆表面、彩色照片表面等。利用紫外反射照相技术还可以通过拍照提取经过"502"胶熏显过的疑难指印,也可以拍照提取木器上、地板上的灰尘足迹。利用这种技术,使诸如灯泡汗液指印、玻璃上双面重叠汗液指印、镜面上汗液指印等的拍照提取的难题得以解决,极大地提高了物证检验照相的取证能力。目前,这项技术已经普及县级公安机关。进行短波紫外反射照相,需要使用一些特殊器材,如短波紫外光源、紫外专用镜头(石英超消色差镜头)、短波紫外滤光镜及紫外专用胶片。这些器材国内都能生产,有现成的产品出售,极大地方便了这项技术的开发和普及。此外,采用普通全色胶片或盲色片也可以进行记录。

紫外荧光照相是采用紫外线照射被拍物体,激发被拍物体发射荧光,主要应用于检验伪造票证,揭露涂改、漂白字迹,还可以应用于拍摄显现经荧光素处理过的痕迹,特别是多色调背景,如画报、图片、钞票、彩色纺织物以及报纸、牛皮纸上的汗液指印,也可以用于拍摄人体损伤皮肤。进行紫外荧光照相,可以使用普通照相器材,但需使用紫外光源,拍摄时要注意选好滤色镜。

三、偏振光照相技术

偏振光照相技术用于拍照提取灰尘痕迹,也是我国刑事照相界的一项重大发明。采用偏振光照射被拍客体,客体的反射光仍然是偏振光,而遗留在客体上的灰尘痕迹物质具有散射偏振作用,它的散射光线为非偏振光。当加在照相机镜头前的检偏镜的方向与偏振光源前的起偏镜方向为正交时,客体的反射光被削弱,呈现暗色调,而灰尘痕迹的散射光不会被削弱,呈现亮色调,这样就在照片中凸显了灰尘痕迹与背景的反差。将偏振光照相技术与分色照相技术相结合,可以拍摄提取深色客体,如地毯、皮革、纺织品上的灰尘痕迹。进行偏振光照相需要使用偏振光源、偏振镜以及普通照相器材。

四、分色照相技术

分色照相技术通过选择色光的光谱成分来控制被摄物体亮度差的分布,使图像中的某种颜色随人的意愿加强或减弱。分色照相技术在物证检验照相中发挥着重要的作用,常用下列方法进行分色照相:

(1)采用白光照射物体,在照相机镜头前安上滤色镜,使物体反射光中的某个波段进入镜头,其他波段的反射光被阻挡,于是胶片上记录到的只是物体在这个波段的反射光亮度分布。这种方法最简便。

(2)在光源中安放分光系统,从复合光中分离出一定光谱波段的光辐射,并用它照射物体,排除其他光辐射的照射,于是物体只反射这个光谱波段的光线,这时直接采用照相机记录即可。近年来,国内和国外一些公司生产的多波段光源,就是基于这个道理。多波段光源,输出的光强度高、单色性好,不但可以用来进行分色照相,而且常被用在发光照相中激发光源。

进行分色照相时,选用的色光波长范围越窄,越有利于物证中有用细节的显示。利用分色照相技术,可以提取有色背景上的痕迹、物证,当有色印章与书写字迹重叠时,可以分别提取显示印章或字迹。此外,在物证检验中,经常将分色照相技术与红外照相技术、偏振光照相技术结合起来应用,极大地提升了刑事照相的取证能力。

第七节 激光在刑事照相中的应用

1958年,人类在实验室里激发出了一种自然界中没有的光,那就是激光(Laser)。半个世纪以来,激光已经深入我们生活的各方面,打长途电话、看 DVD、医院里做手术、煤矿里挖掘坑道等场景,都在使用激光。

一、激光的特性

激光是一种人工产生的相干光,具有高度的相干性,这是它的第一个特点。激光的另一个特点是它的平行度非常好。激光与普通光源相比,主要有以下特性:

(一)直线传播、射程远、方向性好。激光沿一条直线传播,仅在被衍射规定的小角内发散,方向性好。激光束可以从地球射到月亮上,射程达40万千米,这是手电筒和探照灯绝对无法比拟的。

(二)相干性好。普通人造光源和日光都是非相干光,就是作为长度标准的氪86的谱线相干长度也只有数十厘米,而氦、氖激光器发出的谱线,其相干长度可达数十米,甚至数百米。利用激光作为相干光源而开展的全息照相和光学图像处理技术已取得了可喜的进展,在全息照相中,感光片所记录的不是图像而是光波。

(三)输出功率小而功率密度大。激光的光束细,功率密度特别大,一般激光的亮度远比太阳光的亮度大。荧光照相中以激光作为激发光源恰恰是利用这一优势,并且在刑事侦查中获得了巨大成功。

(四)单色性好。普通光源的发光范围很宽,如溴钨灯即使带上蓝滤光镜后,输出波长范围仍有340~600nm,单色性很差;而激光的发光范围很窄,一般输出波长范围只有几个纳米,单色性好。光源的单色性对荧光照相的成功至关重要。激发光源的单色性好,并能促使物质发出最强荧光,那么荧光的单色性会得到改善,感光片记录信息的反差会增强,清晰度会大大提高。从以上激光的主要特性来看,激光在刑事照相领域中具有很好的应用价值和发展潜力。

二、激光的应用

例如,我们人眼对于时间的分辨能力十分低下,只有十分之一秒。在交通肇事和罪犯潜逃案件中及在枪弹痕迹鉴定中,由于运载工具和飞出的枪弹速度太快,人眼根本辨别不清,这就需要研制发光时间更短、拍摄速度更快的光源和照相系统。超短脉冲激光器发出的激光,其发光时间可以短到 $10^{-12} \sim 10^{-14}$ s,这样的激光器作为摄影光源,在理想情况下每秒可以拍摄 1 万亿~100 万亿张照片,每张照片可以反映 $10^{-12} \sim 10^{-14}$ s 时间内事物的变化过程。子弹的飞行速度再快,其弹道轨迹仍可以清晰地再现于图像中供技术人员检验鉴定。此外,普通人造光源的发光范围是连续的,分离色光的方法只能依靠滤光镜,这种分离方法除了色光的纯度不高之外,更重要的是光能损失很大。目前,生产的可调谐染料激光器,其可调波长范围为 350~750nm,这种激光器可以根据照相的需要发出一种特定波长的激光,不仅单色性好还可以把所有能量都集中在这一波长上,光能的利用效率进一步提高,影像的分辨能力和成像质量也随之改善。

三、激光的发展趋势

利用激光的相干性原理而开展的全息照相技术和光学信息图像处理技术是未来刑事照相领域中研究的两大课题。全息照相虽然在理论研究上已相当完善,但在刑事科学应用方面还存在很大不足。在这个领域内具有很大的应用潜力。

因此,激光全息照相有以下特点:常规照相感光片只能记录物体对光振幅反射的强弱来再现影像的亮度差,而物体对光位相的反射情况感光片无法记录。这对信息的记录和贮存来说是重大损失,特别是对无振幅差但有位相差的痕迹、物证来说,常规照相不能反映痕迹、物证的细节,而用全息照相,可以通过物证对光位相的反射差来显示犯罪特征。常规图像只能反映二维空间,如果想表现三维空间,则必须通过多组不同角度的图像互相补充。而全息照相可以一次再现物体的三维空间,层次丰富,立体感强。常规胶片一旦破损,无法补救。而全息底片即使被打碎,每一块碎片仍包含全部信息,如通缉令的发布,就可以将一张全息底片分成若干块,在各地同时使用,加快信息传递的速度。

常规底片在一般条件下都可以判读,而全息底片必须通过特殊光源和光路才能使图像再现,这样增强了物证的保密性。为提高显微镜的分辨本领,常规显微照相镜头的数值孔径应尽量大一些,结果高分辨的显微镜其景深很小,所以只能看清一个平面上的物质,想看三维物体就要多次调焦。由于光学显微镜主要是由透镜组成,它存在着像差和衍射极限,而全息显微照相对立体物质先做出全息图,然后通过全息图再现物体的三维图像,解决了一般显微镜中分辨本领与景深的矛盾。同时根据全息照相的原理,在记录物体和显示物体影像时,可以不采用透镜,避免了因像差影响而达到很小的衍射极限。此外,全息照相的视野只与感光材料的分辨本领和尺寸有关,因而可以获得更开阔的视野。如果在拍摄和显示时采用不同波长的激光器,由于波长的不同,衍射角不同,等于将全息图做了相应的放大或缩小。例如,若用电子束或 X 射线来拍摄全息照片,然后用波长较长的可见光束显示,就相当于使原来很小的物体像变成视角很大的图像,就可以获得很大的放大率。因此,全息显微照相可以大大提高影像的质量。

虽然黑白银影像的稳定性受到多种因素的影响,满足不了档案永久性保存的需要,但与成色显影的染料影像、录像带的磁性影像、激光视盘影像相比,它的使用与保存寿命仍然是最长的。在感光材料显影加工与使用保管条件符合要求的条件下,在醋酸片基上的影像的期望寿命为 100 年,在聚酯片基上的期望寿命为 500 年。因此,目前普遍认为,黑白银影像是长期保存影像信息的最好载体。

四、激光显现指纹技术

自 1976 年密歇根—安大略鉴定年会上首次报道了激光检验手印的方法以来,各国刑侦技术部门对此都极为关注。目前,激光显现技术已日臻完善,比较成熟的有手印固有荧光检测法、荧光粉末法、茚三酮/氯化锌法等。激光显现技术的应用为手印显现技术带来了全新的思路。

激光显现技术是利用手印纹线的某些分泌物(氨基酸、油脂、染料等)吸收激光的光能后产生比激光光波长的荧光的性质来实现的。根据斯托克斯定律,当入射光照射到物质表面上时,被激发的物质原子吸收高能量的光子发出能量低的光子,即被激发的荧光波长长于激发光的波长。物理学中把这种波长的变化称为斯托克斯偏移。选用一个截止波长位于激发光波长和手印物质所发荧光波长之间的滤波器则可以过滤到激发光,仅让手印荧光通过,从而达到显现的目的。

手印纹线分泌物中的许多物质能够吸收可见光和近紫外光,但由于含量极其微小,光吸收和反射效应一般很不明显。用普通光源作入射光时,由于普通光源发出的是复色光,波长范围宽,不仅包括发光物质吸收的光波长,还包括许多不能被发光物质吸收的光波长,因此光谱中只有一小部分有用。因为入射光谱中有一部分正好在发光物质所发光的波长范围内,所以在照射检材之前必须过滤掉这部分光,否则会淹没本已微弱的纹线荧光,这会使这一小部分有用的光大大衰减,极大地影响显现效果。另外,普通光源方向性差,向四面八方辐射,照射到检材上的只是其中一少部分,对显现效果的影响也较大。

激光是方向性好、亮度高、单色性好的光源,这三大特点应用于手印显现技术时表现出极大的优势。激光的亮度高,能使潜在手印纹线产生较大的荧光,便于观察和拍摄;单色性好,在使用时无须滤光,无光能损失,而且能更有效地激发潜在手印中的某些物质(主要是维生素 B_2 和 B_6,其吸收波长在 $520\sim560\mu m$)发光,其发出的荧光在可见光波段有利于选择滤光器滤除激发光和杂散光,突出潜在手印所发的荧光;方向性好,光能更好地集中在客体表面上以取得较好的显现效果。同时,激光显现法没有污染,不损害检材,尤其对于陈旧的潜在手印具有良好的效果,曾经成功显现保存五年之久的潜在手印。

激光显现技术适用于金属、玻璃、搪瓷、釉陶瓷、电镀制品、塑料等光滑客体及木质体、精纺织品、人民币、光滑纸张等客体上的新鲜的及陈旧的潜在手印。

五、全息照相

日常照相采用的是乳胶成像技术。照相底片的片基上涂敷了一层由卤化银制作的感光乳剂,乳剂被光照射以后发生化学反应,反应的强弱由被摄景物的亮暗决定,从而在底片上记录了明暗的差别。普通照相技术记录的只是光波的强弱的信息,而全息照相技术还可以记录光波的相位信息。

图 8-23 是拍摄全息照片的基本光路。同一束激光被分成两部分,一部分直接照射到底片上(称为参考光),另一部分通过被拍摄物反射后再到达底片(称为物光)。参考光和物光在底片上相遇时发生干涉,形成复杂的干涉纹。底片上某点的明暗程度反映了两束光叠加后到达这点时光波的强弱。

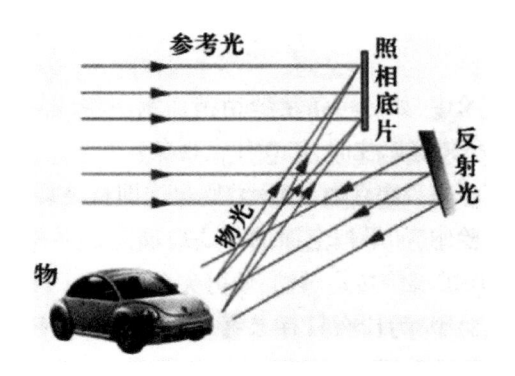

图 8-23 全息照相的拍摄

全息照相的信息储存量相当大,这一点常规照相无法与其相比。利用激光的相干性,进行光学图像处理,是用以增强或复原二维图像(包括照片)的一种综合技术。这些技术的最初用途是补充成像系统本身的非理想特征。例如,已知照相机系统的输入和输出特性,就可以对拍出的照片进行消除任何相机失真和提高分辨率的处理,这样的图像处理一般用于空间遥感技术。后来在工作实践中发现,现场照相常因焦点虚、焦点抖动、焦点运动速度太快和焦点擦划等造成图像模糊;

因随机电磁波、人为干扰、背景噪声造成中心目标图像不清;因现场光线过强或过暗,造成曝光失误,导致图像质量不高等。这些低质量的图像信息,经过激光图像处理系统就可以使模糊图像变得清晰。特别是现场提取的某些模糊指纹,直接对其进行比对鉴定是无法进行的。通过图像处理技术,就可以消除干扰,增强指纹的信息特征,得到较清晰且有鉴定价值的指纹图像。还有因为照片保存不好,多年风蚀,导致照片表面已模糊并出现褶皱,存在多处擦划,在图像处理中可将其轮廓重新勾画,擦划处模拟掩盖,调整反差,对背景进行处理,增强特殊部位,这样就可以得到一张较近于原照的新照片。综上所述,激光在刑事照相研究中的应用价值是巨大的。它的加入必然给国家安全、社会发展带来显著的经济效益和社会效益。

思考题

1. 为什么两个独立的同频率的普通光源发出的光波叠加时不能得到光的干涉图样?

2. 杨氏双缝实验中,在下列情况下干涉条纹如何变化?
(1)当两缝的间距增大时;(2)当两缝的宽度增大时;(3)当缝光源 S 逐渐增宽时。

3. 在杨氏双缝实验中,如有一条狭缝稍稍加宽一些,屏幕上的干涉条纹有什么变化? 如把其中一条狭缝遮住时,出现什么现象?

4. 为什么当肥皂泡呈现黑色时,预示着肥皂泡即将破裂?

5. 在劈尖干涉实验中,如果把上面的一块玻璃向上平移,干涉条纹将如何变化? 如果把上面的一块玻璃绕棱边转动,使劈尖角增大,干涉条纹又将怎样变化?

6. 在双缝干涉实验中,为什么只有当每一个缝的宽度都很小时,视场中才能观察到强度几乎相等的干涉条纹?

7. 在如题 7 图所示的单缝夫琅禾费衍射实验中,分析下列情况衍射图样的变化:
(1)狭缝变窄;(2)入射光的波长变大;(3)单缝向 y 轴正方向平移;(4)线光源 S 向 y 轴负方向平移。

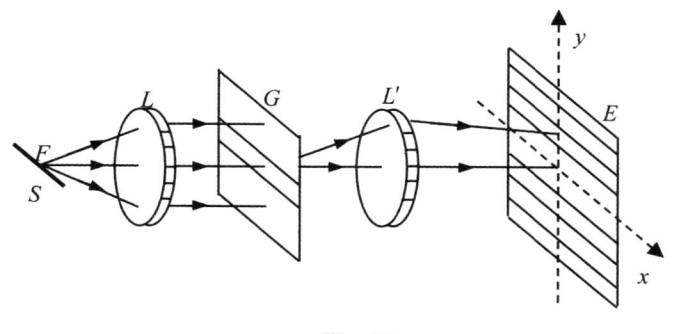

题 7 图

8. 在光栅衍射实验中,如果增加缝的个数,但不改变缝间距,衍射条纹有何变化?

第四篇 04
物理分析仪器在刑事科学技术中的应用

当今世界科技飞速发展,信息传递更为便捷,现代科学技术知识的普及,人民法律意识的提高,办案程序的日趋严谨,大量侦探文艺作品的广泛传播和对外交往的增多,在促进社会政治、经济、文化等领域全面发展的同时也给犯罪分子的行动提供了一定的便利条件。正是由于现代科学技术的迅猛发展,刑事犯罪活动也变得更加智能化、技术化、信息化、现代化。作案技术不断升级,作案手段也变化多端,犯罪分子极力对现场进行伪装和破坏,这样就造成犯罪的直接证据越来越少,面对新的斗争形势和任务,要求刑事侦查工作必须研究新方法、制定新措施、采取新方法。

目前,新形势下的刑事科学技术在案件侦查过程中的具体应用主要体现为以下四方面:(1)刑事科学技术可以为确定案件性质提供科学依据;(2)刑事科学技术可以为分析案情提供线索;(3)刑事科学技术可以为认定犯罪事实提供重要证据;(4)刑事科学技术可以为串并案件提供科学依据。

由此可以看出,刑事技术的应用使刑事案件的侦破效率和准确率都有了较大幅度的提高。通过检验鉴定,案件侦破由难变易,由繁化简,并且为以后的侦查破案提供了大量的可借鉴实例。而各类物理分析仪器在现代刑事科学技术中占有很重要的地位,是我们能够通过刑事科学技术侦破案件的基础。

本书物理分析仪器在刑事技术中的应用篇的内容包括三章:显微镜在物证鉴定检验鉴定中的应用;光谱仪在刑事科学技术中的应用;测距仪在交通事故现场勘查中的应用。通过这些例子我们可以看到物理学原理在刑事科学技术中的重要地位。

第九章

显微镜在物证鉴定检验鉴定中的应用

显微镜是人类最伟大的发明之一。在它发明出来之前,人类关于周围世界的观念局限在用肉眼或者靠手持透镜帮助肉眼所看到的东西。显微镜把一个全新的世界展现在人类的视野中,人们第一次看到了数以百计的微小动物和植物,以及人体和植物纤维等各种东西的内部构造。显微镜还有助于科学家发现新物种,有助于医生治疗疾病。

最早的显微镜是16世纪末期在荷兰制造的。发明者是荷兰眼镜商亚斯·詹森和另一位荷兰科学家汉斯·利珀希,他们用两片透镜制作了简易的显微镜,但并没有用这些仪器进行过任何重要的观察。

后来有两个人开始科学地使用显微镜。第一个是意大利科学家伽利略(Galileo),他通过显微镜观察到一种昆虫后,第一次对它的复眼进行了描述。第二个是荷兰亚麻织品商人列文虎克,他自己学会了磨制透镜并且第一次描述了许多肉眼所看不见的微小植物和动物。

1931年,恩斯特·鲁斯卡(Ernst Ruska)研制出了电子显微镜,这使科学家能观察到百万分之一毫米那样小的物体,1986年他被授予诺贝尔奖。

显微镜一般分为光学显微镜和电子显微镜两大类。前者包含生物显微镜、偏光显微镜、立体显微镜、比对显微镜、金相显微镜等,后者包括扫描电子显微镜、透射电子显微镜、隧道(原子力)显微镜等。显微镜目前已经作为一种非常普遍且重要的仪器在物证鉴定和检验鉴定中起到了重要的作用。

第一节 光学显微镜

一、光学显微镜的构成和主要参数

光学显微镜由光学系统和机械系统两部分组成。光学系统由成像系统和照明系统组成,成像部分由物镜和目镜组成。

　　古典的光学显微镜只是光学元件和精密机械元件的组合,它以人眼作为接收器来观察放大的像。后来在显微镜中加入了摄影装置,以感光胶片作为可以记录和存储的接收器。现代又普遍采用光电元件、电视摄像管和电荷耦合器等作为显微镜的接收器,配以微型电子计算机后构成完整的图像信息采集和处理系统。

　　表面为曲面的玻璃或其他透明材料制成的光学透镜可以使物体放大成像,光学显微镜就是利用这一原理把微小物体放大到人眼足以观察的尺寸。近代的光学显微镜通常采用两级放大的原理,分别由物镜和目镜完成。被观察物体位于物镜的前方,被物镜进行第一级放大后成一倒立的实像,然后此实像再被目镜进行第二级放大,成一虚像,人眼看到的就是虚像。而显微镜的总放大倍率就是物镜放大倍率和目镜放大倍率的乘积。放大倍率是指直线尺寸的放大比,而不是面积比。

　　显微镜的机械装置是显微镜的重要组成部分。其作用是固定与调节光学镜头、固定与移动标本等。显微镜的机械装置主要由镜座、镜臂、载物台、镜筒、物镜转换器、调焦装置组成。

　　(一)镜座和镜臂

　　1. 镜座作用是支撑整个显微镜,装有反光镜,有的还装有照明光源。

　　2. 镜臂作用是支撑镜筒和载物台,分固定、可倾斜两种。

　　(二)载物台(又称工作台、镜台)

　　载物台的作用是安放载玻片,形状有圆形和方形两种,其中方形的面积为 $120mm \times 110mm$。中心有一个通光孔,通光孔后方左右两侧各有一个安装压片夹用的小孔,分为固定式与移动式两种。有的载物台的纵横坐标上都装有游标尺,一般读数为 $0.1mm$,游标尺可用来测定标本的大小,也可用来对被检部分做标记。

　　(三)镜筒

　　镜筒上端放置目镜,下端连接物镜转换器,分为固定式和可调节式两种。机械筒长(从目镜管上缘到物镜转换器螺旋口下端的距离称为镜筒长度或机械筒长)不能变更的叫作固定式镜筒,能变更的叫作调节式镜筒,新式显微镜大多采用固定式镜筒,国产显微镜也大多采用固定式镜筒,国产显微镜的机械筒长通常是 $160mm$。

　　目镜的镜筒,有单筒和双筒两种。单筒又可分为直立式和倾斜式两种,双筒则都是倾斜式的。其中,双筒显微镜,两眼可同时观察以减轻眼睛的疲劳。双筒之间的距离可以调节,而且其中有一个目镜有屈光度调节(视力调节)装置,便于两眼视力不同的观察者使用。

(四)物镜转换器

物镜转换器固定在镜筒下端,有3～4个物镜螺旋口,物镜应按放大倍数的高低顺序排列。旋转物镜转换器时,应用手指捏住旋转碟旋转,不要用手指推动物镜,时间长容易使光轴歪斜,使成像质量降低。

(五)调焦装置

显微镜上装有粗准焦螺旋和细准焦螺旋。有的显微镜的粗准焦螺旋与细准焦螺旋装在同一轴上,大螺旋为粗准焦螺旋,小螺旋为细准焦螺旋。有的则分开安置,位于镜臂上端较大的一对螺旋为粗准焦螺旋,其转动一周,镜筒上升或下降10mm。位于粗准焦螺旋下方较小的一对螺旋为细准焦螺旋,其转动一周,镜筒升降值为0.1mm,细准焦螺旋的调焦范围不小于1.8mm。

光学显微镜的主要参数包括分辨率、放大率和像清晰度。

(一)分辨率,是指在显微镜下能清晰看见两点间最小的距离。一般光学显微镜的分辨率在几百到几千纳米量级。

(二)放大率取决于目镜和物镜的搭配,即放大率＝物镜放大率×目镜放大率。

(三)像清晰度指物镜像轮廓的清晰程度。物镜的模糊是透镜消除色差、像差不够造成的,与原设计条件有关,也可能是因为使用不当。

二、介绍几种常见的光学显微镜

(一)生物显微镜。生物显微镜是利用透射光照明,观察透明或半透明物体形貌的显微镜。它可选用不同的物镜(40×～50×)、油浸镜(90×～100×)。使用油浸镜时需在物镜和标本载玻片之间加入香柏油,改变物镜与标本之间介质的折射率,以提高分辨率。油浸镜的分辨率可达到220mm。生物显微镜主要用于生物样品,如动物、植物、微生物等组织样品的观察研究。

在刑事化验中,生物显微镜常用于无损检验纤维的种属。使用生物显微镜时,前期处理和制备样品比较复杂,主要用于天然纤维的检验。不同的天然纤维其基本制成、结晶度、形成过程及生长条件等因素均有差别,可利用生物显微镜来观察纤维纵横面的形状,从而达到纤维种属认定的目的。

(二)偏振光显微镜。如图9-1所示,偏振光显微镜是在普通生物显微镜的光路上加上起偏镜、检偏镜和补偿片,使自然光过滤为在固定方向振动的偏振光。当起偏镜和检偏镜振动方向处于平行位置时,通过起偏镜的光线才能完全通过检偏镜,这时显微镜的视场是亮的。当起偏镜和检偏镜振动方向处于垂直位置时,通过起偏镜的光线是被阻挡的,这时视场是暗的。转动其中一个偏振镜时,能看到显微镜视场明暗的连续变化。当起偏镜和检偏镜的光轴互相垂直,当通过起偏镜射来的偏振光遇到晶体或者双折射物体(如纺织纤维、木材、淀粉、矿石、泥土等)时即可出现彩色图像。有些在普通显微镜下看起来一样的物质,在偏振光显微镜下则会显示出它们的差异。

偏振光显微镜与生物显微镜的不同之处在于,前者是利用偏振光来研究对光具有双折射现象的物体。不同种类的化学纤维其结构不同,加工工艺不同,取向度不同,各个方向排列的紧密度不同,所以会产生不同的光学特性,即有不同的双折射率。由于其光学异向性和几何形状、尺寸不同,在偏光镜下会产生不同的偏振光干涉图像。蛋白质类纤维也是如此。

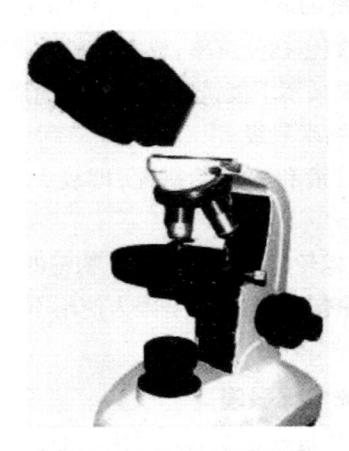

图 9-1　偏振光显微镜

(三)立体显微镜。立体显微镜是利用测射光照明,观察不透明物体立体形状或者表面结构的显微镜。它将两个功能独立的显微镜光轴以一定的角度(一般为12°~14°)连接在一起而构成立体图像,常用于观察样品的立体形貌结构、工具痕迹,寻找附着物或者借用它来采集物证。高性能的立体显微镜可用来观察、研究笔记笔序交叉顺序的问题。

(四)比较显微镜。比较显微镜是利用两个并排放置的显微镜通过同一视野对两个物体进行观察、比较的显微镜。它通常由两个物镜、一个目镜、两组照明系统和两个载物台组成,要求将两个对比样品表面置于同一水平面、光照度和角度下。在物证检验中,比较显微镜主要用于样本和检材共性和差异性的比较,如印刷品、字迹、券币、纺织纤维、工具痕迹、枪弹痕迹等的比较检验,其高档产品为"对接重影比对仪",可以对痕迹进行对接和重影的比较观察。

（五）金相显微镜。金相显微镜是专门用于观察金属及合金金相结构的显微镜,如图9-2所示。它用较强的光源从正面和侧面照射样品,由光学系统接收反射光。金属与合金的性质和性能与其金相结构有内在的联系。其性能包括机械性能(硬度、强度、塑性)、物理性能(导电、导热、抗磁)、化学性能(耐腐蚀、抗氧化等)及工艺性能(焊接性、铸造性、冷热加工等),这些性质、性能都可以通过金相形态来反映。例如,同型号的钢材,如果热处理方法不同,可通过观察金相组织来鉴别。材料断裂、缺陷造成的损伤都可用金相显微镜来分析。用金相显微镜观察的样品,其表面必须光滑,因此,在观察之前首先需要对样品进行磨光和腐蚀处理以达到要求。

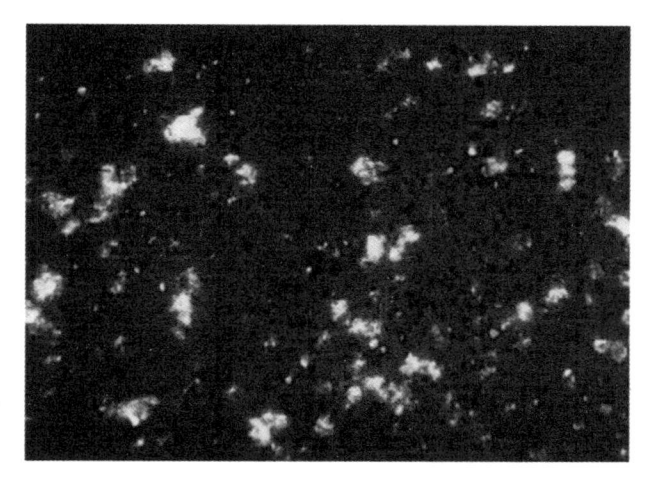

图 9-2　金相显微镜下的专用粉末

我们还要注意在使用光学显微镜时要着重强调和注意以下问题。

(一)正确安装的问题

使用显微镜前,首先要把显微镜的目镜和物镜安装上去。目镜的安装极为简单,主要的问题在于物镜的安装。由于物镜镜头较贵重,因此为了保险起见,强调学生安装物镜时用左手食指和中指托住物镜,然后用右手将物镜装上去,这样避免显微镜摔到地上。

(二)正确对光的问题

对光是使用显微镜时很重要的一步,有些学生在对光时,随便转一个物镜对着通光孔,而不是按要求用低倍镜对光。转动反光镜时喜欢用一只手,往往将反光镜扳了下来。因此,教师在指导学生时,一定要强调用低倍镜对光,当光线较强时用小光圈、平面镜,而光线较弱时则用大光圈、凹面镜,反光镜要用双手转动,直到看到均匀光亮的圆形视野为止。光对好后不要随便移动显微镜,以免光线不能准确通过反光镜进入通光孔。

(三)正确使用准焦螺旋的问题

使用准焦螺旋调节焦距,找到物像是显微镜使用中最重要的一步,也是学生感觉最为困难的一步。学生在操作中极易出现以下错误:一是在高倍镜下直接调焦;二是不管镜筒上升或下降,眼睛始终在目镜中看视野;三是不了解物距的临界值,物距调到2~3cm时还在往上调,而且转动准焦螺旋的速度很快。前两种错误结果往往造成物镜镜头触碰到装片,损伤装片或镜头,而第三种错误则是学生使用显微镜时最常见的。针对以上错误,教师一定要向学生强调,调节焦距一定要在低倍镜下调,先转动粗准焦螺旋,使镜筒慢慢下降,物镜靠近载玻片,但注意不要让物镜碰到载玻片,在这个过程中眼睛要从侧面看物镜,然后用左眼朝目镜内注视,并慢慢反向调节粗准焦螺旋,使镜筒缓缓上升,直到看到物像为止。同时向学生说明一般显微镜的物距在1cm左右,所以如果物距已远远超过1cm,但仍未看到物像,那可能是标本未在视野内或转动粗准焦螺旋过快。此时应调整装片位置,然后再重复上述步骤,当视野中出现模糊的物像时,就要换用细准焦螺旋调节,只有这样,才能缩小寻找范围,提高找到物像的速度。

(四)物镜转换的问题

在使用低倍镜后换用高倍镜时,学生往往喜欢用手指直接推转物镜,认为这样比较省力,但这样容易使物镜的光轴发生偏斜,原因是转换器的材料质地较软,精度较高,螺纹受力不均匀,很容易松脱。一旦螺纹破坏,整个转换器就会报废。教师应指导学生手握转换器的下层转动扳转换物镜。

(五)光学玻璃清洗的问题

光学玻璃用于仪器的镜头、棱镜、镜片等。在制造和使用中容易沾上油污、水湿性污物、指纹等,影响成像及透光率。清洗光学玻璃,应根据污垢的特点和不同结构,选用不同的清洗剂,使用不同的清洗工具,选用不同的清洗方法。清洗镀有增透膜的镜头,如照相机、幻灯机、显微镜的镜头,可用20%左右的酒精和80%左右的乙醚配置清洗剂进行清洗。清洗时应用软毛刷或棉球沾有少量清洗剂,从镜头中心向外做圆运动。切忌把这类镜头浸泡在清洗剂中清洗,清洗镜头时不要用力擦拭,否则会损伤增透膜,损坏镜头。

清洗棱镜、平面镜的方法,可依照清洗镜头的方法进行。

使用上述清洗剂也能清洗光学玻璃上的油脂性雾、水湿性雾和油水混合性雾,其清洗方法和清洗镜头的方法相似。

第二节 电子显微镜

电子显微镜(Electron Microscope,简称电镜)是根据电子光学原理,用电子束和电子透镜代替光束和光学透镜,使物质的细微结构在非常高的放大倍数下成像的仪器。

常用的电子显微镜有扫描电子显微镜和透射电子显微镜。与光学显微镜相比,电子显微镜用电子束代替了可见光,用电磁透镜代替了光学透镜并使用荧光屏代替肉眼不可见的电子束成像。下面介绍几种电子显微镜:

一、扫描电子显微镜

扫描电子显微镜简称扫描电镜(SEM),是用于样品表面形态分析的电子光学仪器。普通光学显微镜是以光线作为成像媒介,而电子显微镜是以电子束作为成像媒介。它和 X 射线能谱仪配合使用,在微量物证检验中可以发挥重要的作用。

(一)扫描电子显微镜的构成。扫描电子显微镜通常由电子光学系统、扫描系统、信号采集系统、图像显示和记录系统、真空系统、电源系统构成。最主要的是以下三个部分:

1. 电子光学系统由电子枪、电磁透镜(线圈)、物镜、样品室等部件构成,作用是将热电子流调节成高亮度、小束斑的高能电子束来轰击样品,产生各种物理信号。

2. 扫描系统由扫描线圈、扫描发生器组成,作用是使高能电子束在样品上扫描并同步调制阴极射线显像管电子束在荧光屏上扫描,调节扫描振幅以改变放大倍率。

3. 信号采集系统由闪烁体、光导管、光电倍增管组成,作用是将电子信号收集并成比例地转换成光信号,再增益放大成可调制的图像的电信号。

(二)扫描电子显微镜的工作原理。扫描电子显微镜是由电子枪发射出电子束,经过聚镜、物镜缩小、聚焦,在样品表面形成具有一定能量的电子束。电子束从样品中激发出的二次电子,通过探测系统和成像系统,在屏幕上呈现一幅明暗程度不同的反映样品表面形貌的二次电子像。

(三)扫描电子显微镜的主要性能。电磁透镜可以将电子束调节得非常精细,使其在很小的范围内扫描,因此扫描电子显微镜在放大倍率、分辨率、图像景深等方面要远远优于光学显微镜。

1. 放大倍率。一般扫描电镜在10万~15万倍范围内连续可调。
2. 分辨率。高分辨率是扫描电镜最突出的特性,可达0.6~6nm。
3. 景深。扫描电镜以大景深著称,即图像的立体感、层次感很好。

利用扫描电子显微镜所特有的放大倍数高、分辨率高、图像清晰、富有立体感的特点,可以得到光学显微镜所不能揭示的更细微的纤维表面形貌特征。除了通过形态特点鉴定纤维种类外,还可以鉴别有微小差别的纤维。例如,对绵羊毛和山羊绒的鳞片结构特征即鳞片形状、密度和鳞片厚度进行观察,可进一步区分羊毛纤维与羊绒纤维。

用扫描电镜还可以清晰地显示出毛发用锐器切成的断面形态、用剪刀剪断的断面形态以及撕裂损伤状态,可用于研究纤维的损伤、断裂等原因。貂绒、狐狸绒及貉子绒在扫描电镜下的纤维细节如图9-3至图9-5所示。

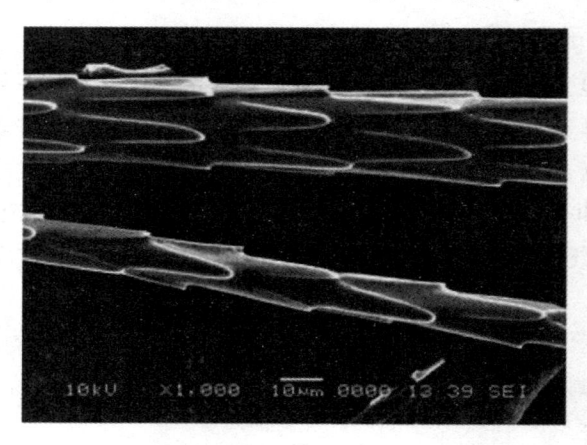

图9-3 貂绒鳞片排列均匀、粗细均匀、边缘翘角大

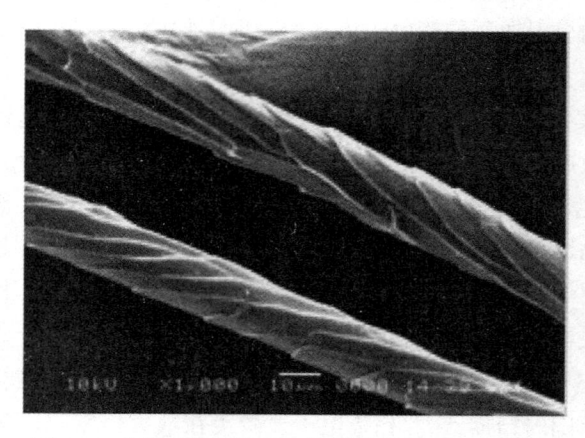

图9-4 狐狸绒鳞片细长、倾斜重叠排列、粗细均匀

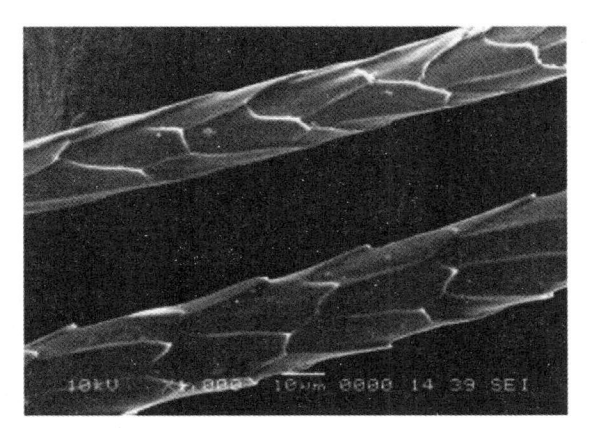

图 9-5　貂子绒鳞片有棱角的规则排列、边缘翘角较大、粗细均匀

二、透射电子显微镜

光学显微镜下无法看清小于 0.2μm 的细微结构,这些结构称为亚显微结构或超微结构。要想看清这些结构,就必须选用波长更短的光源,以提高显微镜的分辨率。1932 年,Ruska 发明了以电子束为光源的透射电子显微镜,电子束的波长比可见光和紫外光短得多,并且电子束的波长与发射电子束的电压平方根成反比,也就是说电压越高波长越短。目前,透射电子显微镜(TEM)的分辨率可达 0.1nm,远远高于光学显微镜的分辨率(约 200nm)。

图 9-6　透射电子显微镜

透射电镜的整体工作原理:由电子枪发射出来的电子束,在真空通道中沿着镜体光轴穿越聚光镜,通过聚光镜将之会聚成一束尖细、明亮而又均匀的光斑,照射在样品室内的样品上;透过样品后的电子束携带有样品内部的结构信息,经过物镜的会聚调焦和初级放大后,电子束进入下级的中间透镜和第1、第2投影镜进行综合放大成像,最终被放大了的电子影像投射在观察室内的荧光屏板上,荧光屏将电子影像转化为可见光影像以供使用者观察,其结构如图9-6所示。

三、原子力显微镜

原子力显微镜(Atomic Force Microscope,AFM),一种可用来研究包括绝缘体在内的固体材料表面结构的分析仪器(图9-7)。它通过检测待测样品表面和一个微型力敏感元件之间的极微弱的原子间相互作用力来研究物质的表面结构及性质。将一对微弱力极端敏感的微悬臂一端固定,另一端的微小探针接近样品,这时它将与其相互作用,作用力将使微悬臂发生形变或运动状态发生改变。扫描样品时,利用传感器检测这些变化就可以获得作用力与分布信息,从而以纳米级分辨率获得表面结构信息。

图9-7 原子力显微镜

原子力显微镜利用微悬臂感受和放大悬臂上尖细探针与待测样品原子之间的作用力,从而达到检测的目的,具有原子级的分辨率。由于原子力显微镜既可以观察导体,也可以观察非导体,从而弥补了扫描隧道显微镜的不足。原子力显微镜是由IBM公司苏黎世研究中心的格尔德·宾宁(Gerd Binnig)与斯坦福大学的魁特(Calvin Quate)于1985年发明的,其目的是使非导体也可以采用类似扫描探针显微镜(SPM)的观测方法。原子力显微镜(AFM)与扫描隧道显微镜(STM)最大的差别在于并非利用电子隧穿效应,而是检测原子之间的接触,原子键合,范德瓦耳斯力或卡西米尔效应等来呈现样品的表面特性。

相对于扫描电子显微镜,原子力显微镜具有许多优点。第一,不同于电子显微镜只能提供二维图像,AFM 提供真正的三维表面图。第二,AFM 不需要对样品进行任何特殊处理,如镀铜或碳,这种处理对样品会造成不可逆转的伤害。第三,电子显微镜需要运行在高真空条件下,原子力显微镜在常压下甚至在液体环境下都可以良好工作,这样可以用来研究生物宏观分子,甚至活的生物组织。和扫描电子显微镜(SEM)相比,AFM 的缺点在于成像范围太小,速度慢,受探头的影响太大。原子力显微镜(Atomic Force Microscope)是继扫描隧道显微镜(Scanning Tunneling Microscope)之后发明的一种具有原子级高分辨的新型仪器,可以在大气和液体环境下对各种材料和样品进行纳米区域的物理性质包括形貌进行探测,或者直接进行纳米操纵,现已广泛应用于半导体、纳米功能材料、生物、化工、食品、医药研究和科研院所各种纳米相关学科等研究实验领域中,成为纳米科学研究的基本工具。原子力显微镜与扫描隧道显微镜相比,由于能观测非导电样品,因此具有更为广泛的适用性。

随着科学技术的发展,生命科学开始向量科学方向发展。大部分实验的研究重点已经变成生物大分子,特别是研究核酸和蛋白质的结构及其相互功能的关系。AFM 的工作范围很广,可以在自然状态(空气或者液体)下对生物医学样品直接进行成像,分辨率也很高。因此,AFM 已经成为研究生物医学样品和生物大分子的重要工具之一。AFM 应用主要包括三方面:生物细胞的表面形态观测;生物大分子的结构及其他性质的观测和研究;生物分子之间力谱线的观测。

四、扫描隧道显微镜

扫描隧道显微镜(Scanning Tunneling Microscope,STM)和原子力显微镜统称为扫描探针显微镜,属于第三类显微镜,原理均为一根原子线度的极细的针尖作用在样品表面,通过检测针尖与样品表面之间的作用力来得到样品表面的形貌像,所不同的是扫描隧道显微镜只能检测导电样品,故应用范围受限(优点是分辨率最高:横向 0.1nm,纵向 0.01nm),而原子力显微镜对样品则没有特殊要求,所以为最常用的一种扫描探针显微镜(分辨率:横向 0.2nm,纵向 0.1nm)。与电镜不同,这一类显微镜得到的是三维图像。除此以外,扫描探针显微镜是一个大家族,还包括磁力显微镜、静电力显微镜、声学显微镜等二十余种。

(一)磁力显微镜。磁力显微镜(Magnetic Force Microscope,MFM),如图 9-8 所示,采用磁性探针对样品表面的每一行都进行两次扫描:第一次扫描采用轻敲模式,得到样品在这一行的高低起伏并记录下来;然后采用抬起模式,让磁性探针抬起一定的高度(通常为 10~200nm),并按样品表面起伏轨迹进行第二次扫描,由于探针被抬起且按样品表面起伏轨迹扫描,故第二次扫描过程中针尖不接触样品表面(不存在针尖与样品间原子的短程斥力)且与其保持恒定距离(消除了样品表面形貌的影响),磁性探针因受到长程磁力的作用而引起振幅和相位变化。因此,将第二次扫描中探针的振幅和相位变化记录下来,就能得到样品表面漏磁场的精细梯度,从而得到样品的磁畴结构。一般而言,相对于磁性探针的振幅,其振动相位对样品表面的磁场变化更敏感。因此,相移成像技术是磁力显微镜的重要方法,其结果的分辨率更高,细节也更丰富。

图 9-8 磁力显微镜

(二)静电力显微镜。静电力显微镜(Electrostatic Force Microscope,EFM),如图 9-9 所示,是一种利用测量探针与样品的静电相互作用,来表征样品表面静电势能,电荷分布以及电荷输运的扫描探针显微镜。

静电力显微镜的工作原理与原子力显微镜类似。关键部分都是由悬臂梁组成的探针。但与原子力显微镜测量探针与样品的范德瓦耳斯力不同,静电力显微镜通过测量两者的库仑相互作用来实现样品成像。在工作时,探针与样品之间被加上工作电压,悬臂梁探针受静电力的作用,在样品表面振荡,但不接触样品表面。范德瓦耳斯力随着原子间距离 r 成 $1/r^6$ 衰减,因而原子力显微镜必须保证探针与样品表面几乎接触。相比之下,随 $1/r^2$ 衰减的库仑力较为长程,通常探针与样品表面的工作距离为 100nm。

(三)声学扫描显微镜。声学扫描显微镜(SAM)是一种多功能、高分辨率的显微成像仪器,兼具电子显微术高分辨率和显微术非破坏性内部成像的特点,被广泛地应用在物料检测(IQC)、失效分析(FA)、质量控制(QC)、质量保证及可靠性(QA/REL)、研发(R&D)等领域,可以检测材料内部的晶格结构、杂质颗粒、内部裂纹、分层缺陷、空洞、气泡、空隙等,为司法鉴定提供客观公正的微观依据。设备优点:在不破坏物体的情况下来实现对物体或材料的内部检测,能高精度识别受损部位。

图 9-9 静电力显微镜

(四)超声显微镜。超声显微镜(Ultrasonic Microscope),是利用样品声学性能的差别,用声成像的方法来生成高反差、高放大倍率的超声像的装置。具体有吸收式超声显微镜、激光扫描法超声显微镜和布拉格衍射成像法超声显微镜等。超声显微镜用于显示介质材料内部的微小结构,能够观察材料内部与声学性质差别有关的结构,这是用普通光学显微镜和电子显微镜所不能观察到的。

(五)光声显微镜。光声显微镜是在光声光谱技术和声学显微镜的基础上研制的一种新型显微成像装置。光声显微镜的研究工作开始于 20 世纪 70 年代后期。已经出现的光声显微镜系统一般可以分为三类:微波超声频段的光声显微镜系统;音频范围的光声显微镜系统;用压电换能器接收声信号的光声显微镜系统。

光声显微镜用于检测物质在吸收光能后所产生的热波和物质受激发后产生的声信号。利用光声效应检测物质的结构很灵敏。此外,由于热波的波长较短,即使光声显微镜的工作频率不高,其分辨率也可以达到微波频段超生显微镜的分辨率。因为热波的透入深度随波长而改变,改变频率就能对样品的亚表面结构进行分层分析。同时,还可以适当调节接收系统,以接收光声信号的振幅或相位,从而区别样品的表面结构和亚表面结构。

光声显微镜主要用于三方面。

1. 在半导体工业中的应用:可以显示硅片及其在制作中金属化和氧化层的几何特征和材料特征方面的资料,如金属化或氧化层中的缺陷、深度剖面结构以及薄膜厚度等。

2. 在无损检测方面的应用:显微镜的检测系统一般不需要与被测样品的表面接触,能有效地检测形状复杂的样品,如涡轮定子的某些区域,其检测精度较高,如对表面缺陷的检测可达到几十微米的数量级。

3. 在生物医学方面的应用:效应的检测灵敏度高,有可能实现非损伤性的检查。

第十章

光谱仪在刑事科学技术中的应用

按波长区域不同,光谱可以分为红外光谱、可见光光谱和紫外光谱;按产生的本质不同,可分为原子光谱、分子光谱;按产生的方式不同,可分为发射光谱、吸收光谱和散射光谱;按光谱的表现形式不同可分为线状光谱、带状光谱和连续光谱。

根据物质的光谱来鉴别物质及确定它的化学组成和相对含量的方法叫作光谱分析。其优点是灵敏、迅速。根据分析原理,光谱分析可分为发射光谱分析与吸收光谱分析两种;根据被测成分的形态可分为原子光谱分析与分子光谱分析。光谱分析的被测成分是原子的称为原子光谱,被测成分是分子的则称为分子光谱。光谱分析在科学技术上有很广泛的应用。历史上曾通过光谱分析发现了许多新元素,如铷、铯、氦等。光谱分析对于天体物理的研究也很重要,其可以研究天体的化学组成。19世纪初,在研究太阳光谱时,发现其连续光谱中有很多暗线。最初不知道这些暗线的由来,后来随着人们对吸收光谱的了解,才知道这是太阳内部发出的强光经过温度比较低的太阳大气层时产生的吸收光谱。仔细分析这些暗线,把它们和各种原子谱线相对照,人们就知道太阳中含有氢、氦、氮、碳、氧、铁、镁、硅、钙、钠等十几种元素。

光谱仪可以把光按波长展开,把不用成分的强度记录下来,或者按波长展开后的光谱摄成相片,后一种光谱仪我们称为摄谱仪。光谱仪用棱镜或光栅作为分光计,其设计类型多种多样。

第一节 红外光谱仪

红外光谱仪是利用物质对不同波长的红外辐射吸收的特性进行分子结构和化学组成分析的仪器。

红外光谱仪通常由光源、单色器、探测器和计算机处理信息系统组成。根据分光装置的不同,分为色散型和干涉型。对色散型双光路光学零位平衡红外分光光度计而言,当样品吸收了一定频率的红外辐射后,分子的振动能级发生跃迁,透过的光束中相应频率的光被减弱,造成参比光路与样品光路相应辐射的强度差,从而得到所测样品的红外光谱。电磁光谱的红外部分根据其与可见光谱的关系,可以分为近红外光、中红外光和远红外光。

红外光谱的工作原理是由于振动能级不同,化学键具有不同的频率。共振频率或者振动频率取决于分子等势面的形状、原子质量和最终的相关振动耦合。为使分子的振动模式在红外区域活跃,必须存在永久双极子的改变。当对应于电子基态的分子哈密顿量被分子几何结构的平衡态附近的谐振子近似时,分子电子能量基态的势能面决定的固有振荡模,决定了共振频率。然而,共振频率经过一次近似后同键的强度和键两头的原子质量联系起来。这样一来,振动频率可以和特定的键型联系起来。简单的双原子分子只有一个键,那就是伸缩。更复杂的分子可能有更多的键,并且振动可能导致共轭现象的出现,导致某种特征频率的红外吸收可以和化学组联系起来。

红外光谱仪一般分为两类,一种是光栅扫描的,很少使用;另一种是迈克尔逊干涉仪扫描的,称为傅里叶变换红外光谱,这是最广泛使用的。光栅扫描的是利用分光镜将检测光(红外光)分成两束,一束作为参考光,另一束作为探测光照射样品,再利用光栅和单色仪将红外光的波长分开,扫描并检测逐个波长的强度,最后整合成一张谱图。傅里叶变换红外光谱是利用迈克尔逊干涉仪将检测光(红外光)分成两束,在动镜和定镜上反射回分束器上,这两束光是宽带的相干光,会发生干涉。相干的红外光照射到样品上,经检测器采集,获得含有样品信息的红外干涉图数据,经过计算机对数据进行傅里叶变换后,得到样品的红外光谱图。傅里叶变换红外光谱具有扫描速率快、分辨率高、稳定的可重复性等特点,被广泛使用。

红外光谱可以研究分子的结构和化学键,如力常数的测定和分子对称性等,利用红外光谱方法可测定分子的键长和键角,并由此推测分子的立体构型。根据所得的力常数可推知化学键的强弱,由简正频率计算热力学函数等。分子中的某些基团或化学键在不同化合物中所对应的谱带波数基本上是固定的或只在小波段范围内变化,因此许多有机官能团,例如,甲基、亚甲基、羰基、氰基、羟基、胺基等在红外光谱中都有特征吸收,通过红外光谱测定,人们就可以判定未知样品中存在哪些有机官能团,这为最终确定未知物的化学结构奠定了基础。

由于分子内和分子间的相互作用,有机官能团的特征频率会由于官能团所处的化学环境不同而发生微细变化,这为研究表征分子内、分子间相互作用创造了条件。分子在低波数区的许多简正振动往往涉及分子中的全部原子,不同的分子的振动方式彼此不同,这使红外光谱具有像指纹一样高度的特征性,称为指纹区。利用这一特点,人们采集了成千上万种已知化合物的红外光谱,并把它们存入计算机中,编成红外光谱标准谱图库。人们只需把测得未知物的红外光谱与标准库中的光谱进行比对,就可以迅速判定未知化合物的成分。

当代红外光谱技术的发展已使红外光谱的意义远远超越了对样品进行简单的常规测试并从而推断化合物的组成的阶段。红外光谱仪与其他多种测试手段联用衍生出许多新的分子光谱领域,例如,色谱技术与红外光谱仪联合为深化认识复杂的混合物体系中各种组分的化学结构创造了机会;把红外光谱仪与显微镜方法结合起来,形成红外成像技术,用于研究非均相体系的形态结构,由于红外光谱能利用其特征谱带有效地区分不同化合物,这使该方法具有其他方法难以匹敌的化学反差。

目前,红外光谱技术大量地应用于染织工业、环境科学、生物学、材料科学、高分子化学、催化、煤结构研究、石油工业、生物医学、生物化学、药学、无机和配位化学基础研究、半导体材料、日用化工等研究领域。

第二节 紫外—可见光谱仪

紫外—可见光谱仪,是指根据物质分子对波长为 200~760nm 的电磁波的吸收特性所建立起来的一种进行定性、定量和结构分析的仪器。具有操作简单、准确度高和重现性好等特点。分光光度测量是关于物质分子对不同波长和特定波长处辐射吸收程度的测量。对应 200~400nm 波长的光称为紫外光,400~760nm 的光称为可见光。仪器由五个部件组成:光源、单色器、样品池、检测器和记录仪;可分为单光束直读式分光光度计和双光束自动记录式分光光度计。

紫外—可见光谱仪设计一般都尽量避免在光路中使用透镜,主要使用反射镜,以防止由仪器带来的吸收误差。当光路中不能避免使用透明元件时,应选择对紫外—可见光均透明的材料(如样品池和参考池均选用石英玻璃)。紫外—可见吸收光谱仪是紫外可见光谱仪中用途较广的一种,其主要由光源、单色器、吸收池、检测器以及数据处理及记录(计算机)等部分组成。紫外—可见光谱仪主要用于化合物的鉴定、纯度检查、异构物的确定、位阻作用的测定、氢键强度的测定以及其他相关的定量分析,但它通常只是一种辅助分析手段,为得到精准的数据,还需借助其他分析方法,如红外、核磁、EPR 等综合方法对待测物进行分析。下面列举两个紫外—可见光谱的重要应用。

金属络合物的紫外—可见光谱主要分为三个谱带。第一，位于紫外区有配体—金属中心离子的电子转移跃迁谱带，其强度通常比较大；第二，有 $d-d$ 跃迁谱带，其产生的原因是电子从中心离子中较低的 d 轨道跃迁到较高的 d 轨道，通常其强度比较弱，位于可见光区，它的最大吸收波长位置和强度与络合物宏观颜色及深浅相对应；第三，配位体内的电荷转移带，即配体本身的紫外吸收。因此，利用紫外—可见光谱法，可以研究金属离子与有机物配体之间的络合作用。

紫外—可见光谱还可以用来表征金属纳米粒子的聚集程度。金属表面的等离子体共振吸收与表面自由电子的运动有关。贵金属可看作自由电子体系，由导带电子决定其光学和电学性质。在金属等离子体理论中，若等离子体内部受到某种电磁扰动而使其一些区域电荷密度不为零，就会产生静电回复力，使其电荷分布发生振荡，当电磁波的频率和等离子体振荡频率相同时，就会产生共振。这种共振，在宏观上就表现为金属纳米粒子对光的吸收。金属的表面等离子体共振是决定金属纳米颗粒光学性质的重要因素。由于金属粒子内部等离子体共振激发或由于带间吸收，它们在紫外—可见光区域具有吸收谱带。不同的金属粒子具有其特征吸收谱。因此，通过紫外—可见光光谱，特别是与 Mie 理论（弹性散射理论）的计算结果相配合时，能够获得关于粒子颗粒度、结构等方面的许多重要信息。此技术简单方便，是表征液相金属纳米粒子最常用的技术。

第十一章

测距仪在交通事故现场勘查中的应用

交通事故现场测量基本上使用卷尺等测量工具,通过现场的人工测量完成。这种测量方式简单易行,但存在两个比较明显的不足。一是由于所测量数据必须在事故现场测量完成,占道时间比较长;二是由于存在测量数据遗漏和差错等问题,在事故现场解除后,很难重新进行测量和校对。

随着机器视觉技术和摄影测量技术的发展,使用更先进的技术测量事故现场已经成为必然。例如,使用摄影测量的方法来确定事故现场参与物的空间位置关系,能够有效克服传统测量方法的缺陷;使用电视测量技术和全站仪等仪器测量的方法测量事故现场更加全面、细致,精度也更加可靠;使用立体照相测绘技术测量事故现场并绘图,使事故现场勘查绘图自动化程度更贴近时间需求等。测量新技术的应用给交通事故现场勘查工作带来了全新的发展前景。下文将对几种常见的交通事故现场测量仪器做简单的介绍。

第一节 测距仪

一、激光测距仪

激光测距仪一般采用两种方式来测量距离:脉冲法和相位法。脉冲法测距的过程是:激光测距仪发射出的激光经被测量物体反射后又被激光测距仪接收,激光测距仪同时记录激光往返的时间。光速和往返时间乘积的一半,就是激光测距仪和被测量物体之间的距离。脉冲法测量距离的精度一般是 ±1m。另外,此类测距仪的测量盲区一般是 15m 左右。相位法测距是将调制信号对发射光波的光强进行调制,利用测定调制光波往返于测距的相位差间接求得待测距离。根据上述原理制成脉冲式激光测距仪和相位式激光测距仪。

二、红外测距仪

红外线测距或激光测距的原理基本可以归结为测量光往返目标所需要的时间,然后通过光速 $c = 3 \times 10^8$ m/s 和大气折射系数 n 计算出距离 D。由于直接测量时间比较麻烦,因此,通常是利用红外发光管作光源的光电测距仪和利用红外光源的电磁波测距仪测量。

三、微波测距仪

微波测距仪是利用微波作载波的电磁波测距仪,也就是利用波长为 0.8~10cm 的微波作载波的相位式测距仪。该仪器可广泛地应用于大地测量和地形测量中,具体有测距远、精度高等特点,电磁波测距按测程来分,有短程(<3km)、中程(53~15km)和远程(>15km)。按测距精度来分,有Ⅰ级(<5mm)、Ⅱ级(5~10mm)和Ⅲ级(>10mm)。原理是将测距频率调制在载波上,由主台发射出去,经副台接收和转送回来之后,测量调制波的相位,其测程在 10km 以上。

四、光电测距仪

卫星计算机和大规模集成电路的应用,再与电子经纬仪结合,形成了具备测距、测角、记录、计算等多功能的测量系统,有人称之为电子全站仪或电子速测仪。它的优点是体型小、发光效率高。目前,这种仪器的型号很多,测程一般可达 5 千米,有的更长,测距精度为 $(5 + 3 \times 10D)$ mm,广泛用于城市测量、工程测量和地形测量,对大范围的道路交通事故的现场测量具有重要意义。

五、超声波测距仪

超声波测距的原理是利用超声波发射和接收,根据超声波传播的时间来计算出传播距离。测距仪的分辨率取决于对超声波传感器的选择。超声波传感器是一种采用压电(或相反)效应的传感器,常用的材料是压电陶瓷。由于超声波在空气中传播时有一定的衰减,衰减程度与频率的高低成正比,频率高,分辨率也高,故在短距离测量时应选择频率高(100kHz 以上)的传感器,而长距离测量时要选择频率低的传感器。

第二节　交通事故现场测绘的方法与步骤

一、基准点的选择

（一）概念。基准点也叫固定点，是现场定位时基准坐标系的原点。通常在说明某一个物体的位置时，总是相对于另一个固定参照物的距离而言的，更精确地讲，是相对于以某一固定点为原点的三维坐标系中的坐标而言的。我们在交通事故现场测量中一般都是以地平面作为一个平面坐标系，但在测量汽车等车辆上的痕迹时，则需再建立一个纵坐标，形成三维坐标系，以确定一切交通元素、痕迹、物证等在现场中的位置，明确相互间的关系。因此，基准点的选择是非常重要的。

交通事故现场的基准点，应是现场原有的相对固定的物体的某一点，如里程碑、电杆、交通标志、建筑物的某一个角等。选择基准点的原则是：离现场较近，以便于测量和绘图；要相对固定，不易移动或消失，以便在较长时期内能作为恢复现场的基准标志。

（二）基准坐标系的建立。现场基准点确定之后，必须建立一个基准坐标系，即根据道路走向，平行于道路建立 x 轴，垂直于道路建立 y 轴。基准坐标系在现场是表现不出来的，是假设的，但非常重要。所有现场元素的定位都以基准坐标系为准。现场元素之间关系的计算，都依赖于基准坐标系。要想根据现场图恢复现场，也依赖于基准坐标系。

（三）参考坐标系的建立。基准坐标系建立后，对现场中所有的痕迹、物证都可以准确定位。但是由于现场中所需定位的元素很多，彼此之间的关系也很错综复杂，如果这些现场元素都以基准坐标系定位，就会给测量、绘图和注记带来极大的困难。因此，有必要在现场根据坐标平移的原理建立具体测量时用到的参考坐标系。

二、现场定位

（一）概念。所谓现场定位，既是指交通事故在确定时间坐标后，应将事故现场确定在一个固定的空间位置的过程，又是指确定道路方向、现场基准点并按基准点进行定位等。

（二）定位基准。在现场图上用以确定物体上定位点的位置而设定的参照点或线都是定位基准。

现场图上用来确定物体位置的基准点、线必须选在现场中固定不变的物体的点、线上。通常,应尽可能利用现场的固定设施作为基准,在路侧没有任何可参照物的情况下,则必须用埋设标记桩等方式设定基准。现场通常可用来作为基准的点、线如下:第一,固定物体地面投影的中心点,如灯柱、标志杆、里程碑的投影中心;第二,物体结构线及其交点,如路沿线、建筑物的墙线及两路沿或两端线的交点;第三,路面标线或两标线及其延长线的交点,如道路中线、分道线、停车线等。

在绘制现场图时,对物体定位方法和定位基准的应用要灵活,也就是应根据现场的地形、地物选取不同的定位方法和定位基准。

(三)确定道路走向。道路走向是道路直线段的走向。道路走向不可能一定是正南正北、正东正西。如果用目测,其误差可能很大,所以必须用仪器来测定。测定道路走向,就是测定道路中线与道路基本方向的角度。因此,交通事故以磁北方向为基本方向。我们把确定道路中线与基本方向的角度关系叫作道路定向,如图 11-1 所示。其原理:确定道路走向,一般是按照事故发生的路段现场的道路中心线或中心线的切线与指北线的夹角来表示的。测量时用磁方位角来确定。图 11-1 中 NS 直线是通过 O 点的磁北方向,由磁北 ON 顺时针方向旋转至 OA 之间的角度为 $\angle AON$,叫作 OA 线的磁方位角。如果 OA 线是道路的中线,我们用袖珍经纬仪就可测得其方位角的具体度数,从而实现道路走向的确定。

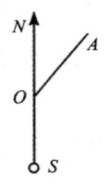

图 11-1 磁北方向示意图

道路走向确定后,在现场图上的右上角用箭头或字母把磁北方向表示出来(如图 11-2 所示),然后画出道路中线,以道路半宽画出变线,就可以进行现场草图的描绘了。如前所述,在现场测绘时,要建立测绘点,并根据测绘点建立坐标系。例如,建立参考坐标系时,其横轴一般选择在道路边沿、车辆分道线、中心线,或者通过接触点或其他现场元素与基本横坐标轴平行的线;纵轴一般选择人行横道边线或者通过接触点或其他现场元素与基本纵坐标轴平行的线。

图 11-2　图例举例

这样对于一个交通事故现场,可以有几个参考坐标系。这几个参考坐标系与基准坐标系有固定的关系,现场元素一般都是在参考坐标系中定位的,但其坐标都可以借助坐标变换方程与基本坐标系发生联系,如图 11-3 所示,点 P 在参考坐标系中的坐标 (x', y'),可以借助式(11.2.1)换算成基本坐标系中的坐标 (x, y)。

$$x = x' + h, y = y' + k \tag{11.2.1}$$

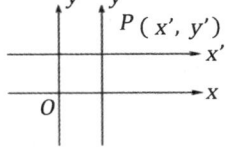

图 11-3　参考坐标系示意图

在坐标系中,依逆时针方向可以分为四个象限(如图 11-4 所示)。点的坐标依其在不同的象限应取正值或负值,这对于计算两点间的距离非常关键,如果忽略了符号,将会得出错误的结论。在第 Ⅰ 象限 x、y 均为正值;在第 Ⅱ 象限 x 为负值,y 为正值;在第 Ⅲ 象限 x、y 均为负值;在第 Ⅳ 象限 x 为正值,y 为负值。

鉴于现场图注记的习惯,一般在图面注记时不用负数,所以在计算时要将正负符号加上,或者在选参考坐标系时应加以注意,使现场元素都处于第 Ⅰ 象限,但在具体工作中是有困难的。

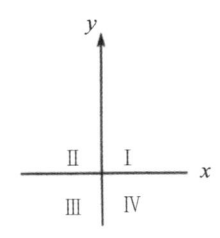

图 11-4　坐标象限示意图

附 录

常用物理数据

A 常用物理量表

物理量	符号	数值	单位
真空中的光速	c	2.99792458×10^8	$m \cdot s^{-1}$
真空电容率	ε_0	$8.854187817 \times 10^{-12}$	F/m
真空磁导率	μ_0	$4\pi \times 10^{-7}$	H/m
引力常数	G	6.67259×10^{-11}	$N \cdot m^2 \cdot kg^{-2}$
普朗克常数	h	$6.62607015 \times 10^{-34}$	$J \cdot s$
基本电荷	e	$1.60217733 \times 10^{-19}$	C
电子质量	m_e	$9.10938215 \times 10^{-31}$	kg
质子质量	m_p	$1.6726231 \times 10^{-27}$	kg
中子质量	m_n	$1.6749286 \times 10^{-27}$	kg
阿伏伽德罗常数	N_A	$6.02214076 \times 10^{23}$	mol^{-1}
玻尔兹曼常数	k	1.380658×10^{-23}	$J \cdot K^{-1}$
摩尔气体常数	R	8.314472	$J \cdot mol^{-1} \cdot K^{-1}$

B 一些天体数据

名称	计算用值
我们的银河系 质量 半径 恒星数	10^{42}kg 10^5ly 1.6×10^{11}
太阳 质量 半径 平均密度 表面重力加速度 自转周期 对银河系中心的公转周期 总辐射功率	1.99×10^{30}kg 6.96×10^8m 1.41×10^3kg/m^3 274m/s^2 25d(赤道),37d(靠近极地) 2.5×10^8a 4×10^{26}W
地球 质量 赤道半径 极半径 平均密度 表面重力加速度 自转周期 对自转轴的转动惯量 到太阳的平均距离 公转周期 公转速率	5.98×10^{24}kg 6.378×10^6m 6.357×10^6m 5.52×10^3kg/m^3 9.81m/s^2 1 恒星日 $= 8.616 \times 10^4$s 8.05×10^{37}kg·m^2 1.5×10^{11}m $1a = 3.16 \times 10^7$s 29.8km/s
月球 质量 半径 平均密度 表面重力加速度 自转周期 到地球的平均距离 绕地球运行周期	7.35×10^{22}kg 1.74×10^6m 3.34×10^3kg/m^3 1.62m/s^2 27.3d 3.82×10^8m 1 恒星月 $= 27.3$d

C 几个换算关系

名称	符号	计算用值
1 标准大气压	atm	$1\text{atm} = 1.013 \times 10^5 \text{Pa}$
1 埃	Å	$1\text{Å} = 1 \times 10^{-10} \text{m}$
1 光年	ly	$1\text{ly} = 9.46 \times 10^{15} \text{m}$
1 电子伏	eV	$1\text{eV} = 1.602 \times 10^{-19} \text{J}$
1 特斯拉	T	$1\text{T} = 1 \times 10^4 \text{G}$
1 原子质量单位	u	$1\text{u} = 1.66 \times 10^{-27} \text{kg} = 931.5 \text{MeV}/c^2$

参考文献

[1] 张三慧.大学物理学[M].3版.北京:清华大学出版社,2009.

[2] 王济民,罗春荣,陈长乐.大学物理学(上、下册)[M].西安:西北工业大学出版社,2002.

[3] 朱峰.大学物理[M].2版.北京:清华大学出版社,2008.

[4] 程守洙,江之永.普通物理学[M].5版.北京:高等教育出版社,1998.

[5] 王少杰,顾牡.大学物理学[M].3版.上海:同济大学出版社,2006.

[6] 陈信义.大学物理学[M].2版.北京:清华大学出版社,2009.

[7] 余虹.大学物理学[M].2版.北京:科学出版社,2008.

[8] 李甲科.大学物理[M].西安:西安交通大学出版社,2008.

[9] 陈治,陈祖刚,刘志刚.大学物理(上、下)[M].北京:清华大学出版社,2007.

[10] 赵凯华,陈熙谋.电磁学(上、下)[M].北京:高等教育出版社,2004.